Avertissement

Les personnages de ce roman sont de pure fiction. Toute ressemblance avec des personnes existant ou ayant existé ne saurait être que fortuite.

Les lieux et noms propres sont tirés de la géographie régionale. Certains sont réels, d'autres ont été inventés pour la commodité du récit.

Il va de soi que l'histoire racontée par l'auteur est tirée de sa seule imagination.

N.D.A.

GÉNÉALOGIE

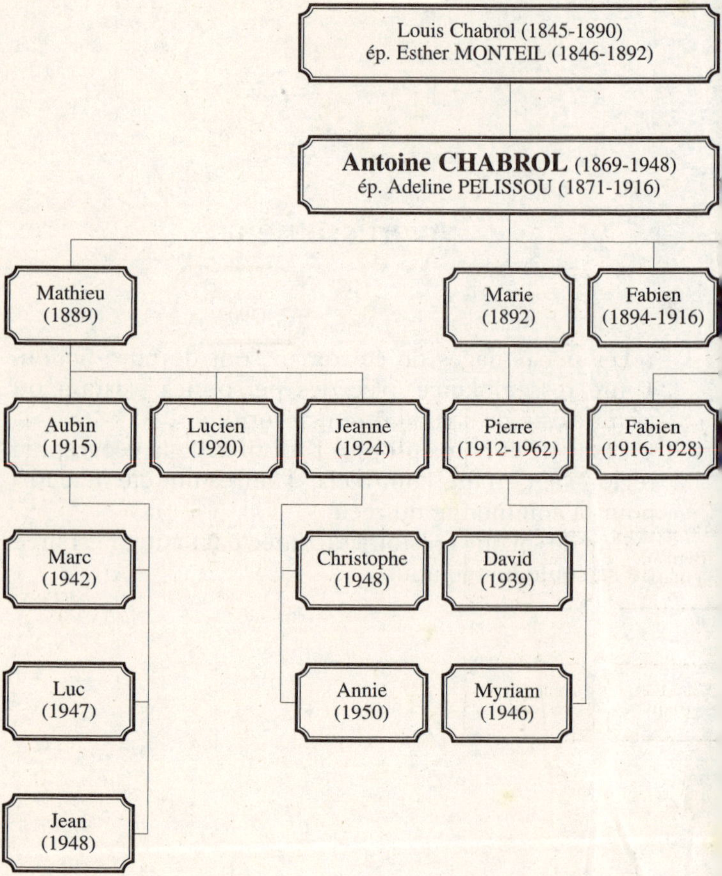
Louis Chabrol (1845-1890)
ép. Esther MONTEIL (1846-1892)
Antoine CHABROL (1869-1948)
ép. Adeline PELISSOU (1871-1916)
Mathieu (1889)
Marie (1892)
Fabien (1894-1916)
Aubin (1915)
Lucien (1920)
Jeanne (1924)
Pierre (1912-1962)
Fabien (1916-1928)
Marc (1942)
Christophe (1948)
David (1939)
Luc (1947)
Annie (1950)
Myriam (1946)
Jean (1948)

DES CHABROL

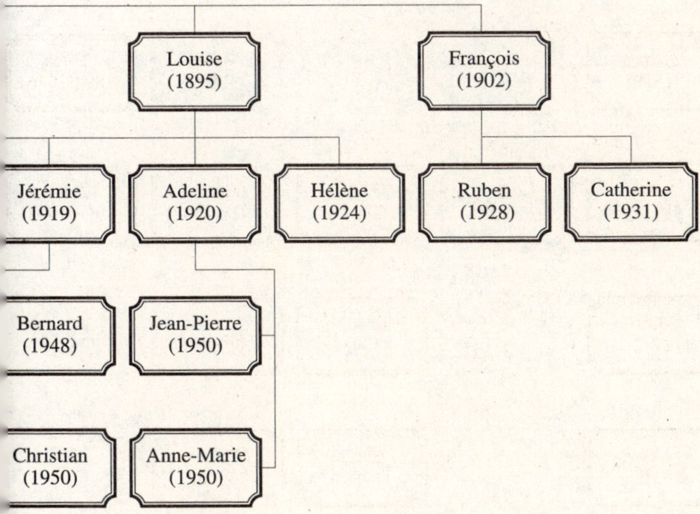

Louise (1895)
François (1902)
Jérémie (1919)
Adeline (1920)
Hélène (1924)
Ruben (1928)
Catherine (1931)
Bernard (1948)
Jean-Pierre (1950)
Christian (1950)
Anne-Marie (1950)

Première partie

LE TEMPS DES SOUFFRANCES

I

Mobilisation

À L'HEURE OÙ SONNA LE TOCSIN, à toute volée du haut de l'église de Quérac, les insectes vibrionnaient à cœur joie sous l'écrasante chaleur de l'été.

La plaine, toute revêtue d'émeraude, se diluait à l'horizon sous d'étranges oscillations mues par l'ascension de l'air chauffé à blanc. Quelques rares paysans tenaces s'étaient risqués dans leur vigne, avides de surveiller leur bien ou de constater la maturité des grappes.

Quand ils entendirent les cloches se répondre en échos dans les lointains, ils comprirent aussitôt qu'un événement grave venait de se produire. Jamais les clochers ne se mettaient à battre ainsi le rappel, tous en même temps.

« Vont bien nous annoncer une catastrophe ! se dirent les plus alarmistes. C'était trop beau, la saison s'annonçait trop belle ! »

Le cœur du vieux Célestin ne fit qu'un bond. Penché sur son louchet[1], à une heure où le commun des mortels

1. *Bêche à dents.*

n'aurait pensé qu'à se mettre à la sieste, il se redressa lentement, s'accouda au manche de son instrument et s'essuya le front de son autre main crasseuse. Il tendit l'oreille du côté de Quérac, puis du côté de Durfort, fit un effort pour percevoir les bruits de cloche venant de Saint-Hippolyte.

« Aucun doute, dit-il à voix haute, c'est bien le tocsin ! » Il cracha à ses pieds la chique de tabac qu'il mâchait depuis des heures, se rinça le gosier d'une lichette de vin frais qu'il tenait à l'ombre dans sa gourde en peau de porc et se remit au travail comme si de rien n'était. Tout en retournant sa terre caillouteuse, où il avait l'intention de faire quelques derniers semis avant la fin de l'été, il songea que la dernière fois qu'il avait entendu le tocsin, cela remontait à… Ses idées s'embrouillèrent ; il ne savait plus au juste, mais il se souvenait qu'après ce ne fut pas triste quand il fallut quitter le village !

« Non, jamais plus ça ! » pensa-t-il. Abreuver de sang les sillons n'était pas un travail pour un paysan. Encore moins pour un vieux protestant comme lui qui n'avait jamais vécu qu'en conformité avec les Écritures, que son pauvre père lui avait inculquées de bouche à oreille, ne sachant ni lire ni écrire.

La rage au cœur, il décupla ses forces pour mieux entailler la terre qui lui résistait, vociférant contre les fantômes qu'il croyait voir tournoyer autour de lui.

« Jamais, vous m'entendez, jamais ! Jamais je ne reprendrai les armes pour imbiber la terre de sang ! »

Et plus il creusait, plus il devenait rouge sous le soleil qui, sans pitié, lui décochait ses flèches ardentes.

Quand il eut terminé sa première travée, il s'affaissa de tout son long, le nez dans le sillon qu'il venait de creuser. Un mince filet de sang lui sortait de la bouche et s'épandait sur la terre fraîchement retournée.

Le garde champêtre ne tarda pas à apporter la terrible nouvelle. Dans tous les villages de France, ce fut ce jour-là la même scène, les mêmes mots, les mêmes éclats d'étonnement, le même désarroi. Les plus inconscients, qui étaient aussi les moins bien informés, s'en allèrent d'un :

« On les aura, les Chleuhs ! Dans trois jours, on sera à Berlin et, dans une semaine, ils rendront grâce ! »

Les plus pessimistes pensèrent aussitôt à la moisson, aux vendanges, qui ne souffriraient pas d'attendre, surtout si le temps se mettait à l'orage.

Tant que les feuilles de route ne parvinrent pas dans les foyers, on tenta de ne pas y croire, on feignit d'avoir mal entendu. Après tout, l'Allemagne était si loin ! Et se battre à cause de l'assassinat du neveu d'un empereur d'opérette autrichien n'avait pas de sens ! Les hommes politiques n'allaient quand même pas se laisser entraîner par de telles fanfaronnades et abdiquer, le doigt sur la couture, à la moindre gesticulation d'un Kaiser germanique qui ne savait plus comment montrer qu'il existait !

Le maire de Quérac étant à la noce des enfants Chabrol, Coste, le garde champêtre, se déplaça en personne au Soleyrol pour l'avertir du message qu'il venait de lire sur la place du village. Les invités, comme la plupart des habitants, avaient été alertés par le tapage ininterrompu du tocsin. La noce en fut troublée quelques instants, mais, le vin aidant, chacun avait poursuivi sa conversation dans son coin, feignant d'ignorer la gravité de la nouvelle.

À l'écart, l'institutrice, Mathilde Fontane, venait de faire ses au revoir à Antoine Chabrol, quand celui-ci croisa le garde champêtre sur sa bicyclette.

« Que viens-tu donc annoncer, Maturin ? Et où cours-tu si vite ?

– Le maire ! Je viens prévenir le maire. Ça y est, c'est la guerre ! Cette fois nous l'avons ! »

Antoine ne fut pas très surpris par cette effrayante nouvelle. Il s'attendait depuis longtemps à ce que l'Allemagne entre en guerre. Depuis l'attentat de Sarajevo, il était persuadé que les hostilités seraient déclenchées avant la fin de l'été. Il ne s'était pas trompé.

Maturin se fit discret, ne voulant pas jeter la consternation parmi les convives. Ceux-ci cependant comprirent aussitôt, en le voyant parler à l'oreille du maire, qu'il venait annoncer ce qu'ils essayaient en vain d'ignorer.

« Mes amis, déclara le premier magistrat de la commune, ce que nous craignions tous, hélas, vient de me parvenir. C'est la guerre ! »

Tous les invités se rassemblèrent autour de lui, muets d'inquiétude et d'incompréhension. Adeline, la femme d'Antoine, se sentit défaillir. Elle n'eut que le temps de s'agripper au bras de sa fille, Marie, qui l'entretenait des intentions de Jérémie Coste.

« Mon Dieu ! fit-elle. Nous n'avons pas encore eu assez de malheurs ! »

Elle se rassit lentement, le visage livide.

« Mes pauvres enfants !

– Mère, ce n'est peut-être rien d'autre qu'une simple alerte. Ce n'est pas la première fois que les gouvernements mobilisent, rien que pour montrer les dents.

– Que Dieu t'entende, ma petite ! Car si la guerre éclate, ce sera une catastrophe pour tout le monde.

– De toute façon, Père ne pourra pas partir. Avec son infirmité, ils ne le prendront pas.

– Je pensais à tes frères et aux fils d'Adrienne. Mon Dieu, qu'allons-nous devenir ? »

Le maire tentait d'expliquer la situation, à sa manière, en évitant de se montrer trop alarmiste. Il conseilla toutefois aux jeunes de se tenir prêts, car, selon lui, les ordres de mobilisation n'allaient pas tarder à parvenir dans les familles.

« Ne remontez pas à l'estive, ajouta-t-il à l'adresse de Mathieu, le jeune marié, de son frère et de ses amis. Il serait sage d'attendre.

– Qui s'occupera de nos bêtes ? Tu y penses ! »

Antoine rejoignit son fils qui commençait à s'énerver.

« Moi ! Ne t'inquiète pas. Je monterai avec Joseph et nous finirons l'estive ensemble. François nous aidera. Je n'ai pas besoin de deux bras pour reprendre la relève de mes fils ; et ce n'est pas le temps que j'ai passé en prison qui m'a fait oublier mon métier. »

C'était la première fois qu'Antoine osait parler de son emprisonnement devant tout le monde. Il s'était juré de ranger ce douloureux souvenir au fin fond de sa mémoire et de ne plus jamais y faire allusion. Adeline se leva à grand-peine de sa chaise, prise subitement d'une violente convulsion de poitrine, et tenta de raisonner son mari.

« Antoine, tu ne vas pas… »

La toux l'arrêta net une seconde fois. Marie lui dit de se rasseoir.

« Ne vous inquiétez pas, Mère. Je resterai à vos côtés. Vous n'aurez qu'à dorloter votre petit-fils. »

Pierre, le petit garçon de Marie, continuait de jouer à l'écart des grandes personnes, dans l'insouciance des enfants. Il n'avait jamais vu autant de monde rassemblé et s'était dissimulé sous une table pour y être plus tranquille. L'ayant perdu de vue, Marie s'inquiéta et se mit à sa recherche.

« Pierre, viens donc t'asseoir sur les genoux de ta Mamé. » L'enfant sortit de sa cachette et se planta devant Adeline.

Celle-ci, les yeux noyés de larmes, le prit dans ses bras et le serra très fort contre elle.

« Toi, au moins, tu nous tiendras compagnie ! »

Pierre ne connaissait ses grands-parents que depuis la veille. Il se montra un peu farouche, puis, voyant les yeux humides d'Adeline, lui demanda :

« Pourquoi pleures-tu, Grand-Mère ? Tu es triste ?

– Elle pleure parce qu'elle est heureuse que tu sois avec elle », coupa Marie.

Le petit garçon se dégagea de l'étreinte de sa grand-mère et ajouta :

« Je ne veux pas que tu pleures. Il ne faut pas être triste !

– Brave petit, susurra Adeline, brave petit ! »

La noce se poursuivit tard dans la soirée. Mais les cœurs n'étaient plus à la fête. L'inquiétude fit place à l'incrédulité, et bientôt chacun se demanda ce qui allait maintenant se passer. Certains pensaient que seuls les jeunes de la classe quatorze allaient être appelés. Ce qui perturba Adeline encore plus. Fabien, son fils cadet, allait fêter ses vingt ans en septembre et n'échapperait donc pas à une mobilisation même partielle. D'autres parlaient d'une mobilisation générale.

« Dans ce cas, fit remarquer Joseph Coste, même les gars de trente-cinq ans et plus seront appelés au casse-pipe. Nos fistons devront tous partir.

– Ne dis pas cela devant Adeline, lui conseilla Antoine. Elle se fait déjà assez de soucis comme ça, sans en rajouter ! »

Dès le lendemain, on apprit que la mobilisation était générale. La nouvelle jeta la consternation. Dans tous les foyers on attendit avec résignation. Là où les hommes étaient nombreux, on ne parvenait pas à se faire à l'idée que dans un jour, deux peut-être, il n'y aurait plus sous le toit familial que les femmes, les enfants et les plus âgés. Quand les ordres de mobilisation et les feuilles de route parvinrent à leurs destinataires, le doute, s'il était encore permis, ou l'espoir pour certains encore incrédules, disparut à tout jamais. Tous les hommes valides de vingt à quarante-cinq ans furent concernés par le vent de tempête qui s'était mis à souffler dans les régions lointaines du Nord et de l'Est.

À Quérac, l'effervescence battait son plein. Déjà les premiers appelés s'apprêtaient à rejoindre leur unité et s'étaient rassemblés sur la place, où le maire les haranguait comme au temps lointain où la patrie avait été déclarée en danger. Dans la foule agitée, quelques-uns s'efforçaient de garder le sourire, persuadés qu'ils reviendraient bientôt.

« Nous serons rentrés au plus tard pour les vendanges !

– Après tout, cela nous fera des vacances ; nous autres, paysans, ce n'est pas tous les ans que nous pouvons en prendre ! Et tous frais payés par-dessus le marché ! »

D'autres s'efforçaient de faire bonne figure, pour ne pas inquiéter leurs proches, et dissimulaient mal leur angoisse.

Ils furent une bonne trentaine à partir le premier jour. Puis d'autres suivirent les jours suivants. Au fur et à mesure, la liesse apparente des premiers départs fit place à de mornes au revoir, surtout quand on vit les pères de famille prendre à leur tour le chemin de l'exil.

Le maire, Victor Bonnefoi, qui avait succédé à Lucien Roure aux précédentes élections, prit les initiatives. Il réquisitionna un petit camion, fit appel à des amis qui possédaient une automobile et proposa aux appelés de les véhiculer jusqu'à la gare d'Alais[1].

Jérémie Coste et Mathieu Chabrol reçurent leur feuille de route parmi les premiers ; Maurice, le frère de Jérémie, dès le lendemain. Tous trois devaient se rendre à Nîmes, puis rejoindre leur régiment d'affectation sans attendre.

Au Soleyrol, chez les Chabrol, et à la Castanède, chez les Coste, c'était comme un jour de deuil. Personne n'avait envie de s'épancher. Le temps n'était plus aux suppositions ni aux jérémiades. La guerre était aux portes du pays. L'Allemagne venait de la déclarer officiellement à la France et avait envahi le Luxembourg et la Belgique malgré sa neutralité. Cette fois, les canons avaient ouvert le feu et les bruits couraient déjà que les populations civiles fuyaient partout sur les routes pour échapper au déluge de l'enfer.

« S'il faut que certains se sacrifient, c'est nous, les anciens, qui devrions partir ! se désolait Joseph, qui ne

---

1. *Ancienne orthographe pour Alès jusqu'en 1926.*

se faisait pas à l'idée de devoir se séparer de ses deux fils, ses seuls enfants.

– Ne vous en faites pas Père, dit Jérémie, nous les aurons ! La jeunesse de notre pays vaincra. À votre âge, vous avez assez donné pour que la patrie vous reconnaisse le droit d'être défendu par ses enfants.

– Ton patriotisme t'honore, fils ! Puisses-tu revenir vivant afin de fêter encore longtemps nos drailles[1] qui ne sauraient attendre indéfiniment le retour des hommes. »

Jérémie n'avait rien d'un va-t-en-guerre. Mais, comme beaucoup de jeunes dont l'instruction militaire n'était pas très lointaine, face à un ennemi à l'orgueil démesuré, il sentait croître en lui le sentiment du devoir national. Les promesses qu'il avait faites à Marie augmentaient son désir d'en finir vite. Cette guerre – ces quelques combats probables, pensait-il – ne ferait que grandir à ses yeux sa propre valeur et ferait d'autant plus vite oublier ses sombres pensées à celle qu'il aimait. Jérémie craignait en effet que l'image de Guillaume Donnadieu, le fils du châtelain de Quérac, dont Marie s'était jadis éprise, ne vienne ternir l'amour naissant que celle-ci semblait maintenant nourrir pour lui. Aussi, avant de partir, lui fit-il promettre de l'épouser dès que la guerre serait finie.

« Après les vendanges et le retour de transhumance, une fois que tout le monde sera rentré », lui proposa-t-elle !

Marie accepta donc la demande de Jérémie et pensa qu'il était vraiment le père qu'il fallait à son enfant.

---

1. Chemins de transhumance.

Quand leurs deux familles furent mises au courant de leur décision, leurs craintes ne firent que décupler.

« Ah, ces jeunes ! soupira Joseph. Avaient-ils besoin de se faire de telles promesses, juste au moment où tout va mal ?

– Au contraire, fit Adrienne, son épouse, cela obligera Jérémie à prendre soin de lui, à ne pas faire le fanfaron. Quant à Marie, elle aura l'esprit occupé puisque son cœur s'est remis à battre pour quelqu'un. »

Joseph fit contre mauvaise fortune bon cœur et retrouva un peu de bonheur malgré les ténèbres qui venaient d'obscurcir les cieux lumineux de l'été.

Maurice, lui, n'était pas si enthousiaste. Un an seulement s'était écoulé depuis la fin de son service militaire, et il n'avait aucune envie de porter de nouveau les armes. De plus, il acceptait mal de se séparer de Louise alors qu'ils venaient de se marier. Il n'avait rien à prouver à sa jeune épouse, ni à lui faire oublier. Il fulminait à l'idée de devoir la quitter après avoir tant attendu pour se donner l'un à l'autre.

Au village, certains de ses amis parlaient de ne pas répondre à l'ordre de mobilisation. Il était prêt à les suivre. Après tout, cette guerre ne le concernait pas, et le gouvernement qui l'avait acceptée, il ne l'approuvait pas.

De vieux souvenirs resurgirent des mémoires : résistance, camisards, désert, désobéissance civile.

« Pourquoi pas nous ? expliqua-t-il. Nous ne devons obéir qu'à notre conscience. Nos ancêtres se sont cachés pour échapper à l'oppression et désobéir au roi. Personne ne viendra nous dénicher dans nos montagnes.

– Et après ? répliqua Jérémie. As-tu pensé que tu ne pourras jamais plus vivre sans craindre les gendarmes ? Que sera ta liberté dans de telles conditions ?

– La paix revenue, on finira par nous oublier ! »

Maurice tenta en vain de convaincre son frère et son ami Mathieu. Il évita d'ouvrir ses pensées devant son père qui, il en était certain, n'aurait pas accepté d'aider un déserteur, fût-il son propre fils. Seul devant son alternative – Louise ne lui étant d'aucun secours – il finit, la mort dans l'âme, par se rendre à la raison.

« Ce n'est pas l'envie qui me manque ! » grommela-t-il en préparant son paquetage pour la route.

Au Soleyrol, Mathieu gardait jalousement les dernières heures qui lui restaient de libres pour consoler Lucie, sa jeune épouse. Il avait beau lui expliquer que la sanction disciplinaire qu'il avait subie pendant son service militaire ne lui serait pas préjudiciable, elle craignait qu'il fût vite repéré par ses chefs et envoyé là où le danger serait le plus grand.

« Tout cela est de l'histoire ancienne. J'ai payé pour ce que j'ai fait. Il ne faut pas t'inquiéter.

– Mon père m'a dit que les fortes têtes, on les envoyait tout de suite sur le front. C'est comme ça dans toutes les guerres.

– D'abord, je ne suis pas une forte tête ! Je n'ai fait que prendre une permission qu'on me refusait. Je ne me suis pas rebellé et je n'ai pas déserté !

– Si, c'était comme une désertion ! C'était très grave. J'ai peur Mathieu. Promets-moi de ne jamais aller de l'avant le premier. »

Mathieu fit toutes les promesses que Lucie exigea de lui et se planta dans l'esprit une idée fixe : revenir sain et sauf, coûte que coûte.

Adeline fut levée la première le jour du départ de Mathieu. L'aube blanchissait à peine les collines quand elle tomba du lit. Elle n'avait pas dormi de la nuit. Malgré son extrême faiblesse due à la fatigue occasionnée par les préparatifs du mariage et au mal sournois qui s'était à nouveau réveillé en elle, elle ne voulut laisser à personne le soin de vérifier le paquetage de son fils.

« Mathieu est marié, lui fit gentiment remarquer Antoine. Laisse donc à Lucie le soin de veiller sur lui à présent.

– Une mère reste toujours une mère ! Même quand son fils est marié. Lucie a plus important à faire que de s'occuper des effets qu'il doit emporter. Il ne lui reste que peu de temps pour rester blottie dans ses bras ! »

Peu avant huit heures, Jérémie rejoignit son ami au Soleyrol et fit ses adieux à Marie. Tout le monde s'était rassemblé chez les Chabrol pour ce premier départ et pour accompagner les jeunes soldats jusqu'à la place du village. Comme la veille, les mères et les épouses éplorées ne finissaient pas de donner leurs dernières recommandations et de tirer d'ultimes promesses, toujours les mêmes, aux hommes qui montaient dans les voitures ou à l'arrière du camion.

Lorsque le petit convoi disparut au loin et que le silence l'emporta sur le bruit des moteurs, la place du village sembla se figer, à l'image d'une carte postale fixant à jamais les acteurs d'un jour sur un cliché où tout était gris, malgré le soleil qui illuminait déjà les vignes et la garrigue.

« Allez, venez ! fit Antoine. Inutile de rester plantés là. »

Dans la gare d'Alais régnait la même fébrilité. Une foule innombrable entourait les appelés. Si certains arboraient encore un large sourire, beaucoup dissimulaient mal leur angoisse. Ce n'étaient qu'embrassades, effusions, pleurs et sanglots.

Les appels des chefs de quai se mêlaient aux sifflements stridents des locomotives. Les jets de vapeur donnaient l'impression qu'une nappe de brouillard s'était répandue sur toute la ville, tandis que les noires fumées de charbon rendaient l'air irrespirable.

Sur l'embarcadère, Mathieu reconnut une silhouette qui se faufilait dans la foule compacte. Une jeune femme, chargée d'un sac qu'elle portait avec peine, s'approchait des soldats en partance et leur distribuait des petits paquets. Quand elle aperçut Mathieu et Jérémie, elle se dirigea droit vers eux d'un air rassuré :

« Enfin, je vous trouve ! Je craignais que Maurice ne vous ait fait faire une bêtise. »

Mathilde Fontane portait au bras un brassard de la Croix-Rouge.

« Maurice ? s'étonna Jérémie.

– Je suis au courant de ce qu'il voulait faire. D'anciens élèves m'ont avertie que certains jeunes appelés se sont mis dans l'idée de déserter. Plusieurs, hélas, l'ont déjà fait et ont rejoint la montagne. Je craignais que ton frère ne vous ait entraînés.

– Nous l'avons convaincu de ne pas les suivre.

– C'est heureux ! Ce n'est pas une chose à faire ! »

Mathilde expliqua ce qu'elle faisait sur le quai de la gare et leur remit à chacun un petit colis au nom de la Croix-Rouge.

« Ce n'est pas grand-chose. Mais cela pourra vous être utile.

– J'ignorais que vous faisiez partie de la Croix-Rouge !

– Quand la guerre a éclaté, je n'ai pas hésité. J'ai proposé mes services. »

La jeune femme s'entretint quelques minutes avec les fils de ses amis, puis, le devoir l'appelant auprès des autres, leur fit ses au revoir et leur donna, elle aussi, ses derniers conseils.

Au Soleyrol le calme était revenu. La maison semblait vide en l'absence de Mathieu. Louise était restée à la Castenède auprès d'Adrienne, Lucie était retournée habiter chez ses parents. Seuls les garçons s'activaient autour d'Antoine. François, le benjamin, ne pensait plus déjà qu'à remonter à l'estive. Quant à Fabien, conscient que son tour viendrait le mois suivant, il commença à rassembler quelques effets dans son armoire et, résigné, s'apprêta à suivre le chemin de son frère.

Le lendemain, Maurice partit à la même heure. La mort dans l'âme et la rage au cœur, il demanda à ce que personne ne l'accompagne aux voitures, ni Louise ni ses parents.

« J'irai seul ! Et je reviendrai seul ! Ensuite, il ne faudra plus me parler de guerre, de patrie ni de pays. Mon seul pays est celui des drailles et des pâturages d'estive ! »

Quand tous les hommes appelés à se battre eurent quitté le village, Antoine et Joseph s'apprêtèrent comme prévu à se mettre en route.

L'appel des drailles avait un goût d'amertume.

II

Retour à l'estive

De bon matin, Joseph rejoignit Antoine et François pour mettre une dernière main au chargement qu'ils allaient emporter à dos de mulet. Dans l'écurie, la brave bête déjà bâtée et chargée piaffait d'impatience, sentant revenu le temps des cimes qu'elle croyait précocement achevé. Fabien rôdait autour d'eux, le cœur lourd. D'un commun accord, ils avaient décidé qu'il resterait au Soleyrol afin d'aider Adeline pendant un peu plus d'un mois, en attendant sa feuille de route.

« Il est plus prudent, lui expliqua son père, que tu ne t'éloignes pas trop. Qui viendrait te prévenir là-haut ? L'estive est trop loin et il vaut mieux que tu gardes tes forces intactes pour ce qui t'attend. »

Fabien obéit. Contrairement à Maurice, il n'avait nulle intention de ne pas répondre à l'appel. Toutefois, s'il considérait la désertion comme une lâcheté, il n'était guère enthousiaste pour aller se battre. Il ne connaissait rien encore à la vie militaire ni au maniement des armes. L'expérience de Mathieu l'avait quelque peu refroidi et lui avait ôté toute envie de se démarquer, fût-ce pour obtenir un grade comme son aîné. Il considérait la guerre comme un événement lointain qui ne le concernait pas vraiment. Comme pour beaucoup de jeunes garçons de son âge, partir pour servir la patrie n'avait pas réellement de sens. Il le ressentait comme une déchirure, un vol de trois années de sa jeunesse – vu les événements, la loi des trois ans avait été rétablie. L'idée de devoir rester si longtemps éloigné des siens, de ses bêtes, de ses drailles qui étaient tout son univers rendait son esprit ténébreux. Lui qui d'ordinaire était toujours plein d'entrain, toujours le premier à envisager l'avenir sous des jours meilleurs, il ne montrait plus aucun engouement et semblait se détacher de ce qui faisait le sel de son existence.

« Il faut te secouer, lui conseilla Antoine. Tu es jeune, tu as la vie devant toi. Ce ne sont pas trois ans de plus ou de moins qui t'empêcheront de vivre. Prends exemple sur ton frère et tes amis. Non seulement ils ont fait leur temps, mais maintenant ils y retournent !

– Je sais, Père, mais trois ans, c'est si long !

– Ce n'est pas la prison ! Là, je peux t'assurer que c'est long. Je sais de quoi je parle.

– Excusez-moi, Père, je ne voulais pas vous rappeler ces tristes années.

– Crois-moi, toute expérience endurcit un homme. Certes, entre partir à la guerre et aller en prison, c'est choisir entre la peste et le choléra. L'un ne vaut pas mieux que l'autre. Mais dis-toi bien que cette guerre ne durera pas longtemps. Tout le monde l'affirme, c'est l'histoire de quelques semaines, au plus de quelques mois. D'ici Noël, tout sera rentré dans l'ordre. Aussi, si je peux te donner un conseil : sois prudent ! Ce ne sera pas long.

– Il n'empêche que trois ans dureront toujours trois ans ! »

Fabien s'entêtait. Antoine comprit qu'il était inutile de tenter de le raisonner davantage.

« Allez, fils, fais-moi tes adieux ! Sache que ce n'est pas de gaieté de cœur que je prends ta place à l'estive. Mais te savoir auprès de ta mère pour six semaines encore me rassure. Cela l'aidera à accepter un peu mieux notre nouvelle séparation. »

Antoine s'apprêtait à rejoindre Adeline et ses filles pour faire ses ultimes au revoir, quand il perçut au loin un bruit de sabots étouffé. Joseph finissait d'amarrer les derniers sacs de sel sur le dos du mulet. Auguste Donnadieu, le châtelain, arriva à bride abattue, dans un nuage de poussière.

« Je voulais vous voir avant que vous ne vous mettiez en route, fit-il, essoufflé, dès qu'il eut mis pied à terre. Je ne saurais jamais trop vous remercier de l'aimable invitation que vous m'avez faite pour le mariage de vos enfants. Je sais qu'ils vont terriblement vous manquer. Voilà pourquoi j'ai pensé que vous pourriez emmener Gaston Fabre en Aubrac. À soixante-cinq ans, il se porte encore très bien. Il n'est pas berger, mais il pourra vous être utile. »

Antoine et Joseph se regardèrent, étonnés par tant de mansuétude de la part du châtelain. Antoine répondit le premier :

« Il est vrai que nous ne serions pas trop de trois hommes là-haut. Car, mis à part François, nous n'avons que deux jeunes *traspastres*[1]. Le jeune berger que

1. *Apprentis bergers.*

Mathieu avait embauché à la loue de Cabrillac a dû, lui aussi, rejoindre les drapeaux.

– Gaston ne vous manquera-t-il pas au moment des vendanges ? s'enquit Joseph, qui sentait le manque de franchise de son maître.

– Il faut bien s'entraider et se répartir la main-d'œuvre. J'ai fait mon plan de campagne. Avec les Espagnols, je m'en sortirai bien, s'ils ne me font pas faux bond. Ce qui me chagrine le plus, c'est de devoir me passer de Léon Garrigue. Lui seul a le secret du vin. »

Le maître de chais, malgré sa nombreuse famille, s'apprêtait à son tour à rejoindre son unité. La plupart des hommes du domaine étaient dans son cas. Le châtelain allait se retrouver seul ou presque, avec les plus âgés qui devraient redoubler d'ardeur à l'heure où ils avaient bien mérité une fin d'existence plus tranquille. Entre les troupeaux à faire redescendre de l'estive et les vendanges qui s'annonçaient, la tâche qui l'attendait ne manquerait pas. Il avait déjà fait le tour de la commune et proposé à tous ceux qui restaient de les embaucher, au moins pour finir la saison et éviter la catastrophe. Mais beaucoup avaient refusé, ayant assez de travail chez eux en l'absence de leurs fils ou de leurs gendres. Restaient les femmes. Il faudrait donc faire appel aux femmes !

Auguste Donnadieu paraissait chagriné. Antoine comprit immédiatement qu'il n'était pas allé au bout de sa proposition. Cela ne lui ressemblait guère.

« Quelque chose d'autre ? »

Le châtelain hésita.

« Je viens d'apprendre que mon fils Guillaume a rejoint son régiment à Châlons-sur-Marne. Il s'apprêtait à venir passer une quinzaine de jours au château.

Depuis qu'il est parti à Paris pour ses études, ses visites se font de plus en plus rares. Moi qui comptais sur lui pour prendre ma relève, je crains fort qu'il n'ait d'autres idées en tête ! Mais on ne fait pas toujours ce qu'on veut avec ses enfants, n'est-ce pas ? »

Antoine et Joseph commençaient à s'impatienter. Ce n'était pas le moment, pensaient-ils sans se concerter, de s'épancher sur ses propres désillusions, alors que le temps pressait.

« Votre fils Guillaume est jeune, coupa Joseph. Il peut encore changer d'avis. Il faut lui laisser le temps de faire sa propre expérience de la vie.

– Vous avez sans doute raison. D'ailleurs, j'ai agi de la même manière vis-à-vis de mon père. Cela ne m'a pas empêché d'être auprès de lui quand il a eu besoin de moi. »

À entendre parler de Guillaume, Antoine faillit perdre patience. Il n'était pas parvenu à pardonner au jeune châtelain d'avoir abusé de sa fille. Pour lui, cette faute gravissime nécessitait réparation. Or le maître lui-même semblait avoir remisé ce drame au rang des affaires classées. Antoine ignorait que Guillaume ne s'en était ouvert à personne, sauf à sa mère, Hortense, à qui il avait remis une lettre mystérieuse juste avant de partir rejoindre son unité. Il ignorait donc qu'Auguste Donnadieu n'était au courant de rien.

« Excusez-nous, monsieur, le temps presse. Nous devons nous mettre en route. »

Le châtelain se reprit :

« Je voulais préciser : je vous confie Gaston Fabre en échange de vos services pendant les vendanges. Vous n'aurez qu'à redescendre de l'Aubrac plus tôt que prévu. Disons aux environs du 15 septembre. »

Antoine et Joseph se regardèrent.

« Il faut se montrer solidaires, n'est-ce pas ? » ajouta Donnadieu.

Antoine sentit monter sa colère.

« Si c'est cela que vous êtes venu nous proposer, nous nous passerons de votre vigneron. Nous ne pouvons sacrifier une campagne d'estive, surtout en ce moment.

– Je vous demande ça comme un service !

– Alors, monsieur, nous sommes au regret de devoir décliner votre offre. Trop de travail nous attend dans nos bergeries, sans encore passer toutes nos journées dans vos vignes. Même nos épouses, cette année, ne pourront aller vendanger. Surtout la mienne que le mal ronge petit à petit. »

Auguste Donnadieu avait perdu de sa superbe. Lui, le châtelain habitué à donner des ordres et à ce que tout le monde soit à ses pieds, en était arrivé à quémander de l'aide à plus démunis que lui.

« Si nos fils n'étaient pas partis, ajouta Joseph pour tempérer les propos de son ami, nous vous aurions aidé. Mais comprenez que nous aussi nous manquons de bras. Or nos existences dépendent avant tout de nos troupeaux. »

Offusqué par le refus de ses deux métayers, le châtelain, piqué au vif, remonta en selle et, sans un au revoir, donna des étriers et disparut aussi vite qu'il était arrivé.

« Ces aristocrates ! maugréa Antoine. Ils se croient tout permis. Il pensait peut-être que nous allions lui obéir au doigt et à l'œil sans rechigner. Nous ne sommes plus au temps des seigneurs, que je sache !

– N'exagère pas, Antoine ! Il venait simplement demander notre aide, et, comme tous les gens de la haute, il ne se doutait pas que nous avions autant de problèmes que lui et que nous oserions le rabrouer. N'oublie pas que nous sommes encore ses métayers et qu'une partie de nos bêtes lui appartient toujours.

– S'il veut s'en occuper lui-même, je les lui laisse. Je ne sais pas ce qu'il en ferait, avec le peu de main-d'œuvre qui lui reste !

– Rien ne sert de s'énerver. Il est temps d'aller embrasser nos femmes ! »

Adrienne et Adeline mettaient une dernière main au paquetage de leurs maris. Elles n'avaient pas assisté à l'altercation qui les avait opposés au châtelain. Seule Louise, qui était sortie pour rejoindre son jeune frère, avait entendu quelques bribes de conversation et compris aussitôt quelle serait la difficulté de son père, une fois ce dernier rendu à l'estive. Elle n'hésita pas longtemps.

« Je pars avec vous ! déclara-t-elle. Cette année, moi aussi je prends la draille.

– Tu n'y songes pas ! s'exclama Antoine, surpris. La place d'une femme n'est pas à l'estive. La transhumance est l'affaire des hommes, c'est une vie bien trop pénible pour toi. De plus, ta mère a besoin de toi.

– Je n'ai pas besoin de Louise, interrompit Adeline, qui venait de prendre la conversation au vol. Marie et Adrienne suffiront pour me seconder. Je ne suis pas encore invalide et il me reste assez de forces pour tenir ma place ! »

Antoine s'approcha d'elle :

« Voyons, sois raisonnable ! Il faut te ménager. Sans ces préparatifs de mariage, tu serais actuellement en train de te soigner à Concoules. N'aggrave pas ta santé en voulant te surpasser ! »

Joseph vint appuyer la décision de Louise.

« Ta fille connaît les bêtes aussi bien que nos fils. Elle peut nous être utile. Si le cœur lui en dit, laisse-la nous accompagner.

– Père ! » supplia Louise.

Antoine comprit que tous étaient du même avis. Il insista une dernière fois.

« Vous savez comme moi que les bergers n'aiment pas la présence des femmes à l'estive. C'est comme les marins sur leurs bateaux, c'est comme ça !

– Au diable les superstitions ! répondit Joseph. Vu les circonstances, il faut savoir faire fi de nos vieilles croyances et nous adapter. »

Tous les regards se figèrent sur Antoine.

« C'est bon, finit-il par renoncer. Va pour cette fois ! »

Louise s'absenta quelques instants et ressortit de la maison un gros sac sur l'épaule.

« Je vois que tu avais tout prévu ! dit Antoine, qui feignit encore de s'étonner. Allons, il est temps de nous mettre en route ! »

Les quatre transhumants progressaient sur la draille au pas cadencé du mulet qui accélérait sans cesse le rythme, pressé sans doute de retrouver le troupeau dans les hauts pâturages.

En chemin, Antoine semblait faire de nouvelles découvertes. Les sombres années passées à l'ombre de son cachot lui avaient fait perdre toutes les sensations qu'il éprouvait toujours à chaque voyage. Son esprit s'était mis en sommeil pour mieux préserver le précieux trésor qu'il avait accumulé au fil des ans sur le parcours des troupeaux. Au fur et à mesure qu'il avançait, les portes de ses souvenirs se rouvrirent les unes après les autres. Ses impressions resurgirent, comme lors d'une renaissance à la vie.

Jamais le ciel ne lui parut aussi éclatant d'azur, les granites de Camp Barrat aussi argentés, les schistes de l'Asclier aussi cuivrés. La nature tout entière s'épanouit sous son regard, comme une jeune mariée prête à s'offrir. Les subtiles fragrances printanières avaient fait place aux parfums voluptueux de l'été. Le vent chaud et sec chantait en lui comme une bise légère, et lui rappelait que tous l'attendaient, comme au bon vieux temps d'avant.

Mais août annonçait les premières touffeurs orageuses. La montée devint vite harassante. La chaleur emmagasinée par la roche dénudée des crêtes écrasait les marcheurs jusqu'à la tombée de la nuit. Ils s'arrêtèrent chaque soir toujours aux mêmes haltes. Partout on accueillit Antoine les bras ouverts : à Bonperrier, à Fons, au Villaret.

Le cœur des marcheurs cependant était chagriné, leur esprit soucieux. Durant les huit jours que dura la traversée, aucun des quatre pèlerins n'osa faire part aux autres de ce qui assombrissait la joie qui, d'ordinaire, accompagnait les transhumants le long des drailles. Cette liberté retrouvée avait pour Antoine quelque chose d'inachevé et jetait sur chacun un coin d'ombre qui en interdisait la pleine jouissance. Louise, pourtant si bavarde, se tut sur tout le parcours, l'esprit préoccupé par le sort de son jeune mari et de ses frères. Joseph craignait le pire pour ses fils et ceux de son ami, mais évitait de le montrer. Antoine, lui, était traversé par d'étranges sentiments : attristé d'avoir laissé Adeline dans un état toujours précaire, soucieux du sort que connaîtraient les garçons sur le front, où ils ne manqueraient pas d'être envoyés, il était de plus en plus troublé par les pensées de Mathilde qui occupaient malgré lui son esprit.

Par son attitude équivoque, la jeune femme lui avait mal dissimulé ce qu'elle éprouvait à son égard, et il commençait à comprendre ce qui l'avait maintes fois conduite sur son chemin. Il s'en voulait de songer à elle dans de telles circonstances, mais il n'était pas maître de ses pensées. La prison, l'état d'Adeline, les problèmes de Marie, la guerre maintenant ! C'était trop à la fois.

Sa vie, si tranquille jadis, n'était plus ancrée aux repères qui l'avait jalonnée depuis sa tendre enfance. Il semblait vivre dans un autre monde, une existence qu'il croyait connaître et qui n'était plus sienne. Il était devenu un étranger chez lui, un paria dans son propre univers. Il avait beau ressentir dans sa chair chaque caillou du chemin, chaque effluve des sous-bois, revoir ses bêtes à chaque passage escarpé, rien ne lui était plus comme avant. Même le regard des autres lui semblait différent et l'accueil chaleureux qu'on lui réservait à chaque étape lui paraissait lourd de cette compassion qu'il abhorrait tant.

Mais Antoine se trompait. Ses amis n'avaient pas changé à son égard. Seul le regard que lui portait sur les autres, en raison de ce qu'il avait vécu, lui donnait l'impression de cette différence.

Lorsqu'ils parvinrent au terme de leur périple, fourbus et toujours aussi préoccupés qu'au moment du départ, ils prirent conscience de l'ampleur du drame qui se jouait si loin de chez eux. Pour la première fois, ils se sentirent coupés de leur famille. Nul ne pourrait les prévenir rapidement si un malheur touchait l'un des leurs : ils ne pourraient être présents pour soutenir ceux qu'ils avaient laissés et qui seraient seuls à supporter tous les tourments. Leur départ prit soudain à leurs yeux l'aspect d'une fuite.

Joseph le premier osa aborder la question qui brûlait les lèvres de ses compagnons depuis le premier jour du voyage :

« Il serait raisonnable de ne pas attendre la fin octobre pour redescendre le troupeau. Nous devons être avec les nôtres le plus tôt possible au cas où ils auraient besoin de notre soutien.

– Le fourrage manquera et la soudure sera difficile à assurer ! Où trouverons-nous le manque à gagner ? »

Antoine parlait sans conviction. Il savait que son ami avait raison de se soucier de leurs épouses. L'état d'Adeline ne lui permettait pas de fortes émotions. En cas de coup dur, son absence pourrait lui être fatale. Il se rendit vite à la raison.

« Pour le moment, ajouta-t-il, nous allons répartir les tâches. »

Comme il en avait jadis l'habitude, il prépara le plan de pâturage sans attendre, considérant François et Louise comme des bergers à part entière. Sa fille pourtant n'avait aucune expérience de la transhumance. Il lui adjoignit l'un des deux *traspastres* qui étaient restés avec le troupeau depuis le départ de Mathieu et de ses compagnons. Le jeune Sébastien lui expliqua comment dénombrer rapidement ses bêtes, comment éviter les pièges, repérer les terrains trop humides, comment se méfier des caprices du ciel. Elle apprit aussi vite que ses frères au temps de leur dur apprentissage et ne rechigna pas quand son père lui désigna le cercueil dans lequel elle devrait passer ses nuits de garde. Antoine ne l'exempta d'aucune des tâches qui l'attendaient, non pour lui démontrer qu'elle n'était pas dans son rôle, mais pour qu'elle s'endurcisse, conscient, malgré tout, qu'en cas de difficulté elle devrait être capable de faire face.

« Ici, proclama-t-il dès le premier soir, nous sommes tous logés à la même enseigne. Louise ne sera donc pas assignée aux travaux domestiques. »

D'ailleurs, elle ne l'entendait pas autrement. Jamais elle ne se déroba devant la tâche, jamais elle ne se plaignit.

Toutefois, quelle ne fut pas la surprise des hommes quand, au petit jour, elle parut vêtue comme un berger, à la garçonne ! Sans prévenir, elle avait remisé sa robe de paysanne et enfilé des pantalons d'homme de gros velours côtelé, une chemise de chanvre ample et raide, et des galoches fermées bordées de cuir. Ses longs cheveux noués en chignon derrière la tête, dissimulés sous son large chapeau de feutre, achevaient de lui donner l'allure d'un vrai berger.

Joseph fut le premier à s'étonner de son accoutrement et ne put retenir un rire moqueur.

« Qui crois-tu donc tromper ainsi déguisée ? Tes formes arrondies te trahissent !

– Ne te moque pas de moi, Joseph ! Puisque je fais un travail d'homme, je m'habille en homme ! »

François et les deux *traspastres,* qui étaient à peine plus âgés que lui, pouffèrent de rire dans leur coin.

« Il ne te manque plus qu'à te laisser pousser la moustache ! surajouta son jeune frère, l'œil pétillant de malice.

– Oh, toi, tu ne perds rien pour attendre !

– Louise a raison ! coupa Antoine pour prendre sa défense. Ici, il n'y a pas des hommes et une femme, nous sommes tous des bergers sur le même pied d'égalité. »

L'estive se déroula comme si rien de par le monde n'était arrivé. Rien ne vint en troubler le cours tranquille. Chaque matin, à l'heure où les coqs au loin réveillaient la campagne, les bêtes commençaient à s'agiter dans l'étable, impatientes de rejoindre les herbages frais et humides. Les hommes, la barbe hirsute, se levaient toujours les premiers, préparaient le café noir pour tous et découpaient les larges tranches de pain de seigle que chacun emportait pour midi.

Tandis que loin vers le nord les canons s'étaient mis à vomir le feu et l'acier, que les hommes pleuraient déjà des larmes de sang, la montagne semblait hors du temps, hors du monde. Le brasillement des étoiles, la nuit, dans un ciel si pur qu'on eût dit un cristal d'ébène saupoudré de paillettes ; la rosée matinale qui emperlait l'herbe tendre et le feuillage des hêtres ; le silence des agneaux qui chômaient, le jour, sous un soleil de plomb ; rien n'était perturbé par la vague déferlante de la folie meurtrière des hommes.

Antoine et Joseph tâchaient au mieux de masquer leur inquiétude, mais chacun sentait l'esprit de l'autre préoccupé, attiré par l'appel silencieux des siens. Quand, dans les lointains, un chien se mettait à hurler à la mort, leur sang se glaçait. Ils ne pouvaient alors s'empêcher de penser que, dans d'autres contrées, par-delà l'horizon, ce n'étaient pas des brebis qui tombaient sous les dents des loups affamés.

Louise, elle, faisait bonne figure. Tout à sa tâche nouvelle, elle rentrait le soir, harassée, et s'effondrait sur sa paillasse dans un grand relâchement, soulagée. Quand elle partait pour plusieurs jours, toujours accompagnée du jeune Sébastien, elle emportait discrètement la photo de Maurice dans son sac. La première chose qu'elle faisait, quand elle s'installait dans son cercueil avant la nuit, était de la poser délicatement contre le rebord intérieur de son abri, juste à côté de ses yeux, et elle s'endormait ainsi sous son regard vigilant.

La fraîcheur matinale de septembre avait chassé la lourdeur du mois d'août, les nuits commençaient à s'allonger sensiblement, ce qui n'était pas pour déplaire aux jeunes, toujours les derniers à se lever. Le temps s'était ramolli, et une pluie de soie commençait à nimber les prairies.

Un matin, tandis qu'ils s'apprêtaient à reprendre en main leurs bêtes qui peinaient, elles aussi, à s'activer, Sébastien et Louise virent s'approcher au loin une silhouette sombre. Ils ne lui prêtèrent pas attention et allèrent, selon leur habitude, se débarbouiller le visage dans le courant d'eau au bord duquel ils avaient établi leur campement. Dormant tout habillés comme les hommes, afin de ne pas perdre de temps, ils étaient toujours vite prêts. L'homme en noir se dirigea droit sur eux, sachant apparemment où il allait. Âgé d'une cinquantaine d'années, l'air austère dans son habit sombre, il déclara d'une voix hésitante :

« Je viens apporter une nouvelle. »

Louise sursauta. En une fraction de seconde, elle devina qu'un malheur était arrivé. Elle sentit aussitôt ses forces l'abandonner et vacilla. Sébastien eut juste le temps de la soutenir. C'est alors que l'inconnu comprit qu'il avait en face de lui un jeune garçon et une jeune fille. Il se reprit et ajouta à l'adresse de Louise :

« Excusez-moi, je croyais avoir à faire à un jeune homme ! Alors, c'est à toi que je m'adresse, poursuivit-il en se retournant vers Sébastien. Tu es bien Sébastien Gaillard ?

– Oui, monsieur. »

Louise se sentit apaisée. Mais, comprenant aussitôt que son jeune ami allait sans doute devoir affronter l'irrémédiable, elle se serra contre lui, comme pour le protéger d'un quelconque danger.

« Que lui voulez-vous ? demanda-t-elle.

– Il faut qu'il rentre immédiatement chez lui. Sa mère l'attend. On m'a transmis pour lui une bien terrible nouvelle. »

Sébastien devint blanc comme un linceul :

« Il est arrivé quelque chose à mon père, n'est-ce pas ?

– Tu dois être courageux, petit ! Ton père est tombé pour l'honneur de la patrie. Tu es le chef de famille à présent. Il faut rejoindre ta pauvre mère. Elle a besoin de toi. »

Le jeune *traspastre* s'assit sur le rebord de son cercueil. Sur ses joues encore imberbes, les larmes de son malheur perlèrent lentement comme une encre de deuil.

Louise, désemparée, eut honte de se sentir soudain soulagée. Elle ne trouva pas les mots justes pour soutenir son ami dans sa détresse. Elle n'avait pas l'habitude. L'homme parut embarrassé à son tour. Il s'éclaircit la voix en se raclant la gorge et poursuivit :

« Si tu le désires, nous referons le chemin de retour ensemble jusque chez toi. Le trajet te paraîtra moins long. Et puis, à deux, ce sera moins triste. »

Sébastien acquiesça de la tête, sans prononcer une parole. Il portait en lui toute la tristesse du monde. Devant ses yeux, un voile noir venait de tomber, qui répandait sur les vertes prairies une lumière de cendre et plongeait le monde dans les ténèbres.

Il fallut réorganiser le travail. Louise fit équipe avec Fabrice, le second *traspastre*, qui n'avait pas encore quinze ans. C'était un garçon solide comme le roc, à la voix grave comme celle d'un adulte. D'une tête plus haut que François, il semblait avoir grandi trop vite et se tenait déjà courbé en avant, entraîné par sa masse imposante. Lorsqu'il apprit le deuil de son camarade, qui habitait le même hameau que lui, non loin de Cabrillac, il en fut tout bouleversé. Il pensa qu'un tel drame pourrait aussi lui arriver à tout instant, son père et son frère aîné étant également au front.

« Nous sommes tous dans le même cas, lui avoua Louise pour le rassurer. Nous avons tous un frère, un père ou un mari parti se battre contre l'Allemagne, et beaucoup parmi nous, je le crains, pleureront l'un des leurs. »

Louise n'avait pas l'optimisme apparent dont certains appelés avaient fait preuve au moment du départ. Sa clairvoyance, son intuition féminine lui laissaient entrevoir que la guerre serait plus longue que prévu. Pourtant, Maurice avait évité de lui tenir des propos alarmistes, et, malgré le vent de révolte qui avait traversé son esprit, il lui avait promis qu'il serait vite de retour, ignorant, comme beaucoup, combien la course aux armements rendrait les combats très durs et très meurtriers.

François partait chaque matin garder en compagnie de Joseph. Le plus jeune des fils d'Antoine était bien le seul du groupe à paraître insouciant, même s'il n'était pas inconscient du danger qu'encouraient ses frères. Mais sa jeunesse lui permettait encore d'entrevoir que le malheur ne durerait pas une éternité et que les siens sauraient en être protégés.

Un soir cependant, il revint atterré. Joseph l'avait laissé seul à garder le troupeau pendant qu'il démontait le parc, suite à quelques nuits de fumature qu'ils avaient rendues à un paysan voisin. Les bêtes s'étaient quelque peu égaillées sur les pentes herbues, au pied d'un sommet couvert de frênes. Son chien, Roc, un jeune berger des Pyrénées à la robe fauve et au poil long, avait toutes les peines du monde à rassembler les brebis vagabondes dans le gros du troupeau. François, jouant de la lanière de sa houlette, courait de toute part, craignant d'en perdre quelques-unes. Son manque d'expérience et les caprices de jeunes brebis récalcitrantes faillirent avoir raison de sa bonne volonté. Roc s'était éloigné et tardait à revenir. L'enfant partit à sa recherche, le croyant disparu dans un proche vallon. Lorsqu'il l'aperçut à une centaine de mètres de lui, il l'appela afin qu'il rejoigne les bêtes. Le chien ne bougea pas et continua à aboyer avec véhémence dans la direction de son maître. Celui-ci dévala la pente en courant, laissant le troupeau sans surveillance. Au pied du chien, un homme gisait dans une mare de sang coagulé, le crâne défoncé, le visage méconnaissable. Dans ses mains crispées sur la détente, il serrait encore un vieux fusil de chasse pointé sous son menton.

L'inconnu, qui paraissait âgé, s'était tiré une balle dans la tête à l'écart de toute habitation. François resta plusieurs minutes à le contempler, sans réaction. C'était la première fois qu'il voyait un mort. La découverte d'un homme sans vie, baignant dans son sang, lui fit soudain prendre conscience que, là où se trouvaient ses frères, c'était par milliers que les hommes devaient tomber sous les balles de l'ennemi et le feu des canons.

Il ne put s'empêcher de penser qu'à l'instant même où il réfléchissait à cette vision d'enfer Mathieu, Maurice et Jérémie étaient peut-être tombés dans des conditions pires encore.

Et Fabien qui s'apprêtait à partir à son tour !

François s'efforça d'observer le cadavre déjà raidi sans détourner le regard. D'un coup, sous ses yeux d'enfant, toute l'horreur de la guerre venait de paraître dans sa plus cruelle expression : un homme inerte, qui aurait pu être son père ; un être figé dans un rictus de dernière souffrance, presque grotesque ; un trou béant dans un crâne, par où la vie s'était échappée ; une tache pourpre sur un tapis d'émeraude, sous un ciel de gentiane. Cette image, le jeune enfant ne devait jamais l'oublier.

Quand il raconta, le soir devant tout le monde, ce qu'il avait découvert, encore blême de stupeur, il se contenta de déclarer, laconique :

« Cet après-midi, j'ai compris ce qu'est la guerre ! »

Tous se regardèrent, l'entourèrent, inquiets de le voir si perturbé.

Le lendemain, Antoine et Joseph se rendirent sur les lieux du drame et allèrent alerter les plus proches voisins.

Eux aussi avaient le cœur qui saignait.

III

Premiers assauts

Une brume stagnante enveloppait les vignes détrempées. Dans la nuit, un violent orage avait éclaté et inondé la plaine. Des coups de sabre avaient ouvert le ciel, illuminant les coteaux d'éclairs métalliques comme en plein jour. Le grondement déferlant du tonnerre fit croire aux insomniaques que les canons étaient parvenus jusqu'aux portes des Cévennes, que la guerre s'était dangereusement rapprochée.

Au petit matin, à l'heure où les insectes s'éveillent, le vent se mit à souffler et distilla des parfums capiteux d'humus. Le ciel oscillait entre le gris et le bleu, tavelé par endroits de taches blanchâtres. L'été languissait comme un être malade et hésitait encore à s'éclipser. La terre exhalait des foisonnements sauvages de thym et de lavande fraîchement coupée, et, dans les vignes, une lourde odeur de moût sucré annonçait les proches vendanges.

Quérac vivait au rythme d'une commune endormie. Elle semblait avoir perdu son âme, sa vie. Dans les rues, sur la place de l'église, seuls les vieillards osaient encore se montrer comme avant. Les plus alertes commentaient les journaux qui se faisaient l'écho des nouvelles rapportées du front. Celles-ci n'étaient guère encourageantes. Au quartier général de Vitry, les annonces de défaitisme et de retraites devant l'ennemi tombaient comme feuilles en automne. L'écrasement de la Belgique laissait la porte ouverte à l'invasion du pays, déjà Nancy était menacée, puis Paris elle-même. Le gouvernement s'était replié à Bordeaux, laissant au général Gallieni le soin de défendre la capitale. Les troupes allemandes ne cessaient leur progression.

« S'ils passent la Seine, affirmait-on de bonne source, le pays tout entier sera envahi ! »

C'était sans compter sur Joffre, qui organisa la contre-offensive dès le début septembre, en envoyant le gros des troupes sur la Marne.

Les esprits étaient chagrinés, car les nouvelles des fils et des maris parvenaient mal. Au château, Auguste Donnadieu évitait de parler des événements afin de ne pas accroître les tourments de son épouse. Depuis qu'Hortense savait que son fils Guillaume avait été nommé lieutenant dans un régiment d'infanterie, ses jours et ses nuits ne connaissaient plus de repos. Elle l'imaginait, à la tête de son unité, lancer l'assaut à découvert, face à un ennemi armé jusqu'aux dents. Le châtelain avait beau affirmer qu'un Donnadieu de Quérac ne pouvait être moins que lieutenant et se devait de faire honneur à son rang, sa fierté ne trouvait pas d'écho auprès de sa femme ni de sa fille.

Julie, qui avait fêté en août ses vingt et un ans, était aussi soucieuse que sa mère. Fiancée à un jeune aristocrate de la région de Sommières, elle vivait aussi au quotidien les souffrances de la séparation. Son prétendant était parti se battre à la frontière alsacienne et, depuis le début des hostilités, elle n'avait reçu de lui aucune nouvelle.

Les femmes de Quérac ne savaient plus où donner de la tête. Le travail dans les vignes et dans les métairies leur incomba brutalement, et elles crurent qu'elles ne parviendraient pas à faire face. Or les Espagnols étaient venus moins nombreux. Pressentant le pire, beaucoup avaient préféré rester chez eux plutôt que risquer de se faire enfermer dans un pays en guerre. Quant aux Italiens, emportés par le vent de folie meurtrière, même si leur pays temporisait encore, ils boudaient la région.

« Qu'allons-nous faire ? » se lamentait Auguste Donnadieu. Sur le domaine, comme dans toute la commune, on finit par organiser l'entraide. Le châtelain rassembla tout son personnel valide, femmes, enfants, vieillards, distribua à tous une tâche bien précise et alla dans le village parlementer avec ceux qui désiraient, malgré tout, l'écouter. Il proposa, en échange de leurs services, de leur prêter la main-d'œuvre disponible du château afin que chacun puisse, à son tour, surmonter le surcroît de travail que l'absence des hommes occasionnait dans presque chaque foyer. L'esprit communautaire finit par remiser aux oubliettes les individualismes les plus forcenés, les égoïsmes les plus tenaces, qui marquaient déjà les mentalités de certains, surtout parmi les plus nantis.

Marie trouva dans le travail un précieux refuge pour ses pensées, elles aussi assombries par les événements. Elle avait repris sa place au château, à contrecœur, mais elle se devait de gagner un peu d'argent pour sa famille et pour élever son fils. La châtelaine la reprit à son service sans hésitation, et lui proposa un emploi de chambrière et de cuisinière. Elle partagea son temps entre les fourneaux de la brave Pauline, qui, malgré son âge, tenait toujours ses poêles et ses casseroles en parfait état, et les chambres qu'elle était chargée de maintenir toujours prêtes à recevoir du monde. Mais, du monde, il n'en venait plus au château !

Le souvenir de Guillaume, certes, la perturbait. Son ombre rôdait partout où son devoir l'appelait. Il lui était impossible d'oublier ce qu'ils avaient vécu ensemble, dans le secret des alcôves et – avaient-ils cru – à l'insu de tous. Cependant, elle se sentait assez forte maintenant pour considérer cette mésaventure comme le fait d'un passé bien révolu, une erreur de jeunesse qu'elle avait chèrement payée. Elle était devenue une jeune femme que la fatalité avait mûrie, responsable d'un petit garçon qui n'attendait qu'une chose : qu'un homme devienne son père.

Ses pensées étaient toutes tournées vers Jérémie, à qui elle avait promis le mariage pour Noël, dès que la guerre serait finie et que les hommes auraient regagné leurs foyers. Elle n'osait imaginer que les combats puissent durer longtemps. D'ailleurs, autour d'elle, personne n'en parlait. Personne non plus n'osait affirmer le contraire ! Elle quittait le château au milieu de l'après-midi, pour aider sa mère que la fatigue accablait rapidement. Avec Adrienne et Fabien, dont le départ était imminent, elle travaillait tard le soir, jusqu'à ce que les dernières cigales cessent de chanter dans le feuillage des chênes.

Pendant qu'elle était au château, Adeline veillait sur Pierre qui, à deux ans, était un modèle de petit garçon. Il la suivait partout où elle allait, jouait sans bruit là où elle lui demandait de l'attendre, s'intéressait à tout ce qu'il découvrait sans l'assommer de questions, comme s'il devinait que sa grand-mère portait une croix bien trop lourde pour ses frêles épaules. L'enfant prononçait parfois quelques phrases innocentes et fraîches qui faisaient rire Adeline et effaçaient sur le moment ses soucis quotidiens. Il était pour elle une ultime source de vie, une espérance pour l'avenir, oh ! pas le sien, mais celui de ses enfants. Quand elle le tenait sur ses genoux, le soir à la veillée, à le voir pétiller de vie et rire de bon cœur d'un rien, elle retrouvait ses instincts maternels et sa jeunesse passée. Dans le regard de son petit-fils, elle rencontrait Antoine au temps et au pays de leur enfance, quand il l'emmenait se perdre dans les châtaigneraies pour débusquer les oiseaux pris dans ses lèques[1] ou dénicher les champignons dans les bolettières[2] qu'il tenait jalousement secrètes.

Début septembre, les premières nouvelles parvinrent au Soleyrol : une lettre de Mathieu. Adeline était en train de traire les chèvres dans l'étable, quand le facteur, Armand Bres, la surprit plongée dans ses pensées.

« Une lettre du fils ! fit-il sans s'annoncer. Le courrier commence à arriver du front. »

Adeline, surprise, en renversa son seau de lait dans la paille.

« Une lettre ! D'où ça ?

– Ce n'est pas indiqué sur l'enveloppe. Mais le cachet "poste aux armées" ne laisse pas de doute.

– Pour Marie ou pour moi ? »

---

1. *Petits pièges à oiseaux.*
2. *Endroits où poussent les cèpes ou les bolets.*

Le vieux postier tendit le pli et resta sur place, sans bouger, comme s'il attendait qu'Adeline lui en lise le contenu. Celle-ci prit la lettre en tremblant et l'enfouit précieusement sous son tablier noir encore tout maculé de lait.

« Vous ne la lisez pas ? s'étonna le messager.

– C'est que…

– Ah ! je comprends. Excusez-moi. Moi aussi, j'ai un fils sur le front. Je n'ai pas encore de nouvelles. Alors…

– Je vois, fit Adeline. Je vais la lire à l'intérieur. Mais finissez d'entrer, ne restons pas là ! »

Armand Bres la suivit dans la cuisine. Elle débarrassa la table des restes du petit déjeuner et sortit un verre de son vaisselier.

« Vous n'êtes pas pressée de la lire !

– Si. Mais… je voulais vous offrir un verre de cartagène.

– Vous craignez d'apprendre de mauvaises nouvelles, n'est-ce pas ? Je vous comprends. Remarquez, les nouvelles que nos enfants enverront prouveront toujours qu'ils sont vivants. Alors…

– Vous avez raison.

– Encore qu'avec le délai, du temps a dû se passer ! »

Adeline examina la date sur le cachet de l'enveloppe.

« Celle-ci a mis quinze jours pour arriver !

– Je vous le disais. En temps de guerre, la poste n'est plus ce qu'elle était ! »

Adeline s'assit face à son visiteur, de l'autre côté de la table. Posément, elle décacheta l'enveloppe, sortit le papier à lettres d'une main hésitante, ainsi qu'une carte postale représentant un poilu appuyé sur son fusil, le visage barré d'une épaisse moustache. Ses lèvres se mirent à remuer en même temps que ses yeux parcouraient l'écriture soignée de Mathieu. Peu à peu, son visage se détendit et elle finit par arborer un petit sourire.

« Alors ? demanda Armand, poussé par la curiosité.

– Il va bien, répondit Adeline, laconique. Son régiment s'est replié à trente kilomètres de Paris après avoir tenu bon face aux Prussiens. Ils ont ordre de défendre la capitale. »

À son tour, le vieux facteur parut soulagé.

« Il ne souffre pas trop ? Il mange bien ? Où est-ce qu'il dort ? »

Il s'intéressait à Mathieu comme s'il s'agissait de son propre fils. Adeline comprit qu'il attendait ses réponses pour apaiser ses tourments. Aussi fut-elle tout à son écoute et lui répondit sans rien lui cacher. Elle lui lut même un passage de la lettre où Mathieu racontait que l'esprit de camaraderie les aidait beaucoup à rester solidaires et à maintenir le bon moral de la troupe. Mais, à travers ses propos en demi-teinte, elle devina que la vie au front était loin d'être aussi idyllique. Mathieu ne s'épanchait pas. L'eût-il fait que sa lettre ne serait pas arrivée à destination, car rien ne devait laisser à penser à ceux de l'arrière que la patrie envoyait ses enfants en enfer.

Quand le facteur, enfin rassuré, la laissa seule, Adeline relut et relut cette première lettre d'où ses yeux ne parvenaient pas à se détacher. Plus elle la relisait, plus elle ressentait la détresse que Mathieu dissimulait. En bas de la carte postale, il avait écrit un post-scriptum :

« *Hier, en fin d'après-midi, on nous a présenté notre nouveau lieutenant. Quel ne fut pas mon étonnement quand je vis passer devant nous, pour nous saluer, Guillaume Donnadieu ! Nos regards se sont croisés, puis il s'est avancé vers moi et m'a déclaré : "Heureux de vous retrouver, soldat Chabrol !" Nous nous reverrons sans doute.* »

Adeline se sentit quelque peu soulagée, non qu'elle appréciât particulièrement le fils du maître, étant donné son attitude envers Marie, mais parce qu'elle savait que son fils avait rencontré quelqu'un de connaissance. Elle ne pouvait oublier en effet que, tout petits, les enfants du châtelain se mêlaient volontiers aux siens aux moments forts qui précédaient les départs en transhumance.

Toutefois, elle cacha à Marie ce passage de la lettre, afin de ne pas réveiller en elle de tristes souvenirs.

Mathieu n'avait pas mis longtemps à retrouver ses habitudes militaires. La sanction disciplinaire qu'il avait reçue à la suite de son acte de désobéissance lui sembla bien légère en regard de ce qu'il vivait sur le front depuis qu'il s'y trouvait. Classé sans doute parmi ceux qu'il fallait avoir à l'œil, il fit aussitôt partie des premiers à devoir affronter le feu des canons ennemis. Sans grade – ayant été déchu de celui qu'il avait acquis – et affecté dans une unité d'infanterie, il se trouva logé à la même enseigne que tous ceux qu'on allait utiliser pour les plus sales besognes. Il le redoutait en arrivant dans son nouveau régiment. C'est ce qui lui arriva.

Avec lui se retrouvèrent bon nombre de mutins des années rouges du Midi viticole, de cette époque où la troupe envoyée par Clemenceau avait parfois fraternisé avec les vignerons en colère. Les archives du ministère des Armées étaient bien ordonnées !

Le premier jour, il fit la connaissance d'Alix Pignol, originaire de Sète, descendant d'une longue lignée de paysans viticulteurs. Alix n'avait rien d'un insoumis, encore moins d'un antimilitariste. À cette époque, il faisait partie d'une compagnie envoyée pour contenir les insurgés lors des manifestations de Narbonne. Ses camarades avaient immédiatement retourné leurs armes. Il en fit autant sans mesurer la portée de son acte. Arrêté peu après, jugé avec les autres mutins, il fut condamné à une longue peine de prison et fut noté sur les registres militaires comme « soldat insoumis et rebelle ».

« Nous sommes tous bons pour être envoyés au casse-pipe les premiers, ronchonnait-il dans son coin, bons pour être de la chair à canons ! »

Mathieu n'avait nulle intention de se laisser aller au défaitisme. S'il n'ignorait pas le danger qu'il encourrait à chaque mission, la seule pensée de Lucie lui donnait la force et le courage de se battre pour survivre. Il fut tout de suite placé au cœur de l'action. Dépendant de la 4e armée, il connut le temps très bref des offensives euphoriques des premières semaines. Les troupes allemandes reculèrent dans le sud de la Belgique, tandis que la 1re armée d'Alsace les contenait sur la Vezouze et que tombaient Sarrebourg puis Mulhouse. Mathieu crut alors que la promenade vers Berlin commençait et se mit lui aussi à espérer que tout serait réglé en quelques semaines.

« Tout le monde le disait, nous serons chez nous avant la fin des vendanges ! »

Alix, moins optimiste, se méfiait. Personne ne l'attendait dans son village tout près de Sète, hormis ses vieux parents. À vingt-sept ans, il n'avait toujours pas trouvé à se marier. Aussi, rien ne l'encourageait à espérer.

« Tu n'as pas une petite amie au pays ? s'était étonné Mathieu, un soir qu'ils s'épanchaient, profitant d'une trêve des canons.

– J'ai été fiancé, juste après mon service militaire. Elle s'appelait Rosine. C'est joli, hein, Rosine ! Ça fait penser aux fleurs. Elle était très amoureuse de moi. Pourtant, comme tu peux le voir, je ne suis pas bien beau !

– Ce n'est pas la beauté physique qui compte. Tu es un brave garçon, Alix ; je suis sûr que si tu voulais, elle te reviendrait.

– Elle n'est pas partie !

– C'est toi qui l'as donc quittée ! Pourquoi ?

– Moi, la quitter ! J'aurais parcouru le monde entier pour aller la retrouver. Jamais je ne l'aurais quittée.

– Alors, que s'est-il passé ? »

Alix se tut, plongé dans ses pensées. Au loin, dans la nuit sombre, des coups de fusil isolés déchiraient le silence.

« Des sentinelles qui voient partout l'ennemi s'insinuer dans nos rangs ! fit remarquer Mathieu. Si tu ne désires pas en parler... poursuivit-il.

– Elle est morte, il y aura deux ans à Pâques, coupa Alix.

– Excuse-moi, je ne savais pas. Je comprends que tu ne désires pas en parler.

– Elle a attrapé la tuberculose. Elle a traîné dix-huit mois. Je l'ai vue diminuer de jour en jour. Elle ne mangeait presque rien, elle maigrissait et respirait de plus en plus mal. Parfois elle s'étouffait, mais elle gardait toujours le sourire. Elle me disait sans cesse de ne pas m'inquiéter, qu'on se marierait dès qu'elle serait guérie. Elle ignorait à quel point son mal était profond. Moi, je l'ai attendue, je l'ai accompagnée sur son chemin de souffrance, sans pouvoir la soulager. Un matin, elle venait de se réveiller, les oiseaux s'en donnaient à cœur joie dans les arbres, c'était le printemps, je m'en souviendrai jusqu'à la fin de ma vie, elle m'a pris la main et m'a dit : *"Je ne me sens pas la force de me lever aujourd'hui. Je crois bien qu'on m'attend là-haut. Ne sois pas triste, je ne te quitte pas. Je pars seulement la première, mais je sais qu'un jour nous serons à jamais réunis."* »

Alix parlait d'une voix monocorde, comme s'il ne s'adressait à personne, le regard rivé sur ses brodequins. Ses yeux étaient secs. Ses larmes s'écoulaient à l'intérieur de lui et irriguaient le fond de sa souffrance.

« Il faut te secouer, lui dit Mathieu. Garde intacts tes souvenirs, mais que cela ne t'empêche pas de vivre ! Rosine ne t'a pas demandé de sacrifier ta jeunesse.

– Je ne pourrai jamais la tromper avec une autre.

– Tu ne la tromperas pas si tu en aimes une autre ! »

Mathieu ne put ramener son ami à la raison. Dès cet instant, il ne cessa de veiller sur lui, craignant que, face au danger, il ne se sacrifie volontairement pour aller rejoindre celle qu'il ne cessait d'aimer.

La fin tragique de Rosine lui rappela le mal qui minait sa mère. Elle aussi se débattait contre une terrible maladie. Était-ce également la tuberculose ? Était-elle donc condamnée ? Il n'osait y croire. Il se consola à l'idée que les soins et les cures de Concoules, depuis plusieurs années, lui avaient été salutaires. À vrai dire, personne au Soleyrol n'avait jamais osé parler de cette maladie-là. Le mal d'Adeline devait donc être plus bénin !

Dès le lendemain, les combats reprirent de plus belle et lui ôtèrent ces idées noires de l'esprit. Les Allemands avaient repris l'offensive. Sarrebourg venait de tomber, trois jours seulement après avoir été emportée par la Ire armée du général Dubail.

L'avance française se transformait en retraite générale, tandis que, au nord, les six divisions britanniques contenaient de plus en plus mal les attaques des cinq premières armées allemandes. La contre-offensive ennemie était fulgurante.

Placés à l'avant-garde de leur unité, Mathieu et Alix essuyaient le feu toujours les premiers. Leur escouade, forte d'une vingtaine d'hommes commandés par un caporal à peine plus âgé qu'eux, était sans cesse désignée pour aller repérer le terrain à prendre, avant que le gros de la troupe ne donne l'assaut final. Maintenant que les soldats battaient en retraite, ils étaient toujours les derniers à quitter le champ de bataille, devant assurer la sécurité des poseurs de mines. Les obus ennemis fusaient en permanence au-dessus de leur tête, les balles des mitrailleuses crépitaient autour d'eux à chacun de leurs déplacements. Ils n'étaient jamais très loin des premières lignes allemandes où devaient se trouver d'autres malheureux, comme eux désignés d'office par leurs supérieurs pour ouvrir le feu les premiers et déblayer le terrain.

Avec la retraite, Mathieu commença à donner raison à ceux qui pensaient que les hostilités allaient durer plus longtemps que prévu. « Jusqu'où reculerons-nous ? » se demanda-t-il quand sa division franchit l'Aisne, dans un désordre qui en disait long sur le moral des troupes. Il ignorait alors que Joffre avait dévoilé au gouvernement, le 24 août, sa tactique de laisser l'ennemi s'enfoncer profondément dans le pays avant de reprendre l'offensive.

Quelle ne fut pas sa surprise, début septembre, quand il vit arriver une noria de taxis parisiens convoyer des soldats en provenance des contingents qui défendaient la capitale ! La grande offensive sur la Marne commençait. Des milliers de soldats affluèrent ainsi par la route dans un flot ininterrompu de véhicules motorisés, alimentant un front qui, de Paris à Verdun, devait empêcher les Allemands de pénétrer davantage dans le pays. Mathieu comprit tout de suite que le gouvernement avait décidé de gros sacrifices humains pour endiguer le raz de marée ennemi. Déjà les hommes de sa compagnie avaient été prévenus qu'une vaste offensive se préparait et qu'ils allaient avoir l'honneur d'être parmi les premiers à bouter les Prussiens hors des frontières.

« C'est un sacré honneur ! murmura Alix, quand on leur ordonna de se tenir prêts. »

Les fusils astiqués, les baïonnettes reluisantes, le pantalon rouge garance impeccable et la vareuse bleu horizon sans accroc, tout devait être impeccable pour le grand jour. D'ailleurs, ils attendaient un nouveau lieutenant tout droit sorti du rang, pas un militaire de carrière, non, un homme comme eux, un rappelé qui se faisait lui aussi un grand honneur de servir la patrie et d'entraîner ses hommes vers la gloire !

Le caporal Rossi ne cessait ainsi de galvaniser sa petite troupe qu'il jugeait sans grand entrain. Les premiers combats d'août et la retraite – voulue par l'état-major, expliquait-il – avaient été très meurtriers, et les hommes éprouvaient déjà une grande fatigue et un profond désenchantement. Ils avaient cru un moment que tous ces soldats souriants, conduits au champ de bataille en taxi, allaient prendre leur relève.

« N'oubliez pas votre passé ! » dut rappeler le caporal, qui ne faisait que transmettre les ordres de son sergent.

Celui-ci, disait-on, était sorti de la coloniale et y avait maté de plus fortes têtes qu'eux.

« Notre rôle, c'est d'être toujours les premiers quand on attaque, et les derniers quand on recule !

– Et les premiers à tomber ! marmonna Alix entre ses dents.

– Soldat Pignol, je vous dispense de vos réflexions ! Pour le compte, je vous désigne volontaire pour une mission des plus importantes. Vous prendrez deux de vos camarades et vous irez, dès la tombée de la nuit, vous rendre compte de la distance qui sépare notre unité des premières lignes ennemies. L'attaque est imminente. L'état-major a besoin de ce renseignement.

– Mais le terrain est truffé de mines !

– Vous redoublerez donc de prudence. »

Alix ne discuta pas longtemps. Les ordres étaient les ordres. Au fond, peu lui importait de mourir maintenant ou plus tard. Rosine l'attendait. Il ne voulait pas l'impatienter.

« Qui vous accompagne ? demanda le caporal.

– Moi et le soldat Galibert, fit Mathieu. Nous sommes volontaires. »

Alix se retourna vers son ami.

« Non, pas toi ! On va tous y rester.

– Pas si je suis là. N'est-ce pas, Justin ?

– Sûr ! On reviendra, et plus vite que tu le penses ! »

Les trois hommes attendirent que la nuit enveloppât la campagne et s'apprêtèrent à sortir des lignes avancées où se trouvait déjà leur unité. Mathieu s'était porté volontaire pour mieux surveiller Alix, sachant de quoi il était capable. Avant de se mettre en route, il lui avoua :

« J'ai besoin de toi, Alix. Tu es mon ami. Ne l'oublie pas ! »

Alix lui tapa sur l'épaule, le regarda droit dans les yeux, se tut. Dans son regard brûlait à nouveau une flamme d'espoir.

Heureusement, cette nuit-là, la lune s'était dissimulée derrière de gros nuages. La terre lourde était détrempée par l'averse qui était tombée en soirée. La boue collait sous leurs pieds à chacun de leurs pas, rendant leur marche plus pénible.

« C'était bien la peine de briquer notre tenue ! murmura Justin Galibert.

– Tais-toi et avance ! » fit Mathieu, qui ouvrait la marche.

Les trois hommes cheminèrent à travers champs, avec prudence, le dos courbé pour mieux se dissimuler, préférant les terres non encore moissonnées afin d'éviter les mines, l'œil et l'oreille aux aguets pour mieux percevoir le moindre son, la moindre parole aux accents gutturaux.

« C'est pas une honte, ces moissons abandonnées ! ne put s'empêcher de remarquer Justin. Dire que nous autres, paysans, on est là à faire l'andouille pendant que le blé est en train de pourrir sur place !

– Ta gueule ! coupa Alix. Tu vas nous faire repérer. »

Justin comprit, mais un peu tard, que sa mission nécessitait des qualités de fauve. Des balles sifflèrent au-dessus de leur tête.

« Ça y est ! On est repérés, fit Mathieu.

– Comme ça, on sait où ils sont, remarqua Alix.

– Oui, mais combien sont-ils ? C'est peut-être un avant-poste ou des gars comme nous, qu'on a envoyés en éclaireurs. Il faut s'en assurer. »

Ils s'arrêtèrent et gardèrent le silence pendant près d'une heure. Les coups de fusil cessèrent. Mathieu fit signe à ses compagnons de se séparer et de se déployer. Ils firent encore quelques centaines de mètres et tombèrent près d'un hameau où régnait une grande effervescence. Postés derrière un bosquet, à distance l'un de l'autre, ils épièrent les mouvements des soldats allemands qui semblaient ne pas s'inquiéter. Des sentinelles gardaient l'entrée du hameau, tandis que leurs camarades, sous les lumières des phares de leurs véhicules, entraient et sortaient des maisons en emportant de lourdes caisses à chaque voyage.

« Des armes ! » songea Mathieu.

Il donna l'ordre à ses compagnons de se regrouper, puis de se replier.

« C'est bon. Inutile d'aller plus loin. Leur ligne est là, juste derrière ce talweg qu'ils ne peuvent franchir avec leurs canons que par un pont. »

La nuit était déjà avancée. La mission s'était finalement bien passée. Il ne leur restait plus qu'à rentrer au rapport. Dans le ciel, les nuages semblaient voguer maintenant sur des flots ténébreux, le vent s'étant mis à souffler. La lune apparut dans une lucarne et jeta sur les terres labourées un reflet d'argent qui semblait sortir d'outre-tombe. Les trois silhouettes fugitives formaient des cibles idéales. Soudain, un coup de fusil, un seul, les rappela à l'ordre. Ils pressèrent le pas. Ils avaient commis l'imprudence de marcher à découvert. Un deuxième tir claqua comme un coup de lanière.

« Merde ! Il m'a eu », s'écria Justin.

Le soldat s'effondra. Mathieu se retourna, vit son camarade en mauvaise posture, revint vers lui.

« Alix, viens m'aider à le transporter !

– Inutile, souffla Justin, qui se tordait de douleur. Je crois que j'ai mon compte.

– Ne dis pas de bêtises. Nous allons te sortir de là. »

Justin devint blême. Il ne parvenait plus à bouger. Alix et Mathieu le prirent sous les bras, encombrés de leurs fusils. Ils traînèrent leur camarade, lourd comme un cheval mort, courbant l'échine comme pour se protéger d'un nouveau tir. Ils s'embourbèrent dans la terre meuble, trébuchèrent, s'affalèrent, se relevèrent cent fois.

« Laissez-moi, leur dit Justin dans un dernier effort. Je ne m'en sortirai pas. J'ai du feu dans la poitrine. »

Il respirait de plus en plus mal. La balle lui avait transpercé le poumon gauche et avait fait éclater ses chairs. Sa pâleur lui donnait déjà le masque de la mort.

Des balles sifflèrent de nouveau, tirées de trois endroits différents. Les fugitifs s'arrêtèrent un instant pour reprendre haleine. Mathieu sortit sa gourde remplie d'eau-de-vie et en donna à boire à Justin, qui hoqueta à la première gorgée. Le malheureux ne bougeait plus. Le sang lui sortait de la bouche.

« La colonne vertébrale est atteinte, supputa Alix. Nous n'arriverons pas à temps. »

Déjà Justin était parti loin des champs de bataille. Son esprit planait au-dessus de sa souffrance, léger comme le vol de l'aigle sous la voûte éthérée. Il ne sentait plus ses douleurs, n'entendait plus le bruit des fusils. Bientôt, devant ses yeux grands ouverts, la nuit s'illumina d'un embrasement de poussières d'étoiles. Il revit défiler son enfance, ses parents, ses amis ; sa fiancée lui tendait les bras ; mais lui s'éloignait, s'éloignait.

« Comme il nous regarde ! s'étonna Alix en chuchotant. Il a l'air de ne plus nous voir.

– Il est mort, répondit Mathieu en posant sa main sur ses yeux afin de protéger à jamais les dernières visions de son ami. C'est fini.

– On ne peut pas le laisser là, tout seul !

– Tu as raison, nous allons ramener son corps, pour qu'on lui rende les honneurs. Après tout, on les lui doit bien ! » Ils attendirent que la lune se cache derrière les nuages, puis ils sortirent de leur tanière. Mathieu, le plus robuste des deux, chargea la dépouille de son camarade sur ses épaules et, péniblement, ils finirent par rejoindre leur escouade peu avant l'aube.

Au petit matin, ils allèrent sans tarder au rapport. On ne les complimenta même pas. Ils n'avaient fait que leur devoir ! À huit heures, alors qu'ils avaient à peine eu le temps de dormir pour se remettre de leur fatigue, le caporal Rossi vint les réveiller.

« Debout les gars ! Remettez de l'ordre dans votre tenue ! Nous avons la visite de notre nouveau lieutenant. »

C'est ce matin-là que Mathieu rencontra, pour la première fois sur le front, le jeune lieutenant Guillaume Donnadieu.

IV

Premiers deuils

LA BATAILLE FIT RAGE pendant six jours, le long d'un front étiré sur trois cents kilomètres. Deux millions d'hommes firent leur entrée en enfer. Ce n'était que le commencement.

Pour Mathieu, l'heure n'était pas aux états d'âme. Il venait de perdre un camarade qu'il connaissait à peine ; il devait s'attendre à en perdre beaucoup d'autres. Tout ce qu'on lui avait dit sur les enjeux de cette guerre lui paraissait bien désuet face à l'embrasement de toute l'Europe. On se battait maintenant sur tous les fronts : les Russes, un moment vainqueurs en Prusse-Orientale, reculaient déjà devant le général Hindenburg ; les Serbes contenaient difficilement les Autrichiens dans les Balkans ; et, grâce à leurs alliés turcs, les Allemands avaient pris position dans les détroits. Le conflit s'étendait comme un feu de paille à toute l'Europe.

Les combats sur la Marne redoublèrent d'intensité. Mathieu essuya un feu nourri six jours durant, et se retrouva sans cesse en première ligne avec son escouade. Chaque fois que le caporal Rossi donnait l'ordre d'attaquer, baïonnette au canon, il pensait très fort à Lucie, à l'enfant qu'il lui ferait dès que toutes ces horreurs auraient cessé. L'image de son père et de sa mère, assis sur le vieux tronc d'arbre de leurs jeunes années, lui donnait une farouche volonté de s'en sortir. Il savait qu'ils l'attendaient avec inquiétude et ne voulait pas les plonger dans le malheur. Aussi mettait-il toujours en pratique le conseil imploré de sa jeune épouse : ne jamais prendre des risques inutiles le premier.

Mais, quand il montait au combat, Mathieu ne manquait pas de courage, et jamais il ne se défaussait s'il fallait affronter le danger. Ne pas penser à la mort était pour lui la meilleure façon de ne pas l'approcher de trop près et d'éviter les pièges qu'elle lui tendait. Pourtant celle-ci rôdait à chacune de ses sorties. Et quand son unité partait au feu, c'était par dizaines, par centaines, que se comptait le nombre de victimes.

Un après-midi, alors qu'il avait essuyé depuis des heures une volée d'obus qui avait déchiqueté le paysage, il crut sa dernière heure arrivée. Alix s'était assoupi dans un trou béant, le temps de refaire ses forces. Mathieu, adossé à un pan de mur en ruine, vérifiait l'état de son fusil, recroquevillé, prêt à s'enrouler sur lui-même pour se protéger des projectiles qui volaient en tous sens à chaque salve. Ses compagnons trompaient le temps mort comme ils pouvaient : l'un d'eux regardait fixement l'intérieur de sa montre à gousset, où il avait collé en médaillon la photo de sa femme ; un autre priait en marmonnant des paroles inaudibles ; deux ou trois jouaient tranquillement aux dés pour défier le hasard. Le caporal Rossi était logé à la même enseigne que ses hommes et commençait à perdre de sa superbe. Au loin, la canonnade incessante martelait le sol et répandait dans les airs une odeur de poudre tenace. L'ordre était de tenir la position et, dès que possible, de prendre d'assaut la colline située juste en face, la cote 211, telle qu'elle était indiquée sur le bout de carte d'état-major que le caporal sortait régulièrement de sa vareuse, pour mieux vérifier la justesse de ses directives.

Les soldats étaient fourbus, mais ils devaient encore donner ce dernier assaut de la journée avant d'être relevés et de pouvoir aller se reposer à l'arrière des premières lignes. Une ordonnance arriva, tout essoufflée. Le caporal s'assombrit, s'essuya le front, remit son képi d'aplomb sur sa tête.

« Allez, les gars ! Il faut y aller. Notre artillerie va déblayer le terrain avant que nous passions à l'attaque. Toute notre unité va s'engager pour prendre la cote 211. »

Les hommes rechignèrent, mais obéirent sans traîner.

Un déluge de feu ne tarda pas à s'abattre sur le flanc de la colline. Mathieu et ses camarades progressèrent péniblement, sautant d'un trou à un autre, tirant à l'aveuglette dès qu'ils se mettaient à découvert. Au bout de deux heures, ils n'avaient pas avancé de cinquante mètres. Parfois le tir trop court des artilleurs français ralentissait encore plus leur progression et menaçait leurs compagnons.

« Bon sang, quel merdier ! explosa le caporal Rossi. Si nos artilleurs nous canardent à présent, on ne s'en sortira pas ! »

Il n'eut pas le temps d'en dire plus. Un obus, venu des lignes ennemies, éclata à dix mètres de lui. Il fut littéralement soulevé comme un fétu de paille. Son corps démembré retomba juste devant Alix qui en resta bloqué de stupeur. Le sergent Chazal regroupa l'escouade sans perdre un instant et ordonna aux survivants de le suivre.

« Il est fou ! s'exclama Alix. Il veut tous nous faire tuer. » Mathieu se renfrogna, ordonna à Alix de se mettre derrière lui et d'éviter de se découvrir. Le sergent était déjà parti à l'avant, suivi de près par les hommes de sa troupe. Mathieu se détacha du groupe, ayant aperçu un passage moins risqué pour parvenir à la cime de la colline.

« Suivez-moi », ordonna-t-il à Alix et aux rescapés de son escouade.

Devant eux, la courbure du versant leur masquait la profondeur d'un talweg. Mathieu pensait s'engouffrer dans ce dernier pour se mettre à l'abri et le remonter jusqu'au sommet. Mais à peine eut-il donné son ordre qu'un feu nourri les cloua sur place. Dans le talweg, une dizaine de soldats prussiens avaient déjà pris position et, voyant le danger arriver droit sur eux, sortirent rapidement de l'anfractuosité où ils s'étaient dissimulés, baïonnette au canon. Un corps à corps sanglant s'ensuivit. Les hommes, devenus de vraies bêtes sauvages, s'étripèrent jusqu'au dernier, tirant à bout portant, enfonçant dans les chairs déjà meurtries leurs dagues acérées. Mathieu, comme les autres, participa avec rage au carnage.

Quand le combat cessa, les vainqueurs n'étaient plus que cinq à rester debout. Alix tenait son bras gauche qui saignait.

« Ce n'est rien, rassura-t-il. Rien qu'une égratignure. »

Mathieu, les yeux encore hagards, éprouva une sorte d'écœurement à se sentir sain et sauf. Ses autres compagnons, tous affalés, parfois mêlés aux corps de leurs adversaires, avaient peine à réaliser qu'ils s'en étaient sortis.

« Allons ! reprit Mathieu. Ne restons pas là ! Sinon, on nous accusera de nous planquer. »

Quand ils parvinrent au sommet de la colline en même temps que le gros de la troupe qu'ils avaient quitté plus bas, les canons se turent. Le ciel était noir de fumée, et, à travers les lambeaux d'azur, filtrait une lumière blafarde de fin du monde. Un vol d'hirondelles passa autour du champ de ruines, comme un vol de vautours au-dessus d'une charogne abandonnée. Les oiseaux migrateurs ne s'attardèrent pas dans cette vision d'enfer et prirent leur essor pour les contrées du Sud où régnait encore la paix.

Les cadavres jonchaient le sol dans des postures parfois grotesques, parfois implorantes. Certains portaient encore le masque de l'ultime frayeur, d'autres celui de la colère, certains arboraient celui de la délivrance et semblaient indiquer aux vivants que la paix était au bout de l'horreur.

Mathieu ne put s'empêcher de regarder tous ces visages grimaçants ou sereins. Sans le vouloir, il y cherchait celui de son frère Fabien, dont il n'avait aucune nouvelle depuis son départ. Dans la tourmente, il avait oublié qu'il n'avait pas encore été incorporé. Chaque fois qu'il voyait une victime allongée sur le ventre, le visage dissimulé dans la boue, il allait la retourner pour découvrir ses traits. Chaque fois, il était soulagé, malgré lui, de constater son erreur. Alix le suivait pas à pas, l'aidait à remettre les misérables dépouilles dans une position décente.

Tout à coup, Mathieu s'arrêta net devant le corps recroquevillé d'un soldat qui portait au ventre une terrible déchirure. Autour de lui, ses camarades marchaient comme des fantômes, au milieu des appels au secours des rares survivants. Alix crut que son ami avait découvert ce qu'il cherchait. Il s'approcha de lui, se pencha sur le corps, dit :

« Ce n'est pas ton frère ! C'est un gradé. Il vit encore, il bouge. »

Mathieu retourna délicatement la victime sur le dos et poussa un cri d'effroi :

« Guillaume ! »

Le jeune lieutenant, entendant prononcer son nom, ouvrit les yeux. Dans un trouble qu'il prit pour de la brume, il tenta quelques mots :

« Qui êtes-vous ?

– Guillaume ! Je suis Mathieu, Mathieu Chabrol, de Quérac. Tu me reconnais, n'est-ce pas ? Ne bouge pas, je vais te sortir de là.

– Mathieu ! gémit Guillaume Donnadieu. Oui, bien sûr ! C'est la deuxième fois que nous nous retrouvons. Mais je crois bien que c'est la dernière.

– Tu le connais ? demanda Alix, qui s'étonnait d'entendre son camarade tutoyer le nouveau lieutenant qu'on leur avait présenté juste avant de partir au combat.

– Un peu que je le connais ! Nous avons vécu notre enfance l'un près de l'autre. »

Mathieu n'en dit pas plus. Il demanda à Alix de trouver un brancardier pour transporter le jeune châtelain en lieu sûr et fit de son mieux pour lui donner les premiers soins.

« J'y cours », fit Alix.

Mathieu resta au chevet de Guillaume plus de une heure. Alix ne revenait pas. Autour d'eux, ce n'était que désolation ; les mourants finissaient de mourir ; les moins touchés étaient évacués, mais tous attendaient leur tour dans une terrible tourmente.

Guillaume délirait entre deux moments de lucidité.

« Avant de mourir, gémit-il à l'oreille de Mathieu, je veux que tu me pardonnes pour ce que j'ai fait à ta sœur.

– Ce n'est pas le moment de parler de ça !

– Si ! Je veux que tu me pardonnes. J'ai été lâche. Je l'ai beaucoup aimée, Marie. Et je l'aime encore.

– Tais-toi !

– Tu lui diras que je suis parti en pensant à elle, et surtout qu'elle m'oublie très vite ! »

Le jeune lieutenant hoquetait de plus en plus. De ses entrailles sortait un flot noirâtre qui avait imbibé tout son uniforme. Le moindre mouvement lui était un supplice. Ses paroles étaient de plus en plus hachées et décousues.

« Pardonne-moi ! reprit-il. Vite, je n'en peux plus. »

Mathieu s'approcha de son oreille et lui souffla :

« Au nom de Marie, au nom de tous les miens, je te pardonne, Guillaume. Va en paix ! »

Le fils d'Auguste Donnadieu expira avant que les secours n'arrivent. C'était un soir de la mi-septembre. La bataille de la Marne venait d'arrêter l'avancée ennemie et allait être fêtée comme une grande victoire.

Dans la seconde lettre que Mathieu envoya à Quérac, peu après ces terribles combats, il omit volontairement de parler de la mort de Guillaume, afin que Marie n'apprenne pas la nouvelle par ses soins. Il préféra laisser croire que leur destin ne s'était plus croisé. En outre, il ne s'éternisa pas non plus sur les horreurs dont il avait été témoin pendant les durs combats de septembre. Au fond de lui-même, il n'espérait qu'une chose : qu'une telle hécatombe ne se renouvelle plus jamais.

Entre-temps, Fabien reçut sa feuille de route. Les esprits avaient retrouvé le moral, car les armées de Joffre avaient brillamment repoussé l'ennemi. Les Allemands s'étaient repliés sur l'Aisne. Leur plan initial venait de s'effondrer, et c'était à celui qui affirmait au jeune Chabrol que l'heure de la défaite allemande avait sonné, qu'il irait bientôt se promener jusqu'à Berlin avec son frère.

Fabien, lui, restait circonspect. N'avait-on pas été surpris le mois précédent par la terrible déferlante des troupes prussiennes, et pris de vitesse par le plan Schlieffen ? Les Alliés n'avaient évité l'enveloppement que par la retraite. Dès lors, chacun des deux camps cherchait à déborder l'autre par l'ouest, en direction de la mer du Nord. Seuls les naïfs ou les mal informés pouvaient croire que l'ennemi allait battre indéfiniment en retraite.

Ce fut une seconde fois la même déchirure dans le cœur d'Adeline. Tant que Fabien était auprès d'elle, elle se sentait encore proche de son aîné, dont elle ignorait le sort avec précision. Depuis sa dernière lettre, bien des combats meurtriers avaient eu lieu, et elle ne vivait que dans l'attente angoissée d'autres nouvelles.

« Dès que tu seras affecté, envoie-nous une lettre, fit-elle promettre à son cadet avant son départ. Tâche aussi de savoir où est ton frère. »

Elle ne tarissait pas de conseils et aurait voulu que son fils emporte dans son paquetage quantité de nourriture et de petits effets pour la saison froide.

« Là-haut, dans le Nord, les hivers sont aussi rudes que dans nos montagnes. Prends donc cette écharpe et ces caleçons longs de ton père. »

Fabien dut insister pour lui faire comprendre que l'armée subviendrait à tous ses besoins et qu'il était inutile de s'encombrer. Quand vint le moment des adieux, elle l'accompagna jusqu'à l'orée du domaine en le tenant par le bras comme pour l'empêcher de la quitter. Il l'étreignit longuement. Elle versa toutes les larmes de son cœur sur sa poitrine. Il dut la rendre à la raison, car, d'elle-même, elle se serait laissé traîner n'importe où, pourvu qu'on ne lui arrachât pas son enfant.

« C'est injuste, sanglota-t-elle, trop injuste ! »

Fabien embrassa sa mère une dernière fois, puis il lui conseilla de rentrer sans attendre. Adeline toutefois le regarda s'éloigner. Quand il eut franchi le pont sous lequel François avait trouvé refuge quelques années plus tôt et failli manquer son père un soir de retour d'estive, il s'arrêta, hésita à se retourner, n'en fit rien. Il poursuivit sa route, le cœur si lourd qu'il avait un moment songé à rebrousser chemin et à rentrer chez lui, pour se cacher au plus profond des montagnes, pour suivre les voies de la rébellion, comme certains l'avaient fait, comme Maurice y avait pensé avant lui.

Quand il parvint à Nîmes pour rejoindre son régiment d'infanterie, il ignorait que le château de Quérac portait le deuil.

Fabien parti, ayant échappé de peu à cette terrible bataille de la Marne, le Soleyrol se retrouva tout à coup privé de ses fils. Adeline crut devenir veuve de tous ses hommes. Elle n'avait pas trop de toutes les heures de la journée pour penser successivement à chacun d'eux. De plus, l'absence de Louise rendait la maison bien triste, malgré la place que tenait à lui seul le petit Pierre.

« Heureusement que tu me tiens compagnie ! » lui répétait-elle souvent.

L'enfant, du haut de ses deux ans, semblait déjà comprendre le drame qui se jouait autour de lui. Il venait souvent se faire cajoler sur les genoux de sa grand-mère, tâchant de la distraire, quand celle-ci tombait dans un de ces silences qui trahissaient ses sombres pensées. Adeline lui parlait alors comme à un adulte, racontait des anecdotes de sa propre jeunesse, des histoires qui étaient arrivées à sa maman, à ses oncles et à sa tante. Quand elle avait fini de parler, pour le récompenser de l'avoir sagement écoutée, elle se levait, les yeux rougis, ouvrait l'armoire où elle rangeait le linge de maison et sortait une boîte ronde émaillée qui renfermait toujours quelques friandises. Comme elle le faisait déjà quand ses enfants avaient l'âge de Pierre, elle en extrayait elle-même un bonbon, toujours acidulé et enrobé d'un papier en papillote, et le déposait sans le montrer dans le creux de sa main comme un précieux trésor. Alors, rayonnant d'une joie pure et innocente, l'enfant ouvrait délicatement sa main, regardait le bonbon avec envie avant d'ôter le papier, faisait durer le plaisir jusqu'à ce que, la gourmandise étant la plus forte, il finisse par céder à la tentation.

Ces petits instants de bonheur étaient les derniers qui illuminaient encore le chemin ténébreux qu'Adeline parcourait seule depuis que le monde, devenu fou, l'avait privée des siens.

Adrienne, de son côté, tâchait de faire bonne figure. Seule à la Castanède du matin au soir, dans l'attente du retour de Joseph, elle se rendait au Soleyrol dès qu'elle le pouvait, et, ensemble, les deux femmes se consolaient l'une l'autre.

« Dieu fasse qu'il n'arrive rien à nos fils ! » disait souvent Adeline, assurément la plus soucieuse des deux.

Les premières mauvaises nouvelles commençaient à arriver. Dans le village, le fils Cassagne, puis le mari de Jeanne Hébrard, qui tenait le café de la place, avaient été tués début septembre lors de la contre-offensive française. Le fils des Chamboredon avait été gravement blessé et transporté dans un hôpital parisien pour se faire amputer d'une jambe. Sur le domaine d'Auguste Donnadieu, on déplorait déjà une victime : le jeune Lucien Lapierre, le fils d'un métayer, tout juste âgé de vingt ans, comme Fabien.

Adrienne et Adeline évitaient de commenter entre elles les nouvelles qui leur parvenaient par les habitants du village. Ceux-ci ne cessaient de se désoler et de plaindre les parents et les épouses soudain plongés dans le malheur.

« C'est pas une honte ! entendaient-elles souvent proférer. Nous faucher nos fils et nos maris en pleine force de l'âge ! Qu'avons-nous à faire de leur politique ? Qu'ils nous fichent la paix et qu'ils aillent la faire eux-mêmes leur saloperie de guerre ! »

Les femmes n'avaient jamais été aussi volubiles depuis que toutes les responsabilités leur incombaient. Beaucoup se rencontraient après leurs dures journées de travail. Certaines s'entraidaient à trois ou quatre pour faire ce que les maris absents leur avaient abandonné. On les voyait partout, dans les vignes, dans les caves, dans les terres cultivées, derrière la charrue, à la forge. Beaucoup s'occupaient elles-mêmes des troupeaux rentrés prématurément de l'estive.

« Dieu merci ! reconnaissait Adrienne, nous avons encore nos maris et François pour poursuivre la transhumance. Sans eux, nous serions dans une belle panade ! Et ta Louise qui leur donne la main ! Qu'elle est courageuse cette petite !

– Je crains fort, répondit Adeline, très lucide, qu'à l'avenir, les femmes ne soient contraintes de remplacer les hommes, même dans les tâches les plus pénibles.

– Allons ! Ne sois pas pessimiste ! Nos hommes reviendront vite. Et après, tout rentrera dans l'ordre.

– Certains ne rentreront pas, hélas ! Il faudra bien faire avec ! »

Marie, de son côté, ne laissait pas transparaître son inquiétude. Elle avait reçu une lettre de Jérémie, qui tentait de la rassurer. Son régiment n'avait pas encore été envoyé en première ligne, et, s'il avouait que les combats étaient effrayants, il remerciait Dieu de ne pas avoir été contraint de trop s'exposer.

Au château, le climat avait changé. Elle ne reconnaissait plus l'atmosphère qu'elle avait connue quelques années auparavant, à l'époque où elle ne songeait qu'à ses amours défendues. Même Pauline avait perdu de sa faconde. Quant au châtelain, il passait tout son temps dans ses vignes et dans ses caves, à remplacer Léon Garrigue, dont l'absence faisait cruellement défaut. Il se défendait cependant de ne pas faire honneur à ses chais et affirmait qu'en dépit des malheurs qui l'accablaient il sortirait en cette quatorzième année du siècle l'un des meilleurs crus du domaine de Quérac.

Un après-midi de fin septembre, Marie revint du château toute bouleversée. Elle, qui d'ordinaire ne montrait pas sa peine, s'effondra dans le fauteuil d'osier de sa grand-mère, aussitôt rentrée de son travail.

Elle venait d'apprendre la mort de Guillaume.

N'ayant pas été informée par Adrienne qu'un drame avait touché la Castanède, Adeline comprit immédiatement que le malheur s'était abattu sur le château. Marie lui annonça la nouvelle sans détour, sans cacher ce qu'elle éprouvait sur le moment.

« Guillaume est mort. Il a été tué sur la Marne il y a quinze jours. Hortense Donnadieu m'a lu le communiqué des autorités militaires. »

Adeline se tut. Elle ne savait si Marie avait besoin de paroles réconfortantes ou de silence pour lui permettre d'épancher sa peine.

« Mathieu a écrit une lettre au château. Je l'ai lue. C'est lui qui l'a trouvé par hasard sur le champ de bataille, et qui a ramené son corps. Il est mort dans ses bras en implorant son pardon, pour moi, pour Pierre. Il y a longtemps que je lui ai pardonné. Si seulement il m'avait donné signe de vie ! Il est trop tard maintenant. Il a trop cher payé sa faute. Ce n'est pas juste. Il ne me reste plus que Pierre.

– Et Jérémie ! Tu oublies Jérémie. Il t'aime, tu sembles l'ignorer !

– Je n'oublie pas Jérémie. Il compte beaucoup pour moi. »

Adeline fut soulagée d'entendre ces dernières paroles dans la bouche de sa fille. Toutefois, dans les jours qui suivirent, celle-ci eut beaucoup de difficulté à dissimuler sa tristesse. D'instinct, elle se rapprocha encore plus de son fils, ne lui laissa plus un moment de libre, lui parla avec des intonations qui ne laissaient aucun doute sur ses pensées secrètes. Un jour, elle l'appela même « Guillaume » pour l'arrêter à temps alors que l'enfant allait mettre sa main au feu pour récupérer un jouet. Elle en éprouva aussitôt beaucoup de gêne, Adrienne étant présente.

« Je comprends qu'elle soit perturbée, fit celle-ci pour rassurer Adeline, qui s'inquiétait de l'attitude de sa fille. Il faut lui laisser le temps. Heureusement, Jérémie est loin ! Un malheur en arrange parfois un autre. Quand ils se reverront, elle aura remis de l'ordre dans son cœur et dans son esprit. »

Marie finit par surmonter son chagrin. L'attitude d'Hortense Donnadieu, au château, l'aida à faire face à l'adversité. La châtelaine, très éprouvée par la disparition tragique de son fils, se montra d'un courage exemplaire. D'autres se seraient enfermées et auraient pris un deuil interminable, plongeant leur entourage dans une sinistre atmosphère. Hortense, au contraire, continua à vivre. Une semaine après la mise au tombeau de la dépouille de Guillaume dans le caveau familial, elle quitta les habits de deuil, rompit le silence qu'elle s'était imposé et reprit ses activités comme par le passé, gérant la domesticité avec la même gentillesse, s'occupant de ses œuvres sans restriction, s'acharnant à trouver des solutions d'attente pour toutes celles du domaine qui succombaient sous le poids du travail ou du malheur.

Seul le châtelain paraissait perturbé au plus haut degré par la mort de son fils et ne pouvait le dissimuler. Complètement atterré, il abandonna aussitôt toutes ses activités, resta cloîtré dans son bureau, ne sortit plus que pour faire d'interminables chevauchées sur son alezan, bravant la danger qu'il encourait à son âge à monter un cheval trop fougueux pour lui. Il délaissa ses chais, y délégua un vieux viticulteur qui l'aidait à la cave et qui n'avait pas la science des vins, ne parla plus du cru du siècle. Pendant des semaines, il sembla oublier qu'Hortense souffrait autant que lui, mais en silence ; il passait devant tout le monde sans voir personne, rabrouait son personnel pour des futilités, se montrait irascible sans raison.

D'un coup, Auguste Donnadieu avait perdu tous ses espoirs de voir un jour prochain son domaine lui survivre. Guillaume, son seul fils, avait disparu sans lui laisser de descendance. Le nom des Donnadieu allait donc s'éteindre et le domaine passer dans les mains d'une autre lignée.

Seule, dorénavant, sa fille Julie pouvait lui assurer cette descendance. Mais, en épousant le jeune baron de Sommières, Jean-Charles de La Verrière, elle se destinait à quitter le domaine paternel pour un autre domaine.

L'avenir du château de Quérac était bien compromis.

Les semaines passèrent, l'hiver succéda à l'automne dans la même grisaille. Il n'y avait plus de saisons dans le cœur des hommes, seulement une morne et triste plaine, où ils creusaient eux-mêmes leurs tombes dans lesquelles ils devaient encore combattre avant de mourir et d'y être ensevelis.

Les fronts s'étaient vite stabilisés. De part et d'autre, on avait labouré de profondes saignées dans la terre lourde et froide de Champagne et d'Artois. Passé la fête des morts, tous avaient compris qu'on s'y terrait pour longtemps, que le temps de l'espoir était définitivement révolu. Les états-majors donnaient partout les mêmes consignes : tenir, tenir, tenir !

Mais qu'est-ce qu'on tenait ? Une position ! Qu'était-ce une position ? À ce jeu-là, la guerre risquait de ne plus finir !

Aussi, tout devint gris : le cœur des hommes, leurs uniformes, la couleur du ciel et de la terre, l'eau des rivières, les nouvelles.

Pourtant on s'amusait encore à l'arrière. À Paris, par où passaient les permissionnaires, malgré la proximité du front, on tentait d'oublier que l'enfer était aux portes de la cité. Les femmes, de plus en plus libérées, arboraient des tenues plus hardies. Dans les kiosques à musique des jardins publics, des fanfares s'évertuaient à distraire les passants toujours pressés. Les planqués osaient commenter les dernières décisions de l'Assemblée ou du gouvernement. Et, perdus dans la foule, les soldats en uniforme avaient peine à croire que le monde continuait à vivre pendant qu'eux descendaient un peu plus chaque jour vers l'enfer.

À Noël, au cours de sa première permission, Jérémie épousa Marie, en toute simplicité, et reconnut Pierre comme son fils. Marie avait chassé définitivement les souvenirs qui troublaient son cœur. Elle eut même l'impression qu'Hortense Donnadieu, à demi-mot, l'y encourageait. Était-elle donc au courant des liens qui l'avait unie à son fils ? se demanda-t-elle. Que savait-elle à propos de Pierre ?

Jérémie sut remettre de l'ordre dans l'esprit de sa jeune épouse, qui lui promit d'élever Pierre comme son propre fils.

« Un jour, peut-être, avait-elle ajouté, quand il sera en âge de comprendre, il faudra lui expliquer. Mais rien ne presse. En attendant, je lui dirai que son papa est parti avec des amis pour défendre son pays, qu'il reviendra bientôt et qu'il l'aime beaucoup. »

Jérémie adopta Pierre et le considéra comme son fils, sans l'ombre d'une hésitation.

Mathieu rentra en même temps que lui en permission. Le bonheur d'Adeline aurait été complet si Fabien avait pu être présent également pour les fêtes de fin d'année. Mais, incorporé plus tard, il dut attendre son tour pour obtenir une première permission, de même que Maurice, qui avait annoncé qu'il rentrerait au début de l'année nouvelle.

Antoine et Joseph, qui avaient écourté l'estive, voulurent malgré tout rassembler leurs deux familles pour fêter Noël. Mais la joie était ternie par l'absence des fils manquants.

« Bientôt, ce sera leur tour ! proclama Mathieu, toujours le plus optimiste de tous. Quand nous repartirons, ils prendront notre place. Ici aussi, ce sera la relève. »

Afin d'alléger la charge de sa mère, l'aîné des Chabrol, pendant sa semaine de permission, alla habiter chez ses beaux-parents. Il s'était immédiatement rendu compte de la fatigue d'Adeline et n'avait pas voulu lui imposer la présence de deux personnes supplémentaires sous son toit.

« La maison n'est pas bien grande, mais Lucie et toi, vous pouvez rester, lui avait objecté Adeline. On se serrera un peu plus. »

Lucie vint appuyer la décision de son mari.

« Nous nous éclipserons seulement au bord du soir. Je ne vous enlèverai votre fils que pour la nuit. Dès le petit matin, nous reviendrons vous aider tous les deux.

– Tu es une belle-fille comme on n'en fait plus, ma petite Lucie ! Mais Mathieu ne m'appartient plus. Il est ton mari. C'est à toi de prendre soin de lui. »

Mathieu et Lucie firent ce qu'ils avaient promis. Chaque matin, ils regagnèrent le Soleyrol et, comme si la guerre n'était plus qu'un mauvais souvenir, ils se mirent au travail comme avant, au temps où les canons restaient muets. Mathieu retrouva avec ferveur les gestes du berger qui sommeillait en lui, s'occupa avec une joie décuplée des agneaux qui venaient de naître et qu'il fallait démérer[1]. Sans cesse accompagné de François, qui avait l'œil très vif pour percevoir le danger qu'encouraient parfois les jeunes bêtes sevrées, il passa tout son temps dans l'étable. L'odeur de la laine, du suint et de la paille, à laquelle il était habitué, fortifiait ses racines. Celles-ci étaient pour lui le terreau indispensable à sa survie, dans un monde en ébullition qui arrachait ses enfants à leur terre nourricière et les sacrifiait sans pitié pour défendre de lointains horizons où ils se sentaient étrangers.

Mathieu fit le plein de ces sensations, vida son esprit de toutes les images d'horreur qu'il avait dû supporter et qu'il devrait encore endurer. Il s'abrutit dans le travail afin d'oublier l'enfer d'où il venait.

Il évita de rencontrer trop souvent Jérémie, afin de ne pas être tenté de parler avec lui de ce qu'ils avaient vécu chacun de leur côté. Ce dernier était dans le même état d'esprit. Mathieu voulait oublier, l'espace de quelques jours, que les hommes étaient capables de s'entre-tuer sauvagement. Lucie l'aida de son mieux. Elle sentait qu'il fallait, avant qu'il ne reparte, lui insuffler des forces nouvelles qui l'aideraient à se battre, non pour tuer, mais pour résister et survivre.

Pour conjurer le sort, elle lui demanda de lui faire un enfant sans attendre, sans crainte pour l'avenir.

« Ce sera l'enfant de la paix », lui expliqua-t-elle.

Mathieu se montra réticent.

---

1. *Sevrer de la mère après cinq à six semaines.*

« Nous devrions attendre que la guerre soit finie. Pense à ce que vous deviendriez s'il m'arrivait quelque chose ! »

Mais Lucie insista.

« Je te sentirai vivre en moi quand tu seras loin et que je n'aurai pas de nouvelles. L'enfant que je porterai m'aidera au contraire à t'attendre, et, quand il sera né, ce sera un peu de toi que j'aurai ainsi à mes côtés. »

Mathieu ne put s'opposer longtemps aux désirs de sa jeune épouse. Chaque soir, tandis que la nuit plongeait le village dans un profond silence et que le froid cristallisait la garrigue endormie, Lucie se donna à Mathieu pour que, de leurs amours, naisse une lueur d'espoir et de vie.

Antoine, quant à lui, ne contenait plus sa joie d'avoir retrouvé son fils.

« Toi et Fabien, vous m'avez tellement manqué à l'estive ! lui avoua-t-il un matin, alors que le givre avait complètement recouvert les toitures de la métairie. Avec mon bras mort, je ne suis plus que la moitié d'un homme.

– Vous exagérez, Père. Je constate que vous n'avez rien perdu de vos moyens et que vous abattez toujours autant de travail qu'avant.

– Je tâche de montrer à ta mère qu'elle n'a aucune crainte à avoir de ce côté-là. Je ne veux pas en rajouter à ses tourments. Dieu merci, François et Pierre lui donnent de quoi occuper son esprit et son temps. Car je vois bien qu'au travail elle est obligée d'en laisser. Je crains pour elle cette période de froid qui s'annonce. »

La semaine s'écoula rapidement, trop rapidement pour tous. Sur les derniers temps, Adeline ne laissa plus un instant de libre à son fils.

« Laisse donc tes brebis et reste avec moi, que je profite un peu de toi ! Tu n'es pas revenu pour travailler ; et occupe-toi aussi de ta jeune épouse !

– Je vais vous faire une confidence que, d'ordinaire, un fils ne fait pas si tôt, même à sa mère. »

Adeline parut intriguée :

« Parle, je t'écoute.

– Lucie et moi avons tout fait pour que vous soyez grand-mère une seconde fois. Et nous espérons bien y être parvenus ! »

Adeline ne put contenir son bonheur. Elle s'approcha de son fils et, malgré sa carrure, le prit dans ses bras et l'embrassa.

« Ce petit naîtra donc pendant l'estive. Ce sera un petit de la montagne. Mais as-tu pensé à toi, au danger ?

– Nous y avons songé. Cela m'incitera à être encore plus vigilant pour revenir vivant. »

Peu après le départ de Mathieu et de Jérémie, Maurice et Fabien revinrent à leur tour du front. Sous le toit des deux métairies, on fit contre mauvaise fortune bon cœur, et leur venue permit d'effacer la tristesse que le départ des aînés avait engendrée.

Maurice arriva le premier en permission. Lorsqu'il atteignit, au petit matin, les abords du Soleyrol pour y retrouver Louise, une étrange impression s'empara de lui. Il avait neigé dans la nuit précédente, tout était d'un calme olympien. La neige était encore intacte sur la plupart des chemins, et les vignes dressaient leurs moignons décharnés vers un ciel si bas qu'on eût dit qu'il était en train de s'effondrer sur la terre. Quelques rares oiseaux cherchaient vainement leur nourriture ; ils étaient bien les seuls à s'agiter. Des cheminées, les fumées alourdies par le froid traînaient au-dessus des toits, flottant comme des linceuls grisâtres sur des tombeaux sans vie. Dans la basse-cour de la métairie, le coq restait tapi dans le poulailler avec son harem, trop paresseux pour aller sonner le réveil par tant de froidure.

La neige crissait sous les semelles de ses brodequins. Son uniforme gris-bleu ne sentait pas le frais. Et, si ce n'était qu'il portait l'habit militaire, il serait passé pour un de ces chemineaux à l'allure de pauvre hère, qui passaient encore avant guerre en quête d'un travail occasionnel.

Parvenu près de l'étable des moutons, Maurice se mit à appeler doucement pour prévenir de son arrivée.

« Il y a quelqu'un ? Vous êtes tous endormis chez les Chabrol ? »

Souvent la première levée, Louise sursauta. Elle crut d'abord s'être trompée et continua à moudre le café – un mauvais mélange d'orge grillée et de café de rationnement – qu'elle préparait chaque matin pour tout le monde. Intriguée, elle se dirigea vers la fenêtre dont les vitres étaient toutes constellées de givre, tenta d'y voir au travers, alla entrouvrir la porte.

Lorsqu'elle aperçut Maurice, elle eut le souffle coupé. Elle lâcha son moulin, renversant la mouture sur le sol, et, sans même chausser ses sabots, courut à sa rencontre dans la neige glacée. Maurice lui coupa aussitôt son élan.

« Ne t'approche pas ! » lui lança-t-il.

Louise, surprise, obtempéra, intriguée.

« Ne me touche surtout pas ! poursuivit Maurice. Je suis couvert de poux. Tu ne pourras plus t'en défaire. Va plutôt me préparer un grand baquet d'eau chaude avec du savon. »

Sa jeune épouse obéit sur-le-champ, et, tandis que l'eau chauffait dans la grande cheminée, elle revint vers lui, trépignant d'impatience de pouvoir l'embrasser et s'insinuer dans ses bras.

Maurice se débarrassa de ses vêtements souillés et se plongea sans traîner dans le baquet d'eau bouillante que Louise lui avait disposé dehors au milieu de la neige.

« Nous autres bergers, nous ne sommes pas délicats, fit-il en riant, malgré l'extrême fatigue qui se lisait sur son visage, mais c'est bien la première fois que je prends un bain dans la neige, et j'avoue que j'ai hâte de rentrer ! »

Le Soleyrol fut de nouveau en émoi. Chaque soir, pour éviter à Adeline de sortir, les deux familles y firent d'interminables veillées, où chacun raconta des histoires tirées de la mémoire collective. Comme Mathieu, Maurice évita de faire allusion à ce qu'il avait vu et vécu sur le front. Beaucoup de soldats devaient, comme eux, se claquemurer pour longtemps dans un de ces longs silences dont ils ne sortiraient que rarement. On oublia la guerre pour une seconde fois, les tourments et les malheurs des autres. Les fils étaient vivants et semblaient avoir le moral. Là était l'essentiel !

Maurice put profiter pleinement de son épouse. Louise, en effet, n'allait plus travailler au château, elle remplaçait ses frères et secondait sa mère dont l'état empirait. Adeline, comme toujours, ne se plaignait pas. Mais pas un jour ne se passait sans qu'elle fût contrainte de s'aliter une heure ou deux, pour reprendre haleine et refaire ses forces. Sa poitrine sifflait et contenait un feu intérieur qui l'empêchait de respirer. À cause du froid, elle ne sortait pas et ne s'occupait plus que des repas et des menus travaux de ravaudage. Parfois, elle trouvait encore la force de filer un peu de laine sur son rouet, mais elle s'y épuisait vite.

De temps en temps, elle recevait la visite de Mathilde Fontane, qui assurait toujours la classe à l'école du village. Celle-ci n'avait pas caché sa déception quand, d'un commun accord, Antoine et Adeline avaient refusé d'envoyer François au lycée d'Alais à la rentrée d'octobre. La situation, lui avaient-ils expliqué, ne le permettait pas. François était trop indispensable à la bergerie pour l'envoyer, interne, toute la semaine dans la cité cévenole.

« C'est bien dommage ! avait alors déploré Mathilde, mais je comprends. Cependant, François est vraiment fait pour les études ! »

L'enfant ne fut pas attristé par la décision prise par ses parents de le maintenir à l'école primaire de Quérac, car il n'avait pas de plus grand rêve que celui de devenir berger, comme son père et ses frères.

« Faites-lui passer son certificat d'études ! avait proposé Antoine. Ce sera déjà une bonne chose.

– Pour cela, je n'ai aucune inquiétude.

– Il est si jeune encore pour nous quitter ! » avait rajouté Adeline.

Chaque soir après la classe, ses devoirs étant terminés, le jeune berger n'avait qu'une hâte : être auprès de son père dans la bergerie pour soigner les bêtes et préparer la prochaine transhumance.

« Que voulez-vous ! avait expliqué Antoine, il a ça dans le sang ! Il a de qui tenir. »

Quand, à son tour, Fabien obtint sa permission, l'hiver semblait enfoncé dans ses grands retranchements et installé à demeure dans un monde qui craignait de ne plus jamais revoir le soleil.

Les victimes étaient de plus en plus nombreuses. Chaque jour, au village, sur le domaine, d'autres blessés, d'autres morts, d'autres disparus plongeaient les familles dans le malheur. Le château lui-même fut une nouvelle fois éprouvé : le fiancé de Julie Donnadieu, Jean-Charles de La Verrière, venait de tomber au champ d'honneur.

La jeune fille, contrairement à sa mère, prit le deuil pour longtemps et devint inconsolable. Son malheur finit de désespérer le châtelain, qui se mit dans l'idée que le sort s'acharnait sur lui et qu'il mourrait avant même d'avoir un héritier. Son désespoir fut tel qu'il délaissa ses affaires et que, le printemps venu, il eut toutes les peines du monde à trouver preneurs pour ses vins. Comme il lui fallait assurer une rentrée d'argent, il commença à vendre une partie de son cheptel. Mais, vu les circonstances, les prix ne cessaient de baisser, les acheteurs se faisant rares.

Antoine et Joseph se portèrent aussitôt acquéreurs et accrurent ainsi leur indépendance.

V

Espoirs et inquiétude

L'OR DES GENÊTS tapissait de nouveau les montagnes et le jade des jeunes frondaisons dissimulait les rides de la terre meurtrie par l'hiver. Mais partout, comme un long fleuve âcre et puissant, les odeurs de sang se répandaient dans les sillons abandonnés.

Les premiers troupeaux avaient regagné les hauts pâturages, menés par les anciens bergers dont un certain nombre avaient repris du service. De plus en plus, des enfants et parfois des femmes se mêlaient à eux pour remplacer les pères et les maris absents. La plupart des bêtes n'avaient pas été décorées, portant ainsi la marque du deuil. Selon l'usage, lorsqu'un berger ou l'un de ses proches avait disparu tragiquement, ses brebis ne portaient plus les pompons de la fête pendant plusieurs années, et la transhumance prenait alors l'allure d'un long cortège funèbre.

Une nouvelle fois, Adeline vit partir Antoine, le cœur serré de douleur. Elle ne parvenait plus à lui dissimuler la tristesse qu'elle éprouvait à chaque départ. Elle ne s'était jamais vraiment habituée à cette vie d'errance que son mari, puis ses fils après lui avaient adoptée. Maintenant, la maladie la privait du peu de forces qui lui restaient et qui lui avaient permis jusqu'alors de faire face. Étant donné les circonstances, elle s'était refusée à faire une énième cure à Concoules. Le docteur Mayen la lui avait pourtant conseillée, mais n'était pas parvenu à la convaincre de quitter le Soleyrol.

« C'est déjà très pénible d'être privée de mes fils et de mon mari, ne me privez pas encore de mes filles ! » lui avait-elle objecté.

Le vieux médecin s'inclina. À soixante-douze ans, il avait repris du service afin de remplacer le jeune docteur Grübert, qui lui avait succédé quelques années plus tôt. À l'époque, le nouveau docteur avait éprouvé beaucoup de difficultés à rassurer sa nouvelle clientèle habituée aux relations très paternelles de son prédécesseur, un vrai médecin de campagne. Lui venait d'une ville de l'Est et avait fait sa médecine à Paris. Son accent pointu, qu'il y avait contracté, le fit passer dès sa première visite pour un étranger à la région, et son nom à consonance germanique éleva sinon une certaine méfiance, du moins une réticence certaine. Lorsqu'il fut à son tour appelé sur le front, les anciens patients du docteur Mayen réaccueillirent ce dernier les bras ouverts, Adeline la première, qui l'avait connu dès son arrivée à Quérac.

« Je ne suis là que pour dépanner, crut-il bon de préciser, partout où on le réclamait. Mon jeune confrère vous suivra de nouveau dès que la guerre l'aura libéré, et, je vous assure, vous pouvez lui faire confiance, vous êtes entre de bonnes mains. » Il est vrai que le docteur Grübert avait un peu perturbé les habitudes de sa clientèle. Ne venait-il pas en automobile, alors que le docteur Mayen passait partout avec sa carriole, même par les routes les plus défoncées ? Et pourquoi faisait-il payer ses consultations avant même de s'assurer que son patient fût totalement guéri ?

« Il a des habitudes de la ville ! » disait-on quand on le voyait s'éloigner.

Il avait à peine eu le temps de s'imposer là où le docteur Mayen avait mis des années à édifier entre ses malades et lui des relations de confiance aveugle, que la guerre l'emmena loin de Quérac et détruisit en quelques mois les liens fragiles qu'il avait patiemment tissés.

Le monde, privé de ses hommes jeunes et dans la force de l'âge, se réfugiait avec frilosité derrière les murs de sagesse des anciens, ce qui, aux yeux de beaucoup, représentait encore le plus sûr rempart contre l'insécurité du lendemain.

En outre, dans de nombreuses familles, on ne croyait déjà plus à ce lendemain. Que deviendrait-on, privés des hommes qui assuraient les rentrées d'argent, le gros travail et la descendance ? Que serait une société où les femmes seules devraient tout assumer ? Dans l'esprit des gens des campagnes, ce remue-ménage perturbait les esprits et inquiétait, car l'ordre établi des choses avait été trop vite et trop profondément ébranlé.

Tandis que les zeppelins allemands semaient la terreur au-dessus de Paris et que les Prussiens lançaient les premières attaques au gaz toxique, la guerre s'enlisait. Partout les soldats s'étaient enterrés dans d'incroyables réseaux de tranchées, et le fol espoir de rentrer bientôt dans ses foyers s'évanouissait. N'avait-on pas appelé la classe dix-sept par « simple mesure de prévoyance » ?

Avec le printemps cependant, il sembla que les états-majors aient eu l'intention d'en finir. Depuis la Marne, toutes les offensives alliées n'avaient abouti à aucun résultat significatif. Or les lignes allemandes avaient été délestées de neuf divisions d'infanterie envoyées sur le front russe. Le moment semblait donc opportun pour une vaste offensive en Artois.

Mathieu, une fois de plus, se retrouva au cœur de l'enfer. Une fois de plus, il vit tomber autour de lui nombre de ses camarades au cours des attaques lancées à partir des tranchées, malgré les bombardements incessants. Les assauts ne furent jamais aussi meurtriers, et les poilus reprirent peu à peu le terrain conquis par l'ennemi. Lorsqu'il recevait l'ordre de sortir de son boyau et de foncer tête baissée vers les lignes adverses, Mathieu pensait d'abord à Lucie et à l'enfant qu'elle portait. Puis il s'adressait à Dieu dans une ultime prière et faisait ce qu'on attendait de lui, sans broncher, sans la moindre hésitation ni le moindre sentiment de révolte.

Lucie lui avait appris l'heureuse nouvelle peu avant le début du printemps. Elle avait volontairement tardé à la lui avouer pour être certaine de ce qu'elle voulait lui annoncer : elle attendait un enfant et leurs premiers espoirs de paix s'étaient ainsi concrétisés. C'était un soir, après une journée passée à attendre dans la tranchée, comme c'était souvent le cas entre deux assauts. Alix faisait le guet avec d'autres camarades. Mathieu, lui, se reposait, les pieds dans la boue, adossé au mur d'argile, le fusil à ses côtés, toujours prêt. Lorsque le courrier arriva, il sentit en lui un long frémissement qui lui réchauffa le corps. Il n'eut pas besoin de lire la lettre de Lucie pour en deviner le contenu, il savait ce qu'elle lui annonçait. Sa joie fut immense. Pour un peu, il serait sorti de son terrier pour exhiber son bonheur. Mais les coups de fusil qui claquaient de temps en temps le rappelèrent à l'ordre.

Depuis ce jour, Mathieu redoubla de prudence lorsque son escouade montait en première ligne, et il n'eut plus qu'une idée en tête : se maintenir en vie pour voir son fils le plus vite possible, car il en était persuadé : ce serait un fils.

L'offensive en Artois le priva d'une permission, son unité ayant été appelée en renfort du côté de Wimy. Mathieu fit grise mine, mais, une fois de plus, se munit de patience.

Pendant ce temps, Fabien, Jérémie et Maurice connaissaient le même sort, celui que des millions de soldats enduraient depuis des mois et qu'ils devraient encore endurer pendant longtemps : les longues journées d'attente dans l'anxiété d'une attaque surprise ; la fatigue qui anéantissait les corps même les plus robustes ; la ration alimentaire insuffisante ; la boue, la vie dans la boue en permanence, en compagnie des rats, des blessés, parfois des cadavres qu'on ne pouvait évacuer ; la boue qui s'insinuait partout : dans les vêtements, dans la nourriture, dans l'eau qu'on buvait, dans les pansements qu'on appliquait sur les plaies ouvertes, sous les paupières qu'on n'osait plus fermer de peur d'être surpris par les baïonnettes ennemies ; l'enfer, oui, c'était la boue !

Mais le pire, c'était l'assaut, rare mais toujours très meurtrier ; et l'attente dans l'angoisse : « Qui oserait sortir le premier du boyau et se mettre à découvert, sortir son corps et le présenter comme une cible vivante aux balles fusantes qui arrivaient par rafales, très bas, fauchant les jambes comme des faux ? Qui enverrait-on en avant-garde pour aller cisailler les barbelés ennemis, au risque de se faire tirer comme un lapin ou de sauter sur une mine ? » La ration de gnôle que le caporal distribuait parfois pour donner du courage – ou pour mieux empêcher de réfléchir – n'y faisait rien. Certains, la peur au ventre, ne parvenaient pas à se retenir et faisaient sous eux comme des enfants qu'on gronde. D'autres tremblaient comme des feuilles et titubaient à chaque pas, incapables de se servir de leur arme en pareille circonstance. La plupart obéissaient aux ordres aveuglément et partaient à l'assaut sans espoir de revenir vivants, croyant partir à tout jamais pour leur dernière destination. Les rescapés se rendaient rarement compte de ce qui leur était arrivé. Hébétés, les yeux aveuglés par le jaillissement des flammes, abasourdis par le crépitement des balles des mitrailleuses et l'explosion des obus, ils n'étaient plus que des automates dégingandés prêts à être servis en pâture à l'ogre guerrier.

Lucie accoucha début septembre. L'enfant, un petit garçon de quatre livres et demie, vit le jour plus tôt que prévu et resta entre la vie et la mort pendant près d'un mois. Le docteur Mayen avait délivré la jeune femme toujours avec autant de dévouement, mais s'était juré que ce serait là son dernier accouchement, tant ses mains, pourtant expertes, s'étaient mises à trembler au moment crucial.

« J'ai bien cru ne pas pouvoir achever le travail, avait-il avoué, ruisselant de sueur. Je peux dire que ce petit bout de chou m'a donné du fil à retordre !

– C'est l'émotion, lui répliqua Adeline, qui l'avait assisté.

– Pensez-vous ! J'en ai vu d'autres. C'est l'âge ! Je me fais vieux et j'ai la tremblote, comme les moutons. Votre mari connaît bien ça, n'est-ce pas ? »

Adeline, qui avait souhaité qu'en l'absence de son fils sa belle-fille accouche sous son toit, sourit, repensant secrètement à toutes les naissances qui avaient eu lieu dans le lit même où le petit Aubin venait de voir le jour. Toutes ces dernières années, au cours desquelles le temps lui semblait avoir filé comme l'eau d'une rivière, s'étaient passées sans qu'elle s'en aperçoive. À quarante-quatre ans, elle se sentait vieille, et la naissance de son deuxième petit-fils lui donnait soudain l'impression que le drame, dont elle avait été victime, remontait à une époque qui se perdait dans la nuit des temps. Or François n'avait que treize ans et n'était encore, lui aussi, qu'un enfant.

« Vous avez de la chance d'être une aussi jeune grand-mère, lui avoua le vieux médecin en lui tendant son petit-fils dans les bras. Votre fils François et vos deux petits-fils sont quasiment de la même génération. Toute cette jeunesse autour de vous ne peut que vous faire du bien. D'ailleurs, vous semblez aller mieux. »

Le docteur Mayen se montrait toujours optimiste devant ses patients et ne laissait jamais entrevoir ses impressions. Mais l'état d'Adeline l'inquiétait. Il voyait bien, sur sa mine défaite et à la maigreur de son dos, que le mal continuait ses ravages.

Elle, de son côté, évitait de faire de quelconques allusions à son état déclinant. Elle cachait depuis quelque temps, même à son amie Adrienne, qu'il lui arrivait de cracher du sang quand elle s'époumonait. Cela ne la trompait pas. Elle sut, dès ce jour-là, que la maladie s'était aggravée et qu'il ne pouvait y avoir de rémission, à moins d'un miracle. Elle connaissait dans le village plusieurs femmes décédées à la suite de complications pulmonaires : des broncho-pneumonies mal soignées, voire des cas de tuberculose. Aucune n'avait résisté longtemps à la maladie. Elle évitait néanmoins de penser à la mort, non qu'elle la craignît, mais parce qu'elle voulait vivre pour ses enfants et ses petits-enfants. Elle ignorait si Antoine se doutait de la gravité de son état. Ses périodes de rémission, pensait-elle, devaient lui laisser croire qu'elle était en voie de guérison. Mais pourrait-elle lui cacher longtemps, après son retour, ce qu'elle venait de découvrir, que le sang affluait parfois dans sa gorge et l'obligeait à interrompre sur-le-champ toute activité ?

Seule, le soir, dans l'obscurité de sa chambre, elle priait Dieu de lui accorder quelques mois, une année encore, pour permettre à Antoine de reprendre le cours de sa vie comme autrefois, avant le terrible événement qui lui avait brisé l'existence et l'avait jeté dans l'ombre et la désespérance. À peine était-il sorti de son enfer que la guerre maintenant lui volait ses fils ! Ce n'était donc pas le moment de lui briser davantage le cœur.

Adrienne s'inquiétait de la pâleur de son amie. Elle s'en était ouverte à Louise, qui n'avait pas endraillé une seconde fois au printemps afin de rester auprès de sa mère.

« Ta mère s'épuise à vue d'œil. Si ça continue, elle ne pourra plus sortir du lit. Elle en fait trop.

– Pourtant, Marie et moi, nous faisons tout pour l'aider et lui éviter de travailler.

– Je sais, petite. Mais ce qui lui faudrait, c'est le repos complet et un long séjour au sanatorium. Chaque fois qu'elle y est allée, elle en est revenue requinquée. Et puis, vois-tu, le petit de ta sœur la fatigue beaucoup. Elle n'a plus vingt ans pour s'occuper d'un enfant en bas âge !

– C'est elle qui tient à s'en occuper pendant que Marie est au château.

– Je sais, je sais. Il faudrait lui faire comprendre de garder la chambre, de se soigner convenablement, d'éviter toute fatigue inutile.

– Même le docteur Mayen ne parvient pas à la rendre raisonnable.

– Et maintenant, le petit Aubin ! Qu'avait-elle à vouloir à tout prix que Lucie accouche au Soleyrol en l'absence de Mathieu !

– Elle a tenu à s'occuper du petit parce qu'elle a été privée de la naissance de Pierre. Cela lui faisait tellement plaisir ! »

À vrai dire, Adeline voulait retenir le temps et s'accrochait à tout ce qui lui permettait de voler un peu de vie à la vie. Chaque geste qu'elle pouvait offrir à l'un des siens était pour elle un vrai moment de bonheur.

Cette année-là, l'automne fut précoce. Déjà fin septembre, les feuilles des chênes se tavelèrent de roux et, au loin, la montagne perdit ses couleurs vives de l'été. Le mauve des bruyères en fleur recouvrait déjà les sommets du Liron, les châtaigniers se teintaient de cuivre et se flétrissaient avant l'heure. Du sommet de l'Aigoual descendaient d'épaisses barres nuageuses qui plombaient le ciel et le rendaient menaçant. Les orages furent violents et mirent fin brutalement à un été de feu. Les rivières charrièrent des flots de boue arrachés aux flancs des montagnes.

Partout l'air était épais comme un sirop de sucre et répandait de lourds effluves d'humus et de pourriture.

Les anciens commencèrent à se plaindre que le temps était détraqué, qu'il n'y avait plus de saisons.

« C'est à cause de tous ces obus qu'ils font éclater, affirmaient certains.

– Il paraît même qu'ils en tirent sous l'eau, depuis des sous-marins ! Sûr qu'ils finiront par détruire la planète ! »

Le troupeau s'égrenait sur la draille. Les bêtes semblaient prendre leur temps, comme si elles rechignaient à quitter plus tôt que prévu les verts pâturages de l'Aubrac. Les chiens eux-mêmes montraient peu d'ardeur à rabattre celles qui s'écartaient et à activer les traînardes.

L'estive s'était déroulée sans incident. Aucune bête n'avait péri ni par accident ni par maladie, et, si le cœur des hommes n'était pas à la fête, ce n'était pas faute d'une bonne saison. Le troupeau rentrait plus nombreux qu'à la montée, quelques naissances ayant eu lieu pendant l'été ; et de nombreuses brebis mettraient bas en fin d'année.

Pour sa seconde campagne, Antoine avait laissé la place de tête à Joseph et poussait à l'arrière en compagnie de François, dont il ne voulait pas se séparer.

« Tu es le bras qui me manque, aimait-il lui avouer. Et qui plus est, mon bras droit !

– Tu es toujours le meilleur berger de toutes les Cévennes, Papa ! Jamais personne ne pourra t'égaler. »

François ne tarissait pas d'éloges sur son père et vantait sans cesse ses mérites devant ses camarades de classe. Il aimait leur narrer, à sa manière, les histoires de transhumance qu'il lui racontait le soir, quand il se laissait aller à la confidence. Il en rajoutait parfois, non par mensonge, mais pour rendre ses récits plus épiques ou plus poignants. En classe, Mathilde Fontane, qui avait repris en charge la section des grands, aimait à lui faire lire ses rédactions à voix haute, devant ses camarades. Car il avait aussi une façon d'écrire qui le distinguait des autres, un vocabulaire imagé et coloré qui donnait vie à ses narrations, une touche d'humour qui dénotait déjà beaucoup de sensibilité. Il n'avait pas encore passé le certificat d'études malgré ses treize ans. Les circonstances, ses absences en classe dues au soutien qu'il accordait à sa famille, ne lui avaient pas permis de se mettre à niveau.

Mathilde, la première désolée de ce retard, mettait cependant tous ses espoirs en lui.

Peu avant Aire-de-Côte, au pied de l'Aigoual, un violent orage s'abattit sur le troupeau. Celui-ci venait de faire halte à la ferme de Fons et s'acheminait vers Bonperrier, une longue étape qu'affectionnait toujours Antoine, tant le paysage lui paraissait idyllique, du massif forestier jusqu'au col de l'Asclier.

Des éclairs d'airain zébraient le ciel, dont la noirceur obscurcissait les sommets. De violentes rafales de vent ployaient le feuillage des hêtres comme des roseaux. Un rideau de pluie obstruait l'horizon et s'avançait dangereusement vers le troupeau.

Il fallut presser le pas. Les bêtes, apeurées par le grondement incessant du tonnerre, marchaient serrées les unes contre les autres, comme pour se prémunir du danger, en ne faisant plus qu'une seule masse de laine. De son fouet, Antoine activait les attardées, qui commençaient à se fatiguer. Il devait, coûte que coûte, gagner Aire-de-Côte, où le troupeau pourrait trouver un abri avant que la pluie ne tombe.

Tout à coup, les bêtes ralentirent et s'amoncelèrent les unes sur les autres. L'amas laineux se fit de plus en plus dense et déborda hors de la draille. Des bêtes sortirent du troupeau et s'égaillèrent dans le sous-bois. Antoine et François eurent toutes les peines à les rattraper, car les chiens étaient partis vers l'avant, eux aussi surpris par l'arrêt brutal du troupeau.

« Que se passe-t-il donc ? demanda François.

– Je l'ignore. Je vais voir à l'avant, si j'y parviens ! »

Antoine laissa son fils seul à l'arrière et se fraya avec peine un passage parmi les bêtes agglutinées. Celles-ci, prises de panique à cause du vrombissement qui fracassait le ciel, ne cessaient de bêler à tue-tête. Parvenu à une centaine de mètres de la tête du troupeau, il aperçut Joseph se démenant comme un forcené pour faire reculer les menons[1]. Ceux-ci s'entêtaient à rester sur place. Les chèvres donnaient des cornes aux brebis qui les pressaient de trop près, tandis que les deux mulets, qui portaient dans leur bât de jeunes agneaux nés peu avant le départ, brayaient de concert.

« Pourquoi cette panique ? hurla Antoine.

– La draille est obstruée ! La montagne s'est effondrée. Impossible de passer. Il faut contourner par la forêt.

– Par la forêt ! Tu es fou ! Nous ne sommes pas assez nombreux pour endiguer le troupeau, il nous échappera. »

Le ciel était de plus en plus sombre, le tonnerre de plus en plus proche, les éclairs de plus en plus nombreux. Brutalement, la voûte s'éclaira d'une lumière

1. Brebis de tête, celles qui guident le troupeau.

apocalyptique, les fûts des hêtres parurent s'élancer dans l'espace, aspirés comme par une hotte géante. Les bêtes cessèrent aussitôt leur tumulte, s'attendant sans doute à l'hécatombe finale. Un déluge de feu s'abattit en quelques secondes sur le massif forestier, dans un craquement épouvantable qui fit penser que la terre entière se déchirait. Une pluie diluvienne se déversa sur les bêtes et les hommes, cloués sur place, dans l'incapacité totale de se mouvoir. Le vacarme se répercutait à travers toute la montagne, ricochant d'un versant à l'autre.

Joseph avait beau s'égosiller, Antoine ne pouvait l'entendre. Tous deux eurent la même pensée : si la foudre s'abattait sur le troupeau, ce serait la catastrophe.

La pluie redoubla d'ardeur et ne cessa pas pendant plus de une heure. Le dieu du ciel martelait son enclume sans relâche, avec rage, faisant jaillir des jets de feu tous azimuts, criblant la forêt de ses pointes les plus acérées. Quand, enfin, la forge explosa à force d'avoir trop chauffé, le ciel faillit se déchirer comme sous l'effet d'une bombe. La foudre s'abattit sur un versant opposé et déclencha un début d'incendie.

Antoine fit signe à Joseph de pousser le troupeau en sens contraire, afin de rebrousser chemin. Le soir tombait déjà quand ils parvinrent à Aire-de-Côte. Ils décidèrent d'y passer la nuit. Les bêtes, dont un grand nombre semblait traumatisé, étaient transies de peur, de froid et d'humidité.

« Si nous n'en perdons pas quelques-unes, se plaignit Joseph, nous aurons de la chance ! »

Le vent distillait des parfums acides de terre gorgée d'eau, des arômes âcres de feuilles mortes mouillées. Sur les cimes, les conifères, hérissés comme des hallebardes, semblaient déchirer les nuages pour en faire jaillir la pluie. Sous la lumière blafarde, écrasées par un ciel d'ardoise, les premières collines faisaient le gros dos, ruisselantes d'humidité. Des éclairs balafraient encore l'horizon, tandis que, dans les vallées, d'épaisses vapeurs stagnaient paresseusement audessus des hameaux. Octobre commençait dans la grisaille et avait recouvert plaines, plateaux, collines et montagnes d'un lourd linceul de cendre comme pour mieux préparer les esprits à la fête des morts.

Antoine et Joseph rentraient à Quérac, la joie ternie par la perte de trois jeunes brebis qui ne survécurent pas aux tourments du ciel. Les bêtes leur appartenant, ils n'auraient pas de compte à rendre. Les éleveurs à qui ils remirent leur bien à chaque triador furent soulagés de ne pas avoir été victimes du déchaînement des éléments. Aucun toutefois n'aurait voulu confier son troupeau à d'autres qu'à Joseph et à Antoine. Ils leur faisaient tous confiance et savaient que, si un accident arrivait par malheur à l'une de leurs bêtes, nul autre berger n'aurait pu l'éviter. Aussi souhaitaient-ils toujours les revoir au printemps suivant, afin que perdure encore longtemps leur collaboration.

Leur retour avait été annoncé de bouche à oreille. Adeline, prévenue plus tôt, se préparait à accueillir Antoine les bras ouverts. Elle ne voulait pas lui montrer combien elle s'était affaiblie en son absence, ni lui dévoiler l'anxiété que trahissait son visage exsangue.

Depuis juin en effet, le Soleyrol n'avait plus reçu de nouvelles de Mathieu. Dans sa dernière lettre, celui-ci avait laissé entendre qu'il escomptait obtenir une permission, une fois l'offensive terminée. Mais l'état-major ayant décidé de poursuivre le harcèlement contre les Prussiens afin de soulager le front russe en difficulté, il dut attendre encore et se munir de patience.

Fabien, lui, se battait en Champagne, ainsi que les fils Coste. Seul Maurice réussit à obtenir une permission malgré la tension qui régnait sur le front. Une nouvelle offensive se préparait. Joffre lui-même galvanisait ses troupes, déclarant :

« L'heure est venue d'attaquer pour vaincre. Allez-y de plein cœur, pour la délivrance du sol de la patrie. »

Leur courrier parvenait à Quérac avec beaucoup de retard, mais il arrivait. C'est par lui qu'Adeline et Adrienne savaient que les combats avaient redoublé d'intensité, ainsi que par le nombre de blessés et de morts que le maire de la commune venait annoncer trop souvent aux familles des malheureuses victimes.

Chaque jour d'attente supplémentaire était un jour de souffrance insupportable, un jour de torture morale indicible. C'est ce qui minait le plus Adeline. Elle se demandait pourquoi son aîné ne donnait plus signe de vie et s'attendait d'un jour à l'autre, du coin de sa fenêtre, à voir arriver l'homme en noir porteur de la terrible nouvelle. Adrienne avait beau la rassurer, rien n'y faisait.

« Il est inutile de te ronger les sangs, lui expliquait-elle. S'il lui était arrivé quelque chose, les autorités auraient déjà alerté le maire afin de te prévenir. Tu vois bien que les mauvaises nouvelles n'arrivent jamais en retard ; les familles sont tout de suite prévenues.

– Trois mois sans une seule lettre ! Ce n'est pas normal.

– Mathieu a probablement écrit. Mais ses lettres ont dû se perdre ou rester bloquées. Son unité se trouvait dans une zone de durs combats. »

Quand le troupeau s'annonça au bord du soir, Adeline sentit trembler le sol longtemps à l'avance. Le martèlement des sabots crépitant sur la draille lui parvint comme une onde mystérieuse, une intime conviction qu'elle seule perçut à cet instant.

« Je vous dis qu'ils arrivent », assura-t-elle à ses filles, qui craignaient que l'esprit de leur mère ne commence à déraisonner.

L'horizon cependant restait immuable, empêtré dans le noir fardeau de nuages.

« Ne sortez pas de la maison, Mère, lui conseilla Marie. Avec cette humidité, vous prendriez mal. »

Adeline trépignait d'impatience. Elle avait remisé son sombre tablier de grosse toile, revêtu sa robe la moins ancienne, mis de l'ordre dans sa coiffure et masqué les rides de son visage sous le fard que Louise lui avait gentiment appliqué afin de lui faire bonne figure.

« Me voilà prête ! Je veux qu'Antoine me voie dès son entrée sur le domaine. Je vais aller m'asseoir sur notre banc.

– Mère, vous n'êtes pas raisonnable. Louise est allée à l'arrivée de la draille. Dès qu'elle les apercevra au loin, elle courra vous prévenir.

– Je les entends ! Mon intuition ne me trompe jamais. »

Le troupeau ondoyait comme une houle marine poussée par les vents de pluie. Petit à petit, on entendit les sonnailles tinter comme du cristal : de légers cliquetis d'abord, à peine perceptibles, puis une envolée de plus en plus forte qui résonnait entre les collines comme les cloches pascales des églises.

Adeline courut vite s'asseoir sur le banc de sa jeunesse, sécha les larmes d'émotion qui perlaient sur ses joues, retint Marie et Pierre par la main, puis déclara avec un brin de fierté :

« Je te l'avais dit. Mes sens ne me trompent jamais. »

Louise arriva sur ces entrefaites.

« Ils arrivent ! Père est en tête du troupeau, avec François. »

VI

Disparition

La joie d'Adeline d'avoir retrouvé son mari et son fils était oblitérée par le long silence de Mathieu. Lucie commençait aussi à se demander si son mari n'avait pas disparu sur un champ de bataille, enterré vivant dans un de ces trous d'obus qui devaient à jamais marquer le paysage des régions de combats.

« Dans ce cas, les autorités militaires nous auraient fait parvenir un avis de disparition, tentait d'expliquer Antoine.

– Peut-être a-t-il été fait prisonnier par les Allemands, qui le gardent dans un endroit secret et l'empêchent d'écrire à sa famille. »

Ils avaient beau évoquer à tour de rôle toutes les hypothèses, aucune ne parvenait à les tranquilliser.

Début novembre, Fabien annonça sa venue en permission et provoqua un grand réconfort à défaut d'un grand soulagement. Le jeune soldat n'arborait plus la même confiance dont il avait fait preuve lors de son premier retour. Ses sœurs ne cessèrent de le pressurer de questions à propos de Maurice et de Jérémie.

Malheureusement, il ne pouvait répondre à leur empressement, car il ignorait tout des mouvements des unités étirées sur le front. Il expliqua à demi-mot que les combats de septembre avaient été terribles et que les ordres avaient été plus rigoureux que jamais : « La percée ! la percée à tout prix pour gagner du terrain ! » La récente entrée en guerre de l'Italie aux côtés de l'Entente allait peut-être modifier l'échiquier des forces en présence et permettre aux Alliés de prendre définitivement l'avantage.

François avait retrouvé les bancs de l'école avec un peu de retard à cause de la transhumance. Il entamait sa dernière année, celle du certificat d'études. Mathilde ne se faisait aucun souci pour son diplôme. Elle misait même sur lui pour obtenir l'un des meilleurs résultats du canton.

Le jeune berger le lui rendait bien et était toujours le premier à lui proposer de remettre sa salle en ordre, à lui préparer les bûches pour le poêle ou à rester le soir en sa compagnie après la classe pour effacer le tableau, remplir les encriers pour le lendemain et donner un coup de balai. Il fallait souvent qu'elle lui dise de rentrer avant que la nuit ne tombe. Elle aimait sentir sa présence à ses côtés, tandis qu'elle corrigeait ses cahiers sur son grand bureau. Il lui rappelait Antoine et continuait ainsi à nourrir à son insu les sentiments secrets qui l'animaient encore.

Un jour, peu après le départ de Fabien, François entra en classe tout bouleversé. La récréation cependant s'était déroulée sans incident. Il avait discuté comme de coutume avec ses camarades et rien ne laissait à penser qu'il s'était disputé avec l'un d'entre eux. Mathilde n'en fit pas cas, mais ne cessa de l'observer pendant le reste de l'après-midi. Quand la journée fut terminée, contrairement à son habitude, il rangea ses affaires à la hâte et prit à peine le temps d'enfiler sa pèlerine accrochée à la patère.

« Quelque chose te chagrine, François ? » lui demanda-t-elle avant qu'il ne disparaisse.

Le jeune garçon parut hésiter. Mathilde insista :

« Où cours-tu si vite ? Ce n'est pas dans tes habitudes de te sauver de la sorte !

– Je viens d'apprendre quelque chose d'important, mademoiselle. C'est Renard qui m'en a parlé à la récréation.

– Qu'est-ce qu'il y a donc de si grave ?

– C'est au sujet de mon frère Mathieu.

– Mathieu ! »

Mathilde blêmit. Elle crut aussitôt qu'un malheur était arrivé et que Renard en colportait la triste nouvelle.

« Que t'a-t-il dit, Renard ? »

François voulut s'esquiver, trépignant d'impatience.

« Le frère de Renard est rentré du front. Pour lui, c'est fini, il est gravement blessé. Il dit qu'il a vu Mathieu vivant, là où on l'a soigné. Ils ne se sont pas parlés, mais il en est sûr. Je cours vite le dire à mes parents. »

Mathilde ne retint pas son élève plus longtemps.

Le soir même, le Soleyrol fut dans tous ses émois. Adeline voulut en personne rendre visite à la famille Renard. Antoine l'en dissuada et se fit accompagner par Lucie pour aller aux nouvelles.

« Alors ? » demanda Adeline dès son retour, sans lui laisser le temps de s'expliquer.

Marie et Louise entouraient leur mère, inquiètes de la voir si pâle.

« Le jeune Renard affirme avoir aperçu Mathieu il y a deux mois environ. C'était au début septembre, du côté d'Arras, dans un hôpital de campagne.

– Est-il blessé ?

– Sans doute, puisqu'il était dans un hôpital ! Mais il était vivant. De cela, il en est sûr. Ils ne se sont rien dit : Renard était trop mal en point pour pouvoir tenir une conversation. Quant à Mathieu, il certifie l'avoir vu sur un brancard parmi d'autres blessés.

– C'est tout ?

– Oui, c'est tout ce qu'il peut dire. Après, il a été transporté à l'arrière pour y être amputé d'une jambe. Il ignore ce qu'il est advenu de Mathieu. »

Adeline semblait se vider de son sang et se lamentait.

« Pourquoi donc ne nous a-t-on pas prévenus qu'il a été blessé ?

– Peu importe la raison, ajouta Antoine, qui parvenait à grand-peine à se maîtriser. L'essentiel c'est qu'il soit vivant.

– Qui te dit qu'il vit encore à l'heure qu'il est ? Cela s'est passé il y a deux mois. Il a pu succomber à ses blessures.

– Nous le saurions. Les morts, on les remet toujours sans tarder à leur famille. Cesse donc de te tourmenter. Je vais demander au maire de s'occuper de sa recherche. On finira bien par le retrouver !

– C'est inutile ! » coupa Lucie.

La jeune femme était restée stoïque pendant les explications de son beau-père. S'armant de courage, elle déclara :

« Je vais aller moi-même rechercher mon mari. Et je le trouverai ! Je veux lui annoncer en personne qu'il est le père d'un magnifique petit garçon.

– Voyons, Lucie, tu n'y songes pas, ce n'est pas raisonnable ! répliqua Marie, surprise par la décision courageuse de sa belle-sœur. Dans ton état, ce ne serait pas prudent.

– Marie a raison, ajouta Adeline. D'ailleurs, qui s'occupera d'Aubin ?

– Moi, répondit Louise, toujours la première à se dévouer. Cela me permettra de me faire la main en attendant qu'à mon tour je mette un enfant au monde. Ce qui ne saurait tarder. »

Les regards se tournèrent dans sa direction.

« Voudrais-tu dire que toi aussi… questionna Marie.

– Oui, moi aussi, je vais avoir un enfant, pour le mois de mai. Maurice ne le sait pas encore, d'autant que cela n'était pas prévu lors de sa dernière permission.

– Alors, si Louise s'occupe d'Aubin, je ne tarderai pas davantage. Je partirai dès demain à la recherche de Mathieu.

– On ne te laissera pas approcher du front. Les civils n'y sont pas admis, c'est trop dangereux, crut bon d'avertir Antoine, ravi au fond de lui-même de l'énergie de sa belle-fille.

– C'est ce qu'on verra !

– Ah, si seulement je n'avais pas tant de travail ici ! Je t'accompagnerai volontiers. C'est aussi le devoir d'un père d'aller rechercher son fils. »

Lucie prit le premier train en gare d'Alais dès le lendemain à l'aube, puis un express à Nîmes en direction de Paris. Il régnait dans les wagons une étrange atmosphère. Tous les compartiments étaient bondés de soldats qui remontaient vers le front. À leur côté, les civils, dont beaucoup voyageaient pour affaires, évitaient de commenter devant eux les événements militaires. La plupart avaient peur de déranger, d'être inconvenants et se taisaient sans pouvoir cacher leurs arrière-pensées. Ils avaient presque honte de vivre normalement alors que d'autres se sacrifiaient pour défendre la patrie.

Ces derniers portaient dans leur regard toute la détresse du monde. La plupart venaient de quitter leur famille, une femme, des enfants, des parents, sans l'assurance de les revoir bientôt. Ils venaient de revivre une brève semaine d'irréalité, un laps de temps hors du temps, hors du monde. Le train les menait de nouveau vers l'enfer, vers leur enfer dont aucun ne sortirait tout à fait indemne. Cela, ils le savaient, et c'est ce qu'ils portaient sur leur visage.

Quelques-uns, des jeunes recrues qui considéraient sans doute la guerre comme une aventure et qui déchanteraient vite, discutaient haut et fort et narguaient les autres voyageurs dont la discrétion dénotait une gêne à peine voilée. Dans leur compartiment, coincé entre la portière et une grosse dame en toilette, un homme d'une quarantaine d'années, bien mis de sa personne et portant bésicles, tâchait de se faire oublier. Lucie, assise en face de lui, le regardait sans y prêter attention.

L'un des jeunes soldats commença à critiquer tous les embusqués, tous ceux qui s'étaient arrangés pour échapper à la conscription et à leur devoir de patriote. Il lançait vers l'homme aux bésicles des regards acerbes qui en disaient plus long que ses paroles.

Le ton monta. Les jeunes recrues, visiblement excitées à l'idée de reprendre les armes et de retourner se battre, ne contenaient plus leur ardeur guerrière et s'en prenaient autant au Kaiser, « ce fou de guerre assoiffé de sang », qu'au Tzar, « ce bon à rien, incapable de contenir l'ennemi à l'est », et aux civils qui « se foutaient pas mal de ce qui se passait sur le front ».

Se sentant pris à partie, le voisin de Lucie ne put se retenir de répliquer :

« Vous ne devriez pas parler ainsi, jeunes gens. Chacun fait ce qu'il peut ! Il en est de nos alliés comme des civils à l'arrière.

– Parlons-en de l'arrière ! Des planqués qui ne pensent qu'à tirer leurs marrons du feu. Vous verrez, à Paris, l'air de fête qui y règne, alors qu'on se bat à moins de cent kilomètres de la tour Eiffel !

– Vous exagérez, jeune homme. Je comprends votre rancœur et j'admire votre courage. Mais pour les civils de l'arrière, la vie n'est pas aussi facile que vous semblez le croire. Il y a la pénurie partout, les restrictions, le rationnement ; on ne trouve plus rien et l'inflation nous ruine.

– Si vous voulez échanger votre repas contre ma ration de campagne, vous m'en direz des nouvelles !

– Et tous ceux qui travaillent comme des forcenés dans les usines, dans nos campagnes, pour remplacer nos soldats, vous pensez qu'ils sont à la fête !

– Et l'angoisse permanente dans laquelle nous attendons nos maris ? Vous y pensez aussi ? coupa timidement Lucie, que la conversation troublait.

– Madame a raison ! ajouta son voisin d'en face qui triturait ses bésicles d'énervement. Vous ne pensez donc pas à tous ceux qui souffrent en silence ! »

L'un des jeunes soldats tenta de calmer son camarade :

« Arrête, tu vois bien que tu déranges monsieur. »

Mais l'autre, plus excité, poursuivit :

« Et d'ailleurs, que faites-vous en civil dans ce train, au lieu d'être sur le front comme tous les hommes courageux ?

– Je suis réserviste, jeune homme ! Que cela vous plaise ou non !

– Encore un planqué !

– Je ne vous permets pas ! Je suis fonctionnaire au ministère des Finances. Sachez que si certains d'entre nous n'étions pas là pour tenir les haubans du mât, les voiles de notre navire s'envoleraient avec le vent de tempête qui souffle sur notre pays !

– Qu'est-ce qu'il raconte, cet embusqué ? grommela le soldat.

– Laisse donc, lui conseilla son camarade. Allez, viens ! Changeons de compartiment. »

Cette dispute en disait long sur l'état d'esprit qui régnait dans la troupe. Lucie découvrait subitement une autre réalité. Plus elle s'approchait de la capitale, plus elle se posait des questions sur le monde qu'elle allait découvrir. Il est vrai qu'à Quérac on était loin d'appréhender avec toute sa violence l'univers de la guerre et ses dessous. Si ce n'étaient les terribles douleurs provoquées par les victimes chaque jour plus nombreuses, hélas, et les quelques privations auxquelles on parvenait à faire face malgré tout, la vie n'y avait guère changé réellement. Certaines familles, qui n'avaient ni fils ni mari sur le front et qui avaient de quoi subvenir aux premières nécessités, vivaient d'ailleurs comme avant, sans connaître les horreurs de la guerre.

Quand elle parvint en gare de Lyon, Lucie se sentit happée par la foule qui grouillait et fut prise de panique. La nuit tombait déjà ; elle ne sut où se rendre. Devant le hall de gare, des taxis faisaient la navette et embarquaient les voyageurs encombrés de leurs bagages. Les soldats, eux, se dirigeaient vers les arrêts de bus dont les plates-formes étaient archipleines malgré le froid et l'humidité qui régnaient sur la ville.

« Un taxi, ma p'tite dame ? demanda un chauffeur en voyant Lucie perdue et hésitante. Où allez-vous ? »

Elle s'approcha de lui, la valise à la main.

« C'est que… je ne sais où aller, osa-t-elle avouer. Je ne connais personne à Paris ; et demain matin, je dois reprendre le train pour le Nord.

– Si vous n'êtes que de passage, je connais un petit hôtel pas cher, près de la gare du Nord. Je vous y conduis. »

Lucie accepta de bon gré et s'en remit au chauffeur de taxi. Celui-ci traversa la place de la Bastille, emprunta le boulevard Beaumarchais, puis le boulevard de Magenta et arrêta son véhicule devant un petit hôtel rue de Maubeuge, à deux pas de la gare du Nord.

« Vous direz que vous venez de ma part, lui dit-il. De la part d'Albert Lefèbvre. Ils me connaissent, ils vous soigneront bien. »

Lucie paya la course et s'apprêtait à entrer dans l'hôtel, quand le chauffeur de taxi la rappela.

« En fait, si ce n'est pas indiscret, qu'allez-vous faire dans le Nord ? Vous savez que la région est très dangereuse !

– Je me doute, répondit-elle. Je vais à la recherche de mon mari qui a disparu sur le front.

– Disparu ! Mais vous ne le retrouverez jamais toute seule. Un conseil : allez d'abord vous renseigner au ministère de la Guerre. Là, on vous tuyautera. Mais n'allez surtout pas tête baissée et à l'aveuglette en direction du front ! »

Lucie remercia son bienfaiteur et pénétra dans l'hôtel où on lui proposa une chambre au dernier étage.

Le lendemain, elle décida de suivre les conseils d'Albert Lefèbvre et se rendit au ministère de la Guerre. Elle hésita à reprendre un taxi, car elle voulait économiser son argent. Sur les conseils de l'hôtelière, elle s'engouffra dans la station de métro la plus proche et tenta de s'orienter. Les couloirs interminables, les escaliers innombrables, la foule des voyageurs toujours pressés, l'odeur de renfermé lui donnèrent la nausée. Elle se fit expliquer comment trouver la bonne direction, éprouva la plus grande frayeur de sa vie quand elle vit surgir dans un vrombissement épouvantable la rame de métro, hésita à y pénétrer, croyant au dernier moment s'être trompée, puis, se fiant à sa bonne étoile, pénétra dans un wagon.

À l'intérieur, la cohue la surprit. Très vite, elle suffoqua. « Comment tous ces gens peuvent-ils vivre ainsi entassés ? » pensa-t-elle. Elle avait noté méticuleusement tous les changements : Châtelet, puis Concorde, sortir à Solferino, rue Saint-Dominique, ministère de la Guerre, 7e arrondissement, à deux pas de la Chambre des députés.

Tout s'emmêlait dans sa tête et elle fit d'énormes efforts pour ne pas céder à la tentation de sortir au premier arrêt pour aller respirer à l'air libre.

Un jeune soldat en képi et à l'uniforme soigné, la voyant très anxieuse, lui adressa la parole :

« Vous m'avez l'air perdue, mademoiselle ! Vous arrivez de province, n'est-ce pas ? Puis-je vous aider ? »

Lucie parut réconfortée : la gentillesse de l'inconnu, son uniforme lui redonnèrent confiance.

« Je me rends au ministère de la Guerre. J'ai peur de m'être trompée de métro.

– Je m'y rends moi aussi. Vous ne vous êtes pas trompée. Vous êtes dans la bonne direction. Si je peux me permettre, je vous accompagnerai jusqu'à l'entrée des bureaux.

– Je vous remercie, monsieur, mais je ne veux pas abuser de votre temps.

– Je vous en prie. Je travaille à l'état-major. Je me présente : sous-lieutenant Delfieu, Hervé Delfieu. »

Le jeune officier servit aimablement de guide à Lucie jusqu'à la rue Saint-Dominique, sans l'interroger sur les raisons qui l'amenaient à Paris. Quand ils furent arrivés à l'entrée du ministère, il ôta délicatement le gant de sa main droite, se raidit sans excès et dit :

« Si je peux encore vous être utile, ce serait avec joie. Le ministère, c'est un peu comme le métro : quand on ne sait pas à quelle porte frapper, on tourne en rond comme dans un labyrinthe ! »

Lucie se confondit en remerciements et expliqua au sous-lieutenant l'objet de sa démarche. Celui-ci ne parut pas surpris et l'invita à entrer dans le hall afin d'y être plus tranquilles. Il lui demanda de l'attendre quelques instants sans bouger et s'éclipsa par un grand escalier, laissant Lucie dans l'expectative.

Autour d'elle, des hommes en uniforme, tous aussi pressés les uns que les autres, s'agitaient en tout sens. En passant devant elle, ils lui décochaient des regards inquisiteurs qui lui faisaient comprendre que sa place n'était pas en ce lieu hautement stratégique. Sa valise à la main, la jeune femme se sentit mal à l'aise dans cette antichambre de la guerre. Tout y respirait le luxe : le décorum, les pavés de marbre, les boiseries qui exhalaient une forte odeur d'encaustique, le cuivre des lourdes portes de chêne, les lustres qui tombaient du plafond comme des myriades d'étoiles filantes.

Elle hésita à s'asseoir sur le banc qui trônait au centre du hall et qui, visiblement, était placé là davantage pour meubler que pour être utile. Elle vit passer toutes sortes de gradés, tous d'un certain âge, à l'allure martiale, très fiers dans leurs uniformes impeccables de propreté. Elle se souvint alors du jour où Maurice était rentré la première fois tout couvert de poux, de la première permission de Mathieu, dont la tenue de campagne était encore très imprégnée de l'odeur tenace de la boue et de la poudre. « Que savent-ils ces officiers de carrière, pensa-t-elle, de l'enfer que vivent les pauvres conscrits sur les champs de bataille ? » La guerre lui parut plus que jamais une tragédie absurde et inique.

Hervé Delfieu revint après plus de une heure d'absence.

« Excusez-moi de vous avoir fait attendre, dit-il aussitôt. Mais j'ai dû moi aussi taper à plusieurs portes pour que quelqu'un daigne vous écouter. Voilà, je vais vous expliquer. »

Le sous-lieutenant donna à Lucie le numéro de la porte du service où on avait accepté d'entendre sa requête et précisa :

« Si vous avez encore besoin de moi, n'hésitez pas à m'appeler. Je travaille au bureau de l'approvisionnement. En tous cas, jusqu'à la fin de la semaine. Car, dès lundi prochain, je dois rejoindre le front. »

Lucie remercia chaleureusement son bienfaiteur et grimpa à son tour à l'étage par le grand escalier de marbre. Sur la dernière marche, elle se retourna et fit un petit signe de la main au sous-lieutenant, qui le lui rendit par un discret salut militaire.

« Ainsi donc, madame, vous recherchez votre mari ! » lui dit le responsable du service des disparus.

Lucie expliqua les raisons de sa démarche. Devant l'officier qui se tenait debout derrière son bureau, la badine à la main, elle eut l'impression de passer un examen. Sa voix, entrecoupée par l'émotion, se fit hésitante, presque implorante. Elle ne sut comment interpréter les longs silences dans lesquels le militaire la laissait quand elle s'interrompait. De temps en temps, celui-ci amorçait quelques pas en direction de la porte-fenêtre, semblant montrer de l'impatience, puis passait devant un grand miroir, s'y regardait comme pour se divertir, rectifiait son apparence, se contentait de quelques :

« Hum, hum ! »

Quand elle eut terminé, seulement à ce moment-là, il l'invita à s'asseoir et prit un air grave. Lucie crut comprendre que son interlocuteur allait lui annoncer le pire. Elle blêmit, faillit perdre connaissance. L'officier la voyant pâlir s'approcha d'elle :

« Vous ne vous sentez pas bien, madame ? Voulez-vous que j'appelle une infirmière ? Il y en a toujours une de service dans le ministère. »

Lucie s'excusa.

« Ce n'est rien, dit-elle, je n'ai rien mangé depuis mon départ hier matin.

– Je ne vais pas vous faire attendre davantage, madame. Je ne vous cacherai pas que le cas de votre mari nous inquiète.

– Il est…

– Nous ne savons pas s'il est vivant ou mort… ou prisonnier. Encore que, dans ce cas précis, nos renseignements nous permettraient de savoir. Un soldat est rarement fait prisonnier seul. Or son unité se bat encore sur le front et nous n'avons aucune indication sur des prises de prisonniers la concernant. S'il avait été tué, ses camarades auraient retrouvé son cadavre et nous aurions fait le nécessaire. À moins, bien sûr, qu'un obus l'ait complètement déchiqueté et qu'on n'ait pas… enfin, je vous passe les détails. »

Lucie faisait des efforts surhumains pour se contenir. La nausée la retournait. Elle parvenait avec peine à écouter l'officier qui semblait parler davantage pour lui-même que pour venir en aide à la malheureuse qui se faisait un sang d'encre devant lui.

« Ce qui nous gêne le plus dans cette histoire, c'est qu'on a retrouvé son numéro matricule, son casque et son fusil au fond d'un trou d'obus, mais pas votre mari. C'est la raison pour laquelle nous n'avons pas prévenu sa famille, ni de sa mort éventuelle ni de sa disparition. Pour l'instant, nous ne savons rien de plus.

– Si vous n'avez pas retrouvé son corps, c'est donc qu'il est vivant. Un corps, ça ne se volatilise pas comme ça, en se débarrassant de ce qui l'encombre !

– C'est bien ce qui nous ennuie, madame, si vous voyez ce que je veux dire. »

L'officier se renfrogna. Son visage devint austère et grave. Il poursuivit :

« Le passé de votre mari ne plaide pas beaucoup en sa faveur. Déjà, pendant son service militaire… il a pris des libertés qui lui ont valu une sévère sanction. »

Lucie commença à comprendre ses insinuations :

« Mon mari a payé pour la faute qu'il a commise. Et jusqu'à ce jour, il a toujours fait preuve de courage et de patriotisme.

– Il n'a fait que son devoir, madame ! Mais je crains fort qu'il nous ait une nouvelle fois faussé compagnie. Votre mari est un déserteur ! »

Le mot tomba dans l'oreille de Lucie comme un couperet.

« Jamais ! Jamais Mathieu n'aurait osé se défiler devant le danger.

– Madame, je dois vous avertir que si nous remettons la main sur votre mari, ce sera le tribunal militaire. Nous devons être fermes et montrer l'exemple. Le sol de notre pays est envahi par l'ennemi, tous nos soldats doivent être prêts à sacrifier leur vie pour le défendre. »

Lucie n'écoutait plus. Dans sa tête les mots s'entrechoquaient et n'avaient plus de sens : désertion, déserteur, devoir, courage, patrie... Non ! elle en était persuadée : Mathieu n'était pas un déserteur, et il était vivant.

« Puisque vous ne voulez rien faire d'autre qu'attendre pour le prendre et le fusiller, moi, je le retrouverai et je prouverai qu'il n'est pas coupable de ce que vous insinuez.

– Madame, j'ai le regret de vous dire que nous ne pouvons vous laisser partir dans les zones de combat. »

Lucie se leva d'un bond. Elle avait retrouvé force et courage. D'un ton aussi sec que celui avec lequel l'officier d'état-major s'était exprimé, elle coupa court à l'entretien et quitta le bureau, non sans avoir salué poliment son interlocuteur.

Dans le grand hall, le sous-lieutenant Delfieu faisait les cent pas. Lucie fut surprise et heureuse de le revoir.

« Alors, fit-il, que vous a-t-on dit ?

– Rien de très réjouissant, hélas ! Mon mari passe pour un déserteur, ce qui expliquerait sa disparition. Mais je sais qu'il n'en est rien. »

Hervé Delfieu sembla sincèrement navré pour sa jeune protégée.

« Que puis-je d'autre pour vous ? demanda-t-il.

– Renseignez-vous pour savoir avec précision où se battait mon mari début septembre.

– Cela n'est pas très difficile. Dites-moi seulement à quel régiment il appartenait et quelle était son unité, je me charge du reste. »

Le jeune militaire fit encore attendre Lucie quelques instants. Puis il revint, un timide sourire aux lèvres.

« Cela n'a pas été très long. Voilà, confia-t-il sur le ton du secret. Votre mari a pris part aux combats qui se sont déroulés sur la crête de Vimy, près de Notre-Dame-de-Lorette en Artois. La zone est toujours à hauts risques. Vous devriez attendre. On ne sait jamais, le front peut reculer.

– Je ne peux plus me permettre d'attendre. Mon mari est peut-être en danger.

– Vous allez vous faire refouler.

– J'ai ma petite idée. Pour cela, si je peux abuser de vous, j'ai encore besoin d'un petit service. »

VII

La quête

L'HIVER S'ACCUSAIT de plus en plus et paralysait le monde sous sa chape de glace. Un ciel de marbre avait succédé au ciel de cendre de l'automne, et le vent du nord avait ressuyé et pétrifié les terres emblavées détrempées. Plus le temps s'écoulait, moins l'espoir de paix parvenait encore à encourager les esprits.

À Quérac comme ailleurs, il semblait que tout allait à l'abandon, malgré les efforts de ceux qui ne baissaient pas les bras et tâchaient de garder l'esprit lucide. Mais les femmes avaient beau se démener, aidées de leurs enfants, dont beaucoup dans les campagnes n'allaient plus à l'école, elles ne pouvaient faire face à tout ce qui leur incombait. Les faïsses[1] commençaient à se couvrir de ronces et de clématites, les murs s'éboulaient sans que personne ne vienne les remonter. Les pluies de septembre-octobre avaient emporté la terre, jadis si durement remontée à dos d'homme par les aïeux, et c'était pitié de voir ces épandages misérables abandonnés aux

---

1. *En Cévennes : terrasses cultivées.*

fougères, au lierre et aux mauvaises herbes. Il fallait parer au plus pressé, faire avec la main-d'œuvre qu'on avait, compter sur les plus âgés pour les conseils, les coups de main occasionnels.

Mais les hommes jeunes, en pleine force de l'âge, faisaient cruellement défaut. Ils donnaient leur sang pour maintenir la patrie en vie, face à une hydre qui lui dévorait chaque jour ses forces vives. Pendant ce temps, leurs terres se mouraient faute des caresses qu'ils leur prodiguaient au temps où la paix était la première source de leur vie.

Sur le domaine d'Auguste Donnadieu, le deuil avait fait des ravages, non seulement dans les esprits mais aussi dans les terres. Les vignes mal entretenues ne produisaient plus que la moitié de ce qu'elles donnaient jadis. Plus personne ne passait dans les rangées de ceps pour enlever une par une les herbes qui foisonnaient maintenant comme les algues d'un étang aux eaux stagnantes. Faute d'une bonne taille, les sarments ployaient davantage sous le poids du feuillage que sous celui des grappes, et la dernière récolte n'avait donné qu'un mauvais vin à peine meilleur que la piquette.

Le châtelain était désabusé de tout. Plus rien ne l'intéressait, et il assistait à la décrépitude de son bien sans réagir. Sa chevelure avait blanchi en l'espace d'une année, son dos s'était voûté. D'un coup, il avait pris dix ans. À soixante-cinq ans, c'était un vieillard sans ressort, sans espoir, qui n'attendait plus rien de la vie. Il ne rendait plus visite à ses métayers et leur laissait prendre eux-mêmes les initiatives, se contentant de veiller à ce que chacun rende bien sa part. Il semblait faire confiance à tous ; en fait, il agissait par désenchantement, voire par désespoir.

Julie, sa fille, s'était cloîtrée dans ses appartements. Depuis la disparition tragique de son fiancé, elle ne voulait plus voir personne, refusait de rencontrer ses amies, ne descendait plus que pour prendre ses repas. Arborant une austère toilette de deuil, elle avait décidé de vivre dans le souvenir de son cher disparu et de cultiver sa mémoire comme unique but de son existence. Elle tenait de son père cette tendance à la neurasthénie, ce qui, à son âge, inquiétait beaucoup sa mère, Hortense.

Celle-ci était bien la seule à réagir dans cette atmosphère de fin de règne. Loin de se laisser aller au désespoir et à l'apathie, elle faisait preuve de lucidité, de courage et d'esprit de décision. Elle avait ouvert son château à une œuvre bienfaisante qui venait en aide à tous les malheureux qui, revenus du front, blessés, estropiés, meurtris dans leur chair et leur esprit, avaient été renvoyés dans leurs foyers. Pour eux, certes, la guerre était terminée, mais leur nouvelle vie commençait par un autre enfer : celui d'une terrible adaptation. Brisés, réduits à presque rien, anéantis par les souvenirs, ils trouvaient au château un peu de réconfort, une parole affable, une présence, un regard différent de celui qu'ils craignaient toujours de croiser dans les rues du village – celui des enfants innocents étant le plus cruel. Hortense s'était entourée de quelques amies, dames bienfaitrices elles aussi, dont certaines pleuraient la disparition d'un parent. Ensemble, elles organisaient des activités pour occuper les malheureux à passer du bon temps, elles animaient des conversations sur des sujets à cent années-lumière des préoccupations du moment. Elles s'étaient même mis dans l'idée de monter un petit orchestre de chambre en utilisant les dons musicaux de quelques jeunes gens parmi les moins handicapés.

Marie, qui travaillait toujours au château jusqu'au milieu de l'après-midi, n'était pas insensible au dévouement de la châtelaine, et c'est volontiers qu'elle lui prêtait la main pour mettre en place ses activités caritatives. Au fond d'elle-même, elle se sentait heureuse de n'avoir pas à s'occuper d'un de ses frères ou de son mari. Certes, ils se battaient encore, mais ils étaient vivants. Elle évitait de penser qu'un jour ou l'autre ils pourraient, eux aussi, avoir leur place dans ce petit cercle de rescapés pour qui la vie était réduite de moitié. Et chaque jour, elle priait pour que Jérémie, Maurice, Mathieu et Fabien se maintiennent en vie.

Le courrier qu'envoyaient régulièrement Jérémie et Fabien tenait le Soleyrol dans l'expectative. Il y était toujours question de durs affrontements, de conditions de vie difficiles, d'espoir que tout serait bientôt terminé. Mais chacun pouvait deviner entre les lignes que les soldats n'étaient pas au courant des dessous des opérations militaires, des véritables enjeux des tractations diplomatiques avec les Alliés, ni du rôle qu'on leur faisait jouer vraiment. Fabien, lui aussi, s'inquiétait du silence de son frère, et tentait à sa manière de rassurer sa famille en expliquant que les lettres avaient bien du mal à parvenir à leurs destinataires et que, peut-être, celles de Mathieu s'étaient perdues dans quelque tri postal parisien encombré. Nul n'était dupe, mais chacun faisait encore semblant d'y croire.

L'angoisse eut raison d'Adeline. Le froid précipita son déclin. Louise avait beau veiller à ce que le bois ne manque jamais dans la cheminée et être aux petits soins pour sa mère, celle-ci avait encore pris mal et ne se levait plus de son lit que pour prendre ses repas à table ou pour accueillir le facteur. À chacune de ses visites, son cœur battait à se rompre dans sa poitrine, mais elle trouvait encore la force de s'asseoir au cantou, dans le fauteuil d'osier de sa mère qui était devenu le sien. Chaque fois, c'était la même joie d'avoir des nouvelles de son cadet, et la même tristesse de ne pas en avoir de son aîné.

Antoine commençait à se désespérer de la voir se rétablir. Par ces temps de restriction, les médicaments manquaient, et il n'hésitait pas à passer des journées entières à Alais pour dénicher dans une pharmacie celui qui lui faisait défaut. Il accepta même, malgré ses réticences, de consulter des guérisseurs. Ces gens-là étaient nombreux dans les campagnes, qui avaient le don, comme on disait. Certains, les moins éloignés, se déplacèrent jusqu'au chevet de la malade, passaient leurs mains dotées de magnétisme sur sa poitrine douloureuse, tout en marmonnant des paroles dont ils avaient le secret. D'autres, plus éloignés, se contentèrent de sa photo. Heureusement, Antoine en avait une qui datait du début du siècle, d'un jour où un photographe était venu dans la commune et avait proposé de photographier les habitants, « pour le souvenir collectif », avait-il dit. On y voyait Adeline au bras de son mari, en compagnie d'une trentaine d'habitants de Quérac, trop heureux de se faire immortaliser pour la première fois de leur vie.

Malgré tous ces soins empiriques, les herbes et autres potions qu'il lui préparait chaque jour, il ne pouvait que constater l'irrémédiable. Le vieux docteur Mayen en était le premier effondré, mais en bon médecin il donnait toujours l'espoir et encourageait Adeline à résister.

« Bientôt Mathieu reviendra et vous verrez, avec le retour du printemps, tout ira mieux ! »

Février vit le début de l'offensive allemande sur Verdun. Des opérations de diversion commencèrent dans les Flandres, en Artois, dans la Somme, en Champagne, jusqu'en Alsace. Partout les armées ennemies multiplièrent les assauts. Aucun soldat n'échappa à ce nouveau pilonnage. Fabien se retrouva en plein cœur du dispositif de résistance des troupes françaises, et son unité fut l'une des premières à être envoyées en renfort sur le bastion fortifié de la Meuse.

Pour lui, comme pour des centaines de milliers de soldats, commencèrent les heures les plus terribles de son existence. Une noria incessante de camions achemina les troupes fraîches par la « voie sacrée » jusque sur le front, la relève remplaçant chaque jour ceux qui avaient résisté avec courage au terrible sacrifice qui ne faisait que commencer. L'ennemi bombarda systématiquement chaque mètre carré de terrain, détruisant ponts et voies ferrées pour isoler Verdun du reste du front. Le général Pétain, nommé commandant du secteur, organisa la résistance et contint la poussée ennemie.

L'unité de Fabien défendait la cote 304 au bois des Corbeaux, où l'offensive allemande persistait. Après huit jours de terribles combats, il fut relevé pour aller se reposer à l'arrière.

C'est au cours de cette relève qu'il envoya au Soleyrol sa dernière lettre. Peu après, de retour sur la ligne de front, le jeune caporal Fabien Chabrol fut fauché par un tir de mitrailleuse, tandis qu'il sortait de sa tranchée pour un ultime assaut.

Pendant ce temps, Lucie avait repris ses recherches. Elle s'était d'abord rapprochée le plus possible de la zone de combats. Grâce à l'aide du sous-lieutenant qu'elle avait rencontré à Paris, elle put s'engager dans une unité de soins en tant que volontaire à Arras. C'est dans ce secteur en effet que Mathieu avait été vu pour la dernière fois par le soldat démobilisé de Quérac.

Le spectacle, qu'elle découvrit à son arrivée dans l'hôpital où on l'affecta, la frappa de stupeur. Dès le premier jour, elle fut plongée dans l'horreur humaine et comprit aussitôt pourquoi, au cours de leurs permissions, ni Mathieu, ni Jérémie, ni leurs frères ne purent parler de ce qu'ils vivaient au quotidien dans les tranchées. Ce n'étaient que corps déchiquetés, ouverts, sanguinolents, amputés ; râles, plaintes, prières implorantes. Les infirmières ne savaient plus où donner de la tête pour répondre aux appels à l'aide des malheureux. Les chirurgiens manquaient de matériel, de lits, de médicaments pour calmer les douleurs ou éviter les infections. Partout on charcutait plus qu'on ne soignait vraiment, parant au plus pressé, pour éviter ici une gangrène, là une hémorragie. Les lits ne désemplissaient jamais. On n'avait ni le temps ni les moyens d'en changer les draps, quand il y avait des draps. Les blessés les moins touchés attendaient dans les corridors, dans les vestibules, qu'on évacue les moribonds pour prendre leur place. Parfois les cadavres étaient abandonnés sous leur linceul, à même le sol, dans l'attente qu'on vienne les chercher pour les emmener enfin dans un lieu décent de sépulture.

Lucie crut ne jamais pouvoir tenir devant tant de souffrance, devant une telle quantité de gens aux portes de la mort, les uns désirant s'y engouffrer pour être délivrés, les autres résistant de toutes leurs forces dans l'espoir de vivre encore.

« Comment retrouver Mathieu dans un tel capharnaüm ! » pensait-elle. Courageusement, elle aida aux soins les plus urgents, réconforta tous ceux qui la suppliaient de l'écouter, posant à chacun toujours la même question :

« Connaissez-vous le soldat Mathieu Chabrol ? »

Elle exhibait la dernière photo qu'il lui avait envoyée en habit de militaire, au tout début de la guerre, donnait son numéro matricule, son unité, racontait le peu qu'elle savait de ses campagnes. Chaque fois, on lui faisait la même réponse.

Elle demanda l'autorisation d'aller soigner sur le terrain, juste en arrière des lignes, dans l'espoir d'y rencontrer des camarades de Mathieu valides, qui se souviendraient, car ceux qu'elle rencontrait sur leur lit d'hôpital lui semblaient ne plus avoir tout à fait leur tête à eux. Ce fut peine perdue, car le mouvement des troupes avait envoyé l'unité de Mathieu plus au sud, au moment de la poussée de Verdun.

Elle faillit renoncer après plusieurs semaines de vaines démarches, exténuée de s'être entièrement donnée. Le médecin-major avec qui elle travaillait lui proposa d'aller se reposer quelque temps à l'arrière, à Amiens.

« Vous y serez loin des mouvements de troupes et des bruits de canon. Vous n'y trouverez que des soldats en convalescence. Ce sera plus calme. »

Elle suivit son conseil, ne sachant si elle aurait encore le courage de reprendre ses recherches. À vrai dire, Lucie ne savait plus que faire, tant elle avait l'impression de chercher l'introuvable. Elle finit par penser que l'officier d'état-major du ministère de la Guerre avait peut-être émis la bonne hypothèse :

Mathieu avait dû disparaître sous un déluge d'obus et son corps était resté enfoui sous des tonnes de terre – mort et enterré en même temps ! Cette idée hantait ses nuits. Cependant, elle ne parvenait pas à pleurer, car elle ne sentait pas l'ombre de la mort planer au-dessus d'elle. Et pendant les rares heures où elle trouvait le sommeil, son intuition lui disait qu'elle se trompait. La découverte de son casque, de son fusil et de son porte-matricule l'intriguait. S'il avait été enseveli par l'explosion d'un obus, on n'aurait pas retrouvé ces objets, se disait-elle ; car – elle en était intimement convaincue – Mathieu n'aurait jamais déserté. Alors, que s'était-il donc passé ?

En arrivant à Amiens, elle retrouva un peu de tranquillité. La ville avait beaucoup souffert la première année de la guerre : conquise par les Allemands lors de leur avancée fulgurante, elle avait été reprise par les Alliés après la victoire de la Marne. Depuis, ses habitants vivaient dans l'expectative toujours angoissante d'un reflux possible du front, mais, pour le moment, ils bénéficiaient d'un retour au calme relatif.

Lucie apprécia la sérénité de l'endroit. La Somme était une région si reposante, avec ses hortillonnages dissimulés dans le lacis de ses marécages ! Tout y respirait une paix profonde venue du mariage intime de l'eau et de la terre.

« Comment pouvait-on se battre et répandre des flots de sang dans un tel paradis ? » pensait-elle. La ville elle-même, groupée autour de sa cathédrale médiévale, semblait sortie de l'eau et du temps, comme si tout ce qui se déroulait à quelques heures de ses portes n'avait pas de prise sur son destin et appartenait à un autre monde. Le front n'était-il pas finalement la véritable séparation entre l'enfer et le paradis ?

Elle aimait rôder autour de l'édifice gothique, flâner dans ses travées sous la grande nef. La protestante qu'elle était était en admiration devant tant de grandeur et de magnificence. Les vitraux de lumière, les autels de marbre, les toiles de maître, les grandes orgues, tout traduisait la gloire de Dieu. Elle réalisa, en ce lieu de piété démesurée, combien la folie des hommes pouvait leur faire réaliser les choses les plus prodigieuses et les pires horreurs, combien ils étaient capables d'accéder à l'inaccessible et d'atteindre la plus profonde abjection.

Tout à sa méditation, elle ne pouvait détacher ses yeux des sculptures allégoriques imageant le sort des hommes lors du Jugement dernier. Les horribles petites créatures, qui les attendaient, n'étaient-elles pas leur propre incarnation dans leurs moments de démence ? Ne vivait-on pas depuis bientôt trois longues années une ère de folie démoniaque ? Ces cathédrales, érigées sur leur roc de certitude et jamais détruites depuis des siècles, malgré les tremblements de terre provoqués par les hommes eux-mêmes, leur rappelaient où était le chemin de la sagesse. Dire que de part et d'autre du front, les hommes osaient prier le même dieu pour qu'il leur donne la victoire et que cessent les combats ! Étaient-ils à ce point pris de cécité, de surdité et d'impiété pour croire que Dieu pût choisir entre l'homme et l'homme, et accorder à l'un sa mansuétude et sa miséricorde, à l'autre le châtiment éternel ?

Lucie ne comprenait plus rien à ses propres convictions et commençait à douter d'elle-même, des fondements de sa croyance, de Dieu.

Le soir, elle ne traînait jamais dans les rues désertes de la ville. Le froid et l'humidité avaient raison de sa vaillance, plus que son opiniâtreté à poursuivre sa quête. Le printemps dans les brumes du Nord n'apportait pas cette jouvence qu'elle ressentait dans son Midi, dès que le mistral distillait le parfum des premières floraisons. La terre mettait du temps à se libérer des barreaux de la froidure hivernale, et le vent d'ouest, s'il faisait craquer les grands ormes des forêts, n'essorait pas le ciel de toute son humidité, bien au contraire. La grisaille persistait et atténuait les nuances entre un ciel en pleurs et une terre constamment nimbée de tristesse.

Lucie cependant reprit vite confiance, sentant vibrer en elle une intime conviction que son combat n'était pas vain. Elle demanda à reprendre son poste à Arras et à être affectée plus au sud, là où se déroulaient les plus durs combats. Elle y resta plus d'une semaine, traquant chaque indice qui aurait pu la mettre sur la piste de Mathieu. Puis elle revint à l'hôpital de la cité arrageoise. Le même jour, elle s'approcha d'un jeune soldat qui lui tournait le dos. Il contemplait le paysage à travers la vitre de la porte d'entrée, comme s'il attendait la venue de quelqu'un. L'inexpression de son visage l'émut. Elle traduisait la profondeur de sa désespérance. Quand elle fut proche de lui, elle s'aperçut qu'il était amputé des deux jambes. Elle faillit s'éloigner à pas de velours pour ne pas le déranger, puis, se reprenant, elle finit par l'accoster.

« Voulez-vous que je vous accompagne dans le jardin ? demanda-t-elle. Il fait si bon cet après-midi. Cela vous évitera de pousser votre fauteuil, et je vous tiendrai compagnie un petit moment. »

Le soldat avait l'air grave. Il accepta presque à contre-cœur. Lucie ne lui posa aucune question à propos de ses blessures, ni de ce qu'il avait vécu sur le front. Elle savait par expérience que les grands mutilés n'aimaient pas être considérés comme des êtres à part et abhorraient tout sentiment de pitié. Après avoir parlé de la pluie et du beau temps, elle lui expliqua qu'elle recherchait son mari depuis plusieurs mois. Le jeune soldat parut s'intéresser à son récit fantastique. Entendre parler de quelqu'un d'autre lui faisait oublier ses propres malheurs.

« Comment s'appelle donc votre mari ? lui demanda-t-il.

– Mathieu Chabrol. »

Le visage du malheureux infirme s'illumina.

« Mathieu Chabrol ! Mais je le connais. Nous étions inséparables depuis le début de cette putain de guerre. »

Lucie faillit s'évanouir. Elle se reprit :

« Vous connaissez Mathieu ?

– Un peu que je le connais ! Je suis son meilleur ami. Je m'appelle Alix Pignol.

– Vous êtes… vous êtes Alix Pignol ! Mathieu m'a si souvent parlé de vous dans ses lettres ! »

Alix et Lucie tombèrent dans les bras l'un de l'autre.

« Si Mathieu savait que je tiens sa femme dans mes bras, il en crèverait de jalousie ! Mais que faites-vous donc ici à le chercher ? Il n'est pas là.

– J'espérais le trouver dans la zone de combat où il a été vu en dernier. Mais personne ne sait où il est. Nous l'avons cru mort.

– Mort ! Ils ne vous ont donc pas prévenue ?

– De quoi mon Dieu ? »

Alix s'obscurcit. Il tritura ses deux moignons en grimaçant.

« Mes jambes me font mal, tellement mal ! Enfin… c'est une façon de parler.

– Oui, je sais, répondit Lucie. C'est ce que ressentent tous les malheureux qui ont été amputés. Cela finira par se calmer. Il faut avoir du courage, Alix. »

Le soldat regarda Lucie dans les yeux.

« Ce que j'ai à vous dire n'est pas très gai. Êtes-vous prête à m'écouter ?

– Je m'attends à tout !

– Voilà : nous étions ensemble, comme toujours ; c'était début septembre en Artois. Un de ces assauts auxquels on était habitués. Mathieu et moi étions souvent envoyés en éclaireurs pour aller couper les barbelés d'en face. Jusqu'alors nous avions toujours eu de la chance, la baraka, vous comprenez. On s'en est toujours sortis. On finissait même par en rigoler un peu. Mais ce jour-là, ça s'est mal passé. C'était juste avant l'aube, la nuit nous cachait encore. Travail de routine. Les salauds… ils ont pas attendu qu'on ait fini, ils ont commencé à pilonner. On n'était pas encore rentrés. On était complètement à découvert et l'aube allait se lever. Un obus a éclaté juste à côté de nous. On en a pris plein la gueule. C'est un miracle qu'aucun de nous n'ait été tué. Mais j'étais gravement blessé aux jambes. Je ne sentais plus rien qu'une immense douleur. Les tirs ont redoublé, on ne pouvait plus bouger.

– Et Mathieu ?

– Mathieu, lui, était indemne. Un vrai miracle ! Ou presque. On était affalés l'un sur l'autre, recouverts de gravats. On est restés là, planqués dans notre trou pendant des heures, jusqu'à ce que ça se calme. Mathieu ne disait rien. Moi, je pissais le sang. Quand je suis revenu à moi, je lui ai demandé d'aller chercher de l'aide. Il m'a regardé, hagard, comme s'il ne comprenait pas ce que je lui disais. J'ai essayé de le secouer – dans l'état où j'étais, c'était pas facile. Il avait l'air de ne plus me reconnaître. Alors, je l'ai vu retirer son casque et vider son fusil de toutes ses balles. Je lui ai dit : "Qu'est-ce que tu fais, Mathieu ? t'es fou !" Il ne m'a pas répondu. Je le vois encore retirer sa chaîne autour du cou et jeter son numéro matricule dans son casque. Il ne m'a dit qu'une parole : "Qui es-tu, toi ? Qu'est-ce qu'on fait là ?" J'ai compris qu'il était sonné. Puis je me suis évanoui.

– Qu'est devenu Mathieu ?

– Quand j'ai repris connaissance, j'étais sur un brancard, juste à l'arrière des lignes. Un brancardier m'a dit : "Toi, tu as eu de la chance dans ton genre. Je ne sais pas si on sauvera tes jambes, mais ton copain, lui, il a perdu la tête, et ç'a l'air grave !"

– Où l'a-t-on emmené ?

– C'est là que tout se gâte. Moi, on m'a dirigé tout de suite sur un hôpital. Mathieu, lui, dans la pagaille, a été transféré je ne sais où. J'ai perdu sa trace, et personne n'a été capable de me dire où on l'avait conduit. Le brancardier, que j'ai revu un peu plus tard, m'a seulement précisé qu'il ne savait plus ni qui il était, ni à quelle unité il appartenait, ni d'où il venait. Amnésie totale. Ensuite, on m'a amputé des deux jambes. Depuis, je n'ai plus eu de nouvelles de Mathieu. Dieu seul sait où il est à présent. Comme il s'est débarrassé de son numéro matricule, je suppose qu'on ne peut savoir qui il est. Dans son cas, c'est plutôt ennuyeux. Mais je sais que les amnésiques, on les envoie à Paris, dans un grand centre de soins, pour tenter de savoir d'abord s'ils ne simulent pas, et pour essayer, dans le cas contraire, de leur faire retrouver la mémoire. Moi, je suis persuadé que Mathieu a recouvré ses esprits et qu'ils l'ont renvoyé dans notre unité.

– C'est impossible, coupa Lucie. Au ministère de la Guerre, on m'a affirmé qu'il avait disparu. Ils croient même qu'il a déserté.

– Alors, c'est qu'il est encore quelque part dans un hôpital et personne ne sait qui il est, puisque lui-même ne le sait pas. »

Lucie s'arma de nouveau de courage et décida de reprendre la route de Paris.

VIII

Le drame

PEU AVANT LE PRINTEMPS, alors qu'un soleil en demi-teinte peinait à déchirer le voile opaque qui s'étirait au-dessus des collines, l'homme vêtu de noir se pointa à l'orée de la métairie. Personne au Soleyrol ne savait où en était Lucie dans ses démarches. Les dernières nouvelles qu'elle y avait fait parvenir remontaient à février. Elle y expliquait qu'elle ne désespérait pas de retrouver Mathieu, mais qu'il lui faudrait du temps, tant il y avait de soldats blessés à interroger sans relâche venant de tous les horizons. C'était à l'époque où on lui avait conseillé de prendre du repos à Amiens. Depuis, plus aucune lettre.

Aussi, quand Adeline, qui s'était levée pour prendre son repas à table avec Antoine et ses filles, entendit sur le gravier de la cour le pas hésitant du visiteur, son cœur sursauta. Quelque chose en elle lui dit qu'il ne s'agissait pas du facteur qui apportait la lettre que tous attendaient, mais d'un autre porteur de nouvelles. Aux trois coups qu'il donna à la porte, ses mains se mirent à trembler, sa gorge se serra comme prise dans un étau.

Antoine, l'air inquiet – malgré ses efforts pour ne pas le montrer –, se leva sans précipitation et alla ouvrir. La silhouette sombre du maire de Quérac se détacha dans l'embrasure de l'huis. Il portait un pli à la main. À l'invite d'Antoine, il avança de quelques pas sans rien dire, le regard rivé au sol.

Adeline, le voyant dans l'embarras, se leva à son tour, alla chercher deux verres et la bouteille de cartagène et lui proposa de s'asseoir. Mais le messager préféra rester debout. L'émotion d'Adeline était telle qu'elle fut incapable de remplir les verres. Antoine dut lui prendre la bouteille des mains et faire lui-même le service.

« Ce que j'ai à vous annoncer… commença Victor Bonnefoi.

– Inutile, coupa Adeline d'une voix chevrotante. Il y a longtemps que nous pensons que Mathieu nous a quittés. Nous nous sommes tous faits à cette idée.

– Mathieu ! »

Victor Bonnefoi avala d'un trait son verre de cartagène. Il reprit en balbutiant :

« Il ne s'agit pas de Mathieu. »

Il posa sa main sur l'épaule d'Antoine.

« Il faut être courageux, mon vieil ami. Il s'agit de Fabien. »

Adeline ne put retenir un cri de détresse. Louise et Marie vinrent aussitôt la soutenir et l'emmenèrent avec précaution jusqu'à sa chambre. François ne semblait pas comprendre : Mathieu, Fabien ; Fabien, Mathieu. Tout soudain lui parut irréel et il se demanda s'il n'était pas en train de faire un cauchemar.

Antoine, atterré, fut le premier à reprendre ses esprits.

« Quand est-ce arrivé ? demanda-t-il en épongeant ses yeux d'un revers de main.

– Il y a une quinzaine de jours, à Verdun, au cours d'un assaut très meurtrier. Sa dépouille va bientôt être rapatriée.

– Mon Dieu ! Fabien ! répéta Antoine, qui avait peine à croire ce que le maire venait d'annoncer. Nous qui nous attendions à ce que tu nous apprennes un jour ou l'autre la mort de Mathieu !

– Je suis sincèrement navré. Mais pour Mathieu, tant que nous ne savons rien, il y a encore un espoir qu'il soit vivant. Sans doute est-il prisonnier chez les Prussiens. »

Victor Bonnefoi ne s'éternisa pas. Selon son habitude, il préféra laisser la famille à sa douleur. Il était inutile de parler, pensait-il. Dans ces moments-là, seul le silence peut atténuer la peine. Il s'éclipsa, comme il était venu, sur la pointe des pieds, sans que personne ne s'en aperçoive.

Adeline était écrasée de chagrin. Elle avait beau essayer de penser à son fils mort, inanimé sur quelque champ de bataille, et maintenant reposant dans la paix d'une tombe commune, elle ne pouvait imaginer qu'elle ne le reverrait plus vivant franchir le seuil de sa maison, rire avec ses sœurs et ses amis, l'embrasser dans le creux de son cou, comme il aimait le faire pour l'encourager à se battre contre le fléau qui la rongeait. Tout de lui remonta soudain en son esprit : son odeur, ses petites manies, son sourire enjôleur, les petits mots qu'il ne cessait de répéter, sa gentillesse. Elle se souvint de ce premier jour où il était parti à la guerre, quand, au bout du chemin, elle l'avait vu s'arrêter, hésiter et s'éloigner sans se retourner. Elle n'avait pu alors contenir le flot de ses larmes et avait attendu qu'il disparaisse tout à fait à l'horizon pour rentrer et cacher sa peine.

Adeline devint inconsolable. Il fallut la veiller jour et nuit, la forcer à s'alimenter, l'aider à reprendre haleine, car son chagrin plus que la maladie l'étouffait à petit feu. Le docteur Mayen ne sut plus que faire pour la soulager, les médicaments ne faisaient plus effet. Ni Antoine ni François, qui passaient des heures à son chevet, ne parvinrent à la sortir du puits dans lequel elle se laissait sombrer.

« Je ne peux plus rien pour elle, avoua le brave médecin, au cours d'une de ses nombreuses visites. Elle se laisse mourir. »

Adeline quitta les siens un mois plus tard et s'en alla rejoindre son fils au paradis des justes.

Au même moment, Lucie envoyait une lettre tardive pour annoncer qu'elle venait de retrouver la trace de Mathieu.

La jeune femme ne s'était pas découragée. Avec conviction, elle reprit la route de la capitale. Dans le train qui s'éloignait de la ligne de front, elle éprouva le sentiment de se rapprocher vraiment de son mari. Elle sentit dans sa chair comme un appel de lui qui venait de l'intérieur. Son visage trahissait cette force qui l'avait guidée depuis de longs mois à travers tous les dangers, et la sérénité dont elle faisait preuve se lisait dans ses yeux illuminés par la flamme de l'espoir.

Parvenue à Paris, elle se rendit aussitôt à l'hôpital militaire du Val-de-Grâce, où l'on soignait les grands blessés avant de les renvoyer dans leur foyer. Malheureusement, on lui répondit qu'on ne connaissait pas de Mathieu Chabrol. Découragée, elle faillit renoncer, prenant soudain conscience que sa quête, depuis le temps, aurait dû aboutir. Elle se mit alors à douter et à imaginer les plus sombres hypothèses, y compris celle du peloton d'exécution.

« Si Mathieu avait été pris et fusillé pendant que je le recherchais… ! » songea-t-elle. À cette sinistre pensée, elle décida de prendre le premier train pour Nîmes, afin d'en être assurée le plus vite possible, persuadée que, si tel était le cas, sa famille aurait été avertie. Mais elle n'en fit rien.

Elle traîna dans Paris pendant plusieurs jours sans savoir que faire. Autour d'elle, la vie paraissait si dérisoire ! Les gens lui semblaient si peu se soucier des malheurs qui se déroulaient à leur porte ! Certes, tout le monde manquait de tout, et les files d'attente dans les magasins étaient visibles. Il fallait se restreindre sur le quotidien, la nourriture, le gaz, l'électricité. Les denrées alimentaires de première nécessité étaient taxées, la viande congelée, moins chère, avait fait son apparition. Néanmoins, les Parisiennes lui paraissaient toujours aussi affriolantes avec leurs jupes plus courtes et leurs coiffures plus effrontées. La foule se pressait autour des kiosques à musique et devant les cinémas où l'on jouait les derniers films à la mode. « Comment peuvent-ils encore penser à s'amuser ! » s'insurgeait-elle avec tristesse dans ses heures les plus sombres.

Chaque fois qu'elle croisait dans la rue un soldat en permission, elle ne pouvait retenir son regard ; elle le dévisageait littéralement des yeux, croyant rencontrer Mathieu ; son cœur s'accélérait, et elle osait souvent l'accoster pour lui demander s'il connaissait son mari.

Elle finit par aller rôder instinctivement du côté du ministère de la Guerre, espérant y retrouver le jeune sous-lieutenant Delfieu. Lui seul, croyait-elle, pouvait lui venir en aide et la conseiller. Mais elle avait oublié qu'il était parti à son tour se battre sur le front.

C'est alors qu'elle réalisa son erreur ; comment n'y avait-elle pas songé plus tôt ! À l'hôpital, où elle s'était rendue, on ne pouvait connaître Mathieu Chabrol, puisque lui-même ignorait sa propre identité et qu'il n'avait plus de numéro matricule !

Dans sa précipitation à le retrouver, Lucie n'avait pas précisé qu'elle recherchait un amnésique. Elle se rendit à nouveau à l'hôpital militaire, demanda à voir tous les malades qui avaient perdu la mémoire. On lui répondit qu'il fallait obtenir l'autorisation du médecin commandant de l'hôpital. Elle dut encore patienter plusieurs jours.

Elle s'installa dans un petit hôtel situé juste en face de l'établissement hospitalier. Chaque matin, elle se rendit au bureau des entrées, et, sans se décourager, revint aux nouvelles. Le quatrième jour, on l'autorisa enfin à se rendre discrètement au chevet des malades. On la prévint que certains étaient gravement atteints et qu'il lui faudrait dissimuler ses sentiments.

« J'ai soigné plusieurs mois sur le front, expliqua-t-elle à la sœur qui l'introduisit dans le premier dortoir. Je sais ce que ces pauvres soldats ont enduré et endurent à présent. »

Lucie, le cœur battant, passa de lit en lit, à la manière d'une infirmière, souriant à l'un, offrant un petit mot d'encouragement à l'autre. Elle fit de gros efforts pour contenir son émotion et paraître naturellement détachée. Elle savait, d'après les affirmations d'Alix, que Mathieu n'avait pas été blessé lors de son traumatisme. Cependant, elle ne manqua pas de regarder chaque soldat, blessé ou non, avec discrétion. La sœur la suivait en silence ; parfois, elle s'arrêtait pour toucher le front d'un malheureux ou pour lui remonter son oreiller.

« Tous ces pauvres garçons, expliqua la religieuse, quand elles furent sorties du premier dortoir, ont encore un peu leur tête à eux. Mais ce qu'ils ont vécu est si terrible qu'ils n'osent plus s'endormir à cause des cauchemars qu'ils font chaque nuit, dès que les lumières s'éteignent. On est donc obligés de leur donner des calmants nuit et jour. Cela finit par les rendre amorphes. Comme vous avez pu le constater, ils ne sont plus eux-mêmes. Dans le dortoir d'à côté, ce sont des cas plus dramatiques : des pertes totales ou partielles de mémoire. On leur donne un traitement de choc dans l'espoir de provoquer en eux une réaction. Je me demande parfois s'il ne vaudrait pas mieux les laisser tranquilles. Car, si c'est pour réveiller leurs souvenirs et les ramener à une vie de cauchemars comme les précédents, cela n'en vaut certainement pas la peine. »

Les deux femmes pénétrèrent dans le second dortoir. Deux rangées d'une vingtaine de lits se faisaient face. Certains étaient occupés, d'autres non.

« Il n'y a là que les grabataires, crut bon de préciser la sœur. À cette heure-ci, les valides sont dans le jardin. Ils y restent la majeure partie du temps, entre les soins qu'on leur donne deux fois par jour. C'est leur lieu de refuge, le seul monde dans lequel ils se sentent en sécurité et en paix avec eux-mêmes. Certains d'entre eux ne portent aucune blessure. Il n'y a que leur tête qui ne fonctionne plus.

– Vous connaissez l'identité de tous ? coupa Lucie, impatiente d'en venir au fait.

– Bien sûr ! Nous les connaissons tous.

– Je veux dire… vous avez pu tous les identifier d'après leur numéro matricule, quand on vous les a confiés ? »

La sœur parut surprise par la question de Lucie. Elle reprit :

« À bien y réfléchir, il est vrai que l'un d'eux nous a été confié il y a plusieurs mois sous un prête-nom. Nous l'appelons Victor. J'ignore son nom de famille, mais il répond à son nom quand nous l'appelons Victor. »

Lucie s'émut. Elle ne trouva plus les mots pour expliquer ce qu'elle avait à dire. Elle balbutia :

« Pouvez-vous me le montrer discrètement ?

– Il doit être dans le jardin. C'est un solitaire. Il parle peu avec ses camarades. »

La sœur conduisit Lucie à l'extérieur et arpenta avec elle les allées du parc, scrutant du regard tous les recoins. Plusieurs convalescents s'y promenaient, la plupart par petits groupes de deux ou trois. D'autres étaient assis sur les bancs des contre-allées.

Dans ce havre de paix, la guerre paraissait si lointaine ! Elle faisait partie d'un autre monde. Le printemps, même à Paris, exacerbait des effluves sucrés de fleurs et le ciel s'oubliait dans les profondeurs de l'azur.

« Comme c'est calme ici ! s'extasia Lucie. On se croirait en pleine nature.

– Ces malheureux en ont bien besoin après tout ce qu'ils ont vécu. Tenez ! poursuivit la sœur, c'est lui. »

La religieuse montra du doigt un soldat qui portait encore son uniforme et qui marchait nonchalamment sous une rangée de tilleuls.

« Je vous laisse, fit-elle. Si vous avez encore besoin de moi, n'hésitez pas à m'appeler. »

Lucie s'approcha lentement du soldat qui lui tournait le dos. Elle ne le reconnaissait pas. Quand elle fut à quelques mètres de lui, le cœur tremblant d'émotion, elle l'appela :

« Mathieu ! Mathieu ! »

Le soldat ne broncha pas. Elle insista :

« C'est moi, Lucie. »

Il semblait perdu dans son monde, coupé de la réalité. Elle reprit :

« Victor ! Vous vous appelez bien Victor, n'est-ce pas ? » Alors, l'homme se retourna :

« Oui, c'est moi, fit-il. Que me voulez-vous ? »

Adeline ne connut pas la joie d'apprendre que Mathieu était vivant, la seule qui aurait pu atténuer sa douleur. La lettre de Lucie parvint au Soleyrol bien après ses funérailles.

Ce jour-là, dans le petit cimetière de Quérac – Adeline ayant souhaité reposer auprès de son fils –, la tristesse était à son comble. Ses amis étaient venus nombreux, parfois de loin, des petits hameaux qui jalonnaient le départ de la draille. Entourés de ses deux filles et de François, Antoine ne parvenait pas à réaliser ce qui lui arrivait soudain. Certes, il s'était préparé depuis longtemps à cette éventualité et avait endurci son cœur, du moins le croyait-il. Mais en même temps qu'il voyait partir l'amour de sa jeunesse, quinze jours à peine après avoir déposé son fils dans sa dernière demeure, il songeait que sa propre vie prenait fin ainsi à la porte de leur tombeau. Mathieu disparu, mort sans doute, Fabien fauché en pleine fleur de l'âge, Adeline maintenant… c'était trop de souffrances d'un coup pour un seul homme qui avait déjà tant peiné pour affronter les affres de la vie.

Le dos voûté, le visage exsangue, il tâchait malgré tout de se montrer digne en cette terrible circonstance. Derrière lui, ses amis, Adrienne et Joseph, ne parvenaient pas à contenir leur chagrin. Ils ne pouvaient s'empêcher de penser que leurs deux fils, eux aussi, risquaient chaque jour le même sort que celui de Fabien. L'image de la mort venait à nouveau le leur rappeler. Adrienne était la plus inconsolable. Elle venait de perdre, avec Adeline, sa meilleure amie, sa confidente des premiers jours, une sœur. Elle n'avait jamais hésité à lui venir en aide, à doubler souvent sa journée de travail pour la remplacer à la tâche quand ses forces ne lui permettaient plus de faire face. Ensemble, elles avaient traversé les moments de solitude les plus pénibles, quand les hommes, partis à l'estive, leur confiaient les bergeries. Ensemble, elles avaient souffert, ri et chanté au moment des vendanges, en attendant leur retour.

La mort tragique d'Adeline laissait Adrienne dans un désarroi qui n'avait d'égal que son immense tristesse.

Au fond de l'assistance, la famille Donnadieu, entourée de quelques domestiques du château, tentait de se faire discrète. Julie, dans sa tenue de deuil qu'elle n'avait toujours pas quittée, se tenait accrochée au bras de sa mère. Le spectacle funèbre lui rappelait trop celui des funérailles de son fiancé. Elle voulut sortir du temple avant la fin de la cérémonie, mais Hortense la retint. Le châtelain, lui, semblait détaché, l'esprit ailleurs, comme si ce qui se déroulait sous ses yeux n'avait pas de prise sur lui. Depuis quelque temps, il avait repris un peu d'énergie et se montrait plus actif et soucieux de ses affaires, mais c'était au détriment du souvenir qu'il gardait de son fils. En réalité, tout dans ses propos indiquait qu'il le considérait toujours vivant et laissait croire qu'il attendait son retour. Son attitude inquiétait beaucoup son épouse, Hortense, qui craignait qu'il ne tombe dans la déraison.

Perdue dans l'assemblée, Mathilde Fontane était venue assurer ses amis en deuil de son soutien. Elle ne pouvait retenir ses larmes tant son chagrin était profond et sincère. Adeline était devenue son amie au fil des ans, celle qui partageait son bonheur, celui qu'Antoine donnait à toutes les deux – dans l'ignorance des sentiments qu'elle nourrissait pour lui. Elle avait fini par accepter cette vie en filigrane, dans l'ombre de celui qu'elle aimait secrètement depuis le jour où elle l'avait rencontré, alors qu'elle n'avait pas encore seize ans. Elle n'avait jamais rien tenté qui pût nuire au bonheur et à l'équilibre de sa famille, et avait tout fait au contraire pour encourager Adeline, quand celle-ci avait besoin de réconfort.

Loin maintenant de se sentir libre, elle se sentait prisonnière d'une douloureuse alternative : elle aurait voulu montrer à Antoine combien, dans sa profonde détresse, il pouvait compter sur elle, sur sa présence à ses côtés, sur son amour ; mais, en même temps, elle semblait être de trop dorénavant, presque inconvenante dans une telle situation. Elle songea alors que seul le temps, encore le temps, pouvait polir les souvenirs et fondre la passé avec le présent dans une même perspective.

La vie fut néanmoins la plus forte. Avec le mois de mai, le Soleyrol s'ouvrit de nouveau aux parfums enivrants des collines. Par ses fenêtres, la lumière vivifiante redora les couleurs ternies par l'hiver et le malheur.

Dans les bergeries, les brebis sentaient déjà l'appel de la montagne et s'impatientaient à reprendre la draille. Malgré les soucis qui minaient toujours les esprits, malgré les nouvelles du front qui étaient loin de réjouir les cœurs, l'allégresse s'emparait des hommes et des bêtes qui sentaient revenu le temps de la transhumance.

Louise mit au monde son petit garçon pendant les rogations de l'Ascension. Chacun vit dans cet heureux événement un bon présage. D'un commun accord avec Maurice, qui avait été prévenu des malheurs de sa belle-famille, elle l'appela Fabien en souvenir du cher disparu. L'enfant apporta joie et réconfort dans les deux familles éprouvées. Antoine, le premier, se montra le plus enjoué de tous et donna à son troisième petit-fils les plus grandes marques de sa reconnaissance.

« Avec ce petit, avoua-t-il à Louise, c'est comme si Fabien nous revenait. C'est Adeline qui aurait été heureuse ! »

Maurice obtint une permission exceptionnelle pour venir voir son fils et son épouse. Celle-ci fut vite remise sur pied et mit la maisonnée sens dessus dessous pour accueillir son mari. Antoine leur proposa sa chambre afin qu'ils soient moins à l'étroit avec leur bébé.

« Je m'aménagerai un coin dans la remise, dit-il. Maintenant je n'ai plus besoin d'autant de place.

– J'accepte pour cette fois, répondit Maurice. Mais dès mon retour de la guerre, nous nous installerons à la Castanède. Ma mère se fera une joie d'aider Louise à s'occuper du petit, et la place n'y manque pas ! »

Maurice comprit qu'Antoine avait besoin de la présence de sa fille et de son enfant, afin que la transition se fît lentement. Il avait beau se montrer fort, le berger endurci était fragilisé jusqu'au plus profond de lui-même. Il lui fallait du temps pour que le vide laissé par Adeline et Fabien se remplisse de nouveau.

Son esprit fut d'autant plus occupé qu'en juin François devait passer son certificat d'études. Mathilde s'était proposée de le faire réviser après la classe pour lui donner toutes les chances de finir en haut du palmarès. Elle comptait bien qu'il obtienne la première place du canton et qu'il suive ensuite un cours complémentaire. Mais le jeune François n'en avait pas l'intention, car, depuis toujours, il désirait devenir berger et suivre les traces de son père. Il est vrai que, depuis la mort de Fabien et la disparition de Mathieu, Antoine ne comptait plus que sur lui pour prendre sa relève.

Louise venait à peine d'accoucher que la lettre de Lucie annonçant la bonne nouvelle parvint au Soleyrol, avec beaucoup de retard. La jeune femme avait enfin retrouvé son mari et ne se contenait plus de joie. Elle ignorait tout, alors, des malheurs qui s'étaient abattus sur sa belle-famille en son absence. Elle évitait toutefois de parler de l'amnésie de Mathieu, pour ne pas ternir le bonheur qu'elle allait créer par cette lettre que plus personne n'attendait, pensait-elle.

Lucie resta auprès de son mari pendant plus de deux mois. Durant ce temps, la guerre ne finissait pas de s'enliser et les soldats, de part et d'autre, commençaient à se décourager. L'assaut sur Verdun se poursuivait et faisait chaque jour des milliers de victimes supplémentaires, mais les Allemands se heurtaient toujours à la résistance acharnée des troupes françaises.

Maurice retourna sur le front dès sa permission terminée, tandis que Jérémie se battait sur la Somme, où les offensives alliées avaient toutes échoué. L'aîné des

Coste à son tour revint en permission, à la grande joie de Marie, qui, depuis le décès de sa mère, semblait perdre ses repères. Heureusement, Pierre était là pour lui rappeler que la vie continuait en dépit des malheurs qui en jalonnaient le cours.

Le petit garçon, âgé de quatre ans, était devenu la coqueluche des deux familles. Passant d'une maison à l'autre, il était partout chez lui et ses grands-parents ne voyaient que par lui. Antoine et Joseph s'étaient juré de lui apprendre les rudiments du métier de berger, et déjà ils l'emmenaient voir les brebis dans les pâturages d'hiver. Marie les laissait faire, mais, comme Adeline jadis pour François, elle s'était promis d'offrir à son fils une autre destinée que celle de son père et de ses frères.

En juin, François passa brillamment son certificat d'études et, selon l'espoir de Mathilde, il obtint la première place du canton. À cette occasion, Antoine l'avait accompagné jusqu'à Saint-Hippolyte, où se déroulaient les épreuves. Mathilde avait demandé à ses élèves de ne pas arriver en retard au centre d'examens. Aussi avait-elle proposé très naturellement à Antoine d'y amener son fils.

« Je ferai la route avec vous, lui avait-il répondu. Je ne peux laisser François seul un jour pareil. »

Le jeune garçon n'eut aucun mal à déjouer les pièges de la dictée, ni à résoudre les problèmes de fuites de lavabo et de retard des trains. Il écrivit dans sa rédaction les plus belles phrases qui lui vinrent du cœur pour dépeindre ses sentiments face à une injustice dont il avait été témoin. Devant ses examinateurs, il brilla par ses connaissances en histoire et en géographie, et leur démontra qu'un fils de berger n'avait rien à envier aux fils des notables de la ville.

Quand les résultats furent proclamés, Mathilde ne put contenir sa joie : elle sauta au cou d'Antoine et le félicita pour son fils. Puis elle embrassa François avec la même conviction et lui avoua :

« C'est le plus beau jour de ma vie !

– Merci, mademoiselle, répondit le jeune garçon. Merci mille fois. Tout cela, je vous le dois. »

Mathilde prit François par les épaules et lui dit :

« Tu l'as fait pour ta maman, et, de là où elle est, je suis sûre qu'elle très fière de toi. »

Le soir même, Antoine convia Mathilde et ses amis à un repas de fête pour honorer le succès de son fils. Tous tentèrent d'oublier les absents, mais il planait au-dessus de chacun trop de souvenirs, trop d'inquiétude encore, pour que la joie fût à son comble.

Le lendemain, Antoine, Joseph et François prirent la draille avec deux semaines de retard. Ils avaient attendu que François ait passé les épreuves de son examen pour monter à l'estive. Mathilde les vit partir l'âme en peine : non seulement elle savait que son jeune élève deviendrait berger comme son père, mais elle voyait aussi s'éloigner pour de longs mois celui pour qui son cœur n'était que déchirure.

Lucie revint sans prévenir courant juillet, accompagnée de Mathieu. Celui-ci n'avait toujours pas retrouvé la mémoire, et, après de multiples examens, les autorités avaient décidé de le démobiliser et de le renvoyer dans ses foyers. La jeune femme avait encore parcouru imperturbablement les allées du ministère pour déjouer les arcanes des affaires militaires. Il lui fallut prouver ses liens de parenté, remplir de multiples formulaires, répondre à d'innombrables questions. Mathieu, lui, ne comprenait pas ce qu'elle lui voulait, mais il lui faisait confiance.

Au bout de quelques jours, il accepta l'idée que Lucie pouvait être sa femme et que sa famille l'attendait dans le sud de la France. Il ne se souvenait de rien, ni de son village, ni de ses parents, ni de ses amis. Le seul lien qui l'unissait à son passé était ces quelques mots qu'il prononçait quand il voulait apprivoiser le chat de l'hôpital : « *Br, br, beyci, bien !*[1] » lui lançait-il pour pouvoir l'approcher.

Lucie savait que ce fil ténu pouvait un jour le ramener vers sa délivrance et lui rappeler ses origines.

Quand le médecin commandant de l'hôpital lui tendit son arrêté de démobilisation, elle prit mille précautions pour lui expliquer qu'ils allaient prendre ensemble un train qui le ramènerait vers les siens.

Antoine avait fait parvenir une lettre à l'hôtel où sa belle-fille s'était installée, et d'où elle avait envoyé les dernières nouvelles de toutes ses démarches. Il lui avait appris sans s'étendre la mort tragique de Fabien et la fin douloureuse d'Adeline. Abattue à son tour par tant de malheurs si brutalement révélés, Lucie retrouva vite son énergie à la pensée qu'il fallait d'abord penser aux vivants plutôt que de s'apitoyer sur le sort des morts pour qui, hélas, nul ne pouvait plus rien. Elle évita d'expliquer à Mathieu ce qui l'attendait, estimant que les retrouvailles avec son père, son jeune frère et ses sœurs ne devaient pas être attristées par l'annonce trop précipitée du décès de sa mère et de son frère cadet.

Dans le train qui filait vers Nîmes, Mathieu, dont le comportement ne trahissait nullement son handicap, se

1. *Viens ici, viens !*

montra très curieux de savoir où il allait et posa mille questions à Lucie sur ce qu'il était censé avoir vécu. La jeune femme insista surtout sur leur mariage deux ans plus tôt et lui annonça qu'il était le père d'un petit Aubin, qu'il n'avait encore jamais vu. À cette annonce, Mathieu ne put dissimuler ses craintes.

« Comment mon fils pourra-t-il accepter que je sois son père, puisque je ne le reconnaîtrai pas ?

– Il est encore tout petit, expliqua Lucie. Moi-même, je ne l'ai pas revu depuis des mois. C'est à peine s'il me reconnaîtra à mon retour. Il n'a pas encore un an, et j'ai quitté Quérac il y a six mois.

– Vous m'avez… euh ! tu m'as cherché pendant tout ce temps ? s'étonna Mathieu. Et tu as tout sacrifié pour cela !

– On te croyait mort. Mais, moi, j'étais persuadée du contraire. Quant aux autorités militaires, elles te faisaient passer pour déserteur.

– Qu'ai-je donc fait pour cela ? Je me suis enfui ? »

Lucie estima le moment venu d'expliquer à Mathieu ce qui s'était passé réellement sur le champ de bataille où on l'avait retrouvé. Il l'ignorait encore.

« Je comprends, avoua-t-il. Mais le drame, c'est que je ne me souviens pas de tout cela. Pas plus de ce qui m'est arrivé ce jour-là que de ce que j'ai vécu dans ma vie avant la guerre. Comment pourrai-je te considérer comme ma femme, alors que j'ai du mal à te tutoyer et que je ne sais pas qui je suis moi-même ?

– Cela reviendra, Mathieu. Ne te fais pas de souci. Je t'aiderai, nous t'aiderons tous. »

Lorsqu'ils parvinrent à Quérac, Lucie éprouva une joie immense. Sa longue quête était parvenue à son terme. Le soleil refusait de se coucher au-dessus des collines, les cigales chantaient encore à tue-tête dans le feuillage des arbres et la terre exhalait de doux parfums de lavande et de romarin.

« Respire, dit-elle à son mari qu'elle avait pris par la main. Ici, c'est chez toi, c'est chez nous ! »

IX

Lassitude

LE TEMPS PANSA LES BLESSURES mais ne cicatrisa pas les plaies. De nouveau, l'hiver cristallisa dans le froid tous les espoirs de renouveau. Le ciel était toujours aussi sombre et les nuages qui s'accumulaient à l'horizon ne présageaient rien de bon. La guerre se prolongeait inlassablement et engendrait partout un profond état de lassitude. En février, la révolution russe rompit l'équilibre des forces au profit de l'Allemagne. Après l'abdication du Tzar, le peuple russe ne cacha plus ses aspirations vers la paix. L'armée, gagnée par les idées bolcheviques, commença à se désagréger. Les Allemands en profitèrent pour reprendre l'offensive et firent s'effondrer le front de l'Est.

Dans le camp occidental, l'état d'esprit des troupes n'était guère meilleur. Le malaise était général, aggravé encore par l'actualité russe. L'entrée en guerre des États-Unis en avril ne parvint pas, sur le moment, à remonter le moral des soldats. Beaucoup d'entre eux pensaient que la victoire était impossible et qu'il valait mieux une paix de compromis que de s'entêter. Les défaitistes étaient de plus en plus nombreux.

Dans son unité, Maurice ne pouvait ignorer les idées que certains répandaient. Les courants révolutionnaires et pacifistes avaient gagné bon nombre de ses camarades. Lui, comme eux, pensait qu'il fallait en finir rapidement. Mais il ne partageait pas tout à fait l'opinion de certains qui affirmaient que la guerre mondiale devait être l'occasion pour les peuples de déchaîner la guerre civile, de renverser le pouvoir bourgeois et d'instaurer le véritable pouvoir du peuple en même temps que la paix.

Lors de sa dernière permission, il avait éprouvé beaucoup de peine à reprendre le train pour le front. Laisser sa famille dans la douleur, quitter son fils alors qu'il n'avait fait que l'entrevoir lui avaient paru insupportables. Il s'était soumis une fois de plus, mais c'est sans conviction qu'il avait repris les armes et le chemin des tranchées.

Mais, quand autour de lui il entendit parler d'autre chose que d'assauts, de percées, de courage et de sacrifice pour la patrie, il ne resta pas insensible aux discours qui, déjà, commençaient à galvaniser les esprits les plus frondeurs. Sans vouloir renverser l'ordre établi, il estimait légitime la position de ses camarades qui voulaient cesser de se battre pour une cause de moins en moins justifiée. De plus, les bruits couraient que, dans les troupes allemandes, régnait le même état d'esprit.

Chaque fois que son unité était relevée et revenait vers l'arrière pour se reposer, chaque fois il entendait s'élever les mêmes diatribes. Le vent de contestation soufflait de plus en plus fort. Les plus acharnés de ses camarades ne cachaient pas leur soutien aux thèses bolcheviques et se réunissaient clandestinement, le soir, à l'écart des autres.

L'un d'eux, un grand gaillard au faciès de lynx, prénommé Boris, avait convaincu Maurice de se joindre à son petit groupe.

« Je vois bien que tu penses comme nous, lui avait-il dit. Qu'est-ce que tu attends pour sauter le pas ? Dis-toi que seule une minorité peut entraîner les autres. Nous sommes l'aiguillon grâce auquel un jour tout basculera en notre faveur. »

Maurice se laissa entraîner, se souvenant qu'au début de la guerre il voulait refuser de collaborer aux tueries. « Finalement, songea-t-il à regret, si nous avions tous refusé de porter les armes, nous n'en serions pas là ! »

Boris avait autour de lui une quinzaine de camarades, tous aussi décidés à ne pas manquer l'occasion propice. Chacun de son côté propageait les mêmes idées pour convaincre le plus de soldats possible et leur dire de se tenir prêts pour le grand jour.

« Nos frères allemands, prolétaires comme nous tous, affirmaient-ils, font le même travail de sape que nous dans leurs rangs. Quand l'heure sonnera, nous fraterniserons et nous enverrons les marchands de canons et leurs valets de politiciens devant les tribunaux du peuple. »

Les esprits étaient chauffés à blanc, à ce point galvanisés que des mutineries commencèrent à éclater. Les désertions se multiplièrent. Certains soldats, trop naïfs, croyant qu'il suffisait de refuser d'obéir pour entraîner tout le monde derrière soi, furent immédiatement mis aux arrêts et traduits devant les tribunaux militaires.

Le groupe de Boris crut le moment opportun pour tenter l'acte suprême : refuser de repartir au combat, prendre l'officier supérieur en otage, soulever le reste de la troupe et se constituer en soviet, comme les Russes le faisaient depuis des mois. « Le pouvoir aux soviets ! » proclamaient-ils à leur tour.

Maurice cependant se méfia de ces élans trop violents qui ressemblaient plus à des consignes politiques qu'à un vrai souci de paix et de fraternité. Ses racines huguenotes lui conseillèrent de se méfier et de ne pas adhérer à des idées révolutionnaires qui, au fond, n'étaient pas les siennes. Il se détacha de ses camarades les plus exaltés et rentra dans le rang.

Boris et ses amis tentèrent sans lui de se rebeller. Ils refusèrent de regagner la ligne de front quand leur capitaine leur en donna l'ordre, et ils tentèrent d'entraîner la troupe derrière eux. Une partie de leur unité se joignit au mouvement de rébellion générale qui toucha, début mai, seize corps d'armée. Ils organisèrent un conseil de soldats qui dura quarante-huit heures, pendant lesquelles ils mirent en place leur projet de prendre un maximum de gradés en otages et de contacter les lignes allemandes afin d'appliquer un cessez-le-feu bilatéral. Ils finirent par fraterniser avec l'ennemi et décidèrent de marcher sur la capitale.

Ils furent vite démantelés, arrêtés et conduits en lieu sûr. Plusieurs d'entre eux furent condamnés pour l'exemple et fusillés.

Depuis la naissance de son fils, Maurice souffrait plus que jamais de l'éloignement des siens. De plus, il ne cessait de penser à la mort de Fabien, abattu si stupidement, comme il pourrait l'être lui aussi à tout instant, quand les canons grondaient ou quand il fallait à tout prix tenter de percer les lignes d'en face. À ce jeu de massacre, il savait qu'il avait eu beaucoup de chance jusqu'à présent, mais il craignait maintenant qu'il ne lui arrive malheur à son tour. Que deviendraient sa femme et son fils ? se demandait-il dans les interminables moments d'attente qui précédaient l'assaut.

Quand il apprit que le général Pétain avait remplacé le général Nivelle pour rétablir la discipline, et que les mutins étaient sévèrement châtiés, il remercia sa bonne étoile de ne pas s'être laissé entraîner à de tels actes d'insoumission. Toutefois, il fut très perturbé par tous ces événements. À ses yeux, cette guerre n'avait plus de sens et l'on sacrifiait en vain la jeunesse du pays à des fins purement politiciennes. Il ne croyait plus à une victoire possible par les armes et se laissait gagner peu à peu par l'esprit de défaitisme. Las de se battre les armes à la main, il n'avait pas envie néanmoins de se battre pour des idéaux, fussent-ils empreints de générosité et d'aspirations sociales. À la guerre, il ne souhaitait pas substituer la guerre civile, devoir se battre ensuite pour la paix sociale après s'être battu pour la paix des nations.

Une permission tomba à pic pour lui changer les idées, d'autant que les combats avaient redoublé d'intensité. Les Allemands en effet, encouragés par la défaillance des Russes, reprenaient l'offensive sur le front occidental, craignant l'arrivée des Américains. Le sergent qui lui annonça la bonne nouvelle ne put s'empêcher de lui faire remarquer :

« Vous êtes pistonné, soldat Coste ! Qu'avez-vous donc fait pour qu'on vous accorde une permission alors que partout on resserre la vis ?

– Le général Pétain a sans doute compris que, pour lutter contre la lassitude, il fallait améliorer le sort de la troupe, répondit Maurice.

– Vous êtes bien philosophe, soldat Coste ! Mais vous avez peut-être raison. Allez vous reposer ! Et revenez gonflé à bloc pour en terminer une bonne fois pour toutes. Nous finirons bien par les avoir !

– Merci, sergent. Prenez soin de vous ! »

Maurice partit pour Quérac vers la mi-juin, peu après le départ des premiers troupeaux pour l'estive. À Paris, les permissionnaires étaient moins nombreux que de coutume, et les contrôles par la troupe chargée de la police militaire étaient fréquents. Celle-ci avait ordre de débusquer les déserteurs en cavale. L'atmosphère était tendue, d'autant plus que les nouvelles du front n'étaient pas encourageantes. Les bombardements que les Allemands avaient opérés sur la capitale avaient mis les Parisiens devant une dure réalité. Les cœurs n'étaient plus aux frivolités et les esprits étaient chagrins. La misère était de plus en plus criante. La pénurie et les restrictions touchaient toutes les couches de la société, et les nouvelles taxes décidées par le gouvernement en mécontentaient plus d'un. Les grèves, de plus en plus fréquentes, paralysaient de nombreux secteurs de l'économie. Même les civils commençaient à perdre le moral.

Devant ce spectacle d'une France en désarroi, Maurice n'eut qu'une envie : vite retrouver le calme auprès des siens, oublier les horreurs dont il était le témoin depuis plus de mille jours interminables.

« Quand donc cela cessera-t-il ? » songeait-il dans le train qui le ramenait vers Nîmes.

Il arriva à Quérac dans un état de délabrement physique et mental qui inquiéta Louise et Adrienne. Joseph et Antoine étaient partis deux jours plus tôt pour l'Aubrac, accompagnés de François. Dans leurs métairies, les femmes étaient seules à garder les brebis qui ne faisaient pas partie du voyage, les chèvres que les hommes n'emmenaient plus afin d'alléger leur travail, et les trois petits-enfants, Pierre, Aubin et Fabien.

« Nous avions bien besoin d'un homme ! plaisanta Louise, dès que son mari reprit un peu de vigueur. Même pour une semaine, cela nous mettra du baume au cœur. »

Adrienne ne pouvait dissimuler sa joie d'avoir retrouvé son fils. Mais elle s'inquiétait avec Marie du sort de Jérémie.

« Tu le connais ton frère, il ne se plaint jamais. Chaque fois qu'il écrit, il nous affirme que tout va bien. Mais je suis persuadée qu'il ne dit pas la vérité.

– Les conditions sont dures pour tout le monde, il est vrai. Mais Jérémie a toujours eu un moral d'acier. Il est inutile de vous inquiéter. »

Maurice fut très perturbé par le brusque changement de vie à la Castanède. Louise eut beau s'efforcer d'effacer de son esprit les visions d'enfer qui le hantaient sans relâche, elle ne parvint pas à le détacher de ce qui l'obsédait.

Le troisième jour de sa permission, tandis qu'il regardait fixement les lointains, il déclara sans ambages :

« Je pars demain à l'aube rejoindre mon père et Antoine à l'estive. »

Louise ne dit mot, abasourdie. Avec la naissance de Fabien, elle avait espéré que Maurice aurait acquis plus de raison, plus de sagesse. Cette fois, elle comprit dès son arrivée que son esprit était miné par le doute et le renoncement. Elle craignit que les idées, qui l'avaient poussé au début de la guerre à ne pas obéir à l'ordre de mobilisation, ne le reprennent subitement.

Louise ignorait qu'un vent de révolte s'était emparé des troupes depuis plusieurs mois et que Maurice avait failli se laisser entraîner.

Il ajouta :

« Je n'y retournerai pas.

– Pense à ce qu'ils te feront s'ils te reprennent ! osa-t-elle lui objecter. Pense à Fabien, pense à nous ! Que deviendrons-nous ?

– Ma décision est prise. Inutile d'en discuter. Je sais ce que je fais. »

Louise prit Fabien dans ses bras. L'enfant se mit à pleurer. Maurice, agacé par le bruit, sortit précipitamment en claquant la porte.

« Que se passe-t-il ? » demanda Adrienne. Louise, en pleurs elle aussi, ne put répondre.

« Vous vous êtes disputés ? Ce n'est rien. Querelle d'amoureux ! Allez, sèche donc tes larmes, donne-moi le petit et va vite le retrouver !

– Il ne s'agit pas de cela. Maurice veut déserter.

– Déserter ! Mon Dieu, ça le reprend ! »

Adrienne courut derrière son fils, mais celui-ci demeura inflexible.

« Mère, il est inutile de me parler de tout cela. Je ne reviendrai pas sur ma décision. Je partirai demain. »

Ni Louise ni Adrienne ne purent rendre Maurice à la raison. Dès le lendemain, à l'aube, alors que le soleil tardait à se lever, il revêtit ses habits de berger, prit son sac, son fouet et se mit en route pour la montagne.

La draille serpentait devant lui, inchangée, à travers les rocailles. Elle grimpait régulièrement des premières collines vers les cols qui marquaient l'entrée du massif montagneux. Partout les moutons avaient laissé les signes de leur passage. Par milliers, tel un flot endigué, ils avaient gravi une par une les marches escarpées du Liron, puis de l'Aigoual, avant de s'attaquer au Méjean et aux monts ténébreux de l'Aubrac. Inlassables, ils avaient remis leurs sabots dans les traces que d'autres avant eux avaient laissées pour mieux enchâsser dans la pierre la marque de leur cheminement. Depuis des siècles, des millénaires même, les troupeaux gravaient ainsi leurs empreintes à chacun de leurs passages et burinaient pour l'éternité le flanc rocailleux des serres et la surface cryptique des grands causses. La roche, usée par endroits à force d'être polie par leur piétinement, ruisselait d'or sous la lumière aveuglante du soleil et prenait des reflets d'argent par les nuits de pleine lune. Sur les branches des buissons aux feuilles toutes dévorées restait accrochée une multitude de touffes de laine, témoin tangible du passage des troupeaux.

À peine parti, Maurice sentit renaître en lui l'appel des hauts pâturages, une force inextinguible qui le poussait toujours plus vite à la rencontre des bêtes qui le précédaient. Les déjections fraîchement éparpillées, l'odeur du suint toujours très tenace dans les endroits resserrés où les brebis s'étaient agglutinées, les roches éboulées sous leurs sabots, tout prouvait qu'il se rapprochait du but.

Trois ans déjà s'étaient écoulés depuis sa dernière transhumance, celle qui fut interrompue par le début brutal de la guerre. Il lui semblait retrouver ses marques, comme si elles ne dataient que de la veille. D'instinct, à chacun de ses pas, ses yeux se portaient sur le moindre détail du chemin, s'attendant presque à ce que les pierres lui parlent et lui racontent ce qu'elles avaient vu en son absence.

Impatient de rattraper le troupeau, il força l'allure, sautant la première étape, marcha jusqu'à la nuit tombée, prit à peine le temps de refaire ses forces et se remit en marche le lendemain alors que le soleil n'était pas encore levé. Le soir du deuxième jour, il parvint à Aire-de-Côte, où il rencontra le troupeau d'un berger de Saint-Germain. Celui-ci lui apprit que son père était passé deux jours avant et qu'à présent il devait s'attaquer à l'Aubrac.

« Inutile de courir si vite, lui conseilla le berger. De toute façon, tu sais où ils estivent. Tu les retrouveras toujours.

– Je sais. Mais cela me ferait tellement plaisir de faire un bout de draille avec eux. »

Le berger tout à coup parut intrigué.

« Tu es en permission, fiston ? Tu reviens du front, n'est-ce pas ? »

Maurice s'assombrit.

« C'est exact, j'ai une permission de huit jours.

– Huit jours ! Et tu perds ton temps à courir la draille pour rejoindre ton père ! Mais, dis-moi, quand tu l'auras retrouvé, tu auras à peine le temps de redescendre pour regagner ton régiment. Je serais à ta place, je ne me fatiguerais pas comme ça. Je me reposerais.

– Vous n'êtes pas à ma place ! » coupa sèchement Maurice qui regrettait déjà d'avoir trop parlé.

Le berger fit mine de se désintéresser de lui et alla pousser quelques bêtes qui s'étaient égarées. Puis, rappelant son chien, il revint près de Maurice :

« Ne serais-tu pas en train de faire une bêtise au moins ?

– Une bêtise ! Quelle bêtise ?

– Tu me comprends, j'en suis sûr. »

Maurice se leva, replia la lame de son Opinel, rangea ses affaires.

« Je vais dormir. Si je veux être en forme à l'aube, j'ai besoin de me reposer.

– Réfléchis bien, petit, ce ne sont pas mes affaires, mais tu regretteras peut-être un jour ce que tu es en train de faire.

– Ce que je fais ne vous regarde pas ! »

Maurice se réveilla vers cinq heures du matin. Les brebis du berger étaient encore toutes endormies dans leur parc. Il ne fit pas de bruit et reprit son chemin sans laisser de trace de son passage.

Dans la forêt, un peu plus loin, alors que le soleil léchait à peine la cime des arbres, il tomba nez à nez sur un étrange campement. Une cabane de branchages adossée à un gros cèdre, un foyer rempli de cendres encore chaudes indiquaient une présence humaine.

« Ce ne sont pas des bergers ! pensa-t-il aussitôt, pas dans un tel endroit. »

Le campement hétéroclite se trouvait au fond d'un talweg où coulait un filet d'eau entre deux roches couvertes de mousse. La lumière du jour avait peine à filtrer à travers le feuillage des arbres. Le lieu n'était pas très accueillant et ruisselait d'humidité. À l'écart de la draille, bien à l'abri des regards, c'était un endroit idéal pour se dissimuler des indiscrets et rester caché.

Maurice contourna le campement sans faire de bruit, retenant sa respiration. Au sol, un tapis de feuilles dissimulait des branches mortes. Par mégarde, il posa le pied sur l'une d'elles qui cassa net dans un craquement étouffé de bois sec. Aussitôt un chien aboya et réveilla les occupants de la cabane.

« Qui va là ? » demanda une voix sortie de l'ombre. Maurice s'arrêta, se retourna, s'approcha. Deux hommes du même âge que lui le menaçaient de leurs fusils de chasse.

« Que viens-tu faire ici ? demanda l'un d'eux.

– Je rejoins mon père en Aubrac. Il transhume là-haut avec un ami. Mais vous n'avez pas besoin de me menacer ainsi, je ne suis pas armé et n'ai aucune mauvaise intention.

– Nous n'aimons pas les intrus, fit le second acolyte, qui portait une barbe hirsute.

– Tu ne serais pas en cavale, par hasard ? reprit le premier.

– En cavale ?

– Ne fais pas celui qui ne comprend pas. Vu ton âge, comme nous, tu devrais être ailleurs en ce moment, plutôt que de te promener en forêt.

– Je suis en permission.

– Ben voyons ! Nous aussi, nous sommes en permission ! Et même depuis plusieurs mois ! »

Maurice comprit sans hésiter à qui il avait affaire.

« Vous avez déserté ? fit-il.

– Disons que nous avons pris congé, si tu préfères. Comme toi.

– Je n'ai pas déserté !

– Nous ne sommes pas les seuls à être dans ce cas. Y a pas de honte à l'avouer. On en a eu marre de servir de chair à canon. Alors, on s'est tirés, ils n'ont qu'à continuer sans nous. »

Maurice ne sut plus quoi ajouter. D'un coup, les deux inconnus lui montraient la réalité telle qu'elle était : déserter amenait à vivre caché.

« Il y a longtemps que vous vivez dans la forêt ? ajouta-t-il.

– Depuis quatre mois. Nous ne sommes pas rentrés chez nous. C'était trop dangereux. Les gendarmes sont immédiatement avisés des soldats qui ne rentrent pas après une permission. Ils font aussitôt leur enquête auprès de leur famille.

– Vous êtes des Cévennes ?

– Si on te le demande, tu diras que t'en sais rien. Moins t'en sauras, mieux ça vaudra pour nous.

– J'entends bien que vous n'êtes pas de chez nous, vous parlez pointu.

– Peu importe d'où nous venons. L'essentiel, c'est qu'on ne nous retrouve pas. »

Les deux hommes se concertèrent du regard. Le grand barbu reprit :

« Bon, si t'es en cavale, on peut te faire une place. Si tu veux, tu peux rester avec nous. À trois, ce sera plus facile de se débrouiller, surtout si tu connais bien la région.

– C'est que j'ai l'intention de rejoindre mon père !

– C'est la pire bêtise que tu puisses faire. Quand ils s'apercevront que tu manques à l'appel, tu penses bien qu'ils iront te cueillir chez toi, et, s'ils ne t'y trouvent pas, ils questionneront les voisins et enverront les gendarmes là où est ton père. Crois-nous, tu n'as qu'une chance de leur échapper, c'est de faire comme nous : rester planqué jusqu'à la fin de la guerre. »

Maurice feint d'accepter l'offre des deux hommes. Il soupçonnait que ces derniers n'avaient pas l'intention de le laisser repartir, de peur, pensait-il, qu'il puisse donner leur signalement.

Il passa la journée en leur compagnie, leur raconta ce qu'il avait vécu au front. Ils firent le même récit des mêmes atrocités, des mêmes souffrances, des mêmes privations. Ils avaient aussi entendu parler de ce qu'avaient fait les Russes dans leur pays et des tentatives de fraternisation de certains régiments.

La nuit, il partagea l'espace exigu de leur cabane de fortune, mais ne put trouver le sommeil. Au-dehors, le silence de la forêt accentuait le moindre bruit : le craquement des branches mortes sous le pas d'un animal nocturne, les pépiements des oiseaux, le hululement des chouettes. Quand, enfin, il finit par s'endormir, son esprit tourmenté sombra dans un cauchemar funeste : Louise portait son fils dans ses bras ; l'enfant pleurait et s'agitait ; tous deux étaient penchés au-dessus d'une tombe grande ouverte ; par les yeux de sa femme, il se voyait lui-même, allongé au fond de la tombe, dans son propre cercueil, le torse sanguinolent, percé de douze balles de fusil.

Il se réveilla en sursaut, tout transpirant. À ses côtés, les deux hommes dormaient à poings serrés. Pendant quelques secondes, il se demanda ce qu'il faisait avec eux, dans ce drôle de campement, caché dans la forêt comme un fugitif. La vision de son propre corps inerte, sans vie, celle de sa femme et de son fils tout éplorés le secouèrent. Il prit alors conscience de l'énorme erreur qu'il s'apprêtait à faire, du drame qui s'abattrait sur sa famille, par sa faute, s'il lui arrivait malheur. Même s'il n'était pas repris immédiatement, qu'adviendrait-il de sa vie et de celle de Louise et de son enfant ? Pourrait-il envisager de rentrer un jour chez lui en toute sérénité ? Quel serait le regard des autres ?

Sans bruit, il se redressa et, avant que le jour ne fût levé, il disparut dans la forêt. Quand il recouvra tout à fait la raison, il s'engagea de nouveau sur la draille et se dirigea vers Quérac.

À peine arrivé, il eut juste le temps de prendre le premier train pour Nîmes. Le lendemain, le cœur lourd et plein d'amertume, il retourna au front.

X

Amère victoire

LUCIE S'INSTALLA DÉFINITIVEMENT au Soleyrol, estimant préférable pour Mathieu de le replacer dans son cadre de vie familial. Celui-ci éprouva de grandes difficultés à se réintégrer dans un milieu qui lui paraissait étranger. Marie et Louise tentèrent, avec beaucoup de délicatesse, de l'amener vers elles, comme on tente d'apprivoiser un enfant rétif, mais elles durent reconnaître que la tâche s'annonçait ardue.

Pourtant, Mathieu se montra très compréhensif et très coopérant. Il prit sur lui de ne pas montrer à quel point il ne retrouvait aucun des repères qui avaient jalonné son existence : ni le cadre de la métairie, ni ses sœurs, ni son père, ni les enfants ne lui revenaient en mémoire. Son attitude trahissait sans qu'il le veuille une sorte de méfiance, de distance, qu'instinctivement il mettait entre lui et tous ceux qui l'approchaient.

Depuis son retour, un an s'était passé, mais, au grand désespoir de ses proches, il n'avait en rien progressé sur le chemin de sa mémoire. Lucie commençait à s'en inquiéter et cachait souvent ses pleurs le soir quand, dans leur grand lit, elle le sentait dormir à ses côtés. Elle avait beau user de toute sa patience, de son savoir-faire, lui prodiguer avec tendresse les caresses qu'il affectionnait le plus dans l'intimité de leur chambre, rien n'y faisait. Son esprit restait dramatiquement fermé, comme si un cadenas solide y tenait cloîtrées pour toujours les images d'un passé qui aurait pu renouer avec les terribles souffrances qu'il avait endurées.

Antoine et Joseph lui firent redécouvrir les gestes de berger qui sommeillaient en lui. Ils eurent parfois l'impression de toucher des points sensibles de son être. Mais Mathieu se fatiguait vite et se décourageait.

« Laissez-lui le temps, avait conseillé le docteur Mayen. Seul le temps peut l'aider à revenir à la vie. »

Ils l'associèrent à chacun de leurs travaux, comme si jamais rien ne s'était passé, lui confièrent des tâches précises dans lesquelles il excellait jadis, espérant qu'il y retrouverait ainsi des gestes habituels, des automatismes. Mathieu semblait en fait découvrir pour la première fois le monde et le travail qui avaient été toute son existence, comme un jeune *traspastre* à qui on apprend son futur métier.

À maintes reprises, il fit preuve d'impatience, quand, devant s'occuper des jeunes agneaux ou de la traite des chèvres, il se voyait incapable de faire ce que Louise ou Marie faisaient rapidement avec dextérité. Dans ces moments-là, il fallait toute la perspicacité de Lucie pour lui faire comprendre qu'il ne devait pas se décourager et qu'avec le temps il reviendrait un jour à la surface de sa vie. Mais Mathieu commençait à refuser ce qui lui semblait à tout jamais anéanti dans les ténèbres de sa mémoire. Il se montrait de plus en plus sombre et irascible avec son entourage, s'entêtait dans ses affirmations négatives, et en venait même parfois à douter qu'il fît réellement partie de la famille. Ce qui plongea Lucie dans un profond chagrin.

« Il ne faut pas lui en vouloir, tenta de lui expliquer Antoine. Son esprit est encore si perturbé qu'il ne sait plus tout à fait ce qu'il dit.

– Comment peut-il affirmer maintenant que nous ne sommes pas sa famille, que je ne suis pas sa femme, que tout ce que nous faisons pour lui n'est d'aucune utilité puisqu'il est quelqu'un d'autre, et que nous nous trompons sur son identité ? »

Au bout d'un an, alors que chacun faisait très attention à ne jamais parler de la guerre, il fut le premier à évoquer les horreurs des combats. À demi-mot, il raconta certains faits qu'il semblait avoir vécus, comme si peu à peu les rouages de sa mémoire se remettaient en marche. Mais il ne prononça jamais le nom d'un de ses camarades, ni celui d'un endroit bien précis où il aurait pu se battre. Dans sa conversation, tout restait vague. Il donnait même l'impression que ce dont il parlait ne l'avait pas concerné.

« Il refuse de retourner sur les lieux de sa souffrance, expliqua le docteur Mayen qu'Antoine tenait informé de l'évolution de son état. Il fuit inconsciemment pour ne pas devoir affronter une seconde fois la terrible réalité. Tant qu'il n'abordera pas sans détour ce qui l'a traumatisé, il ne reviendra jamais à lui tout à fait. »

Lucie avait espéré que la venue de Maurice en permission à la mi-juin 1917 aurait pu provoquer en lui un déclic salutaire : la vue d'un soldat revenant du front, leurs conversations, même au prix de quelques évocations douloureuses, pouvaient aider à faire surgir de son oubli des traces de souvenirs. Mais Maurice, en s'enfuyant, ne lui avait pas donné cette chance.

Quand Antoine revint de l'estive à la fin de l'été, il retrouva son fils dans le même état qu'avant son départ. Avec persévérance, sans jamais le heurter, avec l'aide de François, il l'accompagna de nouveau sur les chemins qui pouvaient mener à sa renaissance. Patiemment, il reprit avec lui le long parcours de sa vie et rouvrit, une par une, les pages de sa propre mémoire.

Parfois Mathieu réagissait à une anecdote, à un événement qui avait marqué le Soleyrol. Mais très vite il s'enfonçait dans un épais brouillard et perdait aussitôt le fil ténu que son père tentait de dérouler sur son chemin.

Pour ne pas le traumatiser davantage, ils avaient tous évité de lui parler de la mort tragique de son frère et n'avaient fait qu'évoquer le décès de sa mère, en lui laissant croire que cet événement était déjà ancien. Il ne posa d'ailleurs aucune question à leur sujet, agissant comme si ces deux drames ne le concernaient pas directement. Lucie était d'avis qu'il fallait lui en parler en détail, lui expliquer le profond calvaire d'Adeline, les terribles tourments qu'elle avait vécus, quand ses fils étaient partis au front. Elle aurait voulu aborder avec lui la mort de Fabien. Mais Antoine s'y refusa.

« C'est inutile de rajouter du malheur à ce qu'il vit. Il a déjà assez de problèmes à surmonter pour savoir qui il est, sans le perturber encore avec les drames que nous avons connus en son absence.

– Le docteur Mayen affirme néanmoins qu'un choc psychologique peut l'aider à retrouver la mémoire.

– Il a peut-être raison. Mais ce n'est pas à nous de le provoquer. Laissons les choses se faire d'elles-mêmes. »

Lucie n'osa insister. La mort d'Adeline ne lui appartenait pas. Elle crut comprendre que tout ce qui touchait de près ou de loin à ce tragique événement attristait trop son beau-père pour qu'elle pût d'elle-même l'évoquer sans sa permission.

Peu à peu, Mathieu finit par s'apprivoiser et par être moins farouche avec tous ceux qui l'approchaient. Même avec les habitants de Quérac, il se montrait courtois et leur répondait comme s'il ne les avait pas oubliés. Chacun reprit l'habitude de lui parler comme si de rien n'était, faisant parfois allusion au passé, à une connaissance commune.

Mathieu faisait semblant de se souvenir et évitait de montrer qu'en réalité il se sentait toujours intrus dans un monde auquel il n'appartenait plus.

Sur le front, le temps des grandes offensives avait repris. Grâce à la défection des Russes, l'Allemagne avait acquis la supériorité en effectifs et tenait à en profiter avant l'arrivée des Américains. Jamais les armes nouvelles n'avaient été aussi massivement déployées. Elles permettaient de repenser les stratégies et créaient une nouvelle donne des opérations militaires.

Jérémie avait fait savoir à Marie que son régiment allait être envoyé près de Soissons, où les Allemands s'activaient depuis quelque temps. Le front avait été percé entre Arras et La Fère et le Kronprinz se baladait sur les ruines de Saint-Quentin. La Grosse Bertha commençait à bombarder Paris. Les Alliés ne savaient plus où donner de la tête malgré le commandement unique confié à Foch.

Le 27 mai, les Allemands atteignirent l'Aisne en quelques heures, déclenchant une offensive de grande envergure dans le secteur du Chemin des Dames entre l'Oise et Reims.

Avec son unité, Jérémie fut pris sous un déluge de feu. Les Allemands avaient aligné mille deux cents batteries pour bombarder les lignes alliées. Jamais il n'avait connu un tel déploiement de forces, et c'était un miracle, pensait-il, qu'il ait pu passer sain et sauf à travers un tel cataclysme. Autour de lui, ses camarades tombaient les uns après les autres, impuissants. L'heure n'était plus aux états d'âme. Pour sauver sa vie, il fallait surtout éviter de réfléchir et foncer sous la mitraille en espérant passer à travers ce qui tombait du ciel.

Jérémie n'avait même plus la force de prier. Où était Dieu dans un tel enfer ? Dans quel camp ? Il n'avait de pensées que pour Marie, pour ses parents, qu'il espérait revoir bientôt. Car, il en était persuadé, ce retour aux grandes offensives marquait la fin de la guerre. Il ne songeait pas à la mort, même si elle était présente à chaque instant et s'il la bravait tous les jours.

Les relèves se faisaient de plus en plus rares. Les troupes restaient sur les lignes de combat jusqu'à épuisement. Les mouvements de défection avaient cessé, et on ne parlait plus guère des désertions ni des mouvements de révolte. Il fallait donc tenir, faire attention de ne pas s'exposer inutilement, tenir !

Lorsque Marie vit arriver Victor Bonnefoi, elle eut le pressentiment que son tour était arrivé. Elle s'apprêtait à partir au château et avait confié Pierre aux soins de Louise, qui s'occupait des trois enfants toute la journée. Elle se ravisa, posa son sac sur la table et alla à sa rencontre.

Victor crut revoir Adeline, le jour où il était venu annoncer la mort de Fabien. « Décidément, pensa-t-il en s'avançant sans se presser, cette famille n'a pas de chance ! »

« C'est Jérémie, n'est-ce pas ? fit Marie sans lui laisser le temps d'annoncer la triste nouvelle dont il était porteur.

– Hélas, ma pauvre petite ! »

Marie tourna les talons et alla pleurer toutes les larmes de son corps à l'écart du visiteur.

Louise reçut Victor Bonnefoi sur le pas de la porte et lui prit le pli qu'il tenait à la main.

« Je vais avertir ses parents, dit-il, comme pour s'excuser de ce qu'il venait de faire.

– C'est inutile, je le ferai moi-même. Allez plutôt avertir mon père, demandez-lui de rentrer sans tarder. Il est dans la garrigue avec son troupeau. »

Le sort s'acharnait encore sur le Soleyrol. Après Fabien, après Adeline, la mort revenait frapper à sa porte. Marie, une fois de plus, était durement meurtrie au moment où elle commençait à espérer que la guerre finirait bientôt.

Peu avant de tomber, Jérémie lui avait laissé croire que la reprise des grandes manœuvres marquait la volonté de l'état-major d'en finir au plus vite, et que l'arrivée des Américains permettrait d'accélérer la chute de l'ennemi. En réalité, Jérémie n'avait fait que répéter ce que l'état-major voulait bien laisser filtrer et n'était pas au courant des plans secrets du Kronprinz. Lui aussi avait les mêmes objectifs. Comme en 1914, la course contre le temps s'était engagée.

Dès lors, chacun, au Soleyrol et à la Castanède, commença à craindre que la guerre finisse par les anéantir tous. Maurice restait le seul à se battre. Le sort l'avait épargné. Pour combien de temps encore ?

Les funérailles de Jérémie eurent lieu une quinzaine de jours après son décès. Le pasteur rappela combien il était douloureux de voir partir les siens. Mais il voulut garder pour la fin un message d'espoir :

« N'oublions pas, mes chers frères, que la mort n'est pas une fin en soi, mais le commencement d'une vie meilleure promise par Notre-Seigneur Jésus-Christ. Jérémie, après Fabien, après tant de jeunes garçons dans notre commune, s'en est allé. Nous le reverrons bientôt parmi nous, quand nous serons tous réunis auprès de Dieu dans son Royaume. »

Antoine ne put entendre plus longtemps un tel discours. Il était encore trop marqué par les deuils successifs qui avaient assombri son existence. Il finissait par ne plus croire en rien et pensait que Dieu avait abandonné les hommes à leur triste sort. Il sortit du temple avant la fin de la cérémonie et s'éloigna en direction du domaine. Mathilde, qui avait assisté à l'enterrement, le suivit discrètement et le rejoignit sans qu'il s'en aperçût. Sentant sa présence derrière lui, il se retourna :

« Vous non plus vous ne pouvez plus entendre de telles paroles ?

– Vous vous méprenez, Antoine. Le pasteur ne fait qu'essayer de redonner un peu d'espoir. Ne vous enfoncez pas inutilement dans vos propres malheurs. Un jour, le temps viendra où les hommes cesseront de s'entretuer et retrouveront la raison. Il faut leur faire confiance si vous ne faites plus confiance à Dieu. Mais n'y a-t-il pas de plus belle espérance que celle de mettre sa foi en Dieu pour avoir envie de vivre malgré les tourments que nous traversons ? Croyez en la vie, Antoine, elle vous le rendra.

– C'est vous qui me dites ça ? Vous qui devriez montrer combien la religion a induit les hommes en erreur et leur a fait commettre les pires atrocités ! Comment croire de telles paroles alors que nos enfants sont encore les victimes pitoyables de la folie guerrière ? »

Mathilde prit Antoine par la main et le raccompagna jusque chez lui, en tentant de lui expliquer que Dieu n'était pour rien dans la démence des hommes.

Peu à peu, à l'image de son fils perdu dans le dédale de sa mémoire, Antoine recouvra la paix.

La Castanède prit à son tour les couleurs du deuil. Adrienne, comme Adeline avant elle, plongea dans un profond désespoir que rien, sur le moment, ne put apaiser. Joseph, lui aussi, fut complètement terrassé. Il n'avait pas encore pris, jusqu'à ce jour, la réelle mesure du chagrin occasionné par la mort. Moins endurci qu'Antoine par cette terrible échéance, il connut de grands moments de désarroi. Louise, présente à leur côté comme elle le fut auprès de sa mère, leur montrait cependant des raisons d'espérer et de croire encore à la vie.

« Maurice s'en sortira, croyez-moi ! Il a le mors aux dents. Il hait trop cette guerre pour se laisser détruire par elle. Songez à vos petits-enfants ! Pour eux, il faut croire en l'avenir. Les drailles sont éternelles, rien ne pourra jamais les détruire. Bientôt nous les reprendrons tous ensemble pour fêter dans la joie la reprise de la transhumance, comme jadis quand nous vivions dans la paix.

– Puisse Dieu t'entendre, petite, et ramener Maurice vivant !

– Je suis certaine qu'il reviendra vite. Certaine aussi que mon frère retrouvera la mémoire dès que la paix sera revenue sur cette terre. C'est une question de jours, de semaines peut-être. C'est une question de foi aussi.

– Je crains fort, ma petite Louise, que tu sois la seule à avoir gardé ta foi intacte dans une telle apocalypse ! »

Les mois passèrent, cicatrisant les plaies. Le temps calma les esprits effondrés et permit à chacun de refaire surface.

Tout à coup, les cloches se mirent à sonner à tue-tête, se répondant d'un clocher à l'autre en une envolée lyrique qui surprit même les moins attentifs et tous ceux qui ne croyaient plus à rien.

Des jours et des jours s'étaient encore passés, l'été avait chassé les déceptions du printemps noir, mais à ce jeu de va-etvient permanent d'un front qui ne cessait de fluctuer personne n'osait plus espérer que les combats cesseraient bientôt. On s'apprêtait à connaître un nouvel hiver d'acier et de glace, et la fête des Morts, malgré les nouvelles plus engageantes, il est vrai, qui parvenaient du front, avait couvert le pays d'un linceul de grisaille auquel, malheureusement, chacun commençait à s'habituer.

Certes, les alliés de l'Allemagne avaient rendu les armes les uns après les autres, mais dans le Nord et dans l'Est les troupes du Kaiser se montraient toujours aussi acharnées.

Aussi, quand l'heureuse nouvelle se répandit en ce 11 novembre, ce fut d'abord l'incrédulité générale. Mais quand le maire de Quérac l'annonça lui-même officiellement, on commença à croire au miracle. La liesse ne connut pas de bornes. Partout, les hommes sentirent vibrer du fond des âges les racines qui les unissaient toujours à leur terre natale.

L'automne prit des allures de printemps, les bêtes elles-mêmes semblèrent éprouver le besoin de reprendre la draille pour remonter vers les hauteurs qu'elles n'auraient jamais dû quitter.

Maurice revint peu de temps après, l'esprit plus perturbé que jamais, mais sain et sauf.

Quand il s'approcha de Mathieu pour l'embrasser, celui-ci eut comme un frisson qui lui venait de loin, de très loin, d'un lieu où il se vit soudain dans les bras d'un ami, au fond d'un trou béant, presque enterré vivant.

« Bonjour, Maurice, lui dit-il, il faudra que tu m'aides à retrouver mon ami Alix. »

C'était la première fois qu'un souvenir lui revenait du fond de son cauchemar.

Deuxième partie

LE TEMPS DES INCERTITUDES

XI

Retour à la vie

LA PAIX REVENUE, arriva le temps de panser les plaies et de soulager les esprits traumatisés. Aucune commune, aucun hameau n'était épargné par la terrible saignée qui avait rendu exsangue la nation tout entière. La liste des tués et des blessés, à Quérac comme ailleurs, était à n'en plus finir. Pas une famille n'échappa de près ou de loin au deuil qui, très vite, ternit les envolées de joie consécutives à l'annonce de la victoire.

Certes, on accueillit les bras ouverts et le cœur ivre de bonheur les vaillants soldats, jeunes et moins jeunes, qui s'en étaient sortis. Mais, quand le dernier d'entre eux fut rentré, on saisit alors toute l'ampleur du cataclysme qui venait de ravager l'Europe pendant plus de quatre ans. Les victimes, en grand nombre, pesaient très lourd, et leur absence se faisait cruellement ressentir. On prit très vite la réelle mesure de leur disparition, car l'irrémédiable était arrivé, et l'on ne pouvait plus que se consoler avec tous ceux que le sort avait épargnés par miracle.

C'était compter sans les estropiés, les défigurés, les invalides de toutes sortes, tous ceux qui, dès le premier jour des hostilités, avaient été renvoyés dans leur foyer et qui portaient pour toujours la marque indélébile de leur calvaire. Leur présence dans les rues des villes, à la terrasse des bistrots, sur les marchés, dans les fermes des villages ne pouvait laisser indifférent et donnait au pays l'image d'une nation de handicapés.

Dans le village de Quérac, c'était par dizaines que se comptaient les malheureuses victimes. Le domaine d'Auguste Donnadieu n'échappait pas à ce drame. Hortense, qui, jusqu'au dernier moment, n'avait pas épargné ses jours ni mesuré sa peine pour venir en aide aux plus démunis, dénombra douze disparus parmi le personnel du château et les familles de métayers de son mari. Onze corps avaient déjà été ensevelis dans le petit cimetière de la commune. Le douzième n'avait pas été retrouvé et l'on attendait toujours pour inscrire son nom sur la liste déjà longue du futur monument aux morts. Une dizaine de blessés s'ajouta à cette suite macabre, dont beaucoup ne pourraient plus jamais reprendre leurs activités.

Hortense convainquit son mari de les maintenir sur le domaine. Plusieurs d'entre eux étaient chefs de famille et auraient été privés de leur moyen d'existence si le châtelain leur avait enlevé leur métairie ou leur emploi dans ses caves au profit d'un homme valide. Certains avaient un fils, vivant et indemne, qui pourrait les remplacer. Le châtelain fit grise mine, mais se laissa convaincre.

« Même estropiés, la plupart peuvent encore être utiles à leur famille, plaida Hortense en leur faveur. Il faut leur laisser la terre et les bêtes qui les ont nourris jusqu'à présent. »

Il fallut repenser l'organisation du domaine, car les moins handicapés n'étaient pas tous aptes à reprendre les drailles. Leur absence à l'estive devrait donc être compensée par l'embauche de nouveaux bergers. Mais ceux-ci, comme tant d'autres, firent aussi défaut, la guerre ne les ayant pas épargnés, pas plus qu'elle n'avait épargné les hommes du vignoble.

Léon Garrigue rentra avec un peu de retard. Une vilaine blessure à la jambe droite, peu avant la fin des combats, l'avait privé de la joie de fêter la victoire sur le terrain de bataille. Et c'est muni de béquilles qu'il fit son entrée sur le domaine, une fois soigné et rendu à sa famille, quelque trois semaines après la signature de l'Armistice.

De sa blessure, il devait garder une forte claudication, mais cela ne l'empêcha pas de reprendre immédiatement sa place dans les chais du château, heureux d'y retrouver l'odeur si familière des fûts de chêne et des moûts qui finissaient de fermenter.

« Alors Léon ! lui lança Auguste Donnadieu, dès son retour, prêt à reprendre la bataille, la nôtre cette fois ? »

Le châtelain, que l'âge et le malheur avaient passablement diminué, semblait sortir d'un long tunnel dans lequel il s'était enfoncé à la mort de son fils. Grâce à l'opiniâtreté de son épouse, il finit par reprendre goût à l'existence et par se réintéresser à ce qui était, avant la guerre, le grand dessein de sa vie. Certes, il avait beaucoup perdu de sa fierté et de son orgueil, mais il gardait encore ce fond de noblesse qui le distinguait des autres grands propriétaires d'origine roturière pour la plupart.

Peu avant Noël, il rassembla tout son personnel, comme il en avait jadis l'habitude avant le grand départ en transhumance. Ce fut pour lui l'occasion de revoir les anciens, partis pour beaucoup d'entre eux depuis le premier jour de la mobilisation. Ceux qui manquaient à l'appel se firent remplacer par leurs épouses ou par leurs fils. Toutes les métairies étaient représentées, ainsi que le personnel domestique du château. Pour l'occasion, Hortense avait fait dresser un magnifique sapin qu'elle avait elle-même décoré avec l'aide de Marie. C'était la première fois que le châtelain recevait son personnel dans son propre bureau. En temps ordinaire, il se contentait de le convoquer dans un hangar près des caves.

Antoine et Joseph étaient entourés de leurs fils. François ouvrait de grands yeux devant le luxe qu'il découvrait ; il n'était jamais entré dans l'enceinte même du château et n'avait jamais assisté à ces grand-messes où Auguste Donnadieu se complaisait à asseoir son autorité et où chacun baissait les yeux, quand l'ancien régisseur faisait comprendre que la discussion n'était pas de mise. À seize ans, il était le plus petit des Chabrol par la taille et gardait encore des traits juvéniles, ce qui faisait dire à tous que, s'il avait le visage de son père, il arborait toute la fraîcheur de sa mère, dont il avait hérité une certaine fragilité. C'est cette apparente fragilité sans doute qui expliquait l'attention et l'attachement qu'Antoine lui montrait depuis sa naissance.

Avec le décès de son épouse, celui-ci n'avait fait que se rapprocher davantage de son plus jeune fils. À travers lui, il retrouvait sa jeunesse, cette époque où, déjà amoureux d'Adeline, il passait ensemble de longs moments à imaginer l'avenir. C'était peu avant la mort de ses propres parents qui l'avait laissé seul brutalement pour affronter une existence qui n'avait pas pris les couleurs de ses rêves d'adolescent. Aussi espérait-il que François ne connaîtrait pas les mêmes incertitudes que lui et s'en voulait – un peu tardivement – de l'avoir empêché de continuer ses études quand il était encore temps.

« François est heureux quand il part avec vous vers les hauts pâturages, lui avait avoué Mathilde, un jour que les regrets assombrissaient ses pensées. L'essentiel, c'est qu'il réalise ce qu'il a toujours eu envie de faire. Tout petit, il rêvait de suivre vos traces. Nous l'aurions contrarié en le forçant à quitter sa famille, ses brebis, ses drailles, pour suivre d'autres chemins pour lesquels il ne se sentait pas d'attirance. »

Antoine aimait écouter Mathilde, qui lui était toujours de bon conseil et qui savait aussi respecter les silences dans lesquels il plongeait parfois. Sa présence lui procurait un équilibre intérieur que l'absence d'Adeline avait brusquement perturbé. Sans chercher à la retrouver, il laissait souvent ses pas le mener en direction de l'école ou vers la cabane de son père, Adrien Fontane, où ils s'étaient rencontrés, il y avait plus de vingt ans. Ils aimaient évoquer les souvenirs que la guerre rendait encore plus lointains. Mathilde parlait de ses enfants qu'elle connaissait si bien, qu'elle avait un peu élevés à sa manière, en leur donnant l'instruction que ni lui ni Adeline n'avaient pu leur donner. Quand il parlait de sa femme, elle l'écoutait sans l'interrompre, mais elle évitait de le questionner, préférant que son cœur se vide de lui-même pour mieux apaiser la souffrance qui l'inondait encore.

Peu à peu, sans que leur entourage ne se doute de rien, ils prirent l'habitude de se voir de plus en plus souvent, et le cœur d'Antoine retrouva la sérénité et l'espoir.

Mathieu tint à accompagner son père à cette première réunion au château. Son esprit était encore très traumatisé, car les souvenirs qui affluaient chaque jour en grand nombre lui faisaient redécouvrir les horreurs dont il avait été témoin pendant deux longues années.

Le retour de Maurice, la patience de Lucie, le soutien de son entourage lui avaient permis de refaire surface dans un monde qui l'attendait avec impatience, mais qu'il ne croyait pas aussi dur. Tous avaient beau lui expliquer que, la guerre étant terminée, ses souffrances avaient pris fin, nul ne parvenait à lui faire oublier, maintenant qu'elles avaient resurgi de sa mémoire, les terribles images qui hantaient ses jours comme ses nuits.

« Le plus dur reste à faire ! avait proclamé le docteur Mayen, alors qu'il s'entretenait avec Antoine : lui faire accepter son passé pour qu'il puisse affronter courageusement son avenir. Il a la chance de ne pas être blessé physiquement. Il n'est pas comme tous ces malheureux pour qui la triste réalité c'est le fauteuil roulant ou les béquilles. Il a encore la vie devant lui. Il ne faut pas le laisser sombrer dans le désespoir. C'est ce qui guette, hélas ! tous ceux qui, comme lui, ont subi un grand choc psychologique et n'ont pas toujours le soutien de leur entourage.

– Nous serons toujours tous à ses côtés. Son épouse, Lucie, est une femme merveilleuse. Elle a fait pour lui ce que seule une mère aurait été capable de faire pour sauver son enfant. De plus, son fils, Aubin, l'aidera beaucoup à retrouver le goût de vivre.

– Je sais que Mathieu peut compter sur les siens, je ne me fais aucun souci. Vous l'aiderez à le réintégrer dans la vie et à reprendre la draille dès le prochain printemps. C'est là toute sa vie. Pour ma part, mon cher Antoine, je vous fais mes adieux. Voyez-vous, cette guerre m'a épuisé. À mon âge, il est grand temps que je me retire. J'ai une sœur célibataire du côté de Montpellier. Elle n'attend qu'une chose : que je vienne finir mes jours à ses côtés. Ensemble, nous serons comme un vieux couple qui coule ses derniers jours heureux !

– Votre remplaçant n'est pas revenu de la guerre. Nous avons appris qu'il est tombé lors de la deuxième offensive sur la Marne.

– Je suis au courant. Mais ne vous inquiétez pas. Je ne fermerai pas le cabinet tant qu'un autre médecin ne sera pas arrivé pour me remplacer. Ce qui ne saurait tarder. »

Mathieu avait donc recouvré la mémoire et, malgré les souffrances qu'il commença, comme tant d'autres, à enfouir au plus profond de son être, son bonheur ne connut pas de mesure quand il se mit à redécouvrir, une par une, toutes les pages du grand livre de sa vie. La dernière, celle dont Lucie lui avait parlé en premier, mais qui était restée blanche malgré ses efforts, il ne pouvait plus s'en détacher : Aubin, son fils, devint l'unique objet de ses préoccupations, le bien le plus précieux que l'existence lui redonnait en cadeau de bienvenue.

À trois ans, l'enfant ne semblait pas comprendre pourquoi son père redoublait subitement de joie à son égard. Depuis son retour, Mathieu n'avait pas eu envers lui ni les gestes ni les paroles d'un père attentionné vis-à-vis de son enfant.

« Je n'arrive pas à le considérer comme mon fils, avait-il un jour avoué, navré, à Lucie. Je n'éprouve rien d'autre pour lui que ce que j'éprouverai pour l'enfant d'un autre. »

Lucie ne montra jamais combien cette réaction l'affligeait. Elle espérait seulement que le jour où sa mémoire se remettrait à fonctionner la fibre paternelle se réveillerait en lui.

Ce qui arriva dès que les pièces du puzzle se remirent en place dans son esprit.

Mathieu entendait donc reprendre sa place à part entière sur le domaine comme chez lui et fit à Auguste Donnadieu des propositions qui étonnèrent le châtelain. Celui-ci, en effet, ne s'attendait pas à le revoir aussi vite remis sur pied.

Antoine laissa son fils discuter du contrat d'herbage. Le troupeau qu'il possédait avec les Coste nécessitait une révision de la part due au maître. C'était maintenant le plus gros troupeau du domaine et, assurément, les bêtes avaient toujours bonne réputation.

« Je crois que mon père a su faire fructifier votre bien comme il convenait, expliqua-t-il, malgré la guerre, l'absence de ses fils et son infirmité.

– Certes, certes ! dut convenir le châtelain.

– Il n'est qu'à examiner l'état des autres troupeaux et même l'état des vignes, osa ajouter Mathieu, pour s'apercevoir que tous n'ont pas su ou n'ont pas eu la chance de pouvoir en faire autant. »

La plupart des bêtes avaient effectivement piètre allure. Beaucoup avaient la gale. Mal tondues, elles arboraient une toison douteuse, et leur manque de vigueur indiquait qu'elles n'étaient pas toutes allées à l'estive chaque année, faute de bergers.

Auguste Donnadieu dut reconnaître les faits. Il finit par accepter la proposition de Mathieu : lui rendre la bergerie du Villaret sur le causse Méjean, afin d'éviter le trop long déplacement en Aubrac, où il se souvenait d'avoir fait sa dernière transhumance en été 1914.

« Vous reprendrez donc le Villaret. Mais je vous demanderai en échange de vous occuper d'une partie du troupeau dont mon régisseur avait personnellement la charge. J'ai décidé de confier toutes mes bêtes à mes métayers. Vous vous les répartirez. M. Garrigue ne s'occupera plus d'élevage. Sa blessure de guerre ne lui permet plus de courir les drailles. Il restera donc à plein temps sur le domaine, et je compte sur lui pour redorer le blason de nos chais, qui ont beaucoup souffert pendant cette période très troublée. »

L'affaire fut conclue. Antoine était fier de son fils, qui avait su s'imposer au châtelain, alors que lui-même avait toujours subi ses quatre volontés. Il venait d'obtenir la plus belle bergerie d'estive que possédait Auguste Donnadieu et se faisait déjà une joie immense d'y emmontagner à la saison prochaine.

« Tu es bien le digne fils de ton père ! lui fit remarquer Adrienne, qui les attendait tous avec impatience pour fêter l'heureuse nouvelle autour d'un plantureux repas. Toujours prêt à revendiquer ! Mais je ne te donne pas tort. Il faut que les jeunes de ton âge sachent imposer leur point de vue aux anciens, qui ont parfois la vue courte et l'esprit trop soumis.

– C'est pour moi que tu dis ça ? coupa Joseph en débourrant sa pipe dans la cheminée.

– Oh, que non ! Je sais trop combien, avec ton caractère de cochon, tu ronchonnes sans cesse contre tout ce qui ne te convient pas ! Cependant… je ne t'ai pas souvent entendu dire au châtelain ce que tu penses tout bas et que tu ne cesses de ressasser en rouspétant comme un vieux bouc !

– Joseph est comme moi, ajouta Antoine, pour sauver la mise de son vieil ami. Devant les gens de la haute, nous n'osons pas toujours nous affirmer, de crainte de perdre ce qu'ils nous laissent. Que veux-tu, nous sommes de l'ancien temps, nous ne savons pas nous rebiffer devant nos maîtres ! Dieu merci ! la relève est là, et elle ne se laissera pas faire.

– Père, s'écria Mathieu, pas ce mot-là ! Je vous en prie. Cela me rappelle trop de mauvais souvenirs. »

Les deux familles étaient enfin réunies et se sentaient encore plus soudées qu'avant guerre par l'union de leurs enfants. Si Marie épanchait son chagrin avec beaucoup de dignité, se donnant corps et âme à l'éducation de son fils Pierre, elle ne finissait pas de regretter que Jérémie n'ait pas eu le temps de lui donner un autre enfant. Il aurait été un peu de lui à ses côtés, l'assurance qu'il n'était pas parti tout à fait.

La présence de Pierre ne pouvait lui faire oublier la disparition tragique de Guillaume Donnadieu, d'autant que le petit garçon, âgé maintenant de six ans, ressemblait beaucoup à son père. Marie d'ailleurs n'avait qu'une crainte : qu'Hortense Donnadieu ne s'aperçoive un jour de cette ressemblance et ne finisse par comprendre le mystérieux secret de sa naissance. Jusqu'à présent, ce secret avait été bien gardé et jamais personne, pas même les amis d'Antoine, ne s'étaient permis d'y faire allusion.

Marie avait retrouvé le château, où elle remplaçait Pauline Combe qui avait succombé à la grippe espagnole l'hiver précédent. La pauvre femme, forte pourtant comme un homme, n'avait pas traîné. En moins de quinze jours, les fortes fièvres avaient eu raison de sa robuste constitution. À l'époque, elle ne fut pas la seule à succomber à ce terrible fléau. Dans la région, l'épidémie fit des dizaines de victimes parmi lesquelles bon nombre de personnes âgées.

Marie s'activait à ses fourneaux du matin jusqu'en fin d'après-midi, préparant les repas des maîtres et de la domesticité. Pendant le temps des vendanges, elle préparait aussi les paniers de la main-d'œuvre pour midi et devait se tenir prête à tout moment pour un invité de dernière heure. Car Auguste Donnadieu aimait faire visiter ses chais à ses amis, quand le vignoble bourdonnait d'activité, telle une ruche à la période des premières floraisons.

Hortense Donnadieu lui avait proposé, avec délicatesse, de s'occuper de son fils, les jours où il n'avait pas classe. Pierre venait d'entrer à l'école et se trouvait dans la section des petits avec Mathilde Fontane. Mais elle craignit qu'à force de voir l'enfant auprès d'elle la châtelaine ne perce son secret. Marie refusa donc sa proposition et confia Pierre aux soins d'Adrienne, qui se fit une joie de l'élever avec Fabien, comme si elle était sa propre grand-mère.

La jeune femme avait décidé de vivre auprès de son père, croyant, avec raison, que celui-ci avait bien besoin de l'affection de ses filles pour compenser celle de son épouse. Elle s'occupait de lui comme elle l'aurait fait de son propre mari et se réjouissait toujours de le voir prendre son petit-fils sur ses genoux.

« Pierre lui donne sa nouvelle raison de croire en l'avenir », pensait-elle.

Elle ignorait, Marie, que le cœur d'Antoine battait à nouveau d'allégresse, et que Mathilde Fontane était devenue le centre de ses pensées et de ses espérances.

Sur le moment, elle mit le bonheur qui émanait de sa personne sur le compte du temps qui, selon elle, avait fini par estomper les affres de son existence. Et elle commença à espérer que le temps agirait aussi sur elle comme sur son père.

Sa sœur Louise s'était installée avec Maurice et leur fils Fabien dans l'ancienne bergerie du vieux Célestin. Les travaux de remise en état avaient été laborieux. Tout le monde aida Maurice à transformer ce véritable gourbi en une petite métairie digne d'un honnête berger. Le châtelain lui confia trois cents bêtes, lui fit signer un contrat d'herbage et l'autorisa à estiver sur le mont Lozère, là où Célestin transhumait et avait accueilli Antoine quelques années plus tôt.

« Tu verras, lui avait confié celui-ci, la bergerie n'est pas confortable, c'est très petit, mais les pâturages sont gras et les voisins à des kilomètres à la ronde. Tu te méfieras cependant des zones humides par temps d'orage. »

Antoine ne pouvait oublier le terrible été où les brebis de Célestin avaient été foudroyées.

Aux bêtes du maître, Joseph et Antoine lui ajoutèrent deux cents brebis supplémentaires prises sur leur propre troupeau. Cela soulagerait leur travail au Villaret et permettrait à Mathieu, qui devait endrailler avec eux, de ne pas engager de *traspastre.* François, qui connaissait bien son métier, serait leur quatrième berger.

Ainsi tout était prêt pour la prochaine estive. Tous espéraient encore collecter de nombreux petits troupeaux sur leurs parcours respectifs. Mathieu et Maurice se faisaient fort en effet d'aller démarcher les petits éleveurs le long des drailles afin que, comme jadis, leurs troupeaux grossissent au fur et à mesure de leur montée vers le haut pays.

L'année nouvelle commençait sous de bons auspices, d'autant que Louise venait d'annoncer pour le prochain printemps la naissance de son second enfant.

Peu avant Pâques, elle mit au monde un petit garçon que Maurice voulut appeler Jérémie en souvenir de son frère disparu.

La boucle semblait à nouveau refermée.

XII

Secrets bien gardés

La paix semblait s'installer durablement. La conférence de Versailles achevée, chacun put espérer que le siècle naissant comblerait les aspirations les plus légitimes des hommes et que, plus jamais, de telles horreurs ne se reproduiraient. On ne recommence pas deux fois les mêmes erreurs !

Si les cœurs étaient encore lourds de tant de malheurs subis et les rancunes loin d'être apaisées, on s'efforçait de croire que les hommes politiques avaient pris les bonnes mesures pour anéantir à tout jamais les velléités de guerre en Europe et pour rabattre l'orgueil de l'Allemagne, jugée première et grande responsable du cataclysme qui venait de s'achever.

Hommes de droite et de gauche s'étaient retrouvés sur les mêmes bancs, dans une union sacrée qui, partout, avait soudé les anciennes oppositions et mené à la victoire. Jamais plus rien ne pourrait donc être comme avant. Une ère nouvelle commençait dans la concorde annonçant un avenir prometteur.

C'est ce que croyaient Antoine et Joseph, sans excès d'enthousiasme, en espérant toujours que le temps de l'exploitation de l'homme par l'homme s'achève bientôt.

« Cette guerre, déclara Antoine au cours d'une veillée, a été le dernier sursaut d'une époque révolue. Le désir d'hégémonie des vieux régimes autocrates a été combattu et, si j'en crois ce qui se passe en Russie, le peuple n'est plus prêt à se laisser enchaîner. La liberté triomphe partout. »

Les discussions avaient repris dans les foyers, où l'actualité, toujours riche en événements, ne faisait pas toujours l'unanimité. Joseph était plus sceptique que son vieil ami quant à l'avenir de la paix. Moins enclin à fonder ses espoirs sur la prise du pouvoir des peuples opprimés, comme en Russie, il laissait discourir Antoine qui, pensait-il, retrouvait les élans de sa jeunesse et péchait par excès d'optimisme.

« Je crains fort que les peuples ne soient pas aussi sages et responsables d'eux-mêmes que tu ne le penses. Nous avons profondément bafoué le sentiment national des Allemands !

– Ils ont déclenché la guerre et ont été vaincus, que je sache !

– Il ne faut pas traîner son ennemi dans la boue avec acharnement, après lui avoir infligé la honte de la défaite. Mieux vaut s'en faire un ami. De plus, crois-tu que les peuples soient suffisamment éclairés pour ne pas suivre les yeux fermés le premier qui viendra un jour ou l'autre leur tenir le discours de la revanche ? Les Russes suivent une minorité agissante et semblent prendre pour pain bénit ce que leur leader, ce Lénine, leur affirme à grand renfort de discours et de promesses.

Vers quel destin les mènera-t-il ? Après la guerre, dont ils se sont acquittés de manière pas très convenable, j'en conviens, les voilà plongés dans la guerre civile !

– Ils luttent contre leurs ennemis intérieurs.

– Qu'adviendra-t-il de tout cela ? Je crains pour eux un bien grand malheur encore ! »

Les deux amis alimentaient sans véhémence les discussions du soir, comme au temps où les veillées réunissaient les hommes dans la paix des foyers. Ils discutaient de politique ou de transhumance. Mathieu, Maurice et François les rejoignaient très vite après s'être occupés de leurs bêtes dans les étables. Ils évitaient toutefois d'aborder les souvenirs de guerre. À ce sujet, les deux combattants se retranchaient dans un silence qui en disait long sur le traumatisme qu'ils avaient subi. Les femmes avaient repris leur rouet et avaient toujours quelques menus travaux en cours ; elles écoutaient les hommes d'une oreille distraite et préféraient s'entretenir des petites histoires qui faisaient le sel de la vie quotidienne du domaine. Les quatre petits-enfants faisaient à eux seuls plus de bruit que tous les adultes réunis et, la première, Louise devait souvent quitter la veillée pour les mettre au lit, avant même que tous ne cessent leurs discussions.

Nul ne parvenait à oublier l'absence de trois d'entre eux. Adrienne, qui s'entourait constamment de Marie et de Louise comme de ses propres filles, n'évoquait jamais le souvenir d'Adeline. À cinquante-cinq ans, elle espérait seulement que la vie lui épargnerait d'autres tourments et n'aspirait qu'à mener une existence sereine et tranquille. Elle vivait au jour le jour, dans le seul espoir de voir grandir ses petits-enfants qui la rapprochaient de son amie par le souvenir, et d'Antoine qu'elle considérait presque comme un frère, un membre de sa propre famille. Quand elle le voyait en compagnie de Joseph, discuter calmement, travailler à ses côtés, l'épauler, elle ne comprenait pas comment les hommes pouvaient en arriver à s'entretuer.

Antoine, handicapé à cause de son bras mort, avait acquis une patience qui n'avait d'égale que son opiniâtreté à vouloir se passer des autres dans ses tâches les plus ardues. Ce qu'il ne pouvait pas faire seul de son unique bras valide, il s'arrangeait pour ne pas le montrer et il mettait sans cesse un point d'honneur à ne pas demander de l'aide. Il s'acharnait et parvenait toujours à ses fins. Ses fils faisaient preuve à son égard de beaucoup de délicatesse et évitaient de refaire après lui ce qu'il n'avait pas fait correctement.

Ses absences cependant commençaient à inquiéter son entourage, car il s'attardait de plus en plus souvent après le travail ou s'éclipsait sans prévenir pour ne rentrer que tard dans la nuit.

« Laisse donc ton père faire sa vie ! répliqua Lucie, un soir que Mathieu s'inquiétait de ne pas le voir rentrer. À son âge, il n'a pas besoin de chaperon. Occupe-toi plutôt d'Aubin. »

Lucie n'avait pas à demander à son mari de s'occuper de son fils. Celui-ci était devenu son unique raison d'être. Lui seul parvenait à lui faire oublier les souvenirs qui hantaient toujours ses nuits. Parfois Mathieu se réveillait en sursaut, trempé de sueur, et soliloquait dans le noir, assis sur son lit, perdu dans la nuit. Lucie devait alors user de beaucoup de tendresse et de perspicacité pour le ramener à la réalité et lui procurer la quiétude que son esprit troublé avait perdue.

L'annonce d'un second enfant pour cette année qui inaugurait la nouvelle décennie le remplit de joie. Les enfants étaient devenus aux yeux de nombreux rescapés de l'enfer comme une assurance pour l'avenir, une preuve tangible qu'ils étaient bien revenus vivants du royaume des morts.

« Et ce n'est pas tout, ajouta Lucie. Tu vas bientôt avoir un autre petit neveu ou une petite nièce. Louise aussi est enceinte. La famille s'agrandit !

– Louise ! Encore ! Mais elle ne s'arrêtera donc jamais ! Heureusement que Maurice a bien aménagé le Courtil en conséquence ! Cette vieille bergerie du père Célestin n'est pas très grande, mais il a su en faire un vrai bijou ! C'est Père qui va être aux anges ! Six fois grand-père ! Sa descendance est plus qu'assurée. »

Quand Antoine apprit la nouvelle, il bondit de joie. Il semblait à tout jamais oublier les tourments qui avaient marqué ses dix dernières années : la prison lui paraissait déjà bien loin, même si ses rêves se heurtaient encore aux barreaux de sa cellule ; les décès d'Adeline et de Fabien lui laissaient, certes, deux profondes cicatrices au fond du cœur, mais la vie avait repris le dessus et tout lui indiquait que ses chers disparus n'auraient pas voulu qu'il se laisse aller au désespoir en ne vivant que dans l'ombre de leurs souvenirs.

La famille s'agrandissait, pour le bonheur de tous. Mais la place au Soleyrol commençait à manquer. Antoine et François s'étaient aménagé deux petites pièces dans une dépendance, à proximité de l'étable des moutons. Marie avait pris avec son fils la chambre de l'étage pour laisser à Mathieu et à Lucie celles du rez-de-chaussée.

« Il faudrait que j'aille loger ailleurs, reconnut-elle. Nous ne pouvons pas tous vivre ensemble indéfiniment. »

Lucie lui fit comprendre qu'elle était chez elle au Soleyrol et que sa place était auprès de son père. Mais Marie s'entêta :

« De toute façon, je ne suis plus très utile à la bergerie. Ma place au château occupe la plus grande partie de mes journées. Quant à Père, je crois qu'il n'a plus besoin de moi pour lui faire oublier ma mère. Il a retrouvé le bonheur. Et j'en suis heureuse pour lui. »

Lucie s'assombrit :

« Mieux vaut ne pas évoquer cette question devant Mathieu. Il a remarqué qu'Antoine rejoignait très souvent Mathilde Fontane après son travail. Ça ne lui plaît pas.

– Mon père est assez grand pour agir comme il l'entend.

– Louise est de l'avis de Mathieu. Ils en ont discuté ensemble. J'ai entendu leur conversation. Ils le jugent sévèrement. Mais ils n'osent pas lui en parler.

– Ils n'ont pas à le juger. Père fait ce qu'il veut de sa vie, pourvu qu'il soit heureux. À cinquante ans passés, il n'a besoin de personne pour lui dicter sa conduite. En ce qui me concerne, je m'en abstiens volontiers.

– Tu sembles l'approuver ?

– Mon père est heureux. Pour moi, c'est l'essentiel. »

Les deux femmes étaient d'accord sur ce point. Elles décidèrent d'éviter dorénavant toute conversation à ce sujet.

Lorsque le temps des drailles approcha, le vent de la montagne se remit à souffler et balaya les humeurs chagrines des esprits. Le bêlement des bêtes dans les étables rappela que la vie reprenait et raviva l'ardeur de chacun.

Depuis le décès d'Adeline et de Fabien, quatre ans auparavant, le troupeau avait été mis en deuil, selon la tradition. Antoine avait exigé qu'on ne le décore plus. Seuls les menons avaient gardé leurs redons[1] pour marquer le rythme de la lente avancée vers l'estive, mais la plupart des sonnailles étaient restées rangées dans les greniers.

Antoine, le premier, exigea de ressortir toutes les cloches et de les astiquer, de remettre à neuf les colliers de châtaignier aux peintures ternies par l'humidité et la poussière. Il voulut qu'on se remette à confectionner les pompons de laine pour les plus belles bêtes auxquelles on pratiqua la coutelade[2].

« Père, vous ne croyez pas qu'il est un peu tôt pour décorer de nouveau le troupeau ? s'inquiéta Marie.

– Ta mère ne m'aurait pas donné tort. Elle n'aurait pas aimé me voir porter le deuil éternellement. Elle aimait la vie. Crois-moi !

– C'est que…

– Oui ?

– Que diront les autres ?

– Les autres ? Qui donc ? Laisse de côté les qu'en-dira-t-on ! »

Antoine prit sa fille par les épaules :

« Marie, il faut vivre ! Toi aussi ! Je te sens si résignée.

– Je vous aime, Père, et je ne voudrais pas qu'on vous juge mal. »

---

1. Grosses cloches que portent certaines brebis dans le troupeau.

2. Tonte décorative.

Antoine comprit que sa fille savait. Mais sa pudeur l'empêcha de lui confier ce qui, jour après jour, avait envahi son cœur. Il se tut, enserra Marie dans ses bras et lui susurra à l'oreille :

« Ta mère sera toujours présente dans mes pensées. Nous nous sommes beaucoup aimés et je l'aimerai jusqu'à la fin de ma vie. Crois-moi, je ne l'oublierai jamais.

– Je sais, Père, répondit Marie en lui cachant ses yeux remplis de larmes, je sais. Moi non plus, je ne peux l'oublier. Mais je veux que vous soyez heureux. »

Auguste Donnadieu était sombre. Il s'était isolé dans son bureau, comme il aimait le faire quand il avait besoin de prendre du repos ou du recul vis-à-vis de ses affaires. Il tenait à la main une lettre qu'il déchiffrait avec peine. Le papier était ordinaire et l'écriture hésitante. Quelques taches maladroites montraient que son auteur n'avait pas l'habitude de manier la plume. L'encre violette faisait penser aux encriers des pupitres d'écolier, mais la calligraphie témoignait de l'usage d'une plume d'oie taillée à l'ancienne et non d'une plume Sergent-major comme celles que les enfants utilisaient à l'école.

Le châtelain relut plusieurs fois le texte, croyant à une plaisanterie de mauvais goût. Mais il dut se rendre à l'évidence, les détails étaient trop précis pour qu'ils puissent émaner d'un plaisantin qui aurait tiré ce long récit de sa seule imagination. Certains passages montraient qu'il connaissait parfaitement les habitudes des gens du château ; les lieux n'avaient aucun secret pour lui, pas plus que leurs occupants. La lettre mystérieuse n'était pas signée, seul un paraphe anonyme en forme de conclusion achevait la longue suite de révélations douteuses et, pour le moins, de mauvais goût.

La date retint son attention. La lettre remontait à 1910. Dix ans s'étaient écoulés depuis sa rédaction. Lettre perdue ? se demanda-t-il. Ou lettre remise au courrier ? Mais pourquoi n'était-elle pas signée ? « Quelqu'un qui vous veut du bien » était la seule expression qui la reliait à son auteur.

Auguste Donnadieu rangea la lettre dans le tiroir de son secrétaire et ferma celui-ci à clé. Son regard des mauvais jours trahissait l'inquiétude et le doute qui venaient subitement de l'envahir.

Au déjeuner, il n'en fit aucune allusion à son épouse et, comme d'habitude, sembla ignorer la présence de sa fille Julie. Celle-ci, toute de noir vêtue, se réfugiait chaque jour davantage dans un deuil interminable qu'elle s'imposait maladivement depuis la mort de son fiancé pendant la guerre.

« Quelque chose vous chagrine, Auguste ? s'inquiéta Hortense. Je vous trouve bien taciturne ! Des ennuis ? »

Le châtelain parut surpris et dévia la conversation sur le prochain départ des troupeaux.

« Certains de nos métayers me donnent du souci. Ils s'apprêtent à reprendre la draille. Mais je vois bien que tous ne sont pas prêts. Il est vrai que plus personne n'est derrière eux pour les secouer, comme au temps de Legarec.

– Avouez plutôt que la guerre nous a privés de nos meilleurs bergers. Dieu merci, il nous reste les Chabrol !

– Ah ! ceux-là !

– Que voulez-vous dire ? prolongea Hortense. Seriez-vous mécontents d'eux ? »

Le châtelain ne dévoila pas le fond de sa pensée. Quelques jours plus tard, une autre lettre parvint sur son bureau, beaucoup plus laconique et portant toujours l'anonymat.

Cette fois, de colère, il chiffonna le papier et le brûla dans la cheminée.

« Calomnies ! Calomnies ! ne cessait-il de marmonner entre ses dents. Purs mensonges ! »

Il dut se rasseoir. Se sentant mal, il appela pour qu'on lui apporte un peu d'eau. La servante crut que son maître allait passer et lui proposa d'aller prévenir sa maîtresse.

« Ne dites rien à personne. Ce n'était qu'un petit malaise. Rien de grave. »

À bientôt soixante-dix ans, Auguste Donnadieu donnait des signes de grande faiblesse. Son cœur fatigué ne lui permettait plus de faire de longues chevauchées en solitaire à travers les garrigues. Les soucis que lui occasionnait la bonne tenue de son domaine, joints à la certitude qu'après lui ce serait la fin de la dynastie des Donnadieu, le minaient un peu plus chaque jour. Et s'il priait parfois pour que Julie sorte bientôt du gouffre dans lequel elle se laissait sombrer, et lui donne un descendant, très vite il reperdait espoir.

Les deux lettres qu'il venait de recevoir finirent de l'abattre moralement. Il décida de les oublier et n'en parla à personne.

Peu avant le départ pour l'estive, Louise accoucha d'une petite fille qu'elle appela Adeline en souvenir de sa grand-mère, et Lucie mit au monde un second garçon, Lucien, qui donna bien de la peine à Adrienne lors de sa délivrance.

« Vu mon âge, fit celle-ci une fois l'enfant hors de danger, c'est le dernier bébé que j'aide à venir au monde ! Dorénavant, mes enfants, vous aurez recours au seul médecin ! »

Adrienne avait aidé son amie Adeline à mettre au monde ses cinq enfants, ainsi que ceux de ces derniers. Elle passait sur le domaine pour la meilleure accoucheuse de tout Quérac, et la confiance qu'on lui portait n'avait jamais failli. Au point que le jeune docteur Fabre, qui remplaçait le docteur Mayen, l'avait immédiatement contactée dès son premier accouchement.

« Vous êtes plus spécialiste que moi, lui avait-il avoué. J'aurais besoin de votre aide et de votre savoir-faire dans les premiers temps. »

Adrienne avait souri. Le docteur avait l'âge d'être son fils. Mais elle s'était bien juré qu'une fois passées les premières naissances elle laisserait cette tâche à d'autres. À son âge, même si elle ne se sentait pas vieille, elle voyait bien que sa dextérité parfois défaillait.

Chacun savait néanmoins qu'en cas d'urgence elle serait toujours prête à offrir ses services et à faire don de sa personne.

Quelques jours après le départ des troupeaux, Auguste Donnadieu convoqua Marie dans son bureau. La jeune femme était à cent lieues de se douter de ce qu'il avait à lui dire. Pour l'occasion, celui-ci avait chaussé ses bottes d'équitation et arborait sa tenue de cavalier qui lui conférait prestance et autorité. Il semblait avoir retrouvé ce qui avait fait de lui, jadis, un homme respecté que chacun craignait.

Quand il fit entrer Marie par les soins de sa femme de chambre, il se souvint, l'espace d'un éclair, du jour où il avait fait venir sa mère Adeline – il y avait de nombreuses années – pour lui signifier qu'il s'opposait à ce qu'elle mette ses enfants à l'école laïque. C'était l'époque où nul n'osait s'opposer à ses décisions, où le domaine passait pour le cœur même de Quérac. Adeline lui avait tenu tête, il s'en souvenait, poliment, certes, mais sans renoncer aux idées qu'elle partageait avec son mari.

Marie, une fois introduite, n'osa s'avancer sans y avoir été conviée, marquant par là le même respect que ses parents avaient toujours montré à l'égard du maître. Elle resta dans l'ombre de la grande armoire qui flanquait la porte d'entrée. Donnadieu crut revoir Adeline, tant les silhouettes des deux femmes, à vingt ans d'écart, se ressemblaient. Il hésita à l'appeler Marie, faillit prononcer le nom de sa mère, puis, sans la nommer, l'invita à s'approcher.

« Avance donc, n'aie pas peur ! Tu permets que je te tutoie ; je t'ai connue toute petite. Tu me rappelles ta mère, à l'époque où tu n'avais pas dix ans. Les années passent si vite ! On ne les voit pas passer. »

Marie se tenait face au châtelain, sans bouger. Elle n'osait l'interrompre.

« C'est vrai, poursuivit celui-ci, que tu lui ressembles beaucoup à ta mère ! Les enfants ressemblent souvent à l'un de leurs parents. J'ai remarqué que les filles ressemblent souvent à leur mère, et les garçons plutôt à leur père. N'es-tu pas de mon avis ? Tu ne réponds pas ? Ah ! je t'intimide. Tu te demandes pourquoi je t'ai fait venir. D'habitude, tu as plutôt affaire à mon épouse. »

Marie restait muette.

« Ma femme ne t'a-t-elle jamais dit que ton fils ne te ressemble pas beaucoup ?

– Monsieur… balbutia Marie.

– Oh ! ne t'offusque pas, je ne dis pas ça pour te vexer. Mais il est vrai que Pierre… Quel âge a-t-il déjà ?

– Huit ans, monsieur.

– Huit ans déjà ! Je disais donc que ton fils devait probablement ressembler à son père. »

Marie se sentit défaillir. « Il sait, pensa-t-elle, il sait ! » Son teint devint livide. Le châtelain s'en aperçut et s'avança près d'elle.

« Tu ne te sens pas bien, petite ! »

Il la prit par le coude et la fit asseoir dans la bergère qui faisait face à son bureau. Il lui versa un peu d'eau dans un verre en cristal, se racla la gorge et reprit :

« Tu ne parles jamais du père de ton fils ! »

Sa voix avait repris le ton péremptoire qu'il avait au début de l'entretien.

« Il vaut mieux oublier les erreurs de jeunesse, monsieur. Pierre est encore trop jeune pour que je m'explique devant lui.

– Ça n'a pas dû être toujours facile pour toi d'assumer une telle situation ?

– Ma famille ne m'a jamais condamnée. De plus, Pierre a eu un père qui l'a reconnu.

– Ah ! Jérémie Coste ! Il est vrai que ce malheureux a montré à ton égard beaucoup de générosité.

– Il m'aimait !

– Et tu l'aimais aussi, bien sûr !

– Je n'aurais pas pu l'épouser s'il en avait été autrement.

– Ben voyons ! » marmonna Auguste Donnadieu, qui ne cessait de prendre des chemins détournés pour en venir au fait.

Il se retourna brusquement vers Marie et la fixa dans les yeux. Celle-ci ne put soutenir son regard.

« Et Guillaume ! lui lança-t-il sans détour. Tu l'aimais aussi Guillaume, n'est-ce pas ?

– Monsieur…

– Quoi, monsieur ? Ferais-tu la mijaurée à présent ? Réponds-moi, tu l'aimais Guillaume ?

– Nous avons vécu notre enfance côte à côte, avec mes frères et votre fille. Nous nous voyions souvent près des troupeaux. Ils aimaient se joindre à nous.

– Ils me désobéissaient ! Mais tout cela est de l'histoire ancienne. Vous n'étiez que des enfants.

– Monsieur, pourquoi m'avez-vous fait venir dans votre bureau ? » osa interrompre Marie.

Auguste Donnadieu ouvrit le tiroir de son secrétaire et en sortit une lettre.

« Sais-tu ce qu'elle m'apprend cette lettre ? » lui dit-il d'un ton menaçant en lui flaquant le papier devant les yeux.

Marie se figea, paralysée de frayeur.

« Je n'ai jamais bien examiné ton fils de près, il est vrai. Comment aurais-je pu avoir des soupçons ?

– Des soupçons ?

– Pourquoi feins-tu d'ignorer ce que tout le monde a dû se dire derrière mon dos ? J'avoue que, à bien y réfléchir, ton fils et Guillaume ont, pour le moins, quelques traits de ressemblance ! Alors ne me diras-tu pas la vérité ? »

Marie serra les bras du fauteuil pour ne pas faiblir. Auguste Donnadieu était devenu rouge de colère. Il se planta devant elle, les jambes écartées, les poings serrés sur les hanches, la tête droite, les yeux d'acier.

« Je ne comprends pas ce que vous voulez dire, monsieur.

– Je ne me suis pas bien fait comprendre ou fais-tu l'idiote ?

– Permettez-moi de me retirer, monsieur. Madame m'attend pour me donner les consignes du repas de ce soir.

– Ma femme patientera. Auparavant, je veux que tu lises cette lettre. Tu sais lire, n'est-ce pas ? À la laïque on t'a appris à lire entre les lignes ! Alors, tiens, lis et réponds-moi ! »

Le châtelain força Marie à prendre la lettre et s'écarta vers la porte-fenêtre qu'il ouvrit pour prendre l'air. Il sentit subitement une violente douleur lui serrer la poitrine. Il se retint à la poignée de la porte-fenêtre. Marie lui tournait le dos et lisait la lettre, médusée. Ses mains tremblaient, ses yeux se brouillaient de larmes, sa gorge se nouait un peu plus à chaque phrase.

Elle ne pouvait croire ce qu'elle découvrait au fil des mots, toutes ces révélations qui dévoilaient impudiquement, des années après, ce qui avait rempli les heures les plus intimes qu'elle avait passées avec Guillaume. Comment son auteur avait-il pu savoir avec autant d'exactitude ? Comment avait-il pu être au courant des secrets qu'eux seuls détenaient ? Comment avait-il pu assister à leurs ébats sans se trahir ?

Cette lettre, non signée, elle en était persuadée, était de Charles Legarec. Lui seul était capable de tant de bassesses, de tant de vilenies. L'ancien régisseur ne l'avait-il pas poursuivie de ses menaces, n'avait-il pas abusé de sa mère avant de s'en prendre à elle ?

Tout un passé, qu'elle croyait enterré, lui revenait soudain à la mémoire. Cette fois, elle n'échapperait pas à la terrible vengeance de cet être abject qui, au-delà de sa tombe, revenait pour la persécuter une dernière fois.

Mais qui donc avait pu faire parvenir au châtelain ce tissu de calomnies après tant d'années ?

La lettre datait de l'année même où Legarec avait trouvé la mort. Son tragique accident avait sans doute empêché ce dernier de la poster. Si Antoine n'avait pas mis fin involontairement à ses agissements, il est possible qu'il l'aurait envoyée lui-même au châtelain.

Marie songea aussitôt que, si tel avait été le cas, dénoncée en 1910, elle n'aurait pas eu un enfant de Guillaume. Auguste Donnadieu l'aurait chassée sur-le-champ.

Accaparée par sa lecture, elle ne s'aperçut pas que le châtelain défaillait derrière elle. Celui-ci faisait des efforts surhumains pour rester debout. Mais la douleur dans sa poitrine était trop forte. Il vacilla, se retint au dossier d'une chaise, renversa un guéridon.

Marie, interrompue, se tourna dans sa direction et réagit aussitôt :

« Monsieur, monsieur…

– Va vite chercher ma femme, va ! »

Marie s'exécuta. Elle posa machinalement la lettre sur le bureau et se précipita pour chercher de l'aide.

À son retour, accompagnée d'Hortense Donnadieu, elle découvrit le châtelain allongé sur le sol, inanimé. Madeleine, la femme de chambre, était à ses côtés. Elle lui avait ouvert le col de la chemise et lui trempait les lèvres dans un peu d'eau.

« Vite, dit-elle, il faut aller chercher un médecin. »

Dans les flammes de la cheminée brûlait la lettre anonyme qu'elle venait de faire disparaître.

XIII
Désolation

Il y avait longtemps que les hommes n'avaient pas ressenti une telle joie de se retrouver ensemble à l'estive. Antoine, entouré de ses deux fils et de Joseph, semblait oublier que la guerre l'avait privé de Fabien et que le sort s'était acharné sur Adeline. En fait, il n'en était rien, mais il ne laissait échapper devant personne aucun sentiment de tristesse ni de rancœur. Il s'était fait à l'idée qu'il fallait vivre le temps présent avec les vivants et croire en l'avenir pour que règne la paix. Et, s'il évoquait parfois le souvenir des jours heureux de son passé, d'une époque où tous les siens étaient réunis, c'était toujours pour rappeler que le bonheur d'être en vie était à ses yeux le plus beau cadeau du ciel.

Autour du Villaret, la lande s'étendait à perte de vue et offrait aux troupeaux ses espaces infinis, parsemés en maints endroits de trouées blondes où ondoyaient le blé et le seigle des paysans du causse. Le vent d'ouest y poussait des chapelets de lourds nuages, et le ciel subitement s'assombrissait, devenait menaçant. Il fallait alors ramener le troupeau près de la bergerie, se tenir prêt à mettre les bêtes à l'abri. Les caprices du temps rendaient la vie moins monotone et exigeaient une attention permanente.

Joseph n'avait pas son pareil pour les prévisions. Outre ses rhumatismes qui se réveillaient quand le ciel se mettait à la pluie, il avait un don d'observation des éléments naturels et du comportement des bêtes qui le trompait rarement. Ainsi était-il toujours le premier à percevoir le son moins clair des sonnailles. « Le temps se brouille, affirmait-il alors. Les clapes donnent dans le coton ! »

Il se délectait aussi à déclamer les proverbes que les anciens se transmettaient de bouche à oreille depuis la nuit des temps, et quand il déclarait : *« La feda s'espolsa, plojo lèu »*[1], il valait mieux l'écouter et mettre le troupeau au sec, car la pluie ne tardait jamais à tomber. De même, en passant près de l'Aigoual, si celui-ci se couvrait, il ne manquait jamais de prévenir :

« Quand tona dau l'Egoal, pren tas fadas e vai a l'ostal ! »[2]

« Toujours aussi superstitieux ! se moquait François, de tous le moins crédule.

– Ne te moque pas des dictons des anciens, lui répliquait Antoine, il n'y a pas meilleur que Joseph pour nous éviter une catastrophe. Et s'il dit qu'il faut vite rentrer, écoutons-le, il est de bon augure ! »

Les paysans du causse avaient aussi beaucoup souffert de la guerre. Nombre d'entre eux n'étaient pas rentrés et certaines terres jadis emblavées en céréales étaient à l'abandon. C'était désolation partout ! Les

---

1. La brebis se secoue, il pleuvra bientôt.
2. Quand il tonne sur l'Aigoual, prends tes brebis et rentre à la bergerie.

vieux, là comme ailleurs, s'acharnaient, courbés sur la glèbe, à remplacer la jeunesse décimée lors d'une moisson funèbre dont ils se seraient bien passés. Dans tous les hameaux où Antoine connaissait des familles entières, c'étaient toujours les mêmes plaintes qu'il entendait, les mêmes regards que ses yeux croisaient. Alors, il s'efforçait de trouver au fond de lui-même le mot juste pour ranimer la flamme qui, sous les cendres, couvait encore, et, en réconfortant les autres, il retrouvait aussi la paix et la sérénité.

Par les nuits cristallines, quand il faisait cabane, toujours en compagnie de François, dont il se sentait si proche, il communiait avec l'éternité et retrouvait Adeline par-delà les poussières d'étoiles qui ensemençaient la voûte céleste. Certes, son cœur se trouvait maintenant réconforté par Mathilde, mais ses pensées allaient toujours vers celle qui avait parcouru à ses côtés les plus belles drailles de sa vie.

« Tu l'aimes Mathilde, n'est-ce pas ? » lui demanda François sans détour, un soir qu'ils observaient ensemble les constellations.

Surpris, Antoine hésita à répondre. Puis il avoua :

« Je l'aime bien, oui. Nous nous connaissons depuis longtemps.

– Tu l'aimes comme tu as aimé Maman, d'amour ? »

François était le seul de ses enfants à le tutoyer. Antoine ne l'avait jamais repris quand, progressivement il avait acquis cette habitude. Il ne put contourner sa question très longtemps.

« Je n'aimerai jamais personne comme j'ai aimé ta maman. Mais je te dois la vérité, Mathilde m'a apporté beaucoup quand, dans ma vie, j'ai éprouvé un grand vide après la disparition de ton frère et de ta mère. C'est une femme merveilleuse, très dévouée.

– Elle t'aime ?

– Elle a montré à mon égard une forme d'amour que peu de femmes seraient capables de montrer à un homme. Un jour je t'expliquerai.

– C'est inutile. Il suffit que vous soyez heureux ensemble. Tu n'as pas à t'expliquer devant personne, pas plus devant moi que devant les autres.

– Je me doute que notre liaison n'est pas très bien acceptée au Soleyrol. Il faudra qu'un jour je m'en explique ouvertement. J'en ai d'ailleurs l'intention dès notre retour.

– Sache, Papa, que ni Marie ni moi nous ne te condamnons. Quant à Mathieu et Louise, ce sera plus difficile de les convaincre, mais rien n'est impossible, n'est-ce pas ?

– Je suis bien placé pour le savoir, vois-tu. Quand Marie m'a annoncé qu'elle attendait un enfant, je l'ai condamnée sans recours et j'ai refusé de la voir. Je me suis entêté. J'ai eu tort, je le reconnais, et je m'en suis beaucoup voulu par la suite. »

À vrai dire, Antoine ne savait pas ce qu'il ferait si ses enfants désapprouvaient sa conduite. Il avait dit un jour à Mathilde qu'il ne pourrait pas vivre heureux si son bonheur n'était pas accepté par les siens et s'il engendrait des dissensions. La jeune femme l'avait approuvé. Elle l'aimait trop pour exiger de lui l'impossible et s'apprêtait, sans lui avouer, à s'effacer une fois de plus et à sacrifier son propre bonheur pour qu'il vive dans l'harmonie familiale.

Marie regardait défiler le paysage à travers les vitres embuées du wagon. Dehors il pleuvait, et les vertes collines bourguignonnes lui semblaient d'une tristesse infinie. À peine le train avait-il dépassé Lyon que le ciel s'était teinté de cendre. Le soleil avait subitement disparu sous un épais manteau de nuages. Assis à ses côtés dans le même compartiment, un jeune soldat à l'accent méridional très prononcé ne cessait de répéter :

« C'est bien vrai ce qu'on dit, après Valence, c'est le nord qui commence ! Même en plein mois d'août, le temps est complètement pourri ! »

Marie avait l'esprit trop préoccupé pour répondre. Elle n'avait nulle envie d'alimenter une conversation sur la pluie et le beau temps. Elle s'efforçait parfois de lui sourire, mais se retournait aussitôt vers la fenêtre, faisant mine d'observer le paysage.

« Vous allez à Paris, mademoiselle ? insista le militaire.

– Madame !

– Excusez-moi, cet enfant est donc votre fils ? »

Marie tenait Pierre serré contre elle. Le petit garçon, ravi de voyager en train, observait le paysage qui défilait sous ses yeux et ne prêtait pas attention à ses voisins de compartiment.

« Nous descendons à la prochaine gare, répondit Marie.

– Ah, je croyais ! Excusez-moi. »

Marie prit sa valise et tira son fils hors du compartiment. Elle arpenta le couloir, se fraya difficilement un passage parmi les voyageurs accoudés aux fenêtres, puis entra dans un autre compartiment vide.

« Nous n'allons plus à Paris ? demanda Pierre, étonné.

– Bien sûr que si, nous allons à Paris !

– Alors, pourquoi as-tu répondu au monsieur que nous descendions à la prochaine gare ?

– Je voulais être tranquille. Je n'ai pas envie de parler à un étranger que je ne connais pas. Je ne veux être qu'avec toi ! »

Marie prit son enfant dans ses bras et l'étreignit longuement.

« Tu es triste d'être partie ? demanda Pierre, qui sentait sa mère chagrinée.

– Un peu, dit-elle.

– Pourquoi n'a-t-on pas attendu le retour de Papé pour nous en aller ? Il sera triste de ne pas nous voir ! Et Tonton Mathieu et Tonton François, que diront-ils ?

– Ils comprendront, ne te fais pas de souci. J'ai laissé une longue lettre à ta tante Louise pour leur expliquer pourquoi nous avons dû partir dans la précipitation. »

Le petit garçon se réfugia dans les bras de sa mère, sans lui demander plus d'explications. Depuis la mort de Jérémie, qu'il croyait être son père, il se montrait renfermé. Fragilisé sans doute par le fait de se savoir orphelin, il se méfiait des autres et n'avait qu'une crainte, qu'on fasse du mal à sa mère qu'il ne quittait jamais des yeux.

Deux mois s'étaient écoulés depuis que le châtelain avait convoqué celle-ci dans son bureau. Après son malaise, il avait été transporté d'urgence à l'hôpital d'Alais et en était ressorti deux semaines plus tard, apparemment guéri. Les médecins lui avouèrent cependant que, son cœur étant bien fatigué, il lui fallait une vie paisible et éviter les émotions fortes. Il ne reparla plus à Marie de ce qui l'avait emporté et l'évita le plus possible. Il avait même oublié – ou il feignait d'avoir oublié – la lettre qu'il lui avait montrée.

Mais l'atmosphère était lourde au château, et Marie s'y sentait de plus en plus mal à l'aise. De jour en jour, elle craignait que le châtelain ne lui fasse part d'une autre lettre de diffamation à son égard. Maintenant qu'il savait, elle ne pouvait plus nier l'évidence. Pierre ressemblait trop à Guillaume.

Peu après la fête de l'Assomption, Auguste Donnadieu prit Marie à part et lui déclara d'un ton sec qu'il maîtrisait mal :

« Sache que jamais ton fils ne sera mon petit-fils ! Si je ne te chasse pas de mon toit, c'est uniquement par bonté pour toi et ton enfant. Il ne sera pas dit qu'un Donnadieu jette les malheureuses à la porte. »

Marie se sentit outragée. Elle n'avait jamais imaginé pouvoir un jour revendiquer la paternité de Guillaume à son profit ni au profit de son fils. À ses yeux, Pierre était le fils de Jérémie et celui-ci le seul homme digne d'avoir été son père. Auguste Donnadieu, en lui prêtant de si viles intentions, la souillait comme il l'aurait fait d'une fille de peu de vertu.

Dès cet instant, elle n'eut plus aucune envie de rester plus longtemps au château et fit part à la châtelaine de son intention de quitter définitivement son service. Celle-ci, surprise, finit par supposer que sa décision était liée avec l'incident survenu en présence de son mari. Elle voulut la retenir, mais, voyant qu'il était vain d'insister, elle lui confia :

« Vous avez peut-être raison, Marie. Je me doute du motif qui vous pousse à agir ainsi. Je crois effectivement qu'il vaut mieux que vous vous éloigniez de cette maison. Trop de souvenirs malheureux vous y attachent. Cela n'est pas bon, ni pour vous ni pour votre fils. »

Marie crut comprendre que la châtelaine savait toute la vérité. De manière détournée, elle lui conseillait de mettre Pierre à l'abri des calomnies et de recommencer une nouvelle vie où l'ombre des disparus ne planerait plus au-dessus d'eux.

« Vous êtes jeune, Marie. Vous avez la vie devant vous. Tournez la page et oubliez le passé ! »

Hortense Donnadieu ne voulut pas laisser partir sa jeune protégée sans lui offrir une chance de refaire surface.

« Je me sens en dette envers vous, lui avoua-t-elle. Une dette que j'endosse sans aucune hésitation.

– Je ne comprends pas, madame. Vous avez déjà tellement fait pour moi.

– Je sais de quoi je parle. Un jour peut-être… qui sait ? »

Hortense ne termina pas sa phrase. Elle sortit une lettre de son secrétaire et la tendit à Marie. Celle-ci eut un geste de recul, croyant qu'il s'agissait de nouvelles révélations malfaisantes.

« Je vous ai préparé une lettre de recommandation. Si vous acceptez ma proposition, elle vous sera utile. »

Hortense Donnadieu proposa à Marie une place de femme de compagnie chez l'une de ses amies à Paris.

« Je sais que Paris est loin d'ici. Mais réfléchissez bien, c'est une bonne place, et ce serait pour vous l'occasion rêvée de reprendre un bon départ. »

Marie demanda le temps de la réflexion. Elle rentra chez elle l'esprit tout embrouillé. Elle n'avait jamais imaginé quitter les siens définitivement. Même lorsqu'elle s'était installée à Nîmes pour mettre son enfant au monde, elle n'avait pas pensé que son exil volontaire durerait longtemps, persuadée que son père finirait par lui pardonner. Son intuition, d'ailleurs, ne l'avait pas trompée.

Paris lui semblait au bout du monde. Elle, la petite bergère cévenole, qu'allait-elle faire dans la capitale, dans une famille de la grande bourgeoisie, fût-elle bien recommandée ? La lettre d'Hortense Donnadieu, en effet, ne tarissait pas d'éloges à son égard et ne faisait aucune allusion au père de Pierre. La châtelaine expliquait que sa jeune protégée était veuve, que son fils avait perdu son père à la guerre et que tous deux avaient besoin de refaire leur vie loin des souvenirs du passé.

Marie prit sa décision sans consulter son entourage. Ni Louise, ni Lucie, ni Adrienne ne se doutèrent de rien. Huit jours après l'entrevue avec Hortense, elle leur déclara sans ambages :

« Je vais partir vivre à Paris avec Pierre. »

La réaction des trois femmes fut à la mesure de leur stupéfaction. Elles restèrent sans voix.

« Voyons, Marie, fit Adrienne la première, tu ne vas pas partir sur un coup de tête ! Pas à ton âge ! Il y a dix ans, quand tu es partie à Nîmes, tu étais jeune…

– Ce n'est pas un coup de tête. J'ai longuement réfléchi. Je ne veux pas laisser passer la chance de refaire ma vie. Ici, je n'aboutirai jamais à rien. Hortense Donnadieu me propose une bonne place chez l'une de ses amies à Paris. Je pars, c'est décidé. Pour Pierre aussi ce sera beaucoup mieux. Il pourra y faire de bonnes études et échapper à cette vie de berger que ma mère a toujours voulu épargner en vain à mes frères. »

Marie ne pouvait expliquer les vraies raisons qui la poussaient à partir. Même si chacun savait que Guillaume était le père de Pierre, nul n'aurait imaginé que, près de dix ans après, une lettre de dénonciation avait dévoilé au châtelain le secret qui avait été jusque-là si bien gardé.

« Il faut attendre le retour de ton père, conseilla Adrienne. Tu ne peux pas le mettre devant le fait accompli. Il ne comprendrait pas !

– Père ne rentre que dans deux mois. Je ne peux attendre. Je lui écrirai. Il comprendra. Nous avons déjà beaucoup parlé tous les deux, nous nous entendons parfaitement. Je sais qu'il ne me condamnera pas, car, moi, je ne l'ai jamais mal jugé. »

Les trois femmes se regardèrent sans répondre.

« Et puis, reprit Marie, je reviendrai vous voir, au moins une fois par an, pour passer les fêtes de Noël en famille. »

Il fut inutile de discuter. Marie prit Louise à part et lui expliqua les bonnes raisons de sa décision.

« Tu as toujours été ma petite sœur, n'est-ce pas, ma confidente des premiers jours ? Je ne t'ai jamais rien caché. Alors, quand Père lira la lettre que je lui ai préparée, je compte sur toi pour rester auprès de lui et pour trouver les mots qu'il faut. Ne le juge pas mal. Il est heureux et il désire plus que tout que nous soyons tous heureux. Il comprendra. »

Quelques jours plus tard, Marie prenait à Nîmes un train pour Paris et quittait pour longtemps le berceau de son enfance.

Sur le chemin du retour, tant que les menons ne sentaient pas la proximité du bas pays, le troupeau traînait sans conviction. La draille, très large sur le causse où les habitations et les terres cultivées se trouvaient loin à l'écart, était parfois jalonnée d'accidents de relief qui ralentissaient l'allure. Alors, tel un fleuve arrêté dans sa course par un verrou rocheux, le flot de laine grossissait, s'élargissait, les moutons s'agglutinaient, se poussaient les uns contre les autres. Il fallait vite lancer les chiens pour remettre dans les rangs les brebis vagabondes, celles qui en profitaient toujours pour prendre un chemin de traverse, attirées par quelque tendre buisson ou un coin de prairie encore verdoyant. Après trois mois d'été, la plupart des herbages étaient ras comme des paillassons et les zones humides particulièrement attirantes.

Lorsqu'ils parvinrent dans le cœur des Cévennes, là où les schistes dorés remplacent les granites argentés, là où la draille se confond avec la crête des serres affûtés et en suit les arêtes décharnées, les quatre bergers appréhendèrent à sa juste mesure l'ampleur des conséquences de la Grande Guerre. En maints endroits, les faïsses étaient abandonnées aux mauvaises herbes et aux genêts, les sentiers les plus éloignés des hameaux commençaient à s'embroussailler faute d'avoir été entretenus par le passage des hommes et des bêtes. Même la draille montrait parfois des signes d'abandon, les troupeaux qui étaient montés à l'estive pendant toutes ces années terribles ayant été moins nombreux. À l'aller, la végétation luxuriante avait masqué aux transhumants ce spectacle désolant, d'un lent déclin qui ne faisait que commencer et que les vicissitudes des décennies à venir ne feraient qu'accentuer. Mais avec l'automne, la nature, parée de cuivre et de rouille, de plus en plus dépouillée, ne parvenait plus à cacher son état de délaissement. Ici et là, les murs de pierres sèches étaient éboulés, et personne n'était venu les remonter. Les pluies d'équinoxe, toujours violentes en cette saison, avaient accentué les ravinements et accéléré les destructions.

Chacun constatait avec désarroi les dégâts occasionnés par la longue absence des hommes, et se rendait compte que la disparition de beaucoup d'entre eux rendait irrémédiable la fin programmée d'un monde en voie d'extinction.

À chacun de ses pas, Antoine prenait conscience du temps qui s'était écoulé. Il ne comptait plus le nombre de fois où il avait emprunté la draille ancestrale que les troupeaux sauvages, des milliers d'années avant lui, avaient martelée de leurs sabots, à la recherche de pâturages plus accueillants, quand, dans le bas pays d'où ils venaient, le soleil commençait à griller les garrigues. Se pouvait-il qu'un jour ces chemins de transhumance se couvrent de nouveau d'une épaisse végétation et disparaissent à tout jamais, rendus à la nature par la seule négligence et l'abandon des hommes ?

« Les marques des bêtes, imprimées dans la pierre, sont éternelles ! aimait-il affirmer pour mieux se convaincre lui-même, quand François se demandait à son tour quel était l'avenir des drailles. Tant qu'il y aura des troupeaux et que les hommes auront besoin des bêtes à laine, la transhumance animera nos montagnes chaque été. Crois-moi, ce n'est pas demain la veille qu'on se passera de nous ! »

Antoine, en ce domaine, se montrait encore très optimiste. En réalité, il ne pensait pas que l'avenir était à la modernisation, comme l'avait montré l'évolution rapide des armes et des conditions de combat pendant la guerre. Il ne songeait pas un seul instant que ses brebis puissent être élevées différemment et être menées vers les hautes terres par un autre moyen que les chemins de transhumance.

« Il reste des jeunes dans les campagnes ! Dieu merci, tous ne sont pas tombés au champ d'honneur et n'ont pas été blessés ! Vos propres enfants prendront la relève. C'est une question de dix à quinze ans. Crois-en ma vieille expérience, quand un troupeau a été décimé par l'orage, il ne faut pas baisser les bras, il faut au contraire se remettre à l'ouvrage sans tarder. »

C'était un vrai plaisir de l'entendre parler. Malgré son infirmité et en dépit des souffrances qui avaient assombri son existence, il était toujours le premier à montrer l'exemple et à galvaniser son entourage. Joseph, lui, de quelques années son aîné, semblait avoir perdu les élans de sa jeunesse et s'interdisait toute projection dans l'avenir.

« À notre âge, mieux vaut se montrer clairvoyant et éviter de faire croire aux jeunes que l'avenir sera plus facile. Moi, je crains que les difficultés, pour nous paysans et éleveurs, ne fassent que commencer et ne s'accentuent au cours de ce siècle.

– Tu parles comme un vieux, mon brave Joseph ! Ce n'est pas en tenant de tels discours que nous retiendrons nos fils dans nos campagnes. S'ils t'écoutent, ils partiront tous vivre dans les villes, et nos drailles, nos villages et nos fermes seront à l'image de ce que nous avons sous les yeux : des vestiges d'une autre époque qu'on viendra visiter par curiosité.

– Père a raison, coupa Mathieu. Nous, les survivants de cette terrible guerre, avons le devoir de redresser la tête. L'avenir est entre nos mains. Il sera ce que nous en ferons. »

Mathieu évitait de prendre part aux conversations d'Antoine et de Joseph quand ceux-ci n'étaient pas du même avis. Il se méfiait des envolées lyriques de son père, dont les embellies, depuis quelque temps, étaient à mettre sur le compte de ses relations avec Mathilde – il en était persuadé. Il craignait que la conversation ne glisse sur ce point épineux de leurs relations et n'avait nulle envie d'en discuter, par crainte de montrer son désaccord et de semer la discorde.

Quand le troupeau atteignit le col de l'Homme mort, peu après l'étape de Bonperrier, le ciel se dégagea, le Liron resplendit dans toute sa beauté sauvage. Il ne restait plus que deux jours de route. À l'aller comme au retour, arrivé à ce stade du voyage, Antoine prenait son temps, tout à l'observation de la nature. Après le col de l'Asclier, la draille se raidit au pied du roc de l'Aigle, puis ondule sur la crête. Les garrigues s'étendent dans les lointains, à perte de vue, pays du soleil et du vent, des vignes et des fragrances épicées. De l'autre côté, l'Aigoual domine en maître les serres et les valats cévenols, tapis sous son aile protectrice, pays des châtaigniers et des mûriers où rien ne pousse sans efforts, pays des gens besogneux et résistants à l'image des murs de pierre ancestraux qu'ils ont édifiés.

Antoine aimait cette jonction des deux contrées : elle lui rappelait le pays d'où il venait : cette Cévenne aux vieux mas enchâssés dans le schiste et disséminés dans les châtaigneraies, et celui où il s'était installé avec Adeline : ces plateaux aux collines calcaires, aux grosses fermes viticoles et aux couleurs de Provence. Nulle part ailleurs il ressentait autant cette double appartenance. Aussi, quand il arrivait à Camp Barrat, ne manquait-il jamais d'y faire étape, quelle que soit l'heure de l'après-midi. Là, au milieu des blocs granitiques, à l'emplacement même où, de nombreuses années auparavant, se tenait encore une foire animée, il retrouvait ses racines et la force de se battre contre l'adversité.

Quand il fut en vue de Quérac le lendemain, il demanda à Joseph de prendre la tête du troupeau. Il s'assombrit subitement sans raison apparente. Mathieu s'en aperçut, s'approcha de lui, laissant François contenir seul les bêtes qui s'égaillaient sur le bas-côté.

« Quelque chose vous chagrine, Père ? » s'enquit-il.

Antoine éluda la question. Mathieu insista :

« La fin de l'estive n'est pas bien drôle, il est vrai, mais elle nous apporte la joie de retrouver la famille après une si longue absence !

– Justement, j'ai comme un mauvais pressentiment. »

Mathieu crut comprendre la tristesse subite de son père. Maladroitement, il lui rappela que si sa mère n'était plus là à l'attendre sur son vieux tronc noueux, il pouvait compter sur ses filles et sa belle-fille pour lui faire la fête, comme à chaque retour de transhumance.

Antoine fit mine d'agréer. Mais quand il vit tout le monde rassemblé sur le seuil du Soleyrol, il remarqua immédiatement l'absence de Pierre et de Marie.

« Elle est partie, n'est-ce pas ? » se contenta-t-il de dire à Adrienne, sans prendre le soin de déposer son sac.

XIV

Nouveau départ

LE DÉPART DE MARIE n'étonna pas Antoine outre mesure. Il connaissait bien l'aînée de ses deux filles. Elle était à son image, entière et résolue, ne reculant jamais devant une décision à prendre, pourvu qu'elle fût persuadée que tel était son destin. Son existence, comme la sienne, était déjà parsemée de difficultés qu'elle franchissait toujours avec courage et clairvoyance.

Certes, il éprouva beaucoup de chagrin de la savoir partie dans de telles circonstances, mais il fit siennes les vraies raisons de sa décision et ne chercha pas à l'accabler. La hâte avec laquelle elle avait quitté le Soleyrol ne pouvait s'expliquer, selon lui, que par la résurgence de ses malheurs passés. Eux seuls avaient pu la chasser de Quérac avec autant de précipitation.

Il demanda à Hortense Donnadieu de lui raconter ce qui s'était passé en son absence. La châtelaine, qui tenait son métayer en haute considération, lui passa en détail les incidents survenus au château en présence de sa fille. Elle lui laissa entendre qu'il valait mieux, pour le bien du petit Pierre, que Marie s'éloigne du domaine pendant un certain temps.

Antoine comprit qu'Hortense Donnadieu connaissait le secret que tous, au Soleyrol, avaient gardé jalousement pour ne pas nuire ni à Marie ni à son enfant. Il n'insista pas, remercia la châtelaine de sa mansuétude et se jura bien de ne plus évoquer l'ombre de Guillaume Donnadieu devant personne.

« Partez tranquille, Antoine, lui dit Hortense avant qu'il ne prît congé. Votre petit-fils ne manquera jamais de rien. Je m'y engage. »

Antoine partit rassuré, avec l'espoir que sa fille reviendrait bientôt, dès que la tempête dans son esprit se serait à nouveau apaisée.

Mathilde Fontane allait fêter ses quarante ans. Jamais elle n'avait poussé Antoine à prendre en sa faveur la décision qui venait de la combler de joie et de la sortir, enfin, de l'ombre dans laquelle elle vivait depuis si longtemps, avec une totale abnégation.

Elle n'ignorait pas que, dans le village, les langues se déliaient chaque fois qu'ils paraissaient ensemble. Elle en souffrait en silence. Mais cette souffrance était douce face à ce qui aurait engendré une séparation. Depuis plus de vingt ans, elle avait bâti sa vie autour de cet amour impossible, enfoui au fond d'elle-même, caché aux yeux des autres ; un amour si tardivement révélé à celui qui, sans jamais l'avoir tout à fait ignoré, n'avait jamais pu lui laisser sa porte ouverte. Maintenant qu'Antoine l'avait acceptée et avait, sans détour, fait part de ses propres sentiments à son égard, elle vivait de plus en plus mal cette existence secrète qui, en fait, n'avait plus de secret pour personne. Aussi attendait-elle chaque jour un geste, une parole de celui qu'elle accueillait chaque soir les bras ouverts et qui, tel un paria, s'en revenait chez lui avant que le jour se lève et que le coq sonne le réveil des braves gens.

Mais Mathilde était de ces femmes que l'honneur étouffe et qui auraient préféré retourner dans l'ombre plutôt que d'exiger l'impossible de celui qu'elles aiment.

Antoine rompit le premier cette entente tacite, encouragé sans doute par la décision de Marie. Celle-ci lui avait laissé une longue lettre pour lui expliquer que chacun est maître de son propre destin, et qu'il ne faut pas refuser les chances de bonheur que la vie peut offrir. « Peu importe le regard des autres, avait-elle écrit, pourvu que nos actes soient en conformité avec notre conscience et pourvu que nous ne nuisions pas à autrui. »

Antoine s'était fait lire et relire cent fois ce passage par Mathilde, tempêtant de ne pas savoir lire lui-même. Puis, un jour, alors que Marie était partie depuis bientôt huit longs mois, il se décida à faire le premier pas. Il prit Mathilde par la main. Elle crut qu'il allait lui proposer de se promener au clair de lune comme ils aimaient tant le faire par les nuits scintillantes.

« Demain, lui confia-t-il, je veux que tu viennes vivre avec moi au Soleyrol. »

Surprise, Mathilde ne sut que répondre et crut à un coup de tête de sa part.

« Tu n'y songes pas ! Que diront tes enfants ?

– Nous leur annoncerons notre intention de nous marier. À notre âge, je crois que les convenances en ce domaine ne sont plus de mise ! Nous pouvons donc brûler quelques étapes. »

Mathilde sentit le bonheur l'envahir. Ce qu'elle attendait depuis tant d'années, Antoine venait de le lui offrir.

La situation n'était simple pour personne, ni pour Mathilde au Soleyrol, ni pour Marie à Paris, ni pour la plupart des Français qui souffraient toujours des difficultés de la Reconstruction.

Les années 20 s'annonçaient rudes. L'inflation, la pénurie, les restrictions dans tous les domaines se poursuivaient. Et les promesses du gouvernement que l'Allemagne paierait laissaient les gens dubitatifs, voire incrédules. Poincaré, revenu aux affaires, avait beau exiger une application stricte et rigoureuse des traités, et se montrer ferme sur la question des réparations, les esprits se montraient chagrins, et beaucoup commençaient à croire que la nouvelle décennie ne serait pas celle du retour à la prospérité, même si l'Amérique connaissait déjà ses premières années folles.

Des lendemains incertains se dessinaient déjà à l'horizon. Marie vivait au quotidien toutes ces péripéties. Paris n'était pas Quérac et les nouvelles allaient vite. Elle ne pouvait ignorer ce qui se tramait dans les milieux bien informés, car le mari de sa nouvelle patronne, Hector Vermeulen, était député à la Chambre bleu horizon. Chaque soir, elle pouvait l'entendre commenter les débats houleux de l'Assemblée, vitupérer contre le péril bolchevique et contre la mauvaise volonté des autorités allemandes à payer les fameuses dettes de guerre.

Mais la politique des hommes ne l'intéressait pas. Elle avait bien trop à faire à élever seule son fils qui, à dix ans, la comblait de joie. Elle avait trouvé auprès de sa nouvelle protectrice toute la sérénité dont son esprit avait besoin. Élisabeth Vermeulen, certes, était une grande bourgeoise et son mari fréquentait le gotha de la classe politique. Mais elle sut rapidement la mettre à l'aise et lui avoua avoir plus besoin d'une amie à qui parler que d'une domestique supplémentaire. L'épouse du député était une femme seule, que son rang obligeait à paraître et à beaucoup inviter. En vérité, elle comptait peu de véritables amies et s'ennuyait éperdument entre deux réceptions et pendant les absences répétées de son mari. Âgée d'une quarantaine d'années, elle était d'une beauté discrète, à l'image de ses apparitions en société où elle préférait se tenir à l'écart plutôt que de se mettre en avant.

Ses deux enfants, Jean René et Claire Marie, âgés de douze et dix ans, étaient toute l'année en pension chez les maristes, dans une institution de province où ils recevaient une éducation stricte dans la plus pure morale chrétienne.

Elle avait exigé de Marie le port d'une tenue sombre et correcte, lui avait interdit le tablier qu'elle réservait à sa domesticité, et l'avait logée au second étage de ses appartements et non sous les toits avec la cuisinière, la bonne et la femme de chambre. Marie n'avait rien d'autre à faire que de lui tenir compagnie pendant certaines heures de la journée, de s'occuper de son modeste secrétariat et, accessoirement, de lui faire des courses en ville, chez la modiste, la blanchisseuse ou d'autres fournisseurs. Cela lui laissait le temps de s'occuper de Pierre, qui bénéficiait d'une petite chambre à côté de la sienne, et de se promener sur les grands boulevards de la capitale qu'elle apprit vite à découvrir.

Depuis son départ, malgré ce qu'elle avait promis à Adrienne, elle n'était pas rentrée à Quérac, et son absence commençait à s'y faire cruellement ressentir.

Antoine lui envoyait souvent de longues lettres par l'intermédiaire de Mathilde, qui prenait la plume à sa place et transcrivait au mot près ce qu'il lui dictait. Elle lui répondait toujours sans tarder, en donnant des nouvelles détaillées de ce qu'elle faisait et de ce qu'elle entendait autour d'elle. Cela intéressait beaucoup son père. Elle promettait souvent de venir rendre visite au Soleyrol, mais elle repoussait sans cesse aux prochaines fêtes, Pâques ou Noël.

En réalité, Marie craignait qu'en rentrant à Quérac elle n'ait plus le courage d'en repartir. Ses attaches étaient encore très fortes et, jamais, elle ne pouvait s'endormir, le soir, sans rêver à ses collines couvertes de vigne et de garrigue, aux montagnes et aux drailles qui, chaque printemps, appelaient ses frères et son père vers les lointains horizons. Mais elle refusait aussi l'idée que Pierre pût un jour lui demander d'interrompre ses études et de renoncer à la vie de la grande ville pour suivre le chemin de son grand-père et de ses oncles. Elle voulait réaliser pour lui ce que sa mère, Adeline, n'avait pu offrir à ses enfants.

Même lorsque Antoine lui apprit son intention d'épouser Mathilde, elle résista à la tentation de rejoindre les siens pour fêter l'événement.

Deux ans déjà s'étaient écoulés. À l'époque, Marie avait assuré son père de tout son soutien et souhaité à Mathilde beaucoup de bonheur avec lui.

« *Puissiez-vous lui apporter ce que ma mère n'a pas eu la force de lui donner jusqu'au bout ! lui avait-elle écrit. Je sais que, de là où elle est, elle est heureuse de savoir mon père heureux de nouveau, et qu'elle vous bénit pour le bonheur que vous lui donnez.* »

Au Soleyrol, il ne fut pas facile à Antoine de faire accepter à tous son union avec Mathilde. Comme il l'avait annoncé à François, il s'en expliqua au bout de quelques mois. En fait, tous s'attendaient à ce qu'il leur annonce un jour sa décision. Mathieu et Louise se retranchèrent aussitôt derrière une opposition à peine masquée.

« Vous faites ce que bon vous semble, Père, lui avait répliqué l'aîné de ses enfants. Je sais que Marie vous approuve. Lucie me l'a dit. Mais permettez-moi de vous avouer que je ne puis vous donner mon consentement. Mère est décédée depuis cinq ans à peine, que dira-t-on ? Je ne pourrai jamais considérer Mathilde comme ma belle-mère !

– Je ne te le demande pas, fils ! Voilà bien longtemps que Mathilde et moi nous nous connaissons. Je crois que mon veuvage a assez duré. Mais sache que ma décision ne signifie pas que j'ai oublié ta mère, au contraire. »

Mathieu respectait trop son père pour le contredire et le pousser dans ses extrémités. Il l'avertit toutefois qu'il ne pourrait rester vivre sous le même toit dès l'instant où Mathilde s'y installerait.

« Les enfants, Lucie et moi, nous irons donc habiter chez mes beaux-parents au village. Ils ont de la place, cela ne devrait pas poser de problème. Et cela me permettra d'aider mon beau-père à la forge pendant l'hivernage. »

Antoine fut chagriné par la décision de son fils, qu'il se voulait d'avoir heurté. Quand Louise à son tour lui fit comprendre son désaveu, il fut prêt à renoncer.

« Je ne peux quand même pas me mettre tous mes enfants à dos ! se reprochait-il. À mon âge, est-ce bien raisonnable ? » Adrienne, qui plaignait plus son ami qu'elle ne le désapprouvait, tenta en vain de le réconforter. Joseph, lui, plus circonspect, évita de prendre part à la discorde familiale, adoptant la même position que Maurice. Celui-ci évitait de soutenir son épouse pour ne pas donner l'impression de condamner son beau-père.

« Ces histoires de famille, confia-t-il un jour à François, ce n'est jamais bien bon ! Mieux vaut s'en tenir éloigné. »

La réconciliation vint de celui auquel personne ne pensait. François était triste de savoir son père à nouveau malheureux. Il savait que Mathilde renoncerait à lui si tous n'étaient pas unanimes face à leur intention de s'unir. Le jeune garçon, que le devoir appelait maintenant sous les drapeaux, voulait à tout prix que son père retrouve sa place auprès des siens avant son départ et ne mesurait pas ses efforts pour convaincre son entourage.

Un jour qu'ils étaient tous réunis en l'absence d'Antoine, il leur tint des propos qui touchèrent profondément leur conscience.

« J'estime, leur dit-il, que Papa a le droit au même bonheur que chacun d'entre nous. Je ne vois pas où est le mal d'aimer une seconde fois quand on a beaucoup aimé auparavant. À quoi cela mène-t-il, en effet, de vivre sans cesse dans le souvenir d'avoir aimé et d'avoir été aimé ? Y a-t-il un âge pour l'amour ? Avez-vous condamné Marie d'avoir aimé trop tôt ? Non, que je sache ! Toi, Mathieu, tu as été le premier à aller à sa recherche à Nîmes et à l'assurer de ton soutien. Toi, Louise, tu as toujours été au courant de ses amours ; tu ne l'as jamais condamnée. Alors, est-ce parce qu'il s'agit maintenant de votre père que vous changez d'attitude ? »

Ni Mathieu ni Louise ne répondirent. Lucie, qui assistait à la diatribe de son beau-frère, le soutenait du regard. Adrienne souriait. François, intarissable, poursuivit :

« Nous ne pouvons pas exiger de notre père qu'il renonce à celle qu'il aime pour satisfaire nos propres conceptions de la vie et notre conscience. Il n'a jamais trompé personne. Après tous les malheurs qu'il a connus sur ses drailles de solitude, nous ne pouvons exiger de lui un tel sacrifice. Moi, j'accepte mon père comme il est, parce que lui-même m'a toujours accepté comme je suis. Je n'ignore pas qu'il ait pu craindre, pendant longtemps, que je sois le fils d'un autre. Or, jamais il ne m'a considéré comme tel. Il m'a aimé comme son fils dès le jour de ma naissance. »

Un silence pesant envahit la cuisine d'Adrienne, où tous s'étaient réunis. Chacun se demanda quand et par qui François avait pu apprendre cet horrible détail qui avait terni sa venue au monde et empoisonné l'existence de sa mère.

« Je suis au courant de ce qui est arrivé à ma mère. Papa me l'a raconté, il n'y a pas très longtemps. Mais je me fiche pas mal de ce qu'on a pu penser de moi. Ce que je sais, c'est que mon père m'a aimé d'autant plus que le doute planait sur mes origines. »

Mathieu se souvint soudain que, petit, François lui avait demandé pourquoi, à l'école, ses camarades l'avaient traité de bâtard. Certains devaient savoir et avaient colporté des vilenies sur son compte.

François ajouta :

« Le reniement est le pire des maux. Jamais Papa ne m'a renié. Jamais je ne le renierai ni le condamnerai. »

Ce jour-là, François troubla profondément l'esprit de chacun. Il donna à tous une grande leçon d'humilité et d'amour filial. Louise se rapprocha de lui. Elle ne put retenir longtemps ses larmes, tant elle se sentait coupable d'avoir jeté l'opprobre sur celui qui s'était sacrifié toute sa vie pour ses enfants et pour leur mère, et avait subi l'injustice et les pires souffrances.

« Excuse-nous, confessa Mathieu à son tour. Je crois que tu es la sagesse même. Tu nous donnes là une belle leçon. Sois tranquille, nous allons réparer nos erreurs. »

Antoine et Mathilde se marièrent au printemps suivant, dans l'harmonie retrouvée. La cérémonie se déroula dans l'intimité. Il ne manqua que Marie et son fils pour que la joie d'Antoine fût à son comble, mais il se sentait rasséréné, car il savait que sa fille était de tout cœur avec lui.

Mathieu et Lucie revinrent vivre au Soleyrol. Antoine réaménagea la vieille métairie, afin que chacun pût y vivre sans gêner les autres. Quant à François, il partit, le cœur léger, remplir ses obligations militaires qui devaient l'amener quelque temps plus tard en occupation dans la Ruhr.

Au Soleyrol, le mariage d'Antoine et de Mathilde n'amena pas de grands bouleversements. Le couple se faisait discret et Antoine laissait volontiers son fils Mathieu prendre les initiatives. Il en était de même à la Castanède, où Joseph se reposait sur Maurice et lui abandonnait de plus en plus souvent sa part de travail.

Les fils prenaient ainsi la relève très naturellement. Le châtelain lui-même se réjouissait de voir l'avenir de ses métairies assuré, et il traitait maintenant avec Mathieu et Maurice sans intermédiaire.

Antoine et Joseph cependant mettaient un point d'honneur à faire la draille. Ils n'auraient manqué une transhumance sous aucun prétexte. Antoine était très fier d'accompagner ses deux fils, et, pour rien au monde, il ne les aurait laissés partir seuls. Il poussait maintenant les bêtes à l'arrière, laissant volontiers la place d'honneur à son aîné qui tirait le troupeau, à la bonne cadence, comme il l'avait toujours fait lui-même. Mais, quand ils s'arrêtaient aux différentes étapes, toujours les mêmes, c'était vers lui que ses amis se tournaient pour animer la conversation et évoquer les souvenirs du bon vieux temps. À Colognac, à Bonperrier, à Cabrillac, les gîtes n'avaient pas changé depuis sa jeunesse. Seuls leurs occupants avaient vieilli. Certains avaient disparu, de vieillesse ou emportés par l'épidémie de grippe à la fin de la guerre. Aux yeux des plus anciens, Antoine passait toujours pour le « jeune Chabrol », car on se souvenait encore de son père avec qui, enfant, il faisait déjà la draille jusqu'aux pentes de l'Aigoual. Il gardait partout de bons souvenirs qui effaçaient de sa mémoire les moments difficiles, les privations et la misère.

La draille était devenue le fil ténu qui le rattachait à ses racines et le guidait d'un bout à l'autre de sa vie, le lien permanent qui l'unissait à son propre univers. Hors d'elle, il n'avait pas d'existence. Il en était une composante, et il savait que, si ce lien venait à se rompre et à disparaître, il disparaîtrait avec lui.

Avec la reprise des activités un peu partout, encouragée par le redressement du franc et les espoirs de paix que le rapprochement franco-allemand avait créés, les hommes semblaient retrouver leur ardeur passée.

Certes, personne ne pourrait jamais chasser de sa mémoire les hécatombes et les plaies laissées par la guerre, mais on se prenait à croire avec conviction que l'on ne connaîtrait plus jamais ça.

Les troupeaux étaient de nouveau plus nombreux sur les drailles, les bergers aussi allègres que leurs pères. Les foires s'animaient comme jadis et les tractations montraient à quel point la confiance était revenue dans les esprits.

Antoine passait pour un vrai patriarche, pilier d'une famille qui s'était encore agrandie de deux petits-enfants : Lucie avait donné la vie à Jeanne, et Louise à Hélène, la même année.

« Cinq petits-fils et trois petites-filles, aimait-il plaisanter, ça me va ! L'équilibre me semble respecté. La descendance est assurée ! »

Mathilde aimait le taquiner sur son manque d'objectivité.

« Parce que tu trouves que l'équilibre est bien respecté à cinq contre trois ? J'espère que François rétablira bientôt la différence entre filles et garçons !

– François a encore le temps. Laissons-le vivre ! Ne le poussons pas dans les rets du mariage !

– C'est toi qui me dis cela ? »

Mathilde avait fait sienne la famille d'Antoine. N'ayant pu espérer avoir un enfant de celui qu'elle avait tant attendu, elle considérait les enfants et les petits-enfants de son mari un peu comme les siens. Et chacun lui rendait bien l'affection qu'elle leur portait.

Cette année-là, Marie revint pour Noël. Six ans s'étaient écoulés depuis son exil à Paris. Elle trouva beaucoup de changements à Quérac : la famille agrandie, les transformations de la métairie, le poids des ans qui se marquait sur les visages d'Adrienne, de Joseph et d'Antoine. Il lui sembla qu'une éternité la séparait du jour où elle avait pris la décision de partir. Pourtant, si peu d'événements avaient marqué son existence !

Quand Louise se rendit en gare d'Alès à sa descente de train, elle crut ne pas la reconnaître. Elle chercha une jeune femme d'une trentaine d'années, habillée comme elle, d'une tenue simple de paysanne, et accompagnée d'un enfant. Ses yeux s'égarèrent dans la foule bigarrée qui se pressait sur les quais. Elle songea un instant qu'il lui était peut-être arrivé un impondérable de dernière minute et qu'elle avait dû ajourner son départ. Elle s'apprêtait à rentrer seule à Quérac, quand elle entendit derrière elle une voix familière l'appeler :

« Louise ! Louise ! Tu ne me reconnais donc pas ? »

L'étonnement de Louise fut à la mesure du changement d'apparence de Marie. Celle-ci portait une tenue élégante. Un tailleur justaucorps sur une jupe assortie coupée court, des bas de soie qui mettaient en valeur le galbe de ses jambes, des souliers vernis à talons et un petit chapeau à voilette faisaient d'elle une vraie Parisienne. À ses côtés, un jeune garçon de quatorze-quinze ans, tout aussi élégant, lui portait sa valise avec beaucoup de prévenance.

« Tu reconnais Pierre, n'est-ce pas ? » fit Marie, voyant que Louise hésitait.

Une fois remise de son étonnement, celle-ci les amena vers Maurice qui les attendait dehors avec une voiture à cheval.

« Nous n'avons pas mieux pour vous conduire à Quérac », fit celui-ci en embrassant sa belle-sœur et son neveu.

Marie le rassura et monta à l'arrière de la voiture.

Elle fit encore sensation quand elle parut au Soleyrol quelques heures plus tard. Mais, loin de jeter le trouble, son arrivée remplit les cœurs de joie. Antoine le premier se jeta dans ses bras, Mathilde ne put s'empêcher de la complimenter sur sa beauté. Tous lui firent fête et la considérèrent comme l'enfant prodigue.

XV

Veillée de Noël

Le retour de Pierre et de Marie permit à chacun de mesurer combien les liens familiaux les unissaient tous très étroitement. Ce fut à celui qui voulut inviter sous son toit « la Parisienne », comme ils aimaient l'appeler avec gentillesse. Et c'était chaque fois l'occasion de festoyer, le soir, autour de quelques bons plats mitonnés par chacune des femmes, à tour de rôle.

Dès son arrivée, Marie troqua ses habits d'élégante pour une tenue plus sobre et plus appropriée, et retrouva sans la moindre hésitation ses habitudes d'antan. Ses mains s'étaient affinées ; sa peau avait pris une teinte plus claire qui lui seyait à merveille ; ses gestes, ses paroles même avaient acquis une sorte de délicatesse à peine perceptible, mais qui montrait combien l'existence qu'elle menait à Paris avait fait d'elle une dame. Toutefois, elle insista pour ne pas être considérée comme une invitée, mais comme la fille de la maison qui était revenue pour un temps reprendre sa place. Elle se mit aussitôt à l'ouvrage pour aider Adrienne et Louise comme jadis, lorsque les chèvres et les jeunes brebis avaient besoin de ses soins. Elle tint même à s'occuper de la traite en remplacement de sa sœur qui, avec ses quatre enfants, avait beaucoup à faire au Courtil.

Elle se partageait donc entre les trois métairies, laissant Pierre avec ses cousins et ses cousines profiter pleinement des vacances de Noël. Ceux-ci formaient une joyeuse équipe d'enfants. Adrienne se sacrifiait souvent pour les garder à la Castanède pendant que leurs parents vaquaient à leurs occupations.

Pierre, qui n'était âgé que de huit ans quand sa mère l'emmena à Paris, semblait ravi de redécouvrir ce qui avait bercé les premières années de son enfance. Six ans s'étaient passés, ce qui, pour lui, semblait une éternité, car il ne voyait plus les choses de la même manière avec ses yeux d'adolescent. Il avait oublié la plupart des détails de sa vie de jadis et avait bien de la peine à comprendre son grand-père ou ses oncles, quand entre eux ils parlaient patois, ce qu'ils faisaient la plupart du temps.

« Tu vas le *destimbourler*[1] ce petit, en lui causant de la sorte ! reprochait Adrienne, quand Antoine s'adressait à lui en occitan.

– *Vai ti couja !*[2] lui répondait-il non méchamment, laisse-moi faire l'éducation de mon petit-fils à ma guise ! »

Avec Joseph, son complice de tous les instants, Antoine ne passa pas un jour sans dévoiler à Pierre les dessous de son métier : « Le plus beau des métiers ! aimait-il proférer, car il n'est rien de plus noble que de conduire un troupeau vers sa destinée !

1. *Détraquer, troubler, déranger.*
2. *Va te coucher !*

– Sa destination ! lui répliqua Pierre.
– Non, je dis bien : sa destinée. »

Le jeune garçon, qui, lui, n'avait pas perdu ses manières de citadin, buvait les paroles de son grand-père. Tout l'intéressait, et il ne cessait de le questionner, le saoulant de paroles.

« Ah ! si tu vivais ici, je ferais de toi un bon berger ! lui avoua Antoine sans prendre garde à la présence de Marie derrière lui.

– Père ! répliqua celle-ci, ne lui mettez pas de telles idées en tête. »

Antoine n'avait pas l'intention de détacher son petit-fils du genre de vie qui était le sien depuis maintenant six ans. Il n'ignorait pas que sa mère faisait de gros sacrifices pour qu'il fasse des études et s'en sorte doté d'une bonne situation, et il approuvait son choix. Pierre fréquentait déjà le lycée à Paris depuis trois ans, et y apprenait l'anglais et le latin. Mais il ne montrait pas son savoir, pas plus aux adultes qu'à ses cousins qui, eux, fréquentaient l'école primaire de Quérac avec Mathilde. Aubin lui avait annoncé avec un brin de fierté que l'année prochaine, à douze ans, il passerait sans tarder son certificat d'études ; lui n'avait pas cru bon de lui dire qu'il passerait le baccalauréat dans quelques années.

Ce qui semblait passionner le jeune Parisien, sur le moment, c'était le monde où vivaient son grand-père et ses oncles, un monde qu'il savait avoir été le sien.

Quand Antoine lui proposa de l'emmener à la foire de Quissac, il exulta. Rien ne pouvait lui faire plus plaisir.

« Tu me fais penser à ton oncle François quand il était petit. Un jour, je l'ai emmené à la foire de Ganges. Il ne se contenait plus de joie. »

Tout à coup, Antoine s'assombrit et se tut. Pierre s'en aperçut :

« Quelque chose te chagrine, Grand-Père ?

– Non, rien. Un mauvais souvenir que j'ai enfoui quelque part et que j'ai réveillé par mégarde. »

Pierre n'insista pas. Il crut que son grand-père souffrait encore en pensant à la mort de sa grand-mère Adeline. Il fit diversion.

« Mathilde nous accompagnera-t-elle ? »

Il crut qu'en évoquant le nom de celle qui était devenue sa nouvelle raison de vivre il effacerait le mauvais souvenir de son esprit.

« Je ne crois pas. Mathilde n'aime guère traîner sur les champs de foire. »

Marie laissa son fils accompagner son grand-père. Elle ne pouvait briser une entente si parfaite et se réconfortait à l'idée qu'une fois rentré dans son lycée Pierre aurait vite fait d'oublier les attraits de la vie pastorale.

Ils partirent donc pour Quissac quelques jours plus tard, avec la charrette de Joseph, tirée par sa vieille jument. Louise et Lucie les accompagnaient, car elles voulaient y vendre quelques poules et quelques lapins. Ils arrivèrent sur le foirail tôt le matin. La place était déjà noire de monde ; les tractations commençaient aussitôt qu'arrivaient les vendeurs. Les brebis étaient rassemblées dans des parcs mobiles dressés pour l'occasion et attiraient la plupart des acheteurs venus des villages avoisinants.

L'animation s'accrut au fil des heures. Les cris des vendeurs se mêlaient aux bêlements des moutons, aux exhortations des bonimenteurs publics qui faisaient la réclame pour une lessive miracle, un élixir de jouvence infaillible ou un éplucheur de légumes des plus modernes. Le caquètement des poules, les aboiements des chiens de berger dans leur cage ajoutaient des notes discordantes à ce brouhaha incessant. Celui-ci ne trouva d'apaisement qu'au moment où, vers midi, les ventres creux rappelèrent à l'ordre les plus acharnés. Les uns s'écartèrent pour sortir de leur sac pélardons, saucisson et pain bis ; d'autres gagnèrent les tables des quelques auberges qui furent vite prises d'assaut.

Antoine finit son tour de reconnaissance. Il avait, selon son habitude, repéré les plus belles bêtes et amorcé le dialogue avec les vendeurs pour proposer son prix. Rien ne lui échappait, ni l'âge des brebis ni leur état. Il savait déjouer les tricheurs, ceux qui maquillaient les faiblesses de leurs bêtes. La denture, l'état des sabots, la fraîcheur de la toison, la clarté de la pupille, il passait tout en revue. À chaque repérage, il sortait son carnet de sa poche et, bien que ne sachant pas écrire, il annotait tous les détails à sa manière.

Pierre le suivait à la trace et l'observait avec une vive curiosité. Il n'osait poser trop de questions de peur de troubler son grand-père qui, en affaires, n'avait pas l'air de plaisanter. Celui-ci cependant lui expliquait chacune des remarques qu'il enregistrait sur son carnet et lui dévoilait le secret de ses signes.

« Quand je reviendrai, juste après le repas – c'est le bon moment –, je proposerai mon prix, toujours un peu en dessous de la juste valeur de l'animal. Si le vendeur est un homme honnête, nous nous entendrons rapidement.

– Tu achètes des brebis chaque fois que tu viens à la foire ? demanda Pierre, intrigué.

– Non. Parfois c'est moi qui en vends. Ça dépend. Cette fois, tes oncles ont décidé d'investir leurs économies pour agrandir leur troupeau. Ils m'envoient toujours dans ce cas. Ils savent que j'ai bon œil. »

En début d'après-midi, Antoine conclut ses offres. Vendeur et acheteur parlementèrent en patois et finirent par se taper dans la main.

« Tu vois, expliqua Antoine, on n'a pas besoin de savoir écrire pour sceller un accord. Quand on se tape dans la main, c'est aussi sûr que si l'on passait devant notaire ! »

Le jeune garçon ne perdait rien de ce qui se déroulait autour de lui. À ses yeux, le spectacle était permanent et valait tous les divertissements auxquels il était habitué à Paris.

« Je ne comprends pas pourquoi Maman est partie de Quérac, remarqua-t-il devant ses tantes qui l'avaient entraîné vers un marchand de crêpes. Ici, la vie est tellement plus vraie qu'à Paris ! »

Pierre ignorait les raisons qui avaient fait fuir sa mère. Ni Louise ni Lucie ne se permirent de lui révéler la vérité et éludèrent sa question.

La fête de Noël approchait. Tous avaient décidé de se réunir au Soleyrol pour la célébrer.

Sans se dévoiler, Antoine avait confectionné depuis de longs mois des jouets en bois pour ses petits-enfants. Il se faisait une joie de les leur offrir à la veillée du grand jour. Mathilde et ses belles-filles avaient préparé les paquets destinés à chacun et s'étaient jointes à Adrienne à la Castanède pour préparer le repas du réveillon. Celle-ci avait proposé sa cuisine et son fourneau afin de ne pas encombrer le Soleyrol, où la table avait été dressée pour vingt personnes.

C'était la première fois que la petite métairie recevait tant de monde. Antoine commençait à croire que, si la famille devait encore s'accroître – ce qui lui semblait inévitable –, il faudrait abattre la cloison qui séparait la pièce commune de la chambre de Lucie et de Mathieu.

« Vous n'y pensez pas, Père ! lui objecta ce dernier.

– Comment ferons-nous quand François sera marié et si Marie revient un jour avec un autre enfant ? »

Antoine n'osait évoquer, pour sa fille, un second mariage. Mais, au fond de lui, il souhaitait cette éventualité, seule capable, à ses yeux, de redorer son existence qu'il devinait terne en dépit des apparences qu'elle montrait. Il savait trop combien la solitude est pesante quand on a beaucoup aimé. Mais ce qu'ignorait Antoine, c'est que Marie souffrait plus de la disparition de Guillaume que de celle de Jérémie. Son amour tenace pour le jeune châtelain battait encore en elle, malgré ce qu'il lui avait infligé au moment de la naissance de son fils. Celui-ci, qui ignorait tout de ses origines et vivait avec le souvenir de son père Jérémie, lui rappelait à tout instant l'image de leurs amours impossibles, mais ô combien exaltantes !

Seule, Louise savait que sa sœur n'avait pas enfoui le souvenir de Guillaume au fond de l'oubli. Et si elle faisait parfois allusion à cette partie de leur jeunesse commune, elle évitait de parler à livre ouvert de celui par qui les malheurs de son aînée étaient arrivés.

Les enfants, grands et petits, trépignaient d'impatience en ce 24 décembre. Ils avaient envahi le cantou du Soleyrol et se disputaient la place au bord de la cheminée pour y installer leur plus belle paire de chaussures. En réalité, en guise de chaussures, Aubin, son frère Lucien et leurs cousins avaient astiqué avec soin leurs seules galoches dont le revêtement de cuir brillait aux éclats sur leur épaisse semelle de bois. Les plus petits, Jeanne et Hélène, âgées seulement de deux ans, avaient apporté leurs chaussons, pour faire comme les grands.

« Et toi, Pierre, tu ne mets pas tes chaussures dans la cheminée ? demanda Antoine, qui avait fabriqué pour lui un objet qui, il en était certain, lui ferait énormément plaisir.

– Grand-Père ! Tu te moques de moi ! À mon âge… !

– Il n'y a pas d'âge pour croire au Père Noël. Tu vois, moi, avec mes… combien déjà ? »

Antoine fit mine de ne plus connaître le nombre de ses années. Mathilde, se moquant, mit fin à sa coquetterie.

« Avec tes cinquante-sept ans, mon chéri ! précisa-t-elle.

– Non ! Tu exagères. J'allais dire, voyons… cinquante !

– Cinquante ! Mais tu étais un jeune homme à l'époque. Tu oublies que lorsque nous nous sommes mariés tu en avais déjà cinquante et un !

– J'ai vraiment épousé une gamine alors ! »

Les deux époux aimaient se taquiner. Ils se moquaient volontiers du poids des ans, tant il était vrai que ni l'un ni l'autre ne paraissaient son âge.

Pierre reprit en baissant le ton :

« Je n'ose pas mettre mes chaussures à côté des autres.

– Pourquoi donc ? insista Antoine. C'est pour la fête ! Tu es encore un enfant, sans te vexer ! Il n'y a pas de honte à cela !

– Ce n'est pas pour cette raison.

– Pour laquelle alors ?

– C'est que… je n'ai que des souliers de ville. Je ne voudrais pas me démarquer de mes cousins qui portent des galoches. Maman m'a expliqué que les souliers, c'est mieux pour la ville. Mais moi, je trouve que ça fait trop… je ne sais comment dire.

– Trop riche ! C'est ça, hein !

– Si tu veux. Je ne veux pas montrer aux autres…

– Tes scrupules t'honorent, petit. Je vais arranger ça tout de suite. »

Antoine s'absenta un moment et revint, une paire de galoches à la main.

« Tiens, je te les offre. Je les ai retrouvées dans le grenier. Elles appartenaient à ton oncle Fabien. Je les lui avais fabriquées quand il avait ton âge, avec du bon cuir et de vrais clous en cuivre sur le dessus. Mathieu doit encore avoir les siennes quelque part.

– Vrai, tu me les prêtes, Grand-Père ?

– Je te les donne, je te dis. Tu les emporteras à Paris. Je ne sais pas ce que tu en feras, mais quand tu les regarderas tu te rappelleras que ces galoches ont parcouru les plus belles drailles de nos Cévennes jusqu'aux vertes prairies d'estive. »

Le jeune garçon se confondit en remerciements. Très ému, il partit astiquer avec amour ce précieux cadeau, venu d'un oncle qu'il ne connaissait pas.

Dans l'après-midi, la neige se mit à tomber, drue comme des hallebardes précipitées du ciel, collante comme de la poix. Le froid des derniers jours la fit tenir, et la couche atteignit très vite une épaisseur telle que, pris au dépourvu, les habitants de Quérac et des villages environnants durent se claquemurer chez eux sans pouvoir terminer leurs travaux en cours.

Heureusement, les bêtes étaient toutes à l'étable, pas une n'était restée dans les parcs de fumature.

« Te souviens-tu, Antoine, demanda Joseph, de l'année où l'on est allé rechercher Mathieu bloqué dans la cabane du père de Mathilde ?

– Si je m'en souviens ! C'était la veille du réveillon. Adeline était prête à accoucher de Louise. C'est ce jour-là aussi que j'ai rencontré Mathilde pour la première fois. J'étais loin de penser qu'un jour elle deviendrait ma femme !

– Ces événements ne nous rajeunissent pas ! » coupa Adrienne, étonnée que son ami parle aussi facilement de sa vie intime.

« Quel homme ! songea-t-elle, capable d'avoir aimé et d'aimer comme si les deux ne faisaient qu'un dans son cœur ! » Il est vrai qu'Antoine savait maîtriser ses sentiments et rendre à chacune des deux femmes de sa vie la vraie place qu'elles avaient occupée et qu'elles occupaient encore.

Juste avant de passer à table, il s'éclipsa sans que personne ne s'en aperçoive. Les enfants jouaient bruyamment dans le cantou, où ils avaient aligné leurs chaussures, tandis que les adultes finissaient un verre de cartagène qui leur avait délié la langue. Tout à coup, un bruit de pas traînant dans la neige attira l'attention des plus petits, puis on frappa avec force à la porte. Tous se turent. Complices, Adrienne et Mathilde dirent aux enfants d'aller vite se cacher dans la chambre mitoyenne. Ils s'exécutèrent sans poser de question. Alors, tapant des pieds comme pour se dégager de la neige collante et forçant la voix pour se la déformer,

Antoine rentra de nouveau dans la pièce et fit mine de demander aux parents des nouvelles de leurs enfants.

Ceux-ci, tapis derrière la cloison, prêtaient une oreille attentive, sous les sourires amusés de Pierre, qui feignait aussi l'étonnement et la crainte d'être découvert.

« C'est le Père Noël ! susurra Lucien du haut de ses six ans.

– Tu rigoles ! coupa Fabien, il descend toujours par la cheminée !

– Eh ! avec la flambée que Grand-Père y a faite, je voudrais bien voir qu'il descende par la cheminée sans se brûler ! » renchérit Aubin, qui, lui, ne croyait plus à ces belles histoires, mais se laissait aller, sur le moment, à faire semblant d'y croire encore pour prendre part à ce qu'il y avait de magique dans cette fête.

Les tout petits s'étaient blottis dans les bras de Pierre, chargé par sa mère de les rassurer, mais de jouer le jeu.

« Attendez qu'il reparte, expliqua-t-il à ses cousins. Sinon, s'il vous voit, il ne déposera pas ses cadeaux dans vos chaussures. »

Antoine traîna encore les pieds, dit au revoir de sa grosse voix et claqua la porte avec force. Le silence qui suivit intrigua les enfants, paralysés d'inquiétude.

Mathilde, la première, vint les délivrer, laissant à Antoine le temps de se rincer le gosier.

Quelle joie ce fut pour tous, petits et grands, de découvrir les cadeaux posés à côté de chaque paire de chaussures ! Les visages rayonnaient dans la douce lumière de l'âtre. Les enfants hésitèrent à ouvrir les paquets que les femmes avaient emballés dans du papier de toutes les couleurs. Tous étaient décorés d'un pompon de laine, à la manière des brebis apprêtées pour la transhumance.

Chacun trouva vite son cadeau. Il y avait des petits chariots en bois tirés par des chevaux, un jeu de quilles, des poupées de chiffon dans leur berceau et, pour Pierre, un magnifique bâton de berger à la crosse entièrement sculptée.

Antoine et Joseph étaient ravis de voir leurs petits-enfants si heureux. Ensemble, ils avaient passé des heures à tailler, sculpter, polir, assembler de leurs mains les pièces de bois d'olivier, de châtaignier, de micocoulier, dont ils avaient discrètement fait provision. Les femmes, de leur côté, avaient confectionné les poupées pour les filles, rivalisant d'ingéniosité pour monter les robes sur leurs jupons et ajuster les voilettes sur les chapeaux, une idée de Marie à la dernière minute.

Pierre ne sut comment remercier son grand-père. Jamais cadeau ne lui fit plus plaisir.

« Tu me remercieras plus tard en réussissant tes études, lui confia Antoine. Étudie comme ta maman te le demande. Ne rêve pas comme l'ont fait tes oncles avant toi, comme je le fais encore moi-même, chaque fois que j'entends l'appel des drailles. Vis avec ton temps ! Mais reviens toujours vers tes racines pour que tu saches éternellement qui tu es. »

Le repas terminé, Mathilde demanda un instant de silence. Chacun la regarda avec étonnement.

« Rassurez-vous, je ne vais pas faire un discours. J'aimerais seulement vous demander d'aller à la messe de minuit. »

Tous les regards se fixèrent sur elle.

« À la messe ! objecta Antoine avec un accent de réprobation. Quelle drôle d'idée !

– Je sais, nous sommes tous protestants ici. Et il n'est pas dans vos habitudes de fréquenter les églises. Moi non plus d'ailleurs. Mais ce serait une façon tellement merveilleuse de terminer ensemble cette soirée pour une fois que nous sommes tous réunis ! »

Les langues se délièrent. L'idée, d'abord, surprit tout le monde, puis fit son chemin de l'un à l'autre et finit par obtenir l'assentiment de tous.

« Pourquoi pas ! déclara Antoine. On ne dira pas que les protestants sont sectaires après tout. Et je ne crois pas que le curé de Quérac, avec qui, en plus, j'ai de bonnes relations, nous mettra à la porte de son église. »

Adrienne se dévoua pour garder Hélène et Jeanne qui tombaient de sommeil.

Dehors, la neige s'était amassée et formait un tapis immaculé étouffant le moindre bruit. Les fenêtres des premières maisons, situées à un quart d'heure de la métairie, diffusaient dans la nuit de faibles lumières entretenues par les flammes vacillantes des cheminées et des chandelles qui n'en finissaient pas de se consumer. Par groupes, hommes et femmes rejoignaient l'église dont les cloches carillonnaient à toute volée.

Le curé de Quérac attendait ses ouailles avec impatience, pressé lui aussi d'attaquer la messe de minuit et d'aller festoyer au château, où Auguste et Hortense Donnadieu, selon leur habitude, avaient invité leurs amis à un réveillon tardif.

L'assistance était déjà nombreuse sous la voûte de la petite église, quand Antoine et les siens y firent leur entrée. Sans se faire remarquer, ils prirent place sur les bancs des dernières travées. Le prêtre se tenait le dos tourné, face à l'autel, prêt à commencer l'office. Il se retourna pour saluer l'assistance, puis amorça l'*Introït* :

« *Puer natus est nobis et filius datus est nobis...*[1] »

Ses yeux de bon berger se portèrent instinctivement sur l'arrière de son troupeau afin d'en évaluer le nombre. Reconnaissant Antoine, puis Joseph, puis Mathilde, puis tous leurs enfants à tour de rôle, il se bloqua, ne put poursuivre davantage et commença à bredouiller.

« *Cujus imper... sup... hum...*[2] »

Au premier rang des fidèles, Auguste Donnadieu crut que l'officiant en oubliait son latin. Il regarda en direction de son épouse, assise avec les femmes de l'autre côté de l'allée centrale. Celle-ci n'avait pas bronché. Reprenant son missel, il fixa son attention sur la traduction du texte que le prêtre avait toutes les peines du monde à prononcer. Derrière lui, l'assistance commençait à se troubler et d'aucuns à croire que le brave curé avait déjà abusé de son vin de messe. Celui-ci parvint avec peine à se débarrasser de l'oraison et, quand il attaqua la lecture de l'épître de l'apôtre saint Paul à Tite, tous se demandèrent s'il parviendrait à transmettre avec clarté le message qu'en ce jour de la Nativité chacun attendait.

« Très cher fils, dit-il d'une voix magistrale en ne détachant pas ses yeux du fond de son église. La Grâce de Dieu notre Sauveur s'est manifestée à tous les hommes... »

Puis, ouvrant une parenthèse dans le texte sacré, à la surprise générale, il poursuivit :

---

1. *Un enfant nous est né et un fils nous a été donné.*
2. *Cujus imperium super humerum ejus :* le pouvoir repose sur ses épaules.

« Et je suis ravi de voir qu'en ce jour béni elle a ramené vers nous les brebis qui appartiennent à un autre troupeau que le nôtre. »

Les plus instruits de l'assemblée ne comprirent pas immédiatement les apartés de leur bon pasteur. Suivant son regard, ils finirent par se retourner d'un même élan et découvrirent avec stupéfaction la présence sur deux rangs de leurs condisciples protestants.

« Nous ne passons pas inaperçus ! » chuchota Louise, de tous la plus gênée d'être ainsi l'objet de la curiosité des autres fidèles.

La messe se termina sans autre incident. Quand la cérémonie fut achevée, l'abbé Lafont se précipita au-devant d'Antoine.

« Auriez-vous donc l'intention de rejoindre notre Sainte Église ? lui demanda-t-il en plaisantant.

– Qui sait ? Nos différences sont si minimes ! Mais vous n'ignorez pas que je ne suis pas un fervent pratiquant. Croyant, oui, pratiquant... je ne le suis plus depuis longtemps.

– Alors, pourquoi votre présence ici ce soir ?

– Une idée de mon épouse. »

Le prêtre se tourna vers Mathilde.

« L'école laïque compte-t-elle donc des adeptes de nos religions chrétiennes ?

– Je ne sache pas, monsieur le curé, que l'école de la République prône l'intolérance, au contraire. Nous respectons toutes les croyances et toutes les convictions. C'est pourquoi, ce soir, vous nous voyez auprès de vos fidèles pour fêter Noël.

– Et demain matin, nous irons au temple ! ajouta Marie que la conversion amusait. Pour ne froisser personne.

– Au temple ! fit Antoine, surpris. Vous me traînerez donc sur les bancs de toutes les églises !

– Allons, monsieur Chabrol ! Ayez l'esprit œcuménique ! rétorqua le prêtre, qui finissait par entrer dans le jeu.

– J'ai l'esprit de tolérance, monsieur le curé ! Ce qui est encore mieux. »

De retour au Soleyròl, les enfants, qui n'avaient pas connu un si beau Noël depuis longtemps, voulurent manger quelques châtaignes avant d'aller se coucher. Joseph en avait fait provision en octobre et avait gardé les meilleures variétés en prévision de cette veillée.

« Certaines sont déjà toutes *coussounées*[1], il faudra les trier. Ce sont les dernières et beaucoup se sont déshydratées », précisa-t-il.

À Paris, les marchands de marrons ne manquaient pas au coin des grands boulevards. Mais le plaisir qu'avait Pierre à les manger au milieu de la foule toujours trop pressée n'avait aucune mesure avec celui de décortiquer les affachées[2] autour de la grande poêle trouée qui sortait des flammes. Il se souvint alors des bajanes[3] que sa mère lui donnait pour aller en classe, quand il était petit. À l'époque, il appréciait moins ces châtaignons qu'il mangeait parfois tels quels ou en soupe[4] dans du lait de chèvre avant son départ pour l'école.

Le lendemain, ils se rendirent au temple pour respecter le souhait de Marie. Elle voulait ainsi honorer la mémoire de sa mère, afin de l'associer à leur joie de se retrouver tous ensemble.

---

1. *Mangées par les vers.*
2. *Afachadas : châtaignes grillées.*
3. *Châtaignes séchées et décortiquées.*
4. *Le bajana.*

Ce Noël d'hermine laissa dans la mémoire de Pierre des souvenirs impérissables. Il fut pour le jeune adolescent un retour aux sources inoubliable. Jamais il ne montra autant de joie de vivre et d'élan envers les autres. Lui qui vivait enfermé dans un monde qui l'étouffait s'ouvrit à tous, s'intéressa à ce que chacun faisait, sans honte d'avouer son ignorance dans les domaines où ses cousins, enfants de la campagne, le surpassaient. Jamais, en revanche, il n'éprouva de plaisir à montrer qu'il en savait plus qu'eux dans d'autres domaines.

Il fallait le voir, dans la cour du Soleyrol, donner le grain aux poules, faire semblant d'attraper les canards, donner la luzerne aux lapins dans leurs clapiers, appeler les agneaux comme ses cousins le lui avaient appris, en claquant la langue et en usant de leurs mots patois :

« *Br, br, beyci, bien !*[1] »

Comme il appréciait aussi ces lits bassinés, où il s'enfonçait le soir à côté de ses cousins, alors qu'au-dehors la nuit était tout engourdie par le froid et que le givre transformait les fenêtres en merveilleux vitraux !

« Avec un peu plus de temps, on ferait de lui un vrai *traspastre*, répétait sans cesse Antoine, qui ne cachait pas sa fierté d'avoir un tel petit-fils. C'est bien un Chabrol ! ajoutait-il pour se convaincre. Il a de qui tenir ! »

Cependant, Marie commençait à craindre que son fils ne s'attache trop au Soleyrol. Elle voyait bien que Pierre était en admiration devant son grand-père et se plaisait sans façon en compagnie des plus âgés de ses cousins. Peu à peu, il s'était departi de ses gestes délicats d'enfant

---

1. *Viens ici, viens !*

de la ville et avait adopté les attitudes et les réactions de Fabien et d'Aubin, qui, plus jeunes que lui de quelques années, n'en étaient pas moins déjà très dégourdis pour accomplir certaines tâches domestiques.

Quand l'année nouvelle fut entamée, Marie se décida à rentrer à Paris. Son cœur pleurait de devoir se séparer des siens, car ses attaches étaient encore solidement ancrées dans sa chair et dans son âme. Mais elle se consola en pensant qu'il valait mieux pour son fils retrouver les bancs du lycée que d'être contraint de vivre un jour comme ses aïeux.

XVI
Nouveaux soucis

Antoine ne cessait de répéter que l'année de ses soixante ans serait celle de sa dernière transhumance. Le berger était encore robuste et en aurait volontiers montré aux plus jeunes que lui. Ses fils, avec qui il faisait toujours la draille, ne lui tenaient pas le pas, quand, pour lui faire plaisir, ils lui laissaient la place d'honneur en tête du troupeau.

Toujours solidement campé sur ses jambes, il gravissait les plus fortes pentes d'un pas assuré et régulier, sans jamais donner l'impression de peiner. Cela faisait près de cinquante ans qu'il cheminait ainsi sur les parcours de transhumance. Jamais il n'avait changé ses habitudes ni ses itinéraires, qu'il connaissait mieux que quiconque. Les pâturages de sa jeunesse sur l'Aigoual, ceux de l'Aubrac et du causse, ceux du mont Lozère, où il accompagnait Maurice depuis le décès de Joseph en 1927, aucun n'avait plus de secret pour lui.

Cette année-là cependant, il avait bien failli renoncer. La disparition brutale de son ami lui fit comprendre combien les années avaient passé depuis qu'ils faisaient la draille ensemble. Il prit soudain conscience de son âge. Ses fils durent insister pour lui faire entendre qu'ils avaient encore besoin de lui, et qu'il était toujours le plus jeune de tous à bien des égards.

Il finit par les écouter.

Joseph n'avait pas résisté à une maladie sournoise qui s'était déclarée peu après la Chandeleur. De violents maux à l'abdomen le clouèrent au lit pendant des semaines. Le docteur Fabre ne savait plus comment le soigner. Les médicaments ne faisant plus effet, ses douleurs étaient devenues insupportables.

Adrienne ne cacha pas ses pressentiments. Elle fit preuve d'un grand courage pour assister son mari dans ses derniers instants, en lui nourrissant l'espoir qu'il reprendrait la draille au prochain printemps. Joseph lutta contre le mal avec rage et ténacité. Mais il déclinait de jour en jour. Les forces finirent par lui manquer. Il fallut l'hospitaliser contre son gré. La mort dans l'âme, Adrienne, convaincue par Maurice qu'il fallait écouter le docteur, le fit transporter à Alès.

Lorsque les médecins de l'hôpital comprirent qu'ils ne pouvaient plus rien pour lui, ils le laissèrent rentrer à Quérac. Joseph se crut guéri. Il ne sentait plus ses douleurs. Deux jours après son retour, il s'éteignit dans son sommeil en rêvant aux pâturages d'estive, aux troupeaux qui devaient trépigner d'impatience, aux préparatifs auxquels il allait bientôt prendre part, à la joie d'emmontagner avec Maurice.

Quand, dans son sommeil, il vit apparaître le long tunnel au bout duquel jaillit une éclatante lumière de délivrance, quand il crut reconnaître son fils Jérémie, entouré de Fabien et de son amie Adeline, il comprit qu'il n'aurait plus la force de revenir parmi les siens et se laissa emporter vers des horizons qu'il avait toujours crus inaccessibles.

Maurice et Louise revinrent habiter à la Castanède, pour mieux entourer Adrienne, effondrée de chagrin. Avec leurs quatre enfants, la vie reprit rapidement le dessus. L'épouse de Joseph était une de ces femmes des campagnes que la douleur, si grande fût-elle, ne parvient pas à abattre. Elle en avait connu des misères dans son existence et vécu bien des tourments ! Maintes fois elle avait donné la vie et assisté des proches dans leurs derniers moments. Jamais elle n'avait manqué de force ni de courage et ne s'était laissé abattre.

La vie avait repris. Les naissances compensaient la disparition des êtres chers.

François s'était marié l'année suivant le décès de Joseph et, déjà, sa jeune épouse avait mis au monde un fils, Ruben, dont la venue créa la surprise, tant elle fut prématurée. Chacun comprit que le dernier des fils Chabrol avait brûlé quelques étapes. Mais, à son âge, nul ne pensa le lui reprocher.

Son mariage ne passa pas inaperçu dans la commune, sa fiancée, Suzanne, étant la fille du maire de Quérac, un viticulteur aux idées anticléricales, qui faisait ombre et concurrence à Auguste Donnadieu sur les marchés viticoles. Laïc convaincu, athée de surcroît, Albert Gineste avait tenu à ce que le mariage de sa fille ne se fasse qu'à la mairie, ce que la famille Chabrol avait accepté non sans quelques réticences.

« Le temple, avait rétorqué Antoine, ce n'est pas que j'y sois très attaché ! Mais, quand même ! La tradition, c'est la tradition ! »

François proposa une alternative afin de satisfaire les deux familles. Après la cérémonie nuptiale à la mairie, où Albert Gineste se fit une joie de marier sa propre fille, François se rendit seul au temple, entouré des siens, pour un office de convenance. Le pasteur avait accepté ce compromis, tout en faisant remarquer qu'aux yeux de l'Église le mariage de François et de Suzanne n'était que civil.

Le lendemain de leur union, les jeunes époux emménagèrent au Courtil qu'Auguste Donnadieu n'avait encore réattribué à personne. C'est sous ce toit que naquit le petit Ruben, la même année, peu avant Noël.

Quand la Saint-Médard approcha, Antoine s'apprêta donc pour son ultime voyage.

« Vous ne me ferez pas croire que vous allez raccrocher votre bâton de berger et votre cape parce que vous atteignez la soixantaine, Père ! lui objecta Mathieu. Que ferez-vous pendant les longs mois d'été, pendant que nos troupeaux seront à l'estive ?

– Je m'occuperai de la basse-cour et du jardin ! Et je tiendrai compagnie à Mathilde.

– Tu vas trépigner d'impatience, tel que je te connais, appuya celle-ci. Je n'ai besoin de personne pour me tenir compagnie pendant l'été. J'ai mes habitudes, et j'ai gardé des amies à qui je rends visite régulièrement à Nîmes et à Montpellier. Tu me priverais d'aller les voir, à rester dans mes jambes !

– Voudrais-tu donc te débarrasser de moi ? »

Mathilde rit de bon cœur. Elle aimait taquiner Antoine, qui entrait volontiers dans son jeu. Depuis leur mariage, chacun avait respecté les habitudes de l'autre. Mathilde était une femme émancipée, qui tenait à son travail et à sa liberté, et qui n'aurait pas souffert qu'Antoine exige d'elle de rester enfermée à la maison. Celui-ci n'en avait d'ailleurs aucune intention, trop épris lui-même de cette liberté qui le poussait à s'endrailler chaque printemps.

« Nous reverrons cela l'année prochaine ! » déclara-t-il pour clore la discussion.

Le troupeau presque au complet était paré pour le grand départ. Les pompons et les sonnailles attendaient sur les étagères de la grange. Il fut décidé, en accord avec le châtelain, qui relâchait de plus en plus la bride à ses métayers, que toutes les bêtes iraient transhumer au Villaret sur le Méjean. Maurice abandonnerait les prairies humides du mont Lozère et, avec François, rejoindrait Antoine et Mathieu à un jour d'intervalle. Ensemble, les deux troupeaux comptaient plus de trois mille bêtes au départ de Quérac. Un tiers seulement appartenait à Auguste Donnadieu. Puis ils grossiraient au fil de la draille pour atteindre quatre mille têtes une fois parvenus à destination.

Il était loin le temps où Antoine ne possédait qu'une petite centaine de brebis et devait compter sur les bêtes des autres pour assurer ses lendemains ! À force de persévérance et de nombreux sacrifices, avec l'aide de Joseph et de leurs fils, il avait acquis, à soixante ans, une position qui le mettait à l'abri de toute inquiétude. À Quérac, il faisait parfois des envieux, mais jamais il n'en profitait pour écraser les autres ni ne spéculait sur leurs difficultés pour conforter sa situation. Il respectait tout le monde et on le respectait. Même le châtelain lui montrait maintenant toute sa considération.

La Saint-Médard marquait toujours le début de la longue période de transhumance. Depuis plusieurs semaines, dans les étables, chaque berger avait apprêté ses bêtes, mis de côté celles qui ne participeraient pas à la grande migration : les *anhels*[1] trop chétives ou les vieilles brebis trop fatiguées dont on se débarrasserait à la prochaine foire d'automne. Toutes les brebis avaient été tondues au début du mois de mai. Depuis plusieurs années, Antoine avait de nouveau recours aux *tondaïres*[2] professionnels de Saint-Martial. Ceux-ci, plus experts que lui et que ses fils, avaient vite fait de dégager les grosses toisons laineuses du dos des bêtes et leur faisaient gagner un temps précieux.

À la foire d'hiver, Antoine avait loué deux bergers originaires de Colognac. Ils devaient rejoindre le troupeau à la première étape, quand ce dernier commencerait à grossir. Aubin et Fabien, très excités à l'idée d'accompagner leur grand-père, faisaient la draille comme *traspastres* pour la première fois. Ils auraient aimé suivre les traces de leurs pères qui, à leur âge, avaient déjà plusieurs transhumances à leur actif. Mais Lucie et Louise avaient freiné l'élan de leurs maris et exigé que ni l'un ni l'autre ne manquent la rentrée des classes début octobre. Ils redescendraient donc accompagnés de l'un des troupeliers avant la fin de l'estive.

« Ils seront bergers s'ils le désirent, avait un jour déclaré Louise, soutenue par sa belle-sœur. Mais nous voulons qu'ils puissent choisir plus tard. Pour cela, il faut qu'ils aillent à l'école le plus longtemps possible. »

Mathieu et Maurice n'avaient fait aucune objection, se souvenant trop bien des difficultés qu'avaient eues leurs parents, à leur époque, pour imposer au châtelain leur présence à l'école laïque de Quérac.

1. *Jeunes agnelles de l'année.*
2. *Tondeurs.*

L'herbe commençait à jaunir dans la garrigue et se faisait rare. Bientôt les bêtes manqueraient d'eau. En cette dernière année de la décennie, l'été s'annonçait précoce. Déjà au plus fort de la journée, les insectes se taisaient, écrasés par la chaleur. Seules les cigales s'en donnaient à cœur joie.

Toute la famille était prête. Les épouses avaient mis une dernière main aux paquetages des hommes et veillé à ce que rien ne manque. Le nécessaire pour la saison avait été rassemblé sur un chariot dans la cour du Soleyrol, pour être amarré au dernier moment sur le dos des deux mulets qui attendaient d'être bâtés : vêtements de rechange, nourriture en abondance, sel, huile de cade, plantes médicinales, rien ne manquait. Chaque berger avait préparé lui-même, avec minutie, son propre sac pour le voyage. Antoine n'omettait jamais d'emporter de la ficelle, des châtaignons pour récompenser les menons et quelques potions pour soigner les piqûres d'insectes et les morsures de vipère. Tous avaient fait provision de nourriture pour plusieurs jours : saucisse sèche, pélardons, oignons, quelques olives, pain bis. À chaque étape du soir, ils complèteraient avec ce que leurs hôtes leur offriraient et rempliraient leurs bouteilles d'eau et de vin.

Dans le troupeau, la fébrilité était à son comble. La veille, les hommes avaient suspendu les grosses sonnailles de draille au cou des menons. Les bêtes, habituées depuis de longs mois au tintement des clochettes, retrouvaient tout à coup la mélodie pastorale de l'ascension vers les verts pâturages. Dans l'après-midi, Mathieu et son fils les avaient ramenées à la bergerie plus tôt que d'habitude. L'agitation des hommes ne les avait pas trompées. Accoutumées à une vie calme pendant l'hivernage, les brebis sentent que le grand départ est imminent. Les plus sensibles au changement s'agitent et transmettent aux autres leur impatience. Leur instinct ne les abuse pas, qui les guiderait seules sur la draille, à travers la montagne, jusqu'à destination.

La nuit précédant le départ, Antoine, selon son habitude, dormit auprès de ses bêtes. Il aimait veiller sur son troupeau quand il le savait agité. Sa présence le calmait. Lui ne dormait guère, mais son esprit trouvait déjà la sérénité que la vie à l'estive allait lui procurer durant plus de quatre mois.

Son départ fut décidé pour le matin du 8 juin, jour de la Saint-Médard, celui de Maurice et de François pour le lendemain. Dès potron-minet, les bergers furent à pied d'œuvre. Tout était paré. Leur paquetage était lourd, mais ils le porteraient à terme avec fierté. Capes et parapluies étaient solidement ficelés sur le dos des mulets. Ceux-ci furent bâtés sans tarder et amenés à l'écart par Aubin, avec les chèvres et les béliers. Aux portes de l'étable, un parc avait été dressé afin d'endiguer le flot des brebis et éviter qu'elles ne se ruent toutes en même temps en direction de la draille.

Vers 5 heures, tandis que les femmes jetaient un dernier coup d'œil aux sacs de leurs maris qu'elles ne finissaient pas de compléter, Mathieu fit entrer les premières brebis dans le parc. Quand celui-ci fut rempli, il se plaça à la sortie ; Aubin leva les claies, le troupeau se plaça derrière son guide et commença son long périple. Antoine sortit les dernières bêtes de l'étable, les fit transiter par le parc, prit le temps d'embrasser Mathilde, puis Louise, eut une pensée pour ses petits-enfants qui restaient avec leur mère et, d'une allure nonchalante, mit ses pas dans ceux de son troupeau.

Le lendemain, à la même heure, Maurice, François et Fabien empruntèrent le même chemin. Les deux troupeaux devaient se rejoindre sur le causse cinq jours plus tard, après avoir franchi les serres cévenols.

Ils n'étaient pas trop de trois pour endiguer toutes les brebis. Dès le départ, Aubin prit place sur le flanc, afin de ramener celles qui s'écartaient. De temps en temps, il lançait les chiens à leurs trousses pour les remettre dans les rangs. À la sortie de Durfort, un petit propriétaire amena une centaine de bêtes supplémentaires. Mathieu sortit son carnet et inscrivit le nom de l'éleveur, son lieu d'hivernage et le nombre exact de brebis qu'il lui confiait.

Le troupeau grossit rapidement à chaque triador. Antoine appréciait d'y retrouver de vieilles connaissances. On se serrait la main, on se donnait des nouvelles, on faisait un bout de chemin ensemble, puis on se quittait à regret, l'un en souhaitant « Bonne estive ! », l'autre en promettant de ramener les brebis plus belles et plus grasses.

Le flot de laine s'étirait parfois sur plus de un kilomètre. Les habitants des villages traversés entendaient de loin arriver les troupeaux. Le bruit des sonnailles s'amplifiait vite à leur approche, et leur musique les sortait souvent de chez eux, quand les bêtes, parties aux aurores, faisaient leur entrée triomphale avant qu'ils n'aient eu le temps de partir au travail.

Les rues de Colognac étaient noires de monde. Antoine et Mathieu entamaient la saison toujours les premiers. Quand on les voyait s'approcher, c'était pour tous le signal du début de l'été. Personne n'aurait voulu manquer leur retour. Les enfants ne contenaient pas leur joie, attirés par les mulets lourdement chargés qu'ils prenaient parfois pour des ânes et par le bouc qu'Antoine tenait toujours à emmener par habitude – il n'osait avouer sa vieille superstition[1]. Aux fenêtres, les femmes se dépêchaient de rentrer leurs pots de fleurs que les braves bêtes ne mettraient pas longtemps à saccager. Derrière le passage du troupeau, des hommes s'affairaient déjà à ramasser le crottin, non par souci de propreté mais pour enrichir la terre de leurs jardins.

La vie du village se trouvait ainsi animée pendant plus d'une semaine, au rythme du passage des troupeaux dont certains venaient de loin, d'au-delà de Ganges. Ils se dirigeaient tous vers le mont Aigoual. La plupart y restaient toute l'estive, d'autres, à l'instar de Mathieu et d'Antoine, poursuivaient leur route vers le causse, l'Aubrac et la Margeride.

Chaque fois qu'un troupeau traversait le village, les mêmes scènes se répétaient. C'était la fête permanente ; chacun y trouvait son content de satisfaction.

Mathieu avait arrêté ses bêtes sur la place du foirail. Le soleil était encore haut dans le ciel. Les moutons, groupés, se protégeaient la tête à l'ombre de leurs congénères. Après le vacarme des clochettes, l'accalmie surprit tous les curieux qui commencèrent à s'éloigner. Puis un frisson s'empara du troupeau. Au loin, le bruit d'autres sonnailles s'amplifiait, mêlé à des bêlements de plus en plus vigoureux. Un petit troupeau s'approchait, mené par un berger d'une trentaine d'années, un grand et fort gaillard, barbu, portant un large chapeau de feutre et une cape sur les épaules.

---

1. La présence du bouc préservait du mauvais sort.

« Je suis Samuel Bonnet, déclara-t-il devant Mathieu aussitôt arrivé. Je suis le berger que votre patron a engagé pour vous accompagner sur le causse.

– Ce n'est pas mon patron, rectifia Mathieu, mais mon père. Il est en train de bavarder avec un ami à l'autre bout de la place.

– J'ai avec moi une petite centaine de jeunes brebis.

– Nous les joindrons aux autres. Le travail ne manquera pas. Nous ne sommes que trois bergers, et mon fils qui fait son apprentissage. »

Les présentations faites, le troupeau quitta Colognac et fit étape le premier soir à Camp Barrat, au milieu des blocs granitiques.

Le ciel était d'une transparence cristalline, la nuit d'un calme olympien. Les rayons de lune inondaient les prairies d'une lumière apaisante et laissaient percevoir un moutonnement de laine aux formes arrondies, ondoyant comme la houle. Des bêlements isolés rompaient parfois le silence, vite dominés par les aboiements des chiens toujours en alerte. De temps en temps, un animal nocturne s'aventurait près des bêtes. Celles-ci frémissaient, se communiquaient leur angoisse, resserraient les rangs.

La nuit, pour les brebis, était toujours un moment difficile à surmonter. Les bergers les sentaient sur leurs gardes, prêtes à foncer tête baissée à l'opposé du danger qu'elles pressentaient. Le parc mobile avait beau les contenir et les mettre en sécurité, en cas de panique collective les claies de bois n'auraient pas suffi à les arrêter. Parfois, ces barrières jouaient contre elles. Acculées contre les bois, elles se laissaient attaquer sans broncher par des chiens errants ou d'autres prédateurs. Antoine avait subi plusieurs fois de tels carnages. S'il savait que les loups avaient disparu des Cévennes depuis plusieurs décennies, il avait encore en mémoire des souvenirs, pas si éloignés, de ces carnassiers qui lui avaient donné beaucoup de souci et occasionné de terribles dégâts dans son troupeau.

Au beau milieu de la nuit, alors que le sommeil avait fini par triompher des plus vaillants, les chiens se mirent à aboyer à tue-tête. Le troupeau, alerté, fit un ample mouvement de rotation autour des claies, cherchant une sortie. L'agitation s'accrut rapidement, au point qu'Antoine, mis en alerte le premier, donna à tous l'ordre de se lever et d'aller se poster aux quatre coins du parc.

Les chiens déjà montraient les crocs et grognaient, prêts à défendre leurs ouailles face à un éventuel danger. Depuis quelque temps, sur les conseils de son père, Mathieu emmenait à l'estive un chien de défense pour deux chiens de conduite. Ceux-ci s'y entendaient mieux que les autres pour mener les bêtes hors des zones de cultures, domaine réservé des paysans. Ils obéissaient plus facilement à la voix et aux sifflements de leur maître. Mais ils étaient moins efficaces que les braves mâtins que, naguère, tout berger emmenait pour se défendre des loups encore présents dans les coins reculés des montagnes.

Antoine avait connu cette époque où les bergers protégeaient leurs chiens par des colliers munis de clous. Il en avait encore la nostalgie, mais avait rangé ces protections d'un autre âge dans son musée des souvenirs. Il semblait regretter cette période lointaine, où rien n'était jamais assuré, où la transhumance comportait beaucoup plus de risques et où il se heurtait encore à l'hostilité des éleveurs de l'Aigoual qui luttaient contre les forestiers et leur reboisement.

Le berger belge fila à toutes jambes, échappant à l'attention de Samuel. Sur la draille, venant de Colognac, une silhouette s'approchait à vive allure. Le chien tournoya autour de l'inconnu, qui semblait l'avoir amadoué, et finit par se mettre dans ses pas.

« C'est François ! s'écria Aubin.

– François ! Que fait-il ici à cette heure ? s'étonna Antoine. Il devait endrailler à l'aube avec Maurice ! »

Son plus jeune fils était tout essoufflé. Il réclama de l'eau. Son père lui tendit sa bouteille et sortit de son sac une fiole d'eau-de-vie.

« Avales-en une rasade ! Ça te redonnera des forces, lui dit-il. Que se passe-t-il ? Pourquoi es-tu là ? »

François prit sur lui pour parler calmement :

« C'est Lucie ! Elle ne va pas bien. Je viens rechercher Mathieu. Elle le réclame.

– Lucie ! coupa celui-ci. Qu'a-t-elle donc ?

– Je crois qu'elle a perdu l'enfant qu'elle portait.

– L'enfant ! Quel enfant ? s'étonna Antoine. Lucie allait bien hier soir ! De quel enfant parles-tu donc ? »

Dans son trouble, Antoine ne comprenait rien à ce que son fils tentait de lui expliquer.

« Je vous expliquerai, Père, lui répondit Mathieu. Lucie est enceinte. Il faut que j'y aille. Toi, François, remplace-moi, je remonterai avec Maurice dès que tout sera arrangé. Mais auparavant, explique-moi plus en détail.

– Je ne peux rien te dire de plus, avoua François. Lucie a commencé à perdre du sang hier en fin d'après-midi. Mathilde et Adrienne sont restées auprès d'elle. Elle n'a pas cessé de saigner. Alors, j'ai accouru ; en passant, j'ai prévenu le docteur Fabre, qui s'est rendu aussitôt à son chevet.

– Lucie attendait un enfant et tu ne nous as rien dit ! s'exclama Antoine, incrédule.

– Il était encore trop tôt. Seules les femmes savaient. Nous voulions vous faire la surprise à votre retour. Lucie doit accoucher fin octobre. »

Mathieu se prépara en hâte et n'attendit pas le lever du jour pour se mettre en route.

« Je me fais vieux, bougonna Antoine en aparté. Je ne me suis même pas aperçu que ma belle-fille était enceinte ! »

Au Soleyrol, la maisonnée était sur le branle-bas de combat. Lucie avait fait son deuil de son enfant et ne cessait de se lamenter. Louise et Mathilde, qui se relayaient auprès d'elle, lui prodiguaient tous leurs soins. Le docteur Fabre n'avait pas caché son pessimisme.

« Elle a fait une fausse couche au troisième mois, c'est tard ! Il y aura des séquelles, et je ne puis vous assurer qu'elle s'en sortira, avait-il confié à Adrienne. Vous connaissez aussi bien que moi la question. De plus, l'hémorragie est abondante et je ne suis pas parvenu à l'arrêter. À tout instant, elle peut se vider de son sang. Il faudrait l'hospitaliser. »

Les parents de Lucie avaient accouru. Mais ni eux ni ses belles-sœurs n'étaient parvenus à lui faire entendre raison.

« Je veux attendre Mathieu ici, dans mon lit ! » avait-elle supplié.

La jeune femme s'affaiblissait d'heure en heure, mais elle luttait avec pugnacité, mue par l'espoir de revoir Mathieu avant qu'il ne soit trop tard. Elle avait rencontré des souffrances sans nom sur le front, quand elle s'était acharnée à rechercher celui que tout le monde croyait mort ; elle avait croisé des cas désespérés. Jamais elle ne s'était avouée vaincue et n'avait perdu espoir. Son acharnement avait toujours fini par triompher. C'est ce qui motivait une fois encore son opiniâtreté et lui permettait de résister. Narguer la mort était pour elle le seul moyen qu'elle avait trouvé de ne pas se laisser anéantir.

Cette fois, elle était seule au cœur du combat.

Quand Mathieu parvint au Soleyrol, au petit matin, après avoir dévalé la draille comme jamais il ne l'avait fait, c'est une femme exsangue qu'il trouva dans son lit. Le docteur Fabre était à ses côtés, désespéré.

« Nous n'avons pas pu sauver l'enfant, lui expliqua-t-il. Il s'est décroché malgré tout ce que j'ai tenté de faire. Quant à votre épouse, elle a perdu énormément de sang.

– Oui, je sais ! coupa Mathieu. Maintenant, tout ira bien. Je suis là.

– Monsieur Chabrol… je ne voudrais pas vous laisser de faux espoirs.

– Je vous dis que tout ira bien ! Laissez-moi seul avec ma femme ! »

Le docteur Fabre mit sur le compte du désespoir l'énervement de Mathieu et n'insista pas.

« Je reste à mon cabinet, déclara-t-il à Louise en sortant. Si vous avez besoin de moi, n'hésitez pas à me rappeler. »

Mathieu veilla sur Lucie toute la journée, puis toute la nuit, puis une journée encore. Il laissa partir Maurice et Fabien seuls rejoindre son père et son frère. Le départ de leur troupeau se fit sans bruit, sans éclats de voix, et passa presque inaperçu. Maurice fit même un grand détour pour éviter le Soleyrol, ne voulant pas perturber l'esprit de son beau-frère ni gêner Lucie dans sa souffrance.

Celle-ci ouvrait parfois les yeux, tentait un timide sourire à la vue de son mari, faisait des efforts surhumains pour avaler une cuillerée de soupe, puis replongeait dans un profond sommeil.

Le docteur Fabre craignait plus que tout un accès de fièvre infectieuse à la suite de la fausse couche de sa patiente.

« Si cela s'avérait, avait-il prévenu, je ne pourrais rien faire pour elle. Si seulement elle acceptait de se faire hospitaliser ! »

Le quatrième jour, alors qu'Antoine parvenait à destination, suivi de près par Maurice, Lucie se réveilla la première. Les rayons du soleil inondaient sa chambre et jouaient à travers les rideaux de la fenêtre. Mathieu était encore assoupi à ses côtés, assis dans un fauteuil. Elle sentit la faim la tirailler, mais son extrême faiblesse l'empêcha de faire le moindre mouvement. Elle regarda son mari avec compassion, sembla sourire aux anges, leva les yeux vers le ciel tout illuminé et trouva la force de prononcer quelques mots qui réveillèrent aussitôt Mathieu.

« J'ai faim ! » dit-elle.

Mathieu demeura à son chevet pendant plusieurs semaines, sans jamais la laisser seule un instant. Petit à petit, Lucie reprit des forces. Elle restait dans son lit plusieurs heures d'affilée, adossée à de gros oreillers, et s'alimentait un peu plus chaque jour. Son visage retrouva son éclat, son sourire. Au bout d'un mois, elle sortit du lit pour profiter du soleil, assise dans un fauteuil sur le pas de la porte. À la mi-juillet, elle confia à Mathieu :

« Va rejoindre ton père à l'estive ! Tes brebis ont aussi besoin de toi. Je suis guérie à présent… grâce à toi », précisa-t-elle.

C'était la première fois que la vie s'annonçait avec autant d'incertitudes sous le toit du Soleyrol, et s'échappait ainsi, à peine y avoir fait son entrée.

XVII

Tempête dans les esprits

LORSQUE MATHIEU rejoignit le troupeau, celui-ci avait déjà bien entamé l'estive. Maurice avait gagné le Villaret le lendemain de l'arrivée d'Antoine, accompagné de Fabien et d'un jeune berger, Honoré Gousta, loué lui aussi à la foire d'hiver.

Hommes et bêtes étaient au complet pour finir une saison qui avait débuté dans l'inquiétude, mais qui s'annonçait prometteuse.

« Qu'est-ce qui te fait penser cela, Grand-Père ? demanda Aubin, dont la curiosité était aussi grande que celle de son père au même âge.

– Regarde l'échine bien grasse de ces brebis, leurs pattes solides, leur laine épaisse entre les oreilles, ça ne trompe pas : ce sont de bonnes reproductrices. Nous aurons de beaux petits agneaux au retour. »

Aubin et Fabien ne quittaient jamais leur grand-père. Il était à leurs yeux le vrai maître du troupeau, *lou pastre*, celui qui détenait tous les secrets, qui connaissait chaque bête par son nom et savait déjouer toutes les embûches. Avec lui, ils partaient toujours en confiance et apprenaient chaque jour un peu plus sur ce métier qu'ils rêvaient à leur tour d'exercer. François, avec qui ils faisaient équipe, avait beau tempérer leur ardeur, ils n'écoutaient que leur cœur et s'étaient juré de suivre les traces de leurs pères.

« Toi aussi, tu es berger ! répliquaient-ils à leur oncle, quand celui-ci tentait de leur faire comprendre qu'ils feraient mieux de s'élever plus haut en étudiant à l'école.

– Quand la guerre a éclaté, j'avais douze ans. Mes frères ont été mobilisés. Il n'y avait plus assez d'hommes à la maison.

– Il y avait grand-père ! objecta Fabien.

– Père ne pouvait subvenir à tout, même avec l'aide de ton autre grand-père. Les temps étaient durs pour tout le monde.

– C'est pour cela que tu as arrêté l'école ?

– C'est exact. J'y suis resté autant que j'ai pu. Mais, après le décès de votre oncle Fabien et de votre grand-mère, mon père a été tellement abattu que le travail s'en est ressenti. J'ai compris qu'il me fallait rester auprès de lui pour l'aider.

– Sinon tu aurais continué tes études ?

– C'était le vœu de ma mère. Et j'étais le grand espoir de Mathilde, qui avait beaucoup misé sur mon avenir.

– Tu regrettes ?

– Non. Moi aussi j'ai toujours rêvé de devenir berger. Les pâturages d'estive, les drailles, les longs troupeaux ensonnaillés ont toujours habité mes rêves d'enfant. Ils étaient pour moi comme l'eau des sources, le parfum des fleurs au printemps, le chant de rivières qui cascadent de nos montagnes. Je n'ai jamais pu imaginer ma vie sans la compagnie de mon troupeau.

– Alors, pourquoi ne cesses-tu pas de nous conseiller de penser à autre chose ? demanda Aubin.

– Nous ne sommes plus au siècle dernier. Vous êtes jeunes. L'avenir, je le crains, n'est plus aux bergers transhumants ni aux petits paysans. Voyez comme la guerre a laissé des cicatrices profondes dans notre propre monde ! Tous ces murs de *faïsses* qui s'éboulent ! Cette terre que nos ancêtres ont si durement remontée à dos d'homme et qui s'épand maintenant, entraînée par les pluies ! Regardez autour de vous comme les genêts et les fougères ont envahi nos drailles et comme les gens ont vieilli ! Qui remplacera ceux qui, comme vos oncles, ne sont pas revenus ? Ça fait dix ans maintenant que tout est terminé et je ne vois rien de changé. Notre monde est entré dans un lent déclin.

– Tu parles comme un vieux ! s'exclama Aubin. Nous sommes là, nous ! Et dans dix ans, tout sera de nouveau comme avant.

– Dans dix ans ! À l'orée des années 40, qui peut dire ce que nous serons devenus ? »

François se voulait très lucide, il ne pouvait croire, même à son âge, que son métier avait encore un grand avenir. Les mises en garde de sa mère, les conseils de Mathilde, les malheurs que sa famille avait essuyés lui avaient mûri l'esprit. Quant à la guerre, elle lui avait fait prendre conscience de la rapidité du changement d'époque. Aussi pensait-il que la transhumance ne survivrait pas longtemps aux nouvelles conditions de l'élevage moderne. Il n'ignorait pas qu'en Amérique les grandes unités de production agricole étaient industrialisées. Il savait que dans les régions céréalières du Bassin parisien agriculture et élevage étaient dans les mains de très grands propriétaires qui finiraient par inonder le marché de leurs produits et ne laisseraient aucune place aux petits producteurs.

« Le vent a tourné ! ne cessait-il d'expliquer à ses neveux qui persistaient à le contredire. Les années 30 seront celles des grands chambardements ! »

Beaucoup de soldats revenus de la guerre ne retrouvaient plus tout à fait leur place auprès de leur famille. Les pères avaient repris les rênes pendant leur absence, et l'obéissance qu'ils exigeaient de leurs fils, même tacitement, était parfois mal perçue. La façon d'appréhender l'avenir, de conduire l'exploitation, d'entrevoir l'éducation des enfants, les relations avec les épouses opposaient de plus en plus les membres d'une même famille. Les anciens combattants se sentaient dépossédés de ce qu'ils avaient acquis avant le grand conflit.

Antoine, lui, ne cessait d'affirmer qu'à son âge il ferait mieux de laisser sa place aux jeunes. Ses fils, le connaissant bien, ne répondaient pas. Avec les années, il avait perdu de sa force de caractère et laissait percevoir une certaine lassitude. En fait, il acceptait mal de se voir remplacé peu à peu par ses fils, qu'il considérait encore comme des enfants qui n'auraient pas vieilli. De plus, il aspirait à se retrouver auprès de son épouse. La séparation et l'éloignement commençaient à lui peser. Il regrettait même parfois de les avoir imposés à Adeline au temps où elle avait tant besoin de lui.

« J'ai été égoïste, expliqua-t-il à ses fils un soir de confidences. Votre mère n'a pas cessé de se sacrifier pour nous tous. Durant toute ma vie, je n'ai écouté que les drailles. Chaque fois que j'entendais leur appel, je n'avais qu'une hâte : emmontagner, partir vers le haut pays. J'ai délaissé ma famille, mais je ne pouvais m'empêcher d'éprouver un immense bonheur. Cette liberté retrouvée chaque été était plus forte que toute autre attache.

– C'est notre métier qui veut cela », lui répondaient ses fils, qui ne comprenaient pas les brusques remords de leur père.

Antoine n'avouait jamais les véritables raisons qui le rendaient morose, mais chacun comprenait à demi-mot qu'il avait envie de tourner une page du grand livre de son existence.

La bergerie du Villaret dominait une lande rase et monotone. Après les touffeurs de l'été, l'herbe jaunie et piétinée donnait au paysage l'aspect d'une steppe prête à s'enflammer. Le ciel s'obstruait vite de lourdes écharpes de nuages qui, venues de l'ouest, annonçaient la fin de la belle saison. Cependant, il fallait encore tenir deux mois, afin de profiter le plus longtemps possible des herbages d'altitude et d'économiser les maigres ressources des garrigues. Les mois d'automne étaient de tous les plus languissants. Les journées raccourcissaient rapidement, il fallait rentrer les bêtes plus tôt et les sortir plus tard ; les soirées étaient longues malgré les histoires qu'ils se racontaient à la lueur de la lune pour économiser les chandelles.

Quand ils faisaient cabane, enroulés dans leur épaisse cape de laine, presque enfermés dans le cercueil mobile, ils avaient hâte que le jour se lève afin de retrouver la lumière. Pendant la nuit, le froid, les cris des animaux nocturnes, les alertes données par les chiens au moindre bruit suspect maintenaient toujours les bergers en éveil.

Levés aux aurores, ceux-ci commençaient à sentir la fatigue les envahir. Quand octobre approchait, les bêtes elles-mêmes semblaient peu enclines à se remettre en chemin pour gagner les secteurs de pâturage plus éloignés. Seuls Aubin et Fabien, sentant arrivé le terme de leur séjour, donnaient encore l'impression d'être au mieux de leur forme.

« Ils sont jeunes ! plaisantait Antoine. Ils sont comme les cabris, pleins de fougue. »

C'était le dernier jour avant leur départ pour Quérac. Maurice et Mathieu avaient chargé Samuel de les raccompagner et de redescendre les brebis prêtes à mettre bas qui gêneraient le retour du troupeau.

Dans le parc, où celui-ci avait été regroupé, régnait un silence inhabituel. Toutes les brebis s'étaient rassemblées et ne formaient plus qu'un matelas de laine dense et immobile. Parfois un bêlement sorti d'outre-tombe déchirait la nuit qu'une lune blafarde blanchissait de ses faibles rayons.

À l'autre extrémité, un peu à l'écart, deux béliers s'affrontaient, choquant leur tête l'une contre l'autre. Une brume épaisse enveloppait les combattants et étouffait le bruit de leurs cornes entremêlées. Les deux mâles, chefs de leur groupe, se disputaient la tête du troupeau. Le combat durait depuis les premières lueurs matinales et avait réveillé les deux *traspastres* qui entamaient leur ultime journée d'estive.

Le plus gros des deux mâles s'apprêtait à encorner son rival quand celui-ci, se sentant dominé, finit par céder. Il lui présenta son flanc d'un air de soumission, puis rentra dans le rang. Le bélier vainqueur fit face au troupeau, releva la tête et entraîna les jeunes femelles derrière lui.

« Ça y est ! chuchota Aubin, c'est lui le chef à présent.

– Dommage qu'il faille partir demain, ajouta Fabien. On est mieux ici que sur les bancs de l'école.

– Je suis bien de ton avis. Mais nous ne pouvons rien y faire. Nos pères sont plus têtus que les vieux mâles du troupeau !

– Ce sont nos mères qui les mènent par le bout du nez ! Ils les écoutent trop ! Moi, quand je serai grand, je ferai comme j'ai envie. Et si j'ai des fils, ils seront bergers avec moi ! »

Fabien raisonnait encore en enfant et se serait volontiers laissé aller à la désobéissance si son cousin l'y avait poussé. Mais Aubin, à treize ans passés, se montrait plus réfléchi et tempérait ses ardeurs.

« Tu te rends compte, renchérit le fils de Maurice, ma mère a même réussi à interdire à mon frère de partir en transhumance ! À son âge, il aurait pu nous accompagner.

– Son tour viendra l'année prochaine. »

Les deux jeunes garçons s'opposaient parfois à leurs pères, qui devaient souvent montrer à leur égard une autorité qu'Antoine, à son époqque, n'avait pas eu besoin d'exercer.

« Les temps changent ! aimait plaisanter ce dernier, quand les discussions devenaient houleuses. Les enfants osent à présent contester leurs parents ! De mon temps, il n'aurait pas fallu que je m'oppose à une décision paternelle. Et cette habitude de se laisser tutoyer par ses enfants ! Ce n'est pas moi qui vous l'ai inculquée !

– François vous tutoie, Père ! fit remarquer Mathieu.

– François était le petit dernier », se justifia Antoine.

Séparé en trois groupes, le troupeau quitta le parc au petit matin. Antoine resta à la bergerie pour s'occuper du fumier qu'il fallait emballer. Il se mit aussitôt à nettoyer l'aire de pacage. De son *rebal*[1], il ratissa le *migon*[2] et l'entassa à l'extérieur. Puis il prépara les sacs destinés aux paysans voisins qui allouaient leurs terres en pâturage.

Aubin et Fabien étaient partis dans le secteur le plus proche en compagnie de François. Mathieu et Maurice s'étaient partagé le reste du troupeau et avaient regagné des prairies lointaines, aux limites du domaine du Villaret.

Le brouillard ne s'était pas encore levé, quand François décida de laisser pâturer ses bêtes à leur guise. Il avait volontairement séparé ses neveux, afin de calmer leur ardeur contestataire, et les avait envoyés loin l'un de l'autre avec un chien pour toute compagnie. Les deux cousins n'appréciaient pas d'être séparés. Seuls, ils trouvaient le temps long, et ce n'était pas la présence de leurs moutons ni de leur chien qui les sortait de leur langueur. Ils appréciaient de monter la garde ensemble, de faire cabane l'un près de l'autre, de se retrouver avec leur oncle François qu'ils considéraient presque comme un frère, et avec lequel ils osaient s'exprimer en toute liberté, sans crainte d'une réprimande.

Ce matin-là, ils ne comprirent pas pourquoi il les avait éloignés l'un de l'autre. Ils avaient toujours cru jusqu'alors que leur oncle défendait leur point de vue face à leurs pères. À leurs yeux, ceux-ci s'entêtaient trop souvent et se montraient plus sévères que leur grand-père. François leur avait cent fois expliqué que les vétérans de la Grande Guerre éprouvaient beaucoup de difficultés à accepter le changement d'époque que

1. *Sorte de racle constituée d'une large planche.*
2. *Fumier sec.*

celle-ci avait engendré. Beaucoup blâmaient tout ce qui entraînait le désordre et la désobéissance, sans doute parce qu'ils avaient enduré les pires conditions de vie sur le front et qu'ils estimaient que leur loyauté méritait le respect. L'esprit de révolte, qui s'était emparé de certains en 1917, avait été vite étouffé, leur expliquait-il, et les plus avisés n'avaient eu aucun mal à comprendre que seuls la discipline et l'ordre permettraient d'accéder à la victoire. Celle-ci acquise, au prix d'énormes sacrifices, ils n'étaient pas prêts, pour la plupart, à accepter à nouveau troubles et agitation, source de désordre et d'insécurité.

« Pour garantir la paix, affirmait Mathieu, il faut assurer la paix sociale. Et pour avoir la paix sociale, il faut d'abord que chacun soit maître chez soi ! »

Même Maurice, l'insoumis, avait fini par adhérer aux idées de son beau-frère.

Les hommes des tranchées avaient côtoyé l'enfer de trop près pour se laisser gruger, dans leur foyer, la place qu'il jugeait être la leur, de droit. Ce qui les opposait à leurs pères – ces hommes d'une autre époque qui semblaient s'accrocher à leurs prérogatives patriarcales – les opposait aussi à leurs propres enfants, qui ne comprenaient pas toujours qu'ils puissent leur refuser de rêver à leur tour à un monde meilleur et plus facile.

À quarante ans, Mathieu était devenu un homme autoritaire, endurci par la vie. Il réagissait parfois avec sévérité envers ses enfants et les contraignait au silence quand ceux-ci osaient le contredire. Antoine ne se privait pas de lui rappeler qu'à leur âge il avait eu les mêmes réactions et faisait les mêmes rêves. Piqué au vif, Mathieu quittait la pièce en claquant la porte, indigné d'avoir été contredit par son père devant ses propres enfants. Mathilde, qui n'aimait pas les voir se chamailler, entraînait alors les garçons dans la pièce voisine pour laisser les adultes s'expliquer entre eux. Antoine était le premier à déplorer ces petites altercations.

« Nos enfants oublient comment nous les avons élevés ! se plaignait-il.

– Il ne faut pas leur en vouloir, la guerre les a beaucoup marqués. Je crois qu'ils vivent dans la peur constante que cela ne recommence un jour si l'on n'y prend pas garde. Cette paix est si fragile ! » expliquait Mathilde

Pour toutes ces raisons, François, lui aussi, estimait utile de ne pas laisser s'envenimer les conversations entre son père, son frère et ses neveux. Plus jeune que Mathieu d'une bonne douzaine d'années, il n'avait pas l'âge d'être le père de Fabien ni d'Aubin, desquels il se sentait très proche. Mais ce qu'il avait enduré dans son enfance – les vexations de la part de ses camarades, les doutes vécus en silence, le profond chagrin qu'il avait éprouvé à quatorze ans à la mort de son cadet et de sa mère – avait fait de lui un homme aguerri et serein. Modéré en tout, ne se mettant jamais en colère, il se montrait d'une impartialité exemplaire. Il ne prenait jamais parti et cherchait toujours à concilier les contraires. D'une grande tendresse, à l'image de sa mère Adeline, il avait la même force de caractère que celle de son père.

« Rien de tel que d'être seul avec ses moutons et son chien pour retrouver la juste raison, déclara-t-il à ses neveux pour justifier sa décision. Le silence des grands espaces vous aidera à remettre de l'ordre dans votre esprit ! Quand vous reviendrez ce soir, vous y verrez plus clair et vous serez à même de faire la part des choses.

Rien ne sert de s'entêter et de s'engrener l'un l'autre dans la contestation. N'oubliez pas que vos parents sont toujours ceux qui vous veulent le plus de bien. »

Les deux cousins firent grise mine et partirent chacun de leur côté avec deux à trois cents brebis à garder.

François ne s'éloigna pas d'eux afin de les surveiller de près. Il n'avait pas une confiance aveugle dans ses neveux qui n'étaient pas les derniers à faire les quatre cents coups et à désobéir.

Aubin, le plus raisonnable des deux, prit son mal en patience et s'attacha à ne pas laisser divaguer trop loin son petit troupeau. En cette dernière journée d'estive, il n'avait nulle envie d'aller rechercher ses bêtes aux quatre coins de la lande et de revenir fourbu au Villaret. Le lendemain, la descente avec Samuel serait longue et fastidieuse, car les brebis pleines mettaient souvent de la mauvaise volonté à démontagner, la fatigue due à leur état les incitant à traîner sur la draille à la moindre occasion.

Fabien, lui, ne cessait de maugréer dans son coin. Il avait l'esprit contestataire de son père et admettait mal, à douze ans, de devoir se plier aux exigences de son oncle.

« Quel traître ! bougonnait-il entre ses dents. Dire qu'on le considère presque comme un frère ! Il s'est donc rangé du côté de nos pères ! »

Il avait l'esprit bien trop préoccupé pour veiller attentivement sur ses brebis. Celles-ci en profitèrent pour s'éparpiller un peu partout par petits groupes, malgré les efforts de Tommy, son vieux briard. Les bêtes, attirées par les secteurs d'herbe tendre, se rassemblaient parfois derrière un mamelon, hors de sa vue. Fabien, plongé dans ses pensées, les voyait disparaître, puis réapparaître sans s'inquiéter.

Quand l'après-midi toucha à sa fin, François rassembla ses brebis et partit à la rencontre de ses neveux au point de ralliement qu'il leur avait donné. Aubin arriva le premier, fier d'annoncer que ses bêtes étaient au complet. Puis ils attendirent Fabien pour regagner la bergerie.

À l'horizon, le ciel s'obscurcissait de nouveau et le vent rabattait les buissons vers le sol. Les rafales devenaient de plus en plus violentes et rapprochées.

« Nous allons prendre la pluie s'il ne se dépêche pas ! » s'écria François.

Malgré son impatience à voir arriver son neveu, il évitait de montrer son inquiétude. Les moutons commençaient à s'engager sur la draille. Aubin dut les contenir en faisant claquer la lanière de son fouet.

« Que fait-il ? Il devrait être là à cette heure-ci ! La pluie arrive sur nous ! »

Tout à coup, Tommy déboula le premier de l'arrière d'une butte, tentant en vain d'arrêter les moutons de Fabien qui s'étaient engagés seuls sur le chemin du retour. Le pauvre chien avait pris les devants mais ne parvenait pas à les arrêter. Les bêtes, que l'instinct poussait à rentrer, s'étaient mises en route toutes seules.

« Bon sang ! s'exclama François, où est Fabien ?

– Il a dû s'endormir et n'a pas vu ses moutons partir !

– S'endormir ! Avec ce temps !

– Il faut aller à sa recherche !

– Je ne peux pas te laisser seul avec huit cents bêtes. Tu ne t'en sortirais pas. Rentrons à la bergerie, nous reviendrons avec Mathieu et Maurice. Ils doivent être rentrés à présent. »

François tira le troupeau sur la draille. Aubin poussa derrière sans laisser d'écart. Leurs trois chiens, comprenant l'urgence de la situation, n'hésitèrent pas à mordiller les traînardes au jarret pour les remettre sur le droit chemin.

Quand ils parvinrent au Villaret, la nuit n'était pas loin de tomber. Tous étaient rentrés.

« Où est Fabien ? » s'inquiéta Maurice.

François expliqua les faits sans s'attarder. Avec Mathieu et les deux autres bergers, il se remit en route aussitôt, laissant la bergerie à la garde d'Antoine.

« Il va faire nuit dans peu de temps et il commence à pleuvoir, fit celui-ci, soyez prudents ! Prenez des lampes à pétrole, sinon, vous n'y verrez rien. »

La bourrasque s'était levée. L'obscurité empêchait de discerner le moindre détail à plus d'une dizaine de mètres. Les cinq hommes marchaient lentement à la lueur de leur lampe-tempête. Quand ils parvinrent sur les lieux où Fabien montait la garde, ils se déployèrent à dix mètres l'un de l'autre et commencèrent à ratisser la lande, le dos courbé par le vent, les yeux emplis de pluie. Ils appelèrent à tue-tête jusqu'à s'égosiller, fouillèrent tous les recoins, toutes les anfractuosités, les plus petits buissons ; ils ne trouvèrent nulle trace de Fabien.

L'inquiétude fit place à l'incompréhension. Maurice connaissait bien son fils : jamais il n'aurait laissé partir ses bêtes par inadvertance.

Pendant des heures ils arpentèrent les prairies, passant et repassant aux endroits où les bêtes avaient piétiné l'herbe rase et laissé derrière elles des traces de leur pacage.

« Il est impossible qu'il se soit égaré, insista Maurice, impossible ! Il connaît très bien le coin.

– Nous devrions rentrer, proposa Mathieu. Nous n'y voyons pas assez. Demain à l'aube, nous reprendrons nos recherches. »

François se souvint tout à coup du jour où il avait attendu le retour de son père, réfugié sous un pont, tétanisé de peur à cause de la nuit et de la pluie. Il avait six ans à peine et avait été incapable de sortir de son refuge, alors qu'il entendait passer le troupeau au-dessus de sa tête.

« Il s'est peut-être réfugié dans un abri et ne nous a pas entendus, dit-il pour rassurer son beau-frère. Je crois préférable aussi de revenir quand il fera jour. »

D'un commun accord, les bergers cessèrent leurs recherches. Seul Maurice aurait voulu poursuivre, car il sentait son fils en danger. Il se rangea finalement à l'avis des autres.

Le lendemain, dès que le jour éclaira la surface du causse, ils se remirent en quête. L'angoisse les avait empêchés de dormir et leurs yeux étaient lourds de sommeil. Le ciel menaçait toujours, mais la pluie et le vent avaient cessé. L'humidité remontait du sol en nappes de brume stagnante.

Au loin, une tache sombre attira l'attention de François.

« Nous n'avons pas fouillé ce bosquet », dit-il en montrant du doigt un amas de feuillage ras qui semblait sortir de terre.

Maurice blêmit :

« Pourvu que…

– Oui ? coupa Mathieu.

– On dirait un aven. »

Nul n'ignorait que la surface du causse était burinée de cavernes. La plupart étaient connues des bergers.

Parfois, ceux-ci en barraient l'entrée par de gros branchages afin que les brebis ne puissent pas s'y laisser engloutir. Mais toutes n'avaient pas révélé leur présence et le sol, en certains endroits, menaçait de s'effondrer à la moindre surcharge. Parfois les gouffres se devinaient par la présence de végétation plus touffue autour de leur orifice. Fabien et Aubin avaient été avertis qu'ils ne devaient pas s'en approcher, pour éviter tout accident.

Les bergers avancèrent vers le boqueteau avec précaution. Leurs appels restèrent sans réponse. François fouilla avec plus d'attention.

« Des brebis sont passées par ici, lança-t-il. Il y a des touffes de laine accrochées aux branches. »

Il contourna l'obstacle végétal et s'arrêta net.

« Par ici ! » s'écria-t-il.

Devant lui, un trou béant s'ouvrait à pic. Sur un rebord situé à trois ou quatre mètres à la verticale, une masse blanche, inerte, était prête à basculer dans le vide.

« C'est une de nos brebis, fit Mathieu en éclairant le trou noir de sa lampe-tempête. Je reconnais sa marque sur sa toison. Elle est morte, elle ne bouge plus.

– Il faut descendre pour voir de plus près, ajouta Maurice, qui ne dissimulait pas son anxiété. J'y vais. Vous allez me retenir avec les cordes. »

Le père de Fabien craignait le pire, mais se taisait. Ses compagnons avaient eu la même pensée.

Pas à pas, arrimé au bout de sa corde, il descendit dans le gouffre obscur. Quand il parvint sur l'arête rocheuse où la brebis s'était écrasée, il réclama plus de corde pour descendre plus bas. L'aven se rétrécissait dangereusement. Un souffle d'air sortait de ses entrailles. L'obscurité se fit totale. Seul le halo de sa lampe lui permettait de voir où il posait les pieds.

Quand il parvint à une dizaine de mètres, il toucha le fond. Il se détacha avec précaution, cria à ses compagnons que tout allait bien. Puis, sans précipitation, sa lampe au bout du bras, il balaya le fond de la grotte. Celle-ci était immense ; des colonnes de calcite tombaient du plafond et en rejoignaient d'autres, dressées comme des hallebardes, qui semblaient s'extirper de la roche ruisselante d'humidité.

À ses pieds, Fabien gisait, inanimé, brisé par sa chute, dans une posture de pantin démantibulé. Une stalagmite acérée lui transperçait le corps.

XVIII

La grande dépression

La mort tragique de Fabien mit fin à l'estive. Dès le lendemain, le troupeau démontagna en un long cortège funèbre. Aucune brebis ne fut apprêtée. Personne n'avait envie de communiquer sa douleur. Tous restaient muets ; les bêtes elles-mêmes semblaient prendre part au deuil, elles se suivaient tête basse, surprises de n'entendre aucune sonnaille entamer le chant du retour.

Avant de reprendre la draille, Maurice tint à préparer lui-même le corps de son fils pour sa dernière transhumance. Il ôta ses vêtements maculés de sang coagulé, le lava, le revêtit d'habits propres et l'enroula dans sa cape de berger. Il alla chercher une cabane mobile et y déposa sa dépouille sur une toison de laine.

« Qui aurait pensé que cette cabane, où il a si souvent dormi, lui serve un jour de cercueil ! Pourquoi lui ? s'interrogeait-il sans comprendre. Pourquoi Dieu s'en prend-il aux innocents ? »

Maurice était anéanti, inconsolable.

Au moment du départ, il saisit le premier les perches du brancard, François se plaça à l'autre extrémité avec Samuel et, ensemble, ils prirent la tête du cortège.

« C'est toi, mon petit, qui vas tirer le troupeau aujourd'hui », sanglota-t-il en s'adressant à son fils comme s'il était encore vivant.

Ils firent une pause toutes les deux heures. Le transport du cercueil était fastidieux, surtout dans les endroits abrupts et resserrés. Jamais Maurice ne voulut laisser sa place. Situé à l'arrière, il ne cessait de parler à mi-voix, le regard figé sur le couvercle du cercueil. À maintes reprises, il fallut qu'un cinquième homme vienne prêter main-forte, car la pente obligeait à de délicates manœuvres. Le deuxième jour, alors qu'ils attaquaient la draille escarpée de l'Asclier, le cercueil échappa des mains de Samuel, qui le soutenait à l'avant, tandis que Maurice et Mathieu tenaient les brancards. Entraînés par la charge, les hommes lâchèrent prise. La cabane mobile se renversa, glissa sur la pente rocheuse et alla se caler contre un arbre à deux mètres plus bas.

Maurice était exténué, mais il s'entêtait toujours à être le premier à s'occuper de son fils. Antoine, que le deuil avait terrassé, lui fit comprendre qu'il devait se ménager s'il voulait éviter un autre accident.

« Laissez-moi faire ! Je vais aller le chercher.

– Père ! objecta Mathieu. Avec votre bras, vous devriez…

– Quoi, mon bras ! Fiston, j'ai bientôt soixante ans, mais je suis encore solide comme un roc ! Allez, envoyez-moi des cordes au lieu de perdre votre temps à discuter. »

Antoine descendit prudemment sur le schiste glissant, passa la corde dans les anneaux de fer, puis se cala sous le cercueil. À l'autre extrémité, les quatre hommes tirèrent lentement vers eux et ramenèrent le coffre sur le bord de la draille. Le couvercle s'était entrouvert et, sur les flancs, des planches s'étaient déboîtées, laissant apparaître le linceul de laine dans lequel le corps de Fabien était enveloppé.

« Je vais arranger ça, fit Antoine dès qu'il fut remonté. Allez tous vous reposer ! »

À chaque étape, la soirée se transforma en veillée funèbre. Leurs hôtes habituels n'attendaient pas si tôt leur passage. Ils furent très surpris d'entendre arriver leur troupeau à cette période. Mais quand ils aperçurent en tête la cabane mobile portée par quatre hommes, ils comprirent qu'un malheur était arrivé.

Au gîte de la Bessède, la nouvelle avait précédé l'arrivée des bergers. Tous les hommes restèrent auprès de Fabien, au milieu du troupeau, laissant Antoine se rendre seul chez son hôte. Celui-ci avait appris la tragédie par un autre berger qu'ils avaient croisé sur le causse et qui les avait devancés.

« J'espère que personne n'aura prévenu les nôtres à Quérac, déclara Antoine. Je préfère le faire moi-même. Sinon, ce sera l'affolement ! »

Quand ils parvinrent à Colognac le lendemain, il abandonna ses fils et son gendre.

« Je pars devant pour préparer nos femmes à la terrible nouvelle. Si elles entendent de loin arriver le troupeau, elles se rongeront les sangs. Mieux vaut les prévenir en douceur. »

Le soir, la consternation s'abattit sur la Castanède et sur le Soleyrol. Ce qui devait être une estive prometteuse s'était prématurément achevé en tragédie. Pour la deuxième fois, la vie s'était échappée aux aurores de la jeunesse et plongeait les vivants dans une incertitude grandissante du lendemain.

L'année s'écoula sans que le temps parvienne à cicatriser les plaies dans le cœur de chacun. Plus personne ne s'aventurait à faire des projections sur l'avenir. Même François semblait perdre son sens des réalités. Chacun vivait dans une inquiétante expectative.

Nul ne pouvait ignorer qu'on était entré en récession depuis ce fameux jeudi noir du 24 octobre 1929, qui plongea le monde dans le chaos. Dans l'entourage d'Antoine, les commentaires traduisaient à la fois l'incrédulité et la naïveté de penser que la France résisterait à la tempête. Mais, quand la crise s'abattit à son tour sur le pays deux ans plus tard, personne ne fut épargné.

Mathieu ne décolérait pas de ne plus trouver acheteur pour écouler à bon prix ses agneaux gris et ses toisons de laine. Il dut se résigner, lui aussi, à baisser ses prix. Les rentrées d'argent s'amenuisèrent et l'on commença à restreindre les achats de tout ce qui ne paraissait pas nécessaire.

Sur les foires, les acquéreurs se faisaient de plus en plus rares et profitaient du désarroi des plus touchés pour les acculer à se débarrasser de leurs biens à des niveaux jamais atteints.

Antoine croyait que le monde était devenu fou. Il se refusait à retourner sur ces lieux de transactions où les voleurs étaient toujours prêts à dépouiller les malheureux accablés par le destin.

« Il ne sortira rien de bon de cette crise ! proclamait-il. C'est la preuve, comme je le craignais, que la modernité s'est emballée et que l'homme n'est plus maître du monde.

– Je pense plutôt que le monde de demain naîtra des cendres produites par ce séisme », lui répondit François, de tous le plus lucide et le moins affolé.

Mathieu et Maurice, eux, redoutaient que ce chaos engendre un nouveau conflit, où les nations s'affronteraient pour des enjeux bien plus dangereux encore que ceux qui les avaient entraînées dans la Grande Guerre. Mathieu, le plus pessimiste, affirmait :

« Les grandes nations veulent dominer le monde. Elles sont prêtes à tout pour affirmer leur suprématie. La puissance des uns aiguise la rancœur des autres. Je crains que les vaincus et les déçus de 1918 ne se rebiffent. »

Lui, qui avait approuvé la sévérité du traité de Versailles douze ans plus tôt, commençait à penser que les vainqueurs avaient sans doute exagéré en acculant l'Allemagne à la faillite.

Un jour de novembre, Antoine rentra au Soleyrol l'air satisfait, ce qui ne lui était pas arrivé depuis longtemps.

« Regarde ce que j'ai acheté sur le marché, dit-il à Mathilde.

– Je croyais que tu ne voulais plus y mettre les pieds !

– Simple curiosité de ma part. Regarde plutôt ! »

Antoine posa son encombrant paquet sur la table et le déballa avec minutie. Mathilde ne put retenir son étonnement.

« Un poste de TSF ! Mais ça doit coûter une fortune ! Ce n'était peut-être pas le bon moment pour faire un tel achat !

– Je l'ai acheté à un pauvre homme qui avait besoin d'argent. Puisque nous avons l'électricité, j'ai pensé que ça ferait plaisir à tout le monde. »

Mathilde apporta aussitôt un guéridon et aida Antoine à installer son acquisition. Pendant que celui-ci s'affairait à en comprendre le fonctionnement, elle courut chercher les enfants dans leur chambre, Mathieu et Lucie dans l'étable.

Tous tombèrent en admiration.

« Vous êtes prêts ? demanda Antoine, fébrile comme un enfant devant un nouveau jouet. Je vais ouvrir le son. Vous allez voir : ça va parler. »

Du doigt, il montra le haut-parleur, comme s'il s'apprêtait à réaliser un tour de magie. Il tourna lentement le bouton, un sifflement aigu rompit le silence.

« Il faut régler la tonalité ! »

Peu à peu, une voix entremêlée de bruits stridents se fit entendre et devint de plus en plus nette.

« On ne comprend rien à ce qu'il dit ! s'étonna Lucien, le fils cadet de Mathieu.

– Tais-toi, fit Aubin, écoute ! »

La voix aux accents gutturaux semblait vomir des paroles menaçantes. Personne n'en percevait le sens. La petite Jeanne, vite déçue, tira son frère par la main.

« Viens Lucien ! Retournons jouer. Ce n'est pas un jouet pour nous.

– C'est un discours d'Adolf Hitler ! » lança François du fond de la pièce.

Quelques secondes plus tard, le commentateur de la radio expliquait qu'en Allemagne le parti national-socialiste d'Adolf Hitler et ses alliés de droite venaient d'exprimer sans ambiguïté leur intention de renverser le régime démocratique de Weimar.

« Ça y est ! poursuivit François, les loups sont dans la bergerie. Qui sait où cela mènera le monde ?

– Ce ne sont pas nos affaires ! coupa Suzanne, son épouse. Laissez donc les Allemands se dépatouiller avec leurs problèmes. Nous avons assez des nôtres !

– En attendant, ajouta Louise en regardant son père, si c'est pour entendre de telles bêtises, moi, je préfère encore les histoires qu'on se raconte à la veillée.

– Attends donc un peu, sois patiente ! »

Antoine tourna le bouton dans les deux sens. Le son redevint inaudible. Puis il affina le réglage.

« Écoutez ! dit-il avec satisfaction. C'est Lucienne Boyer qui chante : *Parlez-moi d'amour.* »

Tous se turent, subjugués par la voix de la chanteuse.

« Si c'est pour nous faire écouter de si belles chansons, dit Mathilde, alors je te pardonne ta petite folie ! »

À Quérac, les affaires allaient très mal pour le châtelain. La vente de ses vins souffrait de la crise et, le prix de l'hectolitre s'étant effondré, il se retrouvait avec des surplus dont il ne savait plus que faire. À quatre-vingts ans passés, il mettait encore un point d'honneur à diriger son domaine, même si ses apparitions dans ses terres se faisaient de plus en plus rares. Hortense, son épouse, le secondait et prenait souvent les décisions à sa place, quand il s'agissait d'un problème de personnel. Mais pour ce qui était des comptes financiers, Auguste Donnadieu n'avait jamais prétendu abandonner une once de responsabilité.

« Vous ne me faites donc pas confiance ! » lui avait un jour reproché Hortense.

Lui, toujours fier et orgueilleux, avait répliqué :

« Il y a des domaines où les hommes ne doivent pas abandonner leurs prérogatives.

– La gestion des affaires ?

– Parfaitement, ma chère. Les histoires d'argent ne doivent pas être traitées par les femmes. Je n'ignore pas que, depuis la guerre, nombre d'entre elles occupent des situations jadis réservées aux hommes. Je le déplore ! Cela ne convient pas, disons… à l'image même de la féminité.

– Et pourquoi donc ?

– En affaires, il faut être dur ; et l'argent salit souvent les mains de ceux qui le touchent. Il vaut mieux que les femmes se tiennent à l'écart de ce monde qui n'est pas fait pour elles. »

Hortense, en épouse avisée mais décidée, laissait son mari à ses antiennes qu'elles jugeaient surannées. Elle veillait discrètement au bon fonctionnement du domaine, consciente que celui-ci s'enfonçait peu à peu dans de sombres perspectives d'avenir.

Il lui fallut bientôt prendre la décision de réduire son personnel. La mort dans l'âme, elle expliqua à chacun les raisons qui l'obligeaient à agir de la sorte. Elle ne garda au château que la cuisinière et une femme de chambre. Pour les chais de son mari, elle fit admettre à celui-ci qu'il fallait diviser par deux le nombre de ses ouvriers agricoles et qu'il ne serait pas possible d'engager tous les saisonniers espagnols.

« Vous m'assassinez ! soupira le châtelain. Comment ferons-nous pour assurer les vendanges ?

– Est-ce bien utile de vendanger toutes nos vignes, puisque nous n'avons pas encore écoulé la récolte précédente ?

– Laisser les raisins pourrir sur place ! Jamais ! Vous n'y songez pas sérieusement ! Vous voulez ma ruine !

– La ruine viendra si nous nous endettons plus encore à force d'obstination. La saison dernière a beaucoup entamé notre réserve de trésorerie.

– Qu'en savez-vous ? C'est vous qui tenez les comptes à présent ?

– Ne vous entêtez pas, Auguste ! À votre âge, il faut être raisonnable. Nous avons de quoi vivre hors du besoin. Il est inutile de persister dans l'erreur. Laissons passer l'orage ! »

Hortense savait que, sauf retournement inopiné de la situation économique, la destinée du domaine de Quérac était très compromise. N'ayant que sa fille pour unique héritière, elle s'était résignée à sa disparition.

Julie vivait toujours auprès de ses parents. Avec les années, elle s'était peu à peu réfugiée dans un monde où les humains n'avaient pas leur place. Elle se complaisait dans ses souvenirs, dans ses regrets, menant une existence ouatée, sans consistance, déconnectée de la réalité. Son père avait voulu la faire soigner dans un hôpital pour malades mentaux. Hortense s'y était opposée, ayant préféré donner à sa fille l'amour que celle-ci cherchait toujours à atteindre au-delà de ses songes de jeune fille. Julie avait quarante ans et avait cessé de vivre depuis près de vingt ans.

Les vendanges de 1932 s'annonçaient sous de mauvais augures. Déjà l'année précédente, Auguste Donnadieu, ayant écouté son épouse malgré ses réticences, avait abandonné aux mauvaises herbes une partie de ses vignes, celles qui produisaient un vin abondant mais de piètre qualité. Léon Garrigue, son maître de chais, avait porté toute son attention à ses meilleurs cépages. Fort de son savoir, qui n'avait jamais failli depuis qu'il était au service du châtelain, il l'avait persuadé que, bien conservés dans ses foudres de chêne, ses meilleurs crus invendus représentaient un vrai trésor qu'il pourrait faire valoir quand les temps seraient redevenus plus cléments.

Il fallut acheter de nouveaux foudres, faire de la place dans les caves, embouteiller ce qui pouvait l'être, stocker plus encore.

Auguste Donnadieu se désespérait. Jamais il n'avait connu une telle situation. Au plus fort de la crise du phylloxéra au siècle précédent, il avait su faire face. Il se souvenait de s'être battu comme un lion auprès de son père qui l'avait fait venir pour le seconder. Certes, le vieux baron n'avait pas survécu au désastre, mais, lui, il avait sauvé le domaine.

C'était à son tour maintenant d'être acculé. Face à ce nouveau type de fléau, il se sentait désemparé. Il ne disposait d'aucun moyen pour lutter contre l'impalpable.

« Un parasite, ça s'anéantit ! geignait-il dans ses moments de découragement. Mais cette catastrophe est sans prise. *Laissez faire, laissez aller !* Quel imbécile, ce président Hoover ! Dire que de tels individus dirigent la plus grande puissance du monde ! »

Le châtelain ne décolérait pas de voir ses vignes à l'abandon. Tôt le matin jusque tard le soir, le vieil homme déambulait entre les rangées de ceps dont les branches cassaient sous le poids des grappes. D'inquiétantes tavelures marbraient les feuilles, les raisins commençaient à se couvrir de pourriture. Traînant les pieds dans la terre ensauvagée d'herbes folles, il repassait dans son esprit ces cinquante dernières années qui avaient fait de lui le maître de Quérac.

Son grand désespoir était toujours la disparition de son fils Guillaume. Lui seul, pensait-il, aurait pu sauver le domaine, comme jadis il l'avait sauvé. Après avoir accepté la fatalité, après s'être fait à l'idée que sa fille ne lui donnerait jamais d'héritier, il s'était encore battu en mémoire de ses aïeux, en sachant qu'il tirait sa dernière salve pour l'honneur. Mais cette fois, se sentant proche du terme de son existence, le vieux châtelain n'avait plus la force de lutter. Il n'entrevoyait plus aucune issue et ne nourrissait plus aucun espoir. Las de jouer les don Quichotte, il décida d'abandonner le combat.

Un matin de novembre, alors que la brume stagnait avec mollesse au-dessus de ses terres, il se leva aux aurores sans réveiller son épouse. Il revêtit sa tenue d'équitation, chaussa ses bottes et sortit son vieil alezan de l'écurie. Il l'enfourcha en tremblant et partit au pas pour un ultime rendez-vous avec ses vignes, son fusil de chasse sur l'épaule.

Parvenu au beau milieu de son domaine, il descendit de cheval, attendit que le soleil se lève et chasse les langues de brume qui paressaient encore sur les vignes. Celles-ci s'empourpraient sous les premiers rayons et semblaient s'enflammer.

Une nuée tardive d'oiseaux migrateurs passa à travers ciel. Un coup sec de fusil la dispersa.

Vers midi, Léon Garrigue, en inspectant les vignes, trouva le corps du châtelain inanimé, un trou béant dans la gorge d'où s'échappait le sang de toute une vie d'orgueil.

Une fois de plus, comme pour chacun des drames qui avaient marqué son existence, Hortense Donnadieu fit face avec grandeur et courage. Elle se retrouva seule, à soixante-cinq ans, à la tête d'un domaine en faillite. Jamais le château n'avait présenté aussi piètre apparence tant les travaux nécessaires à son entretien avaient été, par prudence, ajournés sine die. Les terres, délaissées pour la moitié d'entre elles, n'étaient que désolation et reflétaient à elles seules l'état alarmant des finances de la baronne.

Léon Garrigue avait beau veiller à ce que les meilleurs ceps fussent toujours taillés dans les règles de l'art, à ce que l'ivraie fût ôtée sitôt sortie de terre, vu le peu de main-d'œuvre dont il disposait l'état de délabrement s'accroissait d'une année sur l'autre et laissait envisager la disparition inévitable du domaine viticole de Quérac.

Mathieu et Maurice s'inquiétaient de cette situation et s'en étaient ouverts aux autres métayers.

« Si ça continue, se plaignaient-ils, le domaine sera mis en vente. Et qui sait ce que le nouveau propriétaire fera de nous ? S'il décide de vendre les bergeries et les terres de garrigue, nous devrons partir.

– Pas si nous nous regroupons en coopérative, expliqua François. En mettant tous nos moyens en commun, nous pourrions nous en sortir.

– Tu veux créer un kolkhoze ! s'étonna l'un de ses collègues. Comme en Russie !

– Nous ne sommes pas chez les Soviets ! renchérit un autre berger. Moi, je n'accepterai jamais de travailler pour les autres, j'aime trop ma liberté.

– Quand tu donnes ta part au maître, dit François, tu ne travailles pas pour quelqu'un d'autre ?

– Ce n'est pas la même chose. Travailler tous ensemble sans jamais être maîtres chez soi, ça ne me plaît pas !

– Je n'ai jamais dit que nous devrions créer un kolkhoze à la manière des Russes, reprit François, mais qu'en additionnant toutes nos ressources nous pourrions peut-être devenir copropriétaires d'une partie des biens qui seraient à vendre. Mon père et son ami Joseph ont fait cela il y a longtemps. C'est ce qui les a sauvés. »

Ce soir-là, les hommes discutèrent plus longtemps que de coutume. Le débat fut très animé entre partisans et adversaires d'un éventuel mouvement coopératif. Très prudente, la majorité d'entre eux se montra très attachée à la petite propriété, à l'acquisition personnelle des biens de production et à l'individualisme dans le travail. Mathieu et Maurice, eux, ne disaient mot.

« Bon sang ! s'énerva François, ce que je vous propose n'est autre que la solidarité entre les plus démunis et ceux qui possèdent le plus. Désunis, nous ne pourrons jamais faire face à un gros acquéreur qui mettra sous le nez de la châtelaine ses liasses de billets de banque et nous jettera à la rue après avoir acquis toutes ses terres.

– Il a raison ! s'écrièrent des voix du fond de la grange où ils étaient réunis.

– Bolcheviks ! leur répondirent les autres.

– Quelle bande d'imbéciles ! ronchonna Antoine, qui n'avait pas pris part au débat. Ils n'ont rien compris. »

Il prit son fils à part et lui dit :

« Laisse tomber ! C'est encore trop tôt. Tes idées mûriront petit à petit dans leur esprit. Quand ils seront acculés, ils reviendront sur leur position.

– Il sera peut-être trop tard, hélas ! »

Hortense Donnadieu ajourna sa décision quand elle apprit les mesures prises par le gouvernement pour résorber les stocks agricoles. Léon Garrigue lui conseilla d'accepter d'arracher des hectares de vigne et de faire distiller les excédents de vin accumulés dans ses caves, afin de profiter des primes de l'État. Ce que son mari ne s'était pas résolu à faire, la châtelaine n'hésita pas à l'entreprendre sans état d'âme, et elle sauva le domaine. Elle reconduisit les contrats d'herbage avec les métayers en les assouplissant et remit de l'ordre dans sa trésorerie. Quand, à l'orée de 1934, elle estima ses finances assainies, elle décida de vendre le cheptel ovin aux meilleurs offrants, uniquement à ses métayers.

« Je ne vends pas les terres, leur expliqua-t-elle. Elles sont le patrimoine des Donnadieu. Ma fille en est l'unique héritière ; de mon vivant et du sien, je ne puis me permettre de renoncer au bien de ses aïeux.

– Qu'en fera-t-elle, la pauvre fille, quand la châtelaine ne sera plus de ce monde ? chuchota Maurice. Elle est incapable de prendre une décision.

– Ce ne sont pas nos affaires, lui répliqua Antoine. Pour l'heure, nous avons échappé au pire. »

Pour la plupart, les métayers du domaine se portèrent acquéreurs des bêtes dont ils avaient la charge. La châtelaine transforma leur contrat en un bail à fermage, selon des clauses moins archaïques. Chacun parut s'en satisfaire. Seuls quelques-uns, les plus modestes, ne purent acheter leurs bêtes et furent contraints de les louer à ceux qui les avaient acquises.

« S'ils m'avaient écouté ! maugréa François, nous aurions constitué un troupeau en commun, chacun aurait gagné en fonction de son engagement personnel. Nul ne serait resté à l'écart de la proposition de la châtelaine. »

Mathieu et Maurice, plus circonspects, étaient satisfaits : toutes les bêtes leur appartenaient ; le rêve de leurs pères était réalisé.

Peu de temps après, tous apprirent la nouvelle : la châtelaine avait fermé le château et était partie vivre à Paris avec sa fille. Léon Garrigue était maintenu dans son poste de régisseur, chargé de veiller sur le manoir et sur le vignoble rescapé de l'arrachage.

XIX

Premières menaces

En quatorze ans d'absence, Marie avait refait sa vie à Paris, où elle était devenue la gouvernante des Vermeulen. Elle menait une existence paisible, partagée entre son travail et son fils, qui était tout pour elle. Régulièrement, elle descendait dans le Midi pour renouer avec ses racines et se retrouver avec les siens. C'était chaque fois le même bonheur à son arrivée et le même déchirement au moment des adieux.

Elle s'était vite habituée à sa nouvelle condition. Dans la fourmilière parisienne, personne ne lui avait posé de questions, ni sur ses origines, ni sur les véritables raisons de son départ de province, ni sur le père de son fils. Cela la surprit, mais elle en fut aussitôt rassurée. Noyée dans le flot des citadins, elle était une femme anonyme, comme des millions d'autres femmes, et avait adopté l'attitude qui sied à ceux qui désirent oublier une partie de leur passé.

Élisabeth Vermeulen ne s'était jamais intéressée à ce qui avait motivé son arrivée. Elle s'était contentée de la recommandation de son amie Hortense et l'avait acceptée avec son fils sans chercher à en savoir davantage. Certes, elle n'ignorait pas que sa gouvernante était d'origine modeste et qu'elle avait été employée au service des Donnadieu, mais elle eut la délicatesse de ne jamais la questionner à ce sujet. Marie s'était résignée à vivre loin de ses attaches, loin du monde de son enfance, même si cette séparation provoquait toujours en elle une profonde déchirure difficile à cicatriser.

Lors de ses retours à Quérac, elle voyait son père vieillir un peu plus chaque fois. Elle en éprouvait beaucoup de chagrin. Mathilde la consolait, lui expliquant qu'avec les années les souvenirs deviennent moins douloureux et qu'il y avait toujours de nouvelles raisons de se réjouir. Elle en prenait à témoin toutes les naissances et omettait volontairement de faire allusion aux décès qui avaient assombri l'existence de chacun.

Parfois, le soir, Marie faisait le bilan de toutes ces années écoulées loin du Soleyrol. Elle avait peine à imaginer que tant d'événements avaient eu lieu en son absence. À quarante-deux ans, elle semblait déjà lourde d'un passé dont elle était solidaire, malgré les vicissitudes de sa propre existence qui l'avaient tenue loin des siens. Mais elle sentait aussi que ce qui l'avait motivée jusqu'à présent allait maintenant lui échapper.

Elle n'était plus retournée à Quérac depuis la mort de Fabien. François et Suzanne avaient eu un second enfant, Catherine, qu'elle ne connaissait donc pas. Louise la pressait bien de revenir chaque été, mais elle ne se décidait pas à reprendre le chemin du retour, de peur d'être tentée de ne plus rentrer à Paris.

Depuis quelques années, Marie partageait sa vie entre deux hommes. Son fils occupait toujours l'essentiel de ses pensées. Il était tout pour elle. Elle avait sacrifié sa jeunesse pour l'élever et lui donner une bonne éducation. Elle aurait donné plus encore s'il le lui avait demandé. À vingt-deux ans, Pierre était devenu un jeune homme que tout le monde autour de lui se disputait : ses amis, Élisabeth Vermeulen qui appréciait sa conversation, son mari, le député, qui ne manquait jamais de lui demander son avis quand la Chambre était secouée par de violents débats.

Pierre poursuivait des études de droit et se destinait à la carrière d'avocat. Il avait gardé de ses origines une modestie et une simplicité qui le démarquaient de ses camarades, la plupart issus de milieux bourgeois. Il aimait leur rappeler, non sans éprouver une pointe de plaisir, que son grand-père élevait des brebis dans les montagnes cévenoles et qu'il avait lui-même rêvé, quand il était petit, de devenir berger comme ses oncles et ses cousins.

Quand on le raillait sur ses appartenances paysannes, il n'hésitait pas à prendre le parti des pauvres et à condamner les milieux d'affaires qui profitaient de leurs relations politiques pour accroître leur puissance. Pierre se faisait déjà l'avocat des déshérités et cristallisait autour de lui de nombreux courants de sympathie.

Un deuxième homme comptait dans la vie de Marie : un journaliste de *l'Action française*. Elle l'avait rencontré au cours d'un cocktail offert par le député pour fêter la victoire de son groupe parlementaire à l'Assemblée. Une cinquantaine de ses amis avaient été invités, dont quelques membres de la presse de droite. Parmi eux, Robert Delmotte faisait figure de maître à penser et semblait jouir d'une grande influence auprès des hommes politiques que Marie évitait toujours d'approcher en pareille occasion. Mais ce soir-là, dans l'euphorie de la victoire, Hector Vermeulen tint à ce que la gouvernante de sa maison lui fasse l'honneur de sa présence et la convia à se mêler à ses invités.

Robert Delmotte était un homme plein de prestance, très avenant, d'une courtoisie sans égale et d'un franc-parler qui ne plaisait pas toujours à tout le monde mais qui avait la faveur du député. Celui-ci insista pour lui présenter la protégée de son épouse, sans se méfier que son héraut n'attendait que cela.

Depuis ce jour, le beau journaliste trouva tous les prétextes pour se rendre chez les Vermeulen et fit une cour à peine voilée à leur gouvernante.

Petit à petit, leurs relations se consolidèrent. Marie décida de penser un peu à elle et crut tomber amoureuse.

Malgré l'insistance de Robert, elle mit cependant les choses au point : elle affirma tenir à sa liberté et refusa toute idée de mariage.

« Tant que mon fils aura besoin de moi, avait-elle prétexté, je tiens à garder mon indépendance. »

Robert Delmotte, que le travail obligeait souvent à s'éloigner de la capitale pour couvrir les événements de son journal, respecta la décision de Marie, mais il parvint à lui faire prendre un petit appartement qu'il partagea avec elle. Pierre louait quant à lui une chambre de bonne dans le Quartier latin.

Quand ce dernier apprit la liaison de sa mère, il ne laissa pas paraître son étonnement. Il venait d'obtenir sa licence en droit et allait entamer son cursus d'avocat. Marie néanmoins crut bon de s'expliquer :

« Tu sais bien que tu resteras toujours le seul homme de ma vie, lui avoua-t-elle.

– Je ne te demande pas de te justifier.

– Je vois bien que ma liaison avec Robert te chagrine.

– Au contraire, je suis heureux que tu aies enfin retrouvé un peu de bonheur.

– Je n'ai pas l'intention de me remarier, tu sais !

– Maman, ta vie t'appartient. Elle est loin d'être finie. Profites-en pendant qu'il est encore temps. Laisse donc tes souvenirs derrière toi et vis ta vie !

– Je ne peux pas t'abandonner !

– Tu as assez fait pour moi. Maintenant, je veux que tu vives pour toi. Toutefois…

– Oui ?

– Es-tu certaine d'aimer vraiment cet homme ?

– Quelle question, mon chéri !

– Sais-tu à quel milieu il appartient ?

– Mes sentiments ne me trompent pas. Et je n'ai plus vingt ans ! Je ne commettrai pas aujourd'hui les erreurs du passé. Va sans crainte !

– Il travaille dans un journal aux opinions, pour le moins, très ancrées à droite !

– La politique ne m'intéresse pas. »

Pierre n'opposa pas d'autres objections. Mais, en son for intérieur, il se demanda ce qu'aurait pensé son grand-père s'il avait appris que sa fille aimait un homme dont les articles et les propos reflétaient l'expression de la droite réactionnaire.

Depuis sa première rencontre avec Robert, quatre ans s'étaient écoulés. La liaison de Marie semblait solide. Robert Delmotte la rendait heureuse et lui donnait ce qu'une femme en pleine maturité de l'âge peut espérer. Elle menait une vie équilibrée, partagée entre les liens qui l'unissaient toujours à son passé et un quotidien qu'elle refusait de projeter dans l'avenir de crainte de se mettre à douter.

Ses revenus lui permettaient de satisfaire ses propres besoins et d'aider son fils à poursuivre ses études. Elle gardait toute indépendance vis-à-vis de son amant qu'elle tenait à l'écart de ses liens familiaux. À Quérac, d'ailleurs, tous ignoraient sa liaison.

Au début de 1934, elle rencontra Hortense Donnadieu en visite chez Élisabeth Vermeulen. Elle crut d'abord que la châtelaine n'était que de passage à Paris. Quand celle-ci lui apprit le décès de son mari et son intention de s'installer définitivement dans la capitale avec Julie, Marie pensa aussitôt que les affaires du château allaient mal. Elle ne put dissimuler longtemps ses craintes.

« Je vous rassure tout de suite, lui dit Hortense. Votre père et vos frères ne risquent rien. Je n'ai pas vendu le domaine. Il a toujours été la propriété des Donnadieu et le restera après ma mort. »

Marie comprit l'allusion de la baronne : Julie, même dans son état, demeurait son seul espoir.

Très vite, Hortense se rapprocha de son ancienne protégée et s'inquiéta de savoir si son fils ne manquait de rien. Elle lui rendit de fréquentes visites dans son petit appartement, les jours où elle n'était pas de service. Chaque fois, elle lui apportait des fleurs, des friandises, des livres pour Pierre qui provenaient de la bibliothèque de son mari.

Pierre l'avait revue avec plaisir. Elle lui rappelait son enfance passée entre le Soleyrol et le château, le parfum des collines au printemps, les couleurs dorées de la vigne à l'automne, les odeurs de moût pendant les vendanges. Le jeune homme aimait cette dame vieillissante, digne dans le malheur, d'une grande simplicité et qui aurait pu être sa grand-mère. Il appréciait sa conversation, riche en souvenirs, pleine de gentillesses à l'égard de ceux qu'elle évoquait. Avec elle, il revivait les grandes heures de Quérac et apprenait à mieux connaître sa propre famille. Hortense lui parlait de sa grand-mère Adeline comme jamais personne même Marie ne lui en avait jamais parlé. Elle n'avait que de l'admiration pour son grand-père : « Un homme intègre et courageux, sur qui le sort s'est acharné. » Elle vantait les mérites de ses oncles et de sa tante Louise qu'elle avait connus enfants à l'époque où son fils et sa fille partaient, en cachette de leur père, les rejoindre au moment du grand départ en transhumance.

« Vous pouvez être fier de votre famille, lui dit-elle un jour de confidences. C'était de loin celle qui avait ma préférence. Avec les Coste, ils étaient unis comme les doigts de la main. Mon défunt mari savait pouvoir compter sur eux. »

Peu à peu se créa, entre la vieille dame et le jeune Parisien, une secrète intimité, une amitié qui ne trompa guère Marie. « Elle voit en Pierre le reflet de son fils, songea-t-elle. Elle sait qu'il est son petit-fils, mais elle ne peut le lui avouer. »

Hortense Donnadieu ne commit pas la maladresse d'ouvrir son cœur à celui que Guillaume, dans une lettre datant du début de la guerre, avait en effet désigné comme son petit-fils. Elle avait conservé cette lettre précieusement, et n'en avait parlé à personne pour ne pas compromettre Marie et pour maintenir intact l'honneur des Donnadieu. Elle avait souvent craint que son mari ne découvre la vérité et avait tout fait pour détourner ses soupçons. Guillaume lui-même lui avait demandé de garder le secret, surtout s'il lui arrivait malheur. Elle avait tenu sa promesse. Mais, depuis la disparition du châtelain, elle se sentait si seule qu'elle avait grande envie d'en finir avec le mensonge.

Sachant Pierre à Paris avec sa mère, elle avait donc décidé de s'en rapprocher, pour voir revivre son fils à travers lui et pour donner à son seul petit-fils l'amour qu'elle avait encore à offrir.

Elle n'osait pas toutefois lui avouer la vérité.

Depuis quelques semaines, Paris était en ébullition. L'administration, le gouvernement semblaient contaminés de l'intérieur. L'opinion s'indignait de l'impuissance des hommes au pouvoir, de la valse des ministères, des scandales financiers qui éclaboussaient les milieux politiques. Le mécontentement allait grandissant dans les classes moyennes particulièrement affectées par la crise. L'antiparlementarisme était à son paroxysme et d'aucuns ne cachaient plus leurs sympathies pour un régime fort. Certains montraient même l'Allemagne en exemple, dirigée d'une main de fer par Hitler depuis plus d'un an.

Robert Delmotte ne ménageait pas ses diatribes contre le pouvoir en place. Son journal redoublait de violence envers le régime républicain et condamnait les méfaits de la démocratie. Le député Hector Vermeulen, pourtant de ses amis, jugeait les positions de *l'Action française* trop excessives et ne se privait pas de le lui reprocher.

« Votre journal va trop loin, mon cher ami, lui dit-il un jour que le Parlement y avait été traîné dans la boue. Votre Charles Maurras dépasse les limites de l'admissible. Je reconnais qu'il faut faire le ménage dans notre petit monde. Mais je ne vous suivrai pas sur le chemin de la remise en cause de la république. »

Jointe aux ligues, la presse d'extrême droite entretenait dans le pays un climat de haine et de fin de règne. Robert ne se privait pas d'affirmer qu'il fallait à la France un homme à poigne, de la trempe de Mussolini en Italie.

« Seul un tel homme pourrait garantir l'ordre et recréer les conditions de la prospérité !

– Vous jouez avec le feu ! Voyez ce qui se passe en Allemagne, où Hitler a fait incendier le Reichstag et interdire syndicats et partis politiques. Ne comptez pas sur moi pour vous suivre dans cette voie. »

Les deux hommes, depuis ce jour, prirent leurs distances et s'évitèrent. Marie, qui vivait de loin ces événements, n'entendait que la version de son ami. Sachant que les associations d'anciens combattants, dont les Croix-de-Feu, soutenaient la contestation, elle croyait que ses frères n'auraient pas été contre son avis. Les Ligues s'affichaient volontiers patriotes et apolitiques – ce que lui expliquait Robert –, la raison lui paraissait suffisante pour se ranger à ses idées.

Prise dans l'effervescence et le tumulte qui régnaient dans la capitale, elle songeait qu'à Quérac les siens devaient couler des jours bien tranquilles. Elle décida d'y retourner à Pâques et de présenter celui qui, depuis quatre ans déjà, lui marquait tant d'attention.

Pour l'occasion, elle fit part à Robert de sa décision d'accepter de l'épouser. Celui-ci fut le premier surpris de son revirement.

« Tu veux m'épouser ! Maintenant ?

– Au printemps, si tu peux attendre. Et au temple de Quérac, au milieu de ma famille.

– Qu'est-ce qui t'a fait changer d'avis ?

– Une conversation avec mon fils.

– Il est d'accord ?

– Il m'a encouragé à vivre pour moi. À mon âge, m'a-t-il fait comprendre, il est temps que je mette fin à ma vie de jeune fille !

– Ta famille acceptera-t-elle un second mariage ?

– Mon père, pas de problème ! Quant aux autres, ils seront de son avis. »

Marie se fit une fête à l'idée de revoir les siens. Elle avait pris conscience qu'il était vain de vivre dans le souvenir d'un passé révolu et avait définitivement tourné une page de son existence.

Elle venait d'annoncer sa décision à Élisabeth Vermeulen et rentrait, rêveuse, à son appartement. Pierre lui avait conseillé la veille de ne pas traîner le soir dans les rues.

« Les Ligues veulent occuper la place publique. Et je connais bon nombre d'étudiants prêts à en découdre », lui avait-il avoué.

Elle avait oublié son conseil. Depuis quinze heures, le gouvernement Daladier se présentait devant les députés dans une atmosphère houleuse. Déjà à l'appel des journaux, des syndicats et des Ligues, les Parisiens étaient sortis dans les rues et manifestaient à grand renfort de slogans leur soutien au préfet de police Chiappe discrédité par le ministre de l'Intérieur. *L'Action française* avait lancé un appel à venir manifester en masse devant l'Assemblée nationale. Les boulevards étaient déjà noirs de monde.

À la Madeleine, Marie se heurta à une barricade où les manifestants brandissaient des torches dans la nuit tombante. Les cortèges se formèrent rapidement : ligueurs, communistes, anciens combattants. Elle pressa le pas, impatiente de rentrer chez elle.

Elle craignait ces mouvements de foule, ces regards haineux, cette fébrilité exacerbée. La rue lui faisait peur quand la multitude l'oppressait. Elle s'en voulut soudain de ne pas avoir écouté son fils et s'inquiéta à son sujet. « Pourvu qu'il ne lui arrive rien ! » songea-t-elle.

Elle savait que Pierre était capable d'aller défendre ses opinions dans la rue s'il le fallait, au mépris de sa propre sécurité.

Peu après 18 heures, le drame éclata sous ses yeux : les gardes mobiles submergés commencèrent à tirer en l'air, d'autres coups de feu éclatèrent. Le bruit courut que des anciens combattants avaient été tués par les forces de l'ordre. Devant la fureur des manifestants, Marie fut prise dans le tumulte, entraînée malgré elle. Autour d'elle, elle entendit fuser les balles et vit tomber les premières victimes. Elle fut bousculée, reçut des coups malencontreux de la part des gardes qui, dans la panique, s'en prenaient à tout ce qui bougeait. Blessée à la tempe, elle trouva refuge derrière une porte cochère et attendit que le gros de l'orage passe. Le cuir chevelu entamé, elle saignait abondamment.

Peu à peu, le calme revint dans la rue, les manifestants s'éloignèrent. Elle sortit de son refuge et s'en revint sur ses pas.

Ce soir-là, elle mit plus de deux heures pour rentrer chez elle. Elle crut que Paris était en révolution.

Le lendemain matin, alors que les émeutiers poursuivaient leur action et que les partis de gauche organisaient déjà la riposte à la « menace fasciste », Robert passa en coup de vent, la mine déconfite. Il venait de passer la nuit à couvrir l'événement.

« Ça y est ! exulta-t-il, sans prêter attention à sa blessure. Nous l'aurons cette putain de république ! Et tous ces pourris de politicards, on en fera un convoi vers l'Allemagne ! Le père Adolf saura bien quoi en faire ! »

Jamais Marie n'avait perçu autant de haine dans les yeux de celui qu'elle aimait. Elle ne répliqua pas. Elle mit cet excès d'acrimonie sur le compte de la fatigue et de l'exaltation du moment. Mais elle sentit une première fêlure dans le bel édifice qu'elle s'était forgé.

Pierre vint prendre de ses nouvelles le jour même. Il lui conseilla de ne plus sortir pendant quelques jours. Il irait prévenir lui-même Élisabeth Vermeulen. Il ne cacha pas son intention d'aller soutenir ceux qui défilaient pour sauver la république, mais il eut le tact de ne pas condamner devant elle les positions et les actes de son futur beau-père.

« Fais attention à toi ! » lui dit-elle en le voyant partir. Une fois de plus, Marie avait le cœur chaviré.

Antoine fut de loin le plus heureux de tous d'apprendre que sa fille aînée allait mettre fin à plus de quinze ans de solitude. À ses yeux, il était temps qu'elle songe à accomplir sa vie en pensant à elle.

« Pierre n'a plus besoin de sa mère. En revanche, *elle* a besoin d'un homme à ses côtés », aimait-il répéter, quand il voulait se persuader que sa fille avait raison d'épouser l'homme qu'elle venait de lui présenter dans sa dernière lettre.

Ses autres enfants ne montraient pas autant d'enthousiasme.

« Un Parisien, un homme de la ville, et qui plus est un journaliste qui ne sera jamais là ! objecta Mathieu, le plus méfiant de tous. C'est pas là un homme pour Marie ! Je la connais bien, moi, ma sœur, elle ne rêve que d'une chose : revenir vivre ici à Quérac, dès que Pierre volera de ses propres ailes.

– Si elle aime cet homme, elle sait ce qu'elle fait ! répondit Lucie qui, en tant que femme, comprenait mieux que son mari les aspirations de sa belle-sœur. Jusqu'à présent, elle n'a jamais eu le bonheur de fonder un vrai foyer. L'occasion se présente à elle, je comprends qu'à son âge elle ne veuille pas laisser passer cette chance.

– Il n'acceptera jamais de venir vivre en province. Elle se condamne à rester à Paris jusqu'à la fin de sa vie.

– Qui te dit qu'elle désire revenir à Quérac ? demanda Antoine.

– Elle s'en est confiée à Louise la dernière fois qu'elle est venue.

– C'était il y a six ans ! Depuis, elle a pu changer d'avis. »

La décision de Marie ne faisait pas l'unanimité. Mais, comme l'affirmait Antoine, elle lui appartenait.

Son arrivée à Pâques avec son fiancé mit fin aux discussions. Tous, Mathieu compris, l'accueillirent les bras ouverts et ne purent contenir leur joie de retrouver celle qui, à leurs yeux, était devenue l'exemple même de l'abnégation et du courage, à l'instar de sa mère Adeline. Lorsqu'ils la virent descendre, en compagnie de Pierre, de la toute nouvelle 7 CV Citroën de Robert Delmotte, ils en oublièrent leurs réticences.

Assurément, Marie ne pouvait qu'avoir trouvé le bonheur avec cet homme qui, malgré les apparences, ne faisait pas excès de mondanités et savait faire preuve de civilité. Robert mit aussitôt tout le monde à l'aise. Sa faconde, ses manières simples et directes effacèrent tout de suite la retenue de chacun. Il ne lui fallut pas plus d'une journée pour se faire adopter par toute la famille.

Quand il demanda à Antoine l'autorisation de prendre des photos de son troupeau, de sa bergerie, des hommes au travail, expliquant qu'il aimerait faire un reportage sur le monde des bergers, il gagna encore en sympathie. Tous voulurent lui montrer comment Marie avait vécu dans sa jeunesse, ce qui l'attachait toujours à ses racines, ce qu'il y avait de noble et d'authentique dans le métier de son père.

« Ah ! la terre, ne cessait-il de répéter. C'est toujours le socle de notre civilisation occidentale. Vous, les paysans, vous en êtes les bâtisseurs et les gardiens. Les gens des villes devraient comprendre où sont les vraies valeurs : le travail, le courage, la famille, la vie saine, la nature. »

Les idées de Robert ne pouvaient que flatter ceux qui l'écoutaient, d'autant plus qu'il s'adressait à eux dans un langage pétri de simplicité et de sincérité. Les femmes surtout étaient en admiration devant lui et semblaient boire ses paroles. Il savait se mettre à leur écoute et vanter leurs mérites, quand il leur parlait de maternité, de leur rôle d'épouse, de leur sens du devoir. Il était le premier à reconnaître la place fondamentale qu'elles occupaient dans leur foyer et affirmait qu'elles méritaient plus d'égalité.

« Un jour viendra où l'on vous accordera le droit de vote. Ce ne sera que justice ! »

Seule Mathilde ne semblait pas subjuguée par le personnage et montrait une certaine méfiance à son égard. Elle s'en ouvrit à Antoine, qui lui répondit qu'elle se trompait.

« Cet homme a l'habitude de côtoyer beaucoup de monde. Il connaît les Français mieux que personne. Il a vite compris de quoi nous sommes faits, nous, les gens de la terre. Quel mal y a-t-il à cela ?

– J'entrevois dans ses propos des idées que je qualifierai de réactionnaires. Tu n'ignores pas pour quel journal il écrit ?

– Marie me l'a dit : *l'Action française.*

– C'est un journal d'extrême droite ! »

Antoine s'assombrit.

« Je ne veux pas ternir le bonheur de Marie. Si cet homme la rend heureuse, c'est l'essentiel. Il ne me revient pas le droit de lui faire des remontrances. À son âge, elle sait ce qu'elle fait. »

Mathilde se tut. Mais elle prit sur elle de parler à Marie pour être sûre qu'elle ne se fourvoyait pas.

Leur discussion lui permit de déceler chez sa belle-fille certaines zones d'obscurité. Quand elle apprit de sa bouche ce qui s'était passé le 6 février précédent, et comment Robert avait réagi, ses doutes ne firent que se confirmer. Elle pensa que l'homme était dangereux sous ses abords affables et qu'en d'autres circonstances il serait au service d'une bien mauvaise cause. Elle se garda toutefois de jouer les Cassandre et s'en voulut presque de gâcher le bonheur que Marie apportait dans ses bagages.

Le mariage eut lieu huit jours après leur arrivée. Le temple prit des allures de fête et personne ne contint sa joie de voir Marie enfin heureuse. Adrienne voulut remplacer son amie défunte et conduisit le marié jusqu'au pasteur, tandis qu'Antoine, très ému, amena sa fille devant l'autel. Certes, les mariés n'avaient plus la jeunesse de leurs vingt ans, mais la cérémonie n'en fut pas moins émouvante.

Quelques jours après, Marie et Robert reprirent la route de Paris. Ils laissèrent derrière eux l'image d'une belle réussite, même si certaines zones d'ombre ne s'étaient pas dissipées.

XX

Triste réalité

L'ÉTÉ ÉTAIT DÉJÀ BIEN ENTAMÉ. Les troupeaux avaient quitté les pâturages du bas pays depuis plus de un mois, laissant les métairies plongées dans un calme que rien ne perturbait. La garrigue tout entière redevenait le domaine des insectes, des lièvres et autres sauvagines. Les collines se dessinaient à coups de sabre à l'horizon et se détachaient sur l'azur comme des dessins à l'encre de Chine. Au fond des vallées, les rivières amoindries glissaient, paresseuses, sur les galets usés. Tapissant les coteaux, les vignes commençaient à ployer sous le poids des grappes encore vertes, tandis que, plus bas dans la plaine, les champs de lavande enivraient la campagne.

Autour du château ne restaient que les femmes, les enfants et les hommes qui avaient renoncé à entreprendre le long voyage vers les hautes terres, ainsi que les viticulteurs toujours à l'affût de la couleur du ciel. Les orages pouvaient occasionner de sérieux dégâts au moment où les fruits se gorgeaient de jus et de sucre.

Antoine avait repris la draille avec ses fils. Au printemps, il oubliait toujours ce qu'à l'automne il ne cessait d'affirmer avec conviction : qu'il rangeait définitivement son bâton de transhumant.

« Il a la draille dans le sang ! disait Mathieu, quand Mathilde s'inquiétait de sa santé. Tant qu'il entendra son appel, rien ne pourra le retenir.

– À soixante-sept ans, il ferait mieux de se ménager.

– Si vous voulez abréger sa vie, retenez-le à la maison !

– C'est lui qui parle chaque année de ne plus repartir.

– Pour se donner bonne conscience ! Je le connais, c'est mon père. Je sais de quoi il est fait. Je suis sûr que son plus grand souhait, c'est de mourir sur la draille, au milieu de ses bêtes. »

Mathilde n'aimait pas contrarier son mari. Aussi, quand celui-ci décidait au mois de mai d'emmontagner « pour la dernière fois », elle souriait et le laissait dire.

Le départ des hommes était toujours pour elle le signe des vacances, le début de l'été, sa saison préférée. Contrairement à Adeline, elle n'en éprouvait aucune tristesse. Elle aimait cette période où les enfants jouaient en toute liberté dans les champs, où les contraintes de l'école étaient abolies pour trois longs mois. Elle avait vécu toute sa vie au rythme imposé par le calendrier scolaire : juin marquait pour elle la fin d'une longue année de labeur, le début des réjouissances, l'ultime récompense de neuf mois de travail et d'efforts.

Depuis le début juillet, Quérac, tout somnolent sous les touffeurs de l'été, connaissait une animation inhabituelle. De bon matin, les rues du village étaient traversées par un va-etvient incessant de voitures de plus en plus nombreuses. Des cyclistes s'arrêtaient fréquemment sur la place pour se désaltérer à la fontaine et faire une pause à l'ombre fraîche des platanes. Parmi eux, les femmes, portant shorts et débardeurs, prouvaient aux curieux qui se précipitaient sur leur passage que le vélo n'était pas seulement l'affaire des professionnels du Tour de France. On vit même passer des tandems au grand étonnement des enfants, qui n'avaient jamais vu de telles bicyclettes.

Au même moment, la gare d'Alès voyait débarquer des trains un nouveau genre de voyageurs, avides de soleil et de chaleur. Le bord des rivières était pris d'assaut par les baigneurs, qui exposaient sans pudeur leur corps dénudé. Partout les plus petits villages étaient secoués par la fièvre des premières vacances.

Adrienne ne comprenait pas ce que venaient faire tous ces « étrangers ». Mathilde avait beau lui expliquer qu'il s'agissait de touristes, que le gouvernement avait accordé deux semaines de congés payés, elle persistait à penser que les gens fuyaient leurs villes et leurs villages et qu'il était arrivé un grand malheur.

« C'est comme en 14, ces malheureux qui ont fui sur les routes pour échapper aux Prussiens !

– Voyons, Adrienne ! Vous voyez bien que ces gens rayonnent de joie. Ils sont en vacances.

– En vacances ! Nous, on n'est jamais en vacances ! Il n'y a que les enfants qui ont des vacances. Qu'est-ce que tu me chantes là ?... Et vous les maîtres d'école ! »

Quand Adrienne ne voulait pas comprendre, il était inutile d'insister. Ne sachant pas lire le journal et ayant toujours refusé la TSF chez elle, « à cause du bruit », elle n'avait d'autres sources d'informations que ce qu'elle voyait. Or un jeune couple à vélo, avec deux enfants sur les porte-bagages, avait frappé à sa porte la veille au soir et lui avait demandé l'autorisation de planter sa tente dans un coin de prairie derrière la Castanède.

« Que leur avez-vous répondu ? s'enquit Mathilde, que la conversation amusait.

– Qu'aurais-tu fait à ma place, *peuchère* ! De pauvres gens chassés de chez eux ! Je leur ai proposé un coin de la grange. Dormir sous une tente, comme des soldats en campagne ! Je ne pouvais pas les laisser comme ça.

– Et alors ?

– Eh bien, tu ne me croiras pas, ils ont refusé ! Ils ont préféré dormir sous la tente avec leurs deux enfants. Tu n'me diras pas ! Les pauvres petits, comme je les ai plaints !

– Ne les plaignez pas, Adrienne ! Ce sont leurs premières vacances !

– Vacances ou pas, je me suis dit que si ma grange ne leur convenait pas, tant pis pour eux. Allez offrir l'hospitalité aux malheureux après ça ! Moi, je n'y comprends plus rien, on vit une drôle d'époque ! Ah si mon pauvre Joseph voyait ça ! »

Adrienne finit par comprendre que les routes n'étaient pas encombrées par de pauvres hères, victimes d'une nouvelle débâcle. À soixante-quinze ans, certes, elle avait encore une santé robuste, mais elle percevait les changements de son époque avec beaucoup de lenteur et s'obstinait parfois dans ses propres explications.

À son tour, Mathilde accueillit plusieurs vacanciers qui lui firent la même demande. Sur tout le domaine, une dizaine de campeurs dressèrent leurs tentes autour des points d'eau que Léon Garrigue leur indiqua. Le bruit courut rapidement dans le village que la châtelaine avait l'intention de transformer le domaine de Quérac en centre de vacances pour les travailleurs des villes et qu'à Paris elle obtiendrait par ses relations des aides financières conséquentes.

« On ne prête qu'aux riches ! dirent les mauvaises langues.

– On ne sera même plus maîtres chez soi ! appuyèrent les autres. Vous verrez, dans quelques années, on sera envahis par les Parisiens.

– Et qui c'est qui les paie pendant qu'ils travaillent pas ? se demandèrent les plus sournois. Les gens des villes, y pensent qu'à s'amuser ! Pendant ce temps, nos hommes triment tous les jours de la semaine et nous on est là à traire les chèvres et à nettoyer les étables ! »

Mathilde ne prêtait pas attention à ce genre de discours, estimant que les travailleurs des usines méritaient bien leurs semaines de congé et la diminution de leur temps de travail. Elle avait convaincu Louise et Lucie du bien-fondé de la politique du gouvernement et était prête à organiser à Quérac une association pour la défense des droits des femmes.

« Le monde est en pleine mutation, affirmait-elle. Jamais nous n'avons connu un tel progrès social. Nous, les femmes, nous devons profiter de cet élan pour réclamer plus d'égalité, plus de droits. »

Son enthousiasme fit tache d'huile. En l'absence de leurs maris, nombre de femmes de métayers vinrent aux réunions qu'elle organisa au Soleyrol. Dehors, assises autour d'elle sous la lumière rasante du soir, elles l'écoutaient expliquer le long processus de l'aliénation des femmes, le poids des mentalités et des croyances, le rôle moteur de la dernière guerre dans le réveil des consciences. Elle leur démontra l'importance de leur place au sein de leur foyer, dans la société, dans l'histoire de la Nation. Ses facilités d'élocution, la simplicité avec laquelle elle répondait aux questions de ses amies, toutes beaucoup plus jeunes qu'elle, subjuguèrent son auditoire. Maîtresse d'école pour les enfants, elle poursuivait chez elle son œuvre d'éducation en éveillant les consciences endormies.

« Un petit conseil ! finit-elle par avouer. N'allez pas faire la révolution chez vous quand vos maris reviendront de l'estive ! »

Les femmes repartaient la tête pleine d'espoirs et d'idées nouvelles, persuadées que de la crise dont on allait sortir naîtrait un monde meilleur.

Marie comptait passer quelques semaines au Soleyrol et s'apprêtait à quitter Paris vers la mi-juillet. Depuis son mariage deux ans plus tôt, sa patronne, Élisabeth Vermeulen, lui laissait beaucoup plus de liberté et, en cet été 36, elle fut la première à lui déclarer, non sans quelques réticences :

« Prenez donc vos deux semaines de congé, puisque vous y avez droit comme tout le monde ! Je vous les accorde. »

Pierre se proposa de la conduire à Quérac avec la voiture qu'il venait d'acquérir, une petite Citroën AC 4 d'occasion. Depuis un an, il travaillait dans un cabinet d'avocats et gagnait suffisamment d'argent pour subvenir à ses propres besoins.

« Mon *roadster* n'est pas si confortable que la traction avant de ton mari, mais nous parviendrons quand même à Quérac dans la journée », lui dit-il, en plaisantant.

Marie hésita à accepter sa proposition :

« Ton grand-père et tes oncles seraient très heureux de nous voir arriver ensemble, mais j'avoue ne pas savoir quoi faire.

– Qu'est-ce qui t'empêche de partir avec moi ?

– Robert me demande de l'accompagner en Allemagne au mois d'août. Il s'y rend pour son journal, pour les jeux Olympiques.

– Les JO ! Mais il n'est pas journaliste sportif !

– Non, je sais ! C'est pour faire des articles sur la vie quotidienne des Allemands pendant les Jeux.

– Des articles de propagande !

– Voyons, Pierre, pourquoi dis-tu cela !

– Tu sais très bien ce que je pense de lui. N'en parlons plus, cela vaudra mieux. Alors, que décides-tu ? »

C'était la première fois que Pierre mettait sa mère en situation de devoir choisir entre lui et son mari.

« Je crois que mon devoir est de suivre mon mari. J'irai au Soleyrol plus tard, à Noël. »

Pierre ne partit pas seul rejoindre sa famille. Sans l'avouer à sa mère, il emmena une amie de qui il était tombé amoureux quelques mois plus tôt. Lisa Rosenzweig était une jeune étudiante en droit d'origine juive qu'il avait rencontrée sur les bancs de la faculté. Ils s'étaient revus par hasard, un soir qu'il traînait au Quartier latin avec des amis et, depuis, ils ne s'étaient plus quittés.

Pierre ne l'avait pas encore présentée à sa mère afin d'éviter de créer un différend avec son beau-père. Il attendait le moment opportun. Il savait que ce dernier nourrissait de profonds sentiments antisémites et ne voulait pas mettre Marie dans l'embarras alors qu'entre Lisa et lui rien n'était encore définitif. Vivre ensemble dans sa chambre de bonne lui convenait pour l'instant, rien ne pressait de brûler les étapes.

Mais le refus de Marie de l'accompagner à Quérac le perturba. En réalité, Pierre n'avait jamais accepté l'union de sa mère avec un homme qui représentait ce qu'il exécrait le plus. Sa liaison avec Lisa était devenue pour lui une sorte de défi camouflé, son premier acte de rébellion, traduction d'un désaveu qu'il ne voulait pas lui montrer.

« Comprendra-t-elle un jour combien elle fait fausse route ? » se plaignait-il à Lisa.

La jeune fille aurait aimé connaître la mère de Pierre. Il lui avait fait d'elle un portrait si émouvant qu'elle croyait la connaître sans l'avoir jamais rencontrée. Quand il lui proposa de la présenter à son grand-père, elle fut transportée de joie et pensa que Pierre allait enfin rompre la glace avec les siens.

Marie n'ignorait pas ce qui se passait en Allemagne depuis l'avènement du nazisme. Mais, comme beaucoup, elle ne se sentait pas directement concernée. Elle connaissait seulement le vernis superficiel d'une réalité qui dissimulait au monde les pires atrocités qu'un tel régime commettait déjà en toute impunité. Robert lui-même ne faisait que lui vanter les mérites du national-socialisme, la grandeur retrouvée de la Nation allemande, de son chef, qui avait sorti son pays de la crise, alors que les « Rouges » en France n'avaient fait qu'enfoncer le leur dans le marasme. Il lui avait caché – et feignait d'ignorer – que les camps de concentration y étaient déjà nombreux et que les Juifs avaient été dépossédés de leur citoyenneté. À ses yeux, seuls comptaient les résultats économiques, l'ordre assuré, la puissance de l'État. Et il ne tarissait pas de mépris contre les mesures « collectivistes » prises en France par un gouvernement qu'il jugeait à la solde de Moscou et de surcroît dirigé par un Juif.

Marie, qui ne fréquentait pas d'autres milieux que ceux de son mari et des Vermeulen, eux aussi hostiles au Front populaire, se méfiait cependant de ce qu'elle entendait et demandait souvent l'avis de son fils. Elle estimait que le juste milieu était la voie de la sagesse et tâchait de son côté de ne froisser aucune susceptibilité.

Elle suivit donc Robert sans conviction, en épouse obéissante, mais en lui faisant promettre de l'accompagner à Quérac à Noël.

« Tu sais bien, ma chérie, que j'adore ta famille et qu'elle est pour moi l'image même de cette France laborieuse et courageuse qui représente les vraies valeurs, celles pour lesquelles mon journal se bat. »

Ses paroles amènes avaient toujours sur elle le pouvoir de la convaincre de ses bonnes intentions.

La cérémonie d'ouverture des jeux Olympiques étant prévue le 1er août, Robert décida de partir huit jours avant. Il voulait au préalable visiter quelques villes allemandes importantes pour se rendre compte de l'atmosphère qui y régnait à la veille d'un tel événement.

Ils prirent le train en gare de l'Est pour Strasbourg et se rendirent directement à Nuremberg.

« Pourquoi faisons-nous un tel détour ? s'étonna Marie. Berlin est loin de la Bavière !

– Nuremberg est le cœur vital du régime, ma chérie. Je veux y entendre vibrer le cœur des Allemands.

– Crois-tu qu'ils soient tous derrière leur chef ? C'est comme chez nous, ils doivent être partagés et la plupart ne doivent pas s'intéresser à la politique. »

Marie ne connaissait rien à ce qu'elle allait découvrir. En quelques jours, elle comprit, sans que Robert eût besoin de lui expliquer, que le régime nazi s'imposait au peuple allemand par la force. Toute la ville respirait l'idéologie transcendée par le Führer : les édifices publics croulaient sous les oriflammes à la croix gammée et sous les portraits d'Hitler ; dans leurs vitrines, les librairies mettaient en exergue les ouvrages qui faisaient l'apologie de la race aryenne et encourageaient la délation des Juifs ; les milices étaient omniprésentes dans leurs uniformes noirs et défilaient au pas de l'oie, comme des mécaniques bien huilées sous le regard idolâtre d'une jeunesse embrigadée et galvanisée.

À l'hôtel où ils descendirent, la police politique se montrait discrète, mais Marie sentit peser sur elle beaucoup de suspicion et se crut surveillée dès le premier instant de leur arrivée. Robert, lui, semblait à l'aise. Arborant sa carte de presse, il jouissait d'une totale liberté. Le jour, il sortait en taxi, rencontrait les autorités civiles de la municipalité, des représentants des instances militaires, d'associations de jeunesse ou de travailleurs. Partout il trouva un accueil chaleureux et un enthousiasme sans commune mesure avec ce qu'il avait imaginé.

La plupart du temps, Marie l'accompagnait, mais les rares fois qu'elle sortit seule pour faire les magasins elle eut la sensation d'être suivie. Un soir, elle rentra plus tôt que d'habitude. À la réception, elle fut surprise de ne pas trouver sa clé au tableau de l'accueil. Elle crut d'abord que Robert était rentré avant elle. Tandis qu'elle attendait l'ascenseur dans le hall de réception, le gérant de l'hôtel l'accosta, gêné, et trouva un prétexte pour la retenir. Son attitude lui parut bizarre.

Parvenue devant sa chambre, elle trouva la porte close. Elle redescendit pour savoir si son mari était rentré. Le gérant lui affirma le contraire et lui tendit sa clé.

« Vous l'aviez sans doute oubliée avant de monter, lui dit-il d'un ton aimable.

– Elle n'était pas accrochée au tableau, j'en suis certaine ! répliqua Marie.

– Vous avez dû confondre avec une autre clé. Elles se ressemblent toutes ! »

Elle n'insista pas. Une fois dans sa chambre, elle eut la vague impression que celle-ci avait été fouillée. Pourtant, tout était en ordre et rien ne manquait. Mais un parfum discret qu'elle ne connaissait pas flottait encore dans la pièce.

« Un domestique d'étage ! lui expliqua Robert à son retour, pour la rassurer.

– Je suis certaine qu'on nous surveille !

– Pourquoi veux-tu qu'on nous espionne ? Tu te fais des idées fausses sur ce pays. Il serait temps que tu reviennes à la réalité. Nous sommes ici dans le pays qui, demain, sera montré partout en exemple. »

Marie se méfiait de plus en plus et commençait à voir en son mari un personnage cynique et calculateur.

« Pourquoi m'as-tu entraînée dans ta tournée ? lui demanda-t-elle.

– Mais voyons ! Pour te donner une occasion de voyager, de voir du pays, du monde. Et quel monde ! Aurais-tu préféré aller à Moscou ?

– Est-ce vraiment ce monde-là que tu souhaites pour notre pays ?

– J'avoue qu'il correspond assez bien à l'idée que je me fais d'un pays dynamique, où l'État est respecté et où les gens sont heureux.

– Heureux ! Mais tu es aveugle, mon pauvre Robert ! On a fait d'eux des robots. Et que fais-tu de tous ceux qui sont exclus de ta société idéale ?

– C'est eux qui s'excluent.

– Les Juifs s'excluent d'eux-mêmes peut-être ? Ton raisonnement est idiot et de parti pris ! »

Robert haussa le ton et sortit précipitamment en claquant la porte.

Le soir même, il s'excusa de s'être emporté. Marie lui pardonna, mais ne put effacer de sa mémoire cette tragique dispute.

Le lendemain, ils prirent le train pour Berlin afin d'assister à la cérémonie protocolaire de l'ouverture des Jeux. Robert semblait avoir oublié la vive discussion de la veille et se comporta avec Marie avec autant de gentillesse et de courtoisie qu'au premier jour de leur rencontre.

Dans la tribune officielle située non loin de là où ils avaient pris place, dans le carré réservé aux journalistes de la presse étrangère, ils distinguaient parfaitement les plénipotentiaires du régime. Marie toutefois ne put mettre un nom sur aucun d'eux, car c'était la première fois qu'elle découvrait leur visage. Robert se faisait un plaisir de les lui nommer quand, tout à coup, le Führer en personne fit son entrée, prit place à la tribune et annonça de sa voix rauque : « Je déclare ouverts les Jeux de Berlin en célébration de la XIe Olympiade des temps modernes. » Les équipes nationales défilèrent aussitôt sur le stade. Les délégations autrichienne, bulgare et italienne s'adressèrent à la tribune officielle par le salut nazi au lieu du salut olympique. La foule en liesse applaudit avec frénésie. La délégation française fit de même, au grand étonnement de Marie, et reçut la même salve d'applaudissements.

« Qu'ils sont beaux ! s'exclama Robert, tout à son admiration. Je vois là le signe d'une profonde amitié qui va unir bientôt nos deux peuples, les prémices d'une future collaboration qui ne pourra qu'être fructueuse dès que les nôtres auront reconquis le pouvoir. »

Marie, outrée par les propos de son mari, ne dit mot et se rassit avant la fin du passage des Français.

Le reste de son séjour fut un vrai calvaire. Les dîners en ville et les discours officiels succédèrent aux parades militaires qui se déroulaient dans les rues de Berlin, à grand renfort d'étendards et de slogans : « Allemagne, réveille-toi ! », pouvait-elle lire sur chacun d'eux ; « Un peuple, un empire, un chef » voyait-elle partout. Et tous les jours, les manifestations sportives. Chaque fois qu'un champion allemand remportait une victoire, l'ivresse saisissait les milliers de spectateurs, un véritable délire collectif s'emparait des tribunes. Le soir, un enthousiasme indescriptible régnait dans les rues de la cité prussienne. Les radios diffusaient à toute heure du jour et de la nuit les harangues enflammées d'un Führer plus exalté que jamais.

Quand celui-ci refusa de remettre en personne la médaille d'or au Noir américain Jesse Owens, Marie, révoltée, ne put s'empêcher de s'exclamer :

« C'est ça que tu veux dans notre pays !

– Tais-toi ! lui ordonna Robert. Tu vas nous causer des ennuis.

– Tu vois bien que j'avais raison !

– Sotte que tu es, tu ne comprends rien ! »

De retour à Paris, une fois les Jeux terminés, Robert fit mine, une fois de plus, de ne pas en vouloir à Marie. Mais celle-ci se sentait de plus en plus mal à l'aise en sa présence et n'osait s'avouer la vérité : son mariage était un échec.

« Alors ? ma petite Maman, lui fit Pierre dès qu'il la retrouva. As-tu fait bon voyage ?

– J'ai fait un long voyage, lui accorda-t-elle sans se trahir.

– Très bien. Alors, après une bonne nouvelle, une autre : je t'annonce que je vais me fiancer. »

Depuis qu'elle s'était installée à Paris, Hortense Donnadieu ne revenait à Quérac qu'une fois par an : au moment des vendanges. Léon Garrigue dépêchait alors sa femme pour ouvrir le château et l'aérer quelques jours avant son arrivée. Elle avait ordre de ne préparer que la salle à manger et deux chambres. Hortense n'attendait plus de visites et avait fait son deuil des autres pièces, salles de réception et chambres d'hôtes, où les meubles restaient dissimulés sous leurs housses de protection. Sa présence était discrète. Elle évitait de se montrer dans le village et n'avait de contacts qu'avec le personnel de son domaine.

Julie l'accompagnait comme un petit animal domestique suit son maître, toujours muette, claquemurée dans son monde. Son visage avait mal vieilli, elle paraissait déjà se ratatiner comme une petite vieille et donnait l'impression d'avoir le même âge que sa mère.

Celle-ci, toujours aussi dévouée, s'occupait d'elle comme d'une enfant perdue, sans jamais la prendre en pitié, sans la brusquer non plus. Leurs deux silhouettes sombres passaient furtivement dans les allées du parc à l'heure de la promenade et disparaissaient aussi vite dès que les rayons du soleil faiblissaient. Le soir, seule la cheminée du toit trahissait leur présence au château, car des fenêtres obturées par de lourds rideaux ne filtrait aucune lumière.

En cet automne 36, les vendanges s'annonçaient difficiles. Léon Garrigue, qui en avait l'entière responsabilité depuis la mort du châtelain, avait prévenu Hortense que la main-d'œuvre risquait de manquer. Certes, le vignoble était moins étendu que jadis, mais pour les cépages de qualité qui faisaient toujours la réputation du « Château Quérac » il fallait pouvoir compter sur les meilleurs vignerons, ceux qui connaissaient parfaitement le travail. Or, déjà en juillet, plusieurs familles de journaliers espagnols – parmi les premières arrivées à Quérac les années précédentes – avaient manqué en raison des événements qui secouaient leur pays.

De l'autre côté de la frontière, leur république était en danger et la guerre civile était à craindre : des unités de l'armée s'étaient soulevées à Barcelone et en Afrique du Nord sous la conduite du général Franco afin de renverser le gouvernement républicain de Front populaire.

Début septembre, au moment où les vendanges allaient commencer, Léon Garrigue se désespérait. Plus de la moitié du personnel faisait défaut. La plupart avaient hésité à quitter leurs villages alors que le danger approchait. Quelques-uns avaient rejoint les rangs des combattants républicains, d'autres les insurgés nationalistes.

Les premiers réfugiés arrivèrent avec leur famille à la mi-septembre. Ils étaient parvenus à fuir les bombardements et à échapper aux contrôles pratiqués par les deux camps adverses. Ils annoncèrent aussitôt leur intention de ne pas rentrer chez eux une fois les vendanges terminées.

« Si les nationalistes nous prennent, affirmaient-ils, ils nous considéreront comme des partisans revenus clandestinement pour défendre la république. Et si nous tombons dans les mains des républicains, nous passerons pour des traîtres. Nous voulons demander l'asile à votre pays. »

Hortense n'avait pas l'intention de prolonger son séjour au-delà des vendanges. Mais devant l'urgence de la situation, elle décida de rester. Elle fit rouvrir des dépendances pour y installer les nouvelles familles, s'occupa elle-même de l'intendance et des relations administratives avec les autorités municipales et préfectorales. Elle reprit contact avec les amis qu'elle avait gardés dans la région.

« Ces pauvres gens ont besoin de notre aide, plaida-t-elle devant les moins convaincus. Quelles que soient leurs opinions, notre devoir est de les accueillir. J'ai l'impression de reprendre du service, comme pendant la guerre. Cela me rajeunit ! »

La châtelaine semblait revivre. Se rendre utile aux autres jusqu'à la limite de ses forces demeurait sa principale raison d'exister.

« Vous voyez bien, mon brave Léon, fit-elle remarquer à son régisseur, vous désespériez de manquer de main-d'œuvre. Eh bien, vous aviez tort ! Ces réfugiés ne sont peut-être pas ceux que nous attendions, mais je suis sûre qu'ils seront à la hauteur de la tâche que vous leur confierez. »

Léon ne se montrait pas aussi enthousiaste. Beaucoup de nouveaux immigrés avaient suivi les traces de leurs parents et amis pour fuir leur pays, mais peu connaissaient le travail de la vigne. Il fallut tout leur apprendre : comment cueillir les grappes sans les abîmer, repérer et mettre de côté les grains impropres pour les détruire, leur donner le rythme pour qu'ils ne s'épuisent pas au bout de quelques jours. Aux hommes, qui travaillaient dans les caves, il fallut montrer comment presser, ni trop vite, ni trop lentement, comment soutirer le moût au bon moment, en apprécier la teneur en sucre pour stabiliser le degré.

« Le vin, c'est toute une science, disait Léon avec un brin de fierté. Ça s'apprend !

– Ça se boit aussi ! lui répliquaient les moins soucieux.

– Oh là ! Vous le boirez quand il sera tiré. Et le soir, n'abusez pas de celui de la dernière récolte. Sinon, le lendemain, vos jambes ne vous porteront plus ! »

Les soirées, après les longues heures de labeur, n'étaient pas aussi joyeuses que les années précédentes. Personne n'avait le cœur à la fête. Les pensées de chacun étaient trop tourmentées, oblitérées par ce qui pouvait se passer de l'autre côté des Pyrénées. Tous avaient de la famille restée dans les villages et personne n'avait de nouvelles. Parfois un autre réfugié arrivait, souvent seul, mal rasé, vêtu comme un mendiant, n'ayant pour tout espoir de salut que l'adresse du château fournie par un parent. Hortense l'accueillait et lui proposait aussitôt un travail pour qu'il s'insère dans la communauté des siens.

« Nous ne pourrons pas tous les garder quand les vendanges seront terminées, s'inquiéta Léon Garrigue. Comment ferons-nous pour les nourrir ? Et nous n'avons pas de quoi leur fournir ni travail ni salaire.

– Nourrir ces familles n'est pas le problème, lui répondit Hortense. Pour le travail, je n'exigerai d'eux que ce qu'ils me coûteront. Quant au salaire, je vous charge, Léon, de leur expliquer que nous ne pouvons les embaucher. C'est tout ce que je peux leur offrir. À une condition : qu'ils s'entendent entre eux et ne se disputent pas si leurs convictions les opposent !

– J'y veillerai, madame. »

Léon fut très occupé à contenir l'ensemble de son personnel. Beaucoup ne parlant pas français, il eut recours à ceux qui pouvaient traduire ses ordres.

Ces vendanges, teintées de grisaille, alors qu'un grand nombre de Français n'avaient encore en tête que leurs vacances d'été, annonçaient le retour des incertitudes pour tout le monde. Le franc dévalué fit fondre les substantielles augmentations de salaire, l'euphorie de la victoire du Front populaire se ternit dès l'automne à cause du désaccord, au sein du gouvernement, sur l'opportunité d'une aide militaire à accorder aux républicains espagnols. Le pays tout entier retombait dans ses travers et faisait le lit des partis d'extrême droite. Quand Roger Salengro se suicida en novembre, suite à une campagne calomnieuse du journal de Robert Delmotte, la France se réveilla d'une courte et amère utopie.

Antoine et ses fils, revenus de l'estive quelques jours avant, découvrirent avec stupeur ce qui s'était passé en leur absence. N'ayant accès à aucune source d'informations dans leur bergerie d'altitude, ils apprirent tout, d'un coup : les suites du triomphe du Front populaire, la teneur des accords Matignon, la fin des grandes grèves, les premières vacances, la guerre d'Espagne, l'aide d'Hitler et de Mussolini aux franquistes ; bref, la fin d'une folle espérance.

« Le monde s'enfonce dans un gouffre, reconnut Antoine. Une fois de plus, les hommes semblent pris de folie ! »

Mathilde examina avec lui les événements qui venaient de se dérouler pendant l'été. Elle tenta de trouver des germes d'espoir, des lueurs à l'horizon, qui embraseraient encore le ciel si les hommes ne se laissaient pas entraîner par la fatalité. Elle parlait cette fois sans conviction. Antoine faisait semblant de croire en son discours. Mais son vieux cœur fatigué de berger savait que les cendres allaient bientôt étouffer les dernières flammes du foyer.

Troisième partie

LE TEMPS DES SOUVENIRS

XXI

L'orage

Depuis son voyage à Berlin, Marie n'avait plus le même regard sur Robert et ses jours s'étaient de nouveau engrisaillés. Pourtant, installée avec lui dans un luxueux appartement du XVe arrondissement, elle n'avait jamais connu une existence aussi facile, toute d'aisance et d'oisiveté. Robert ne regardait jamais à la dépense et pensait obtenir son amour en la comblant d'un luxe inutile. Devenu rédacteur en chef de son journal, il avait partout des relations très précieuses qui lui permettaient de côtoyer les personnalités les plus en vue du moment. Beaucoup craignaient ses diatribes journalistiques et préféraient le flatter plutôt que d'encourir ses invectives et être publiquement offerts à la vindicte populaire. Cela lui valait de fausses amitiés dont il n'était pas dupe et dont il savait profiter.

Ses relations avec Pierre étaient des plus glaciales. Quand il apprit l'intention de ce dernier d'épouser Lisa Rosenzweig, il ne put s'empêcher de s'en prendre à Marie, lui reprochant de ne pas avoir su ramener son fils à la raison.

« Un Français ne doit pas épouser une Juive ! s'exclama-t-il. Qu'il prenne du bon temps avec elle, passe encore ! Mais, pour sa descendance, qu'il ne mêle pas son sang à celui d'une race impure ! »

Marie ne répondit pas. Elle avait l'habitude de taire ses désaccords afin de ne pas envenimer une situation qui n'avait pas d'issue. Car Pierre n'avait cure des remarques de son beau-père.

Son mariage eut lieu à la synagogue en présence de la famille de Lisa, des Vermeulen, d'Hortense Donnadieu et de Marie. Depuis ce jour-là, Pierre ne rendit plus visite à sa mère chez elle, de crainte de rencontrer Robert. Marie passait le voir deux fois par semaine, dans le petit appartement qu'elle lui avait laissé lorsqu'elle avait emménagé dans le XVe arrondissement avec Robert. Elle s'entendait à merveille avec Lisa, dont la fraîcheur et la jeunesse lui rappelaient les sentiments qu'elle avait éprouvés pour Guillaume, il y avait bien longtemps de cela.

Elle n'avait pas encore avoué à son fils le grand secret de sa naissance. Elle lui avait laissé croire que Jérémie était son père, un père qu'il avait si peu connu. Il était temps à présent, pensa-t-elle, de lui dévoiler la vérité. Elle n'avait que trop tardé, tant elle craignait les reproches, voire la condamnation de l'être qu'elle aimait le plus au monde.

Avec l'âge, Pierre ressemblait tellement à Guillaume qu'elle avait l'impression, chaque fois qu'ils se confiaient l'un à l'autre, de retrouver son amant de jadis, dans le secret des alcôves du château ou dans le petit mazet, refuge de leurs amours interdites, là où ils s'étaient juré fidélité pour l'éternité. « Serment de jeunesse inconsciente ! » se reprochait-elle parfois.

En gardant son secret, elle pensait préserver ses rares moments de bonheur, les seuls qui lui restaient de cette période où tout lui semblait possible.

Le jour où elle se décida à lui parler, elle songea à sa mère, à ce jour où celle-ci lui fit cette terrible confidence à propos de la naissance de son frère François. À présent, c'était à elle de livrer à son fils le secret qu'elle cachait depuis tant d'années.

Pierre l'écouta attentivement, sans l'interrompre. Il semblait s'attendre à ce qu'elle voulait lui avouer.

« Ce que tu m'apprends, je l'avais deviné. Je suis au courant de tes anciennes relations avec le fils d'Hortense Donnadieu. À Quérac, ce n'est plus un secret pour personne depuis longtemps. Tante Louise elle-même m'en a parlé un jour, en me faisant promettre de ne rien dire.

– Comment ! Elle t'a appris que ton père était Guillaume Donnadieu ?

– Non, rassure-toi ! Elle ne t'a pas trahie. Elle m'a seulement raconté que vous vous étiez beaucoup aimés.

– Et tu en as déduit…

– Rien du tout.

– Alors, qui t'a fait comprendre… ?

– Moi seul. J'ai pu observer combien tu semblais attachée à Mme Donnadieu. Elle-même a pour toi des sentiments qui ne trompent pas. Pour une ancienne patronne, elle se comporte avec beaucoup de tendresse !

– Elle est âgée, et elle est bien seule. Elle a besoin de la présence des autres.

– J'ai remarqué aussi qu'elle avait pour moi beaucoup de considération.

– Elle t'aime bien, de même que les Vermeulen.

– J'ai commencé à comprendre, il y a quelque temps déjà, que je devais lui rappeler son fils.

– Elle ignore la vérité. Jamais les Donnadieu n'ont été mis au courant !

– Tu te trompes.

– Comment peux-tu en être si sûr ?

– Hortense Donnadieu m'a montré une lettre de son fils. Elle datait de quelques jours avant sa mort. Il lui racontait tout et l'adjurait de tenir le secret.

– Ainsi, tu savais et tu ne m'en as jamais rien dit !

– J'avais deviné avant. Et ce n'était pas à moi de t'en parler le premier.

– Tu savais que Jérémie n'était pas ton vrai père et tu m'as laissé croire que tu l'ignorais !

– C'était ton secret avant tout. Il ne me revenait pas le droit de le mettre au grand jour si tel n'était pas ton désir. »

Marie fut décontenancée par l'aveu de Pierre. Mais elle n'éprouva pour lui que plus d'admiration, ayant craint que sa propre révélation éveille en lui des sentiments de réprobation.

« Tu sais donc qu'Hortense Donnadieu est ta grand-mère et tu me l'as caché !

– Moi aussi, j'ai mes petits secrets !

– Tu n'ignores pas que Guillaume n'a jamais voulu te reconnaître et que Jérémie, lui, l'a fait et t'a élevé comme un père ?

– Je sais tout cela. Rien ne change pour moi. Je suis et demeure Pierre Coste, petit-fils d'Antoine Chabrol et fils de Marie Chabrol, sa fille ! »

Marie tomba dans les bras de son fils. Depuis ce jour-là, sa vie retrouva plus de clarté en dépit des nuages que son mariage laissait planer sur son avenir.

Lorsque Hitler envahit la Pologne le 1er septembre 1939 et que les radios annoncèrent la mobilisation générale le matin même, ce fut la consternation à travers tout le pays. Les anciens combattants avaient peine à croire que tout allait recommencer, qu'il faudrait encore se sacrifier pour défendre la patrie, sacrifier ses fils et demander aux épouses de préparer leurs larmes pour enterrer les morts. Les folles espérances avaient fait long feu. Les plus avisés avaient bien prévenu que le pays s'enfonçait dans le laxisme et ne cessaient de clamer haut et fort que les Français ne récoltaient que ce qu'ils méritaient !

Les avis pourtant étaient partagés. Les uns reprochaient au gouvernement d'envenimer la situation en mobilisant, prétextant qu'Hitler n'en voulait pas à la France – la preuve, avançaient-ils, il étendait son hégémonie uniquement vers l'est. Les autres regrettaient qu'il n'y ait pas eu à la tête du pays un homme fort, capable de le sortir de la crise, et regardaient avec envie du côté des frontières germaniques et italiennes. La majorité, elle, priait le ciel pour que passe l'orage !

Mais la mobilisation ne pouvait laisser personne indifférent, d'autant que deux jours plus tard la France déclarait officiellement la guerre à l'Allemagne.

« Cette fois-ci, soupira Antoine, nous n'y échapperons pas ! »

Ce jour-là, il se referma sur lui-même pour longtemps. Ce qu'il craignait depuis tant d'années venait de se produire : ses petits-fils, comme ses fils avant eux, partiraient à la guerre.

« La folie des hommes ne cessera donc jamais ! » ajouta-t-il, plein d'amertume.

À soixante-dix ans, encore solide comme un roc, il parut ébranlé par la terrible nouvelle.

« J'ai eu tort, se plaignit-il auprès de Mathilde. J'aurais dû faire cette dernière transhumance. Je n'aurai pas dû jurer de remiser ma houlette. Cela aurait été sans doute la dernière fois. Qui sait ce qui nous attend ? »

Mathilde éprouvait de la contrariété à le voir se courber d'un seul coup comme un vieillard pour qui la vie soudain devient un trop lourd fardeau. À lui seul, il semblait supporter toutes les erreurs humaines. Aussi le surveillait-elle discrètement quand, au bord du soir, il prenait son bâton de berger et sa pèlerine et s'engageait sur le chemin qui menait à la draille. Il marchait d'un pas lent, le dos voûté, les yeux fixés sur les lointains. Il guettait l'arrivée du troupeau. Pourtant, il savait que les bêtes ne descendraient pas avant la fin octobre. De retour, il s'asseyait sur le vieux tronc devant la bergerie comme au temps de sa jeunesse avec Adeline et s'y reposait longuement. Mathilde l'y rejoignait et s'asseyait à ses côtés. Elle lui prenait la main sans rien dire. Elle comprenait sa douleur et savait qu'il cherchait à cet endroit une des racines de son bonheur.

« Te souviens-tu ? lui dit-il un soir qu'il l'avait prise dans ses bras comme un vieil amoureux.

– Oui, bien sûr. »

Il n'eut pas besoin d'évoquer davantage ses souvenirs, Mathilde comprit qu'elle ne devait pas perturber le long voyage qu'il venait d'entreprendre. Elle songea à son tour aux instants d'ivresse qui avaient bouleversé son cœur, il y avait plus de quarante ans, et le laissa à ses douces pensées.

L'attente ne fut pas longue. Au lendemain de la déclaration de guerre, Aubin et Jérémie arrivèrent sans crier gare.

« Nous avons laissé nos pères à l'estive avec le troupeau. Dès que nous avons appris la mobilisation générale, nous sommes descendus sans tarder, expliqua Aubin, le fils de Mathieu.

– Et votre oncle François ? s'enquit Mathilde. Lui aussi va être mobilisé !

– Il nous suit. Quelqu'un est allé le prévenir. Il était parti à Florac faire quelques achats.

– Comment Mathieu et Maurice vont-ils faire sans vous ? s'inquiéta Antoine. Il ne reste plus que Lucien pour les aider. Quand je le disais que j'aurais dû la faire cette transhumance ! »

Le fils cadet de Mathieu échappait de peu à l'ordre de mobilisation. Il restait seul à pouvoir s'endrailler. Son cousin Ruben, le fils aîné de François, à onze ans, n'avait encore jamais estivé. Son père ne voulait pas qu'il suive ses traces sur les chemins de transhumance. L'enfant, d'ailleurs, ne montrait pas beaucoup d'attirance pour le métier de berger et avouait ouvertement qu'il préférait aller à l'école. Antoine semblait l'approuver.

« Il fera ce que ta mère Adeline aurait voulu que tu fasses, avait-il dit à François sans regret : des études, comme son cousin Pierre. »

Antoine et Mathilde crurent revivre les mêmes scènes qu'au premier jour de la Grande Guerre. Dans chaque famille, l'inquiétude était à son comble et les larmes ne furent pas assez abondantes pour voir partir les maris et les fils vers un destin dont personne à l'époque ne pouvait deviner ce qu'il serait.

La « drôle de guerre » tranquillisa les esprits les moins inquiets. Mais, en vieux renard des montagnes, Antoine se méfiait des atermoiements d'Hitler :

« Pour l'instant, il règle leur compte aux Polonais avec la complicité des Russes. Mais bientôt il se retournera contre nous.

– Nous n'aurions pas dû lui déclarer la guerre, lui répliqua Maurice, qui retrouvait ses accents de frondeur.

– Nous devions respecter nos engagements envers la Pologne, objecta Mathieu.

– Tu vois où cela nous mène !

– De toute façon, Hitler veut la guerre. Le corridor de Dantzig n'était qu'un prétexte, comme les Sudètes et l'Autriche il y a deux ans. Tous les gens avisés savaient que nous allions à la guerre. »

Les premières brumes dissimulaient déjà les collines et s'étiraient au-dessus de Quérac. L'air était vif malgré la saison et le ciel, ressuyé par les dernières bourrasques de vent, inondait la garrigue de sa lumière automnale. Le village semblait s'éveiller d'un long cauchemar. Bientôt des ondes rougeoyantes embrasèrent l'horizon, un vent d'est se mit à hurler dans le feuillage des chênes, glacial comme l'acier des canons, sec comme un coup reçu par traîtrise. Les branchages bruissaient de leurs tiges craquantes ; les vignes, ponctuées de ceps fantomatiques, se recroquevillaient et commençaient à se dénuder.

« L'hiver sera précoce ! » remarqua Antoine, anxieux de savoir ses petits-fils en garnison près de la frontière franco-allemande.

Mathieu et Maurice, rentrés prématurément de l'estive, étaient aussi très inquiets. Cette longue attente dans l'ignorance des plans allemands n'annonçait rien de bon, ils en étaient persuadés. Jérémie leur donnait le plus de soucis : à vingt ans, il avait été mobilisé juste au moment de partir au service militaire. Il n'avait donc aucune notion des armes, contrairement à son cousin et à son oncle.

Celui-ci, en raison de sa situation familiale, avait été envoyé en retrait des premières lignes. Mathilde faisait semblant d'en être tranquillisée pour apporter un peu de sérénité dans une famille qui vivait dans l'angoisse, comme beaucoup d'autres. Mais Suzanne, sa femme, était très inquiète et ne trouvait de consolation que dans la présence de ses enfants.

Dans la capitale, le moral des Parisiens n'était pas meilleur qu'en province. Les déclarations de Daladier, le président du Conseil, ne les avaient pas beaucoup encouragés. Quand, en avril, Marie apprit qu'après la Pologne Hitler s'en prenait au Danemark et visait les pays scandinaves, elle saisit toute l'ampleur du danger qu'encourait Pierre, mobilisé dès les premiers jours.

« Les Allemands ne nous veulent pas de mal ! lui martelait Robert, pour la rassurer. Ton fils ne risque rien.

– En attendant, sa femme et son petit se retrouvent bien seuls !

– Qu'avait-il donc à lui faire si vite un enfant, s'il craignait un danger de guerre ! Il pouvait attendre que la situation se calme.

– Tu en as de bonnes ! Il ne pouvait pas prévoir que tout irait si vite. Lisa voulait un enfant sans tarder. »

À peine né, un mois avant le début de la guerre, le petit David n'avait guère eu le temps de connaître son père. Celui-ci, incorporé dans la Ve armée, avait immédiatement rejoint son bataillon de blindés placé sous le commandement du colonel de Gaulle, à l'abri de la ligne Maginot.

« Tu devrais être fier ! Ton fils est dans une arme d'élite. La guerre moderne dont ce petit colonel se fait le chantre lui permettra sans doute de se faire remarquer et de prendre du galon.

– Tu crois donc que dans un char il est plus à l'abri qu'ailleurs ! Avoue donc, Robert, tu n'es pas mécontent que Pierre ait été envoyé loin de moi et dans une unité à haut risque !

– Que me chantes-tu là ? Tu connais mes sentiments pour toi. Et ton fils ne me déplaît pas, même si nos idées divergent sur bien des points. Si seulement il n'avait pas épousé cette Juive, nous n'en serions pas là à nous disputer comme des chiffonniers ! »

Marie ne supportait plus que Robert critique son fils et sa belle-fille en sa présence. Elle avait souvent étouffé ses griefs et faisait la sourde oreille quand il exposait ses idées extrémistes sans égard pour elle et ceux qui n'étaient pas de son avis. Mais, depuis le mariage de Pierre, elle ne lui accordait plus aucune excuse et s'écartait de lui un peu plus chaque jour. Robert cependant ne semblait pas lui en tenir rigueur, et c'est toujours un bouquet de roses à la main qu'il rentrait se faire pardonner à la suite d'une conversation par trop véhémente.

Lorsqu'en mai la France fut brutalement envahie, Robert devint soudain moins arrogant. S'il admirait encore le génie politique et militaire d'Hitler, il se sentit trahi dans ses convictions, persuadé que les Allemands ne s'attaqueraient pas à son pays. Ses déclarations se firent moins enfiévrées, moins emphatiques. Il adopta un ton moins péremptoire, attendant de savoir quel sort l'envahisseur allait réserver à la nation. Il suivait de près le mouvement des troupes françaises et tenait Marie informée de la situation de la Ve armée, qui se battait dans l'Est.

À Paris, on craignait le pire. L'avancée des Allemands était tellement fulgurante que beaucoup s'attendaient à les voir entrer dans la ville d'un jour à l'autre. La débâcle des gens du Nord amenait des réfugiés de plus en plus nombreux. Certains commençaient à prendre les routes du sud dans l'espoir d'échapper à l'encerclement.

Marie ne savait que faire. Élisabeth Vermeulen, pressée par son mari, l'avait invitée à se joindre à elle pour fuir pendant qu'il était encore temps.

« Nous avons encore une place dans notre voiture, lui proposa-t-elle. Partez avec nous ! Ne restez pas dans cette souricière ! Hortense Donnadieu et sa fille, Julie, nous accompagnent. Nous nous installerons dans notre maison de campagne en Sologne. Nous y serons en sécurité.

– Je ne peux pas quitter mon mari comme cela, même si nos relations se sont détériorées.

– Dites-lui que vous partez seulement pour quelques jours, le temps que le danger soit passé.

– Je pense aussi à Pierre. Si je pars, je n'aurai plus de ses nouvelles. »

Élisabeth Vermeulen n'insista pas. Elle laissa Marie à Robert et prit le chemin de l'exode.

Lorsque le gouvernement lui-même se réfugia à Tours le 10 juin, elle sentit que tout était perdu. Et ce ne furent pas les paroles du maréchal Pétain, le 17, qui la rassurèrent.

Robert restait dans l'expectative. Il attendait de connaître les clauses de l'armistice pour avancer ses positions. Très vite, il retrouva confiance : la défaite avait provoqué la chute d'un régime qu'il avait toujours combattu. L'impopularité du système parlementaire était à son comble et le nouveau gouvernement installé à Vichy en zone non occupée semblait combler ses vœux. La confiance en Pétain était quasi générale, les Français, désorientés, ne sachant plus à qui confier leur destin.

Une fois de plus, Robert se lança dans de violentes campagnes de presse pour accuser les hommes et les institutions de la IIIe République de la défaite, alimentant ainsi l'idée qu'il fallait en finir avec la « Gueuse » et préparer une nouvelle Constitution. Aussi se réjouit-il quand, le 10 juillet, Pétain reçut les pleins pouvoirs pour organiser l'État français.

À Quérac, comme en 1914, on n'avait qu'une vision lointaine de toutes ces turbulences. De même que la majorité des Français, Antoine et sa famille faisaient confiance au vieux maréchal. Forts de leurs souvenirs de la Grande Guerre, Mathieu et Maurice étaient les premiers à voir en lui le seul capable de sauver le pays du désastre. Et quand Mathilde, toujours très suspicieuse, leur conseillait de se méfier, ils lui répondaient :

« Quand on a sorti la France de l'enfer de Verdun, on est capable de la sauver une seconde fois !

– Il a réclamé et obtenu les pleins pouvoirs !

– Oh ! tout cela n'est que tactique politicienne. À situation exceptionnelle, mesures exceptionnelles ! » objectait Mathieu.

Mathilde connaissait bien les thèses de la Révolution nationale du Maréchal. Elle ne put s'empêcher d'ajouter :

« Ce terme de “révolution nationale” est emprunté aux mouvements d'extrême droite. C'est Robert qui doit se réjouir ! »

Antoine lui prit la main et l'approuva d'un hochement de tête.

« Je m'inquiète pour Marie, dit-il. Que fait-elle dans un Paris livré aux Allemands et truffé de traîtres ? »

Mathilde ne put le rassurer. Antoine plus que jamais faisait le gros dos.

Après les réfugiés espagnols, Quérac accueillit les victimes de la débâcle. Des familles entières arrivèrent chez des parents, chez des amis. Le maire était dans tous ses états, craignant d'être vite débordé au cas où le flux ne cesserait de grossir. Avec les restrictions qui commençaient déjà à rendre la vie plus difficile, il n'était pas le dernier à penser qu'il faudrait, pour faire face, refuser l'installation de nouvelles familles au-delà d'un certain quota. Au conseil municipal, les discussions devenaient houleuses, les conseillers s'opposaient : la majorité s'en remettait aveuglément aux directives de Vichy, les autres, plus méfiants, exigeaient que le maire prenne seul toutes ses responsabilités.

L'heure était aux longues palabres. Mais personne, pour le moment, ne songeait à remettre en cause l'autorité de l'État.

Pourtant, certains, comme Mathilde et Antoine, avaient entendu à la TSF l'appel lancé le 18 juin par le général de Gaulle. Le vieux berger avait aussitôt réagi en entendant la voix grave et incantatoire qui appelait à la rébellion.

« Ce de Gaulle n'est-il pas le commandant sous les ordres de qui Pierre a fait sa campagne ? demanda-t-il à Mathilde.

– Je crois que oui !

– Cet homme a l'esprit cévenol ! Il a un sacré tempérament ! Mais je crains qu'il ne prêche dans le désert. »

À Quérac, on ne parla guère de cet appel, même si, chez certains, les racines camisardes se mirent à vibrer. Le temps était à l'attente. L'été s'annonçait radieux, les troupeaux avaient repris la draille comme les années précédentes et, si une moitié du pays vivait sous la botte de l'occupant, la vie n'en était pas, pour l'instant, très modifiée.

Mathieu et Maurice avaient emmontagné avec Lucien. Ruben les avait accompagnés pour la première fois, afin de remplacer son père. Mais il s'était bien juré que ce n'était que pour les vacances et qu'à la rentrée il retournerait sur les bancs de l'école. Cette année-là, l'estive prit des couleurs de deuil. Il manquait la plupart des jeunes bergers qui n'avaient pas encore été démobilisés. Les pères se retrouvaient bien seuls avec les enfants et les *traspastres.*

« Ce n'est qu'une question de semaines ! affirmait Maurice, qui commençait à s'inquiéter du long silence de son fils Jérémie. On ne se bat plus nulle part. Nos enfants vont rentrer avant la fin de l'estive. Nous la terminerons avec eux.

– Puisse Dieu t'entendre ! » fit Mathieu, qui savait Aubin quelque part du côté de Clermont-Ferrand. Quand le Maréchal en aura fini avec ses tractations diplomatiques, il renverra nos jeunes dans leurs foyers.

Dès le milieu de l'été, effectivement, les premiers soldats démobilisés commencèrent à rentrer dans leurs familles. La joie, les larmes, le deuil furent de nouveau le lot de tous les Français.

XXII

Dans la tourmente

La bataille de France surprit tout le monde, civils et militaires. Ceux-ci, sur le qui-vive depuis neuf mois, s'attendaient à tout, mais ne pensaient pas que les opérations iraient si vite. La « guerre éclair », dont les Polonais avaient fait les frais les premiers, ne pouvait abattre l'une des meilleures armées du monde ! pensait Jérémie, en garnison près de Lille à la frontière belge. Mais, quand les Pays-Bas, puis la Belgique furent laminés, comme beaucoup de soldats il comprit que la résistance de l'armée française serait bien faible face au rouleau compresseur des divisions blindées de la Wehrmacht.

De fait, quand les panzers de Guderian franchirent la Meuse à la grande surprise de l'état-major, son unité se replia sans tarder vers la côte pour échapper à l'étau qui se resserrait sur les troupes alliées en position au nord de la Somme. Dans la plus grande confusion, Jérémie ne dut son salut qu'en bravant tous les dangers. Cent fois, sur les plages de Calais, puis de Dunkerque, il vit les obus des stukas allemands exploser autour de lui ;

cent fois, il en réchappa. Ses camarades tombaient à ses côtés sous une pluie de mitraille, mus par l'espoir d'embarquer sur les navires qui avaient l'ordre d'évacuer d'abord les troupes anglaises.

Voyant qu'il ne parviendrait pas à échapper au sort qui attendait la majorité des soldats français, avec deux autres compagnons d'infortune il troqua son uniforme pour celui d'un soldat britannique. Dans la panique générale, il réussit à passer les contrôles en se mêlant aux troupes qui s'embarquaient. Au large, beaucoup de navires, pilonnés sans relâche par la Luftwaffe, sombraient à quelques encablures des côtes, avant même d'avoir eu le temps d'appareiller.

Jérémie pria le ciel pour qu'à bord on ne lui pose aucune question. Heureusement, l'un de ses camarades parlait l'anglais sans accent ; il parlementa pour lui et son autre compagnon.

Par miracle, son embarcation échappa au déluge de feu qui s'abattait du ciel. Beaucoup n'eurent pas la même chance que lui. Quand il aperçut à l'horizon le contour des côtes anglaises, il poussa intérieurement un soupir de soulagement. Mais il se doutait que les ennuis allaient commencer.

Dès leur débarquement, lui et ses deux autres compagnons ne cachèrent pas très longtemps leur identité. Ils se rendirent auprès des autorités militaires et tentèrent de s'expliquer. Ils furent aussitôt mis aux arrêts et transférés dans la prison militaire la plus proche.

« L'essentiel, avoua Jérémie, c'est que nous soyons sains et saufs ! Ils ne vont quand même pas nous jeter à la mer ni nous renvoyer en enfer. »

Il ne croyait pas si bien dire !

Comme les milliers de soldats qui parvinrent à se dégager de la poche de Dunkerque et à gagner par un moyen ou un autre les côtes de la Blanche Albion, Jérémie, après avoir été longuement interrogé, suspecté, traîné d'une geôle à l'autre, fut incorporé dans les bataillons qui formeraient bientôt les Forces françaises libres. Il reçut pendant plusieurs mois un entraînement militaire des plus poussés, on lui apprit des rudiments d'anglais, on le prépara à des opérations de commando, sans jamais lui dire dans quel objectif ni à quel moment son unité serait envoyée au combat.

En mars 41, il se retrouva en Libye avec les FFL du colonel Leclerc à repousser les Italiens. C'était pour lui le début d'une longue campagne qui devait le faire participer à la libération de son pays.

Aubin connut moins de péripéties, mais n'en risqua pas moins sa vie. Son régiment se replia dans le désordre quand le front français céda sur la Somme. Il connut alors la psychose collective de la débâcle. Sur les routes, civils et militaires souvent sans armes refluaient dans la plus grande confusion. D'étape en étape, parfois dépassée par les éléments les plus avancés des troupes allemandes, son unité franchit l'Oise, puis la Seine, évita Paris et se replia sur la Loire. Mais la progression rapide des divisions blindées allemandes rejetait toujours plus loin les soldats de l'armée française en déroute. La Bataille de France tournait au désastre.

Parvenu près de Vierzon, Aubin crut enfin son salut assuré. L'armistice venait d'être annoncé, et il se trouvait dans la moitié sud du pays. Mais une dernière poussée des troupes du Reich faillit lui être fatale.

Son unité se reposait près d'un petit village que rien ne semblait avoir perturbé, si ce n'étaient les passages des réfugiés. Les habitants, des paysans pour la plupart, vaquaient à leurs travaux des champs sans s'inquiéter du mouvement des troupes. Aubin, qui avait épuisé toutes ses munitions, portait son fusil en bandoulière sur l'épaule, tandis qu'un de ses camarades, un dénommé Legoff, ayant perdu son arme, arborait à la taille une ceinture de balles encore intactes.

« On pourrait se relayer, lui proposa ce dernier. À quoi cela sert-il de trimbaler chacun de son côté arme et munitions ? Dans le cas où l'on aurait besoin de se défendre, l'un de nous au moins aurait des chances de s'en sortir ! »

Aubin n'était pas dupe. En temps de guerre, il valait mieux avoir conservé son arme que les balles ; les sanctions étaient sévères pour ceux qui avaient négligemment perdu leur fusil. Il déclina l'offre de son camarade et alla s'asseoir à l'ombre d'un mur de clôture.

La campagne riait sous un soleil radieux. Les grosses chaleurs de l'été n'étaient pas encore arrivées, mais le ciel était d'une pureté virginale. Les champs s'étendaient devant lui à perte de vue, arborant leurs riches cultures en une monotone géométrie. Des bosquets d'arbres, des hirondelles prenaient parfois leur envol et se dirigeaient vers le nord, d'où venait le danger. Elles se perdaient au loin en ondes fugaces et finissaient par disparaître dans l'azur.

Fourbu d'avoir marché la veille une trentaine de kilomètres, Aubin regardait une nouvelle nuée de volatiles se fondre dans les lointains et ne fut pas surpris d'en voir apparaître une autre s'approcher de lui à tire-d'aile. « Celles-ci ont changé d'avis », songea-t-il, à moitié endormi. Il ferma les yeux, les paupières lourdes de sommeil.

Il n'y avait pas un souffle d'air. Tout était calme autour de lui. Ses pensées vagabondaient du côté de Quérac et planaient au-dessus de la bergerie de ses parents. Puis elles s'envolèrent vers l'estive, vers son père et son troupeau. Il revit les ruches que son grand-père avait installées l'année précédente au Soleyrol pour s'occuper l'été, puisqu'il avait décidé de ne plus s'endrailler. Les abeilles bourdonnaient joyeusement dans sa tête, gorgées du pollen des lavandes et des romarins.

« Tu n'entends pas ce bruit au loin ? lui demanda son camarade, qui sommeillait aussi à ses côtés.

– Ce sont les ruches, répondit Aubin.

– Les ruches ! Quelles ruches ? Ouvre tes oreilles ! »

Aubin ouvrit les yeux paresseusement. Il vit à l'horizon une ligne ondulée qui s'approchait.

« Laisse-moi me reposer ! Il n'y a que des oiseaux dans le ciel. Je n'entends rien. »

Legoff le laissa à sa rêverie et tenta lui aussi de replonger dans le sommeil. Tout à coup, le bourdonnement se précisa, devint grondement, puis vrombissement. Les deux soldats eurent à peine le temps de réagir que déjà la mitraille crépitait autour d'eux. Surpris comme eux, les soldats de leur unité s'affolèrent, ramassèrent à la hâte leur fusil et leur paquetage et cherchèrent à se mettre à l'abri partout où ils pouvaient.

Aubin ne fit qu'un bond, empoigna son arme et courut vers un hangar dont le toit débordant pouvait le protéger des avions qui piquaient droit vers les fuyards. Legoff le rejoignit sans traîner. Les stukas, cinq ou six au total, firent une large boucle au-dessus d'eux, puis s'éloignèrent.

Les soldats français se disséminèrent à toutes jambes dans les champs voisins et tentèrent de gagner un petit bois situé à quelques centaines de mètres.

« Ils vont revenir, dit Aubin. Ne restons pas là ! Nous sommes trop à découvert. »

Il s'apprêtait à suivre ses camarades, quand, sans précaution, Legoff lui arracha son fusil des mains en s'écriant :

« Laisse-moi passer le premier ! Tu es trop lent ! »

Il poussa Aubin sur le côté. Celui-ci trébucha et tomba en arrière, contre le mur. Legoff se découvrit et détala en direction du bois. Il eut à peine le temps de parcourir quelques mètres qu'un stuka, revenu sans qu'il s'en fût aperçu, le faucha dans son élan, lui coupant les deux jambes et lui explosant le torse. Le malheureux n'eut pas le temps de se voir mourir.

« Bon sang ! soupira Aubin, je l'ai échappé belle. Si j'étais passé le premier, c'est moi qu'il aurait fauché. »

Il resta tapi contre le mur du hangar tant que les avions s'acharnèrent sur ses camarades à découvert au milieu des champs. Quand ceux-ci disparurent sous les arbres, il scruta le ciel et, prudemment, alla voir la dépouille de Legoff. Le spectacle lui souleva le cœur. Il eut cependant la force de se pencher au-dessus de son corps coupé en deux au milieu des cuisses et de lui dégrafer son ceinturon de balles.

« Elles ne te serviront plus à rien à présent ! » murmura-t-il entre ses dents.

Il ramassa son fusil et détala en direction du bois. Quelques jours plus tard, l'armistice étant rentré en vigueur, les armes se turent. Aubin continua à se replier avec son unité qui se retrouva à Issoire. Là, il apprit qu'il fallait attendre l'ordre de démobilisation. Avec quelques autres soldats, sous prétexte qu'il était berger de métier, on l'affecta aux abattoirs de la petite ville auvergnate. Ceux-ci devaient fournir la viande aux troupes cantonnées dans la région.

« Au moins, plaisanta-t-il, ici, je mangerai à ma faim ! »

Au Soleyrol et à la Castanède, tous attendaient son retour avec impatience. Celui-ci venait d'écrire qu'il allait être bientôt démobilisé, que ce n'était plus qu'une question de jours. La nouvelle apporta un peu de joie dans une famille inquiète par ailleurs d'avoir si peu de nouvelles de François et de Jérémie.

Ce dernier avait raconté dans une longue lettre toutes ses mésaventures, mais avait aussi expliqué qu'il ne pouvait en dire plus sur la mission qui l'attendait, lui-même étant tenu dans l'ignorance du sort qu'on lui réservait. Il avait cependant affirmé que tout allait bien et qu'il enverrait d'autres nouvelles dès qu'il le pourrait.

Aubin fut démobilisé dans le courant du mois d'août et revint à Quérac accompagné d'une jeune fille qui ne portait qu'une petite valise pour tout bagage. Il se jeta aussitôt dans les bras de sa mère, ivre de joie de se retrouver parmi les siens. Puis, se retournant vers celle qui attendait derrière lui, il dit :

« Je vous présente Anna. Nous nous sommes rencontrés il y a un mois à Issoire, et nous sommes…

– Bienvenue au Soleyrol, petite, coupa Antoine, qui avait comprit l'embarras de son petit-fils. Ne restez donc pas debout, prenez une chaise et mettez-vous à l'aise ! »

Anna était toute menue. Son tailleur sombre, ses cheveux courts et son teint pâle lui donnaient l'air d'une orpheline sortie d'un pensionnat. Son visage était d'une grande beauté, mais elle portait dans les yeux les marques d'une profonde tristesse. Lucie s'en aperçut et voulut la rassurer immédiatement.

« Les amis de nos enfants sont ici comme nos enfants. Nous formons une grande famille. Je suppose qu'Aubin a dû vous parler de nous. »

Lucie fit les présentations. Autour de la table, il y avait Antoine et Mathilde, Louise et ses deux filles Adeline et Hélène, Suzanne et sa fille Catherine, Jeanne enfin, la jeune sœur d'Aubin.

« Il manque les hommes, ajouta Lucie : le père d'Aubin est à l'estive avec mon autre fils Lucien et son cousin Ruben, ainsi que Maurice, le mari de Louise. Leur fils Jérémie est en Angleterre. Quant à François… »

Lucie n'acheva pas sa phrase, comprenant qu'il valait mieux ne pas attrister le retour d'Aubin en évoquant le souvenir d'un absent dont on n'avait pas de nouvelles.

« Mon mari est en Allemagne, reprit Suzanne, dans un camp de prisonniers. »

Anna ne parlait pas, très intimidée par cette grande famille au sein de laquelle elle se trouvait brutalement plongée. Les quelques mots qu'elle avait prononcés avaient trahi un léger accent venu de l'est. Personne ne lui en fit la remarque.

« Quand nous sommes au complet, nous sommes seize, ajouta Antoine. Et je ne compte pas ma fille Marie, qui vit à Paris, et son fils, Pierre, qui m'a fait arrière-grand-père l'année dernière. Avec eux, nous sommes une vingtaine. C'est un joli petit troupeau dont je suis assez fier ! Et toi, petite, d'où viens-tu ?

– Tu ne vois pas que tu ennuies Anna avec toutes tes questions ! » coupa Mathilde, qui comprenait que la jeune fille n'avait pas envie de parler d'elle-même et qu'il fallait lui laisser un peu de temps pour s'acclimater.

Les jours qui suivirent, Aubin parvint à familiariser son amie avec ses nouvelles conditions de vie.

« Tu verras, lui dit-il en l'enlaçant tendrement, ici, tu seras comme chez toi. Ma famille t'a déjà adoptée. Tu n'as plus rien à craindre. »

Aubin ne partit pas rejoindre son père et son oncle à l'estive, malgré l'envie qu'il en éprouvait. Le troupeau avait encore deux mois à pâturer dans les montagnes avant de redescendre. Il prétexta vouloir se reposer et aider les femmes à la métairie pour soulager son grand-père. En réalité, il ne voulait pas quitter Anna, qui n'avait pas encore levé le mystère de ses origines.

Ce n'est qu'au bout de deux mois, alors que tous attendaient le retour des hommes, qu'Aubin crut bon de parler en son nom à sa mère et à son grand-père. Mathilde était présente et écoutait d'une oreille attentive.

« J'ai attendu jusqu'à maintenant pour vous parler d'Anna, d'abord, pour respecter sa volonté : elle n'était pas prête à se livrer si vite à une famille qu'elle connaît à peine. Ensuite, parce que je voulais voir comment vous alliez tous l'accueillir.

– Doutais-tu de notre sens de l'hospitalité ? lui demanda Lucie.

– Maman, si je t'avais dit dès notre arrivée ce que j'ai à vous annoncer maintenant, vous auriez sans doute eu une réaction pour le moins gênante aux yeux d'Anna. Et elle aurait compris cette réaction, j'en suis sûr.

– Pourquoi n'est-elle pas présente ? demanda Antoine. Je trouve que tu fais un bien grand mystère de ce qui saute aux yeux ! »

Aubin regarda son grand-père avec étonnement :

« Ce n'est pas un mystère mais une simple mesure de précaution. Aurais-tu deviné ce que nous avons à dire, Grand-Père ?

– Dis toujours ! »

Aubin, la gorge serrée, poursuivit :

« Voilà : nous sommes tombés amoureux à Issoire très rapidement. Le coup de foudre comme on dit !

– Ça, on s'en était aperçus ! dit Lucie.

– Ce n'est pas tout. Anna n'a pas de famille. Alors, on a voulu faire vite.

– Ah ! vous avez brûlé les étapes, coupa Antoine, les yeux pétillants de malice. À ton âge, mon garçon, qui pourrait t'en vouloir ? »

Aubin fit une pause. Puis il reprit :

« Nous nous sommes mariés. »

La phrase qu'il venait de prononcer laissa sa mère et son grand-père sans réaction. Les secondes de silence qui suivirent lui firent croire que le couperet fatal allait lui tomber sur la nuque.

« Mariés ! reprit Lucie en traînant sur le mot. Vous êtes mariés et tu ne nous en as rien dit ! »

Mathilde intervint :

« C'est la guerre ! La situation explique qu'il faut parfois faire vite et ne pas s'attacher aux convenances. L'essentiel, c'est qu'ils s'aiment et qu'ils n'aient pas agi inconsciemment. »

Lucie s'approcha de son fils, lui prit la main et l'embrassa.

« Viens ici, petit ! fit Antoine à son tour. Viens, que je t'embrasse aussi ! Il faudra fêter ça tous ensemble, quand nous serons tous réunis.

– J'ai encore un aveu à vous faire, reprit Aubin.

– Encore ! Ne nous dis pas que je vais être une seconde fois arrière-grand-père ! Parce que là, je ne te croirai pas ! Pas si vite ! »

Aubin se taisait.

« Parle ! dit Lucie.

– Anna est allemande.

– Je me disais bien… Son accent… remarqua Antoine. Et que fait-elle en France ?

– Sa famille a été arrêtée et déportée dans un camp en Allemagne avant la guerre. Son père était opposé au régime. Anna a pu échapper aux nazis. Quand elle est rentrée chez elle le soir de leur arrestation, tout était saccagé. La police avait emmené son père et sa mère. C'était il y a deux ans, elle avait dix-huit ans. Alors, avec l'aide d'un ami, elle est partie en France, sur les conseils de son père qui lui avait laissé une lettre et un peu d'argent. Cet ami lui a appris par la suite que ses parents avaient été torturés et exécutés. Quand les Allemands ont envahi la France en mai dernier, elle a quitté Paris, où elle vivait depuis son arrivée. Elle s'est retrouvée à Issoire, où nous nous sommes rencontrés. »

Aubin poursuivit dans le détail le récit des malheurs d'Anna. Quand il eut terminé, Antoine le premier se leva, alla ouvrir la porte et, s'adressant à son petit-fils, lui dit :

« Va la chercher, petit, ne la laisse plus jamais seule ! »

Le froid desserrait son étau en cette fin du deuxième hiver de guerre. Déjà la brume matinale enveloppait les collines dans un manteau ouaté qui s'effilochait en écharpes vaporeuses au-dessus de la plaine. Malgré le redoux, les gens restaient figés dans leur frilosité. À l'espoir des premiers temps, où la confiance en Pétain reposait surtout sur les souvenirs d'un passé glorieux, succéda un état d'esprit fait d'attentisme, de doutes et de remises en question. Les restrictions auxquelles nul n'échappait, pas plus dans la zone libre que dans la zone occupée, rendaient les âmes moroses. Personne n'envisageait à court terme un avenir moins terne, et, malgré le retour du printemps, les paysages se dessinaient en gris et noir sur un fond peint de sang et de larmes.

Partout les hommes de Vichy sévissaient, arguant des thèses ultra-réactionnaires du programme du Maréchal. Malgré les louanges adressées par celui-ci au monde paysan, beaucoup commençaient à se méfier, d'autant que la collaboration officielle prononcée à Montoire avait choqué l'esprit anti-allemand de la plupart des Français.

C'est depuis cette période que Mathieu et Maurice avaient relâché leur soutien envers leur ancien héros.

« Il est trop vieux ! s'exclama Maurice, un jour de grande colère. Il a perdu la raison. Et son entourage le manipule comme une marionnette. »

Même si le chef de l'État s'était débarrassé momentanément de Laval, son pire thuriféraire, il ne regagna pas toute la confiance de ceux qui commençaient à se détacher de lui. Pour le moment, il est vrai, ceux-ci ne constituaient pas encore la majorité. À Quérac cependant, il gardait intacte une bonne part de la confiance des habitants et des conseillers municipaux. Le maire, qui avait fait l'apologie du Front populaire quelques années plus tôt, se retrouvait donc en minorité au sein de son conseil, où siégeait Léon Garrigue, fervent partisan du Maréchal. Les souvenirs de guerre étaient chez lui la seule raison de son attachement à son héros.

Moins attiré par le personnage que par ses thèses et sa politique, son fils cadet, Paul, ne cachait pas ses sympathies partisanes pour le régime en place. Il prêchait pour un soutien franc et massif à la politique de collaboration voulue par Pétain et confirmée par ses chefs de gouvernement successifs. Paul était le seul des trois fils Garrigue à être resté auprès de ses parents. Ses deux frères avaient quitté la région pendant la grande crise et n'y étaient jamais revenus. Installé dans un hameau de la commune, il cultivait quelques arpents de vigne et élevait une centaine de moutons. Il avait épousé une fille d'un village voisin à qui il avait fait une ribambelle d'enfants, tous aussi garnements les uns que les autres. Aussi, quand il parlait d'ordre et de discipline, ses détracteurs avaient beau jeu de lui rétorquer :

« Tu ferais bien d'abord de mettre de l'ordre sous ton propre toit, avant de donner des leçons de morale aux autres ! »

Peu à peu, l'atmosphère de la petite commune en vint à la suspicion, aux ragots, à la calomnie. On ressortait des faits vieux de plusieurs décennies, on colportait des mensonges. Et pour se donner bonne conscience, certains prenaient le parti de défendre l'État en place, les autres, par contradiction, se mettaient à écouter Radio Londres et à commenter les nouvelles du front russe, où les Allemands commençaient à piétiner à l'orée de l'hiver glacial qui s'annonçait.

Au Soleyrol, l'inquiétude demeurait à son comble : François, qui avait été fait prisonnier dans la région de Sedan et envoyé en Allemagne, croupissait toujours dans un stalag non loin de la frontière polonaise. Il n'avait pas encore été libéré et chacun doutait qu'il ne le fût bientôt, malgré les accords d'échange entre prisonniers de guerre et travailleurs volontaires pour l'Allemagne.

Suzanne faisait face avec courage. Entourée de ses deux enfants, elle s'occupait seule du Courtil, où ses belles-sœurs venaient chaque jour lui rendre visite. Ruben, son aîné, l'aidait après la classe à tenir la bergerie en état, tandis que sa sœur Catherine, âgée de dix ans, trayait les chèvres de ses petites mains habiles.

Les générations se succédaient, le temps passait, mais les mêmes scènes se répétaient inlassablement. Antoine venait souvent se réfugier auprès de sa belle-fille, pour lui apporter chaleur et réconfort et pour parler de son fils qui lui manquait beaucoup.

« Il est vivant, n'est-ce pas ? s'inquiétait Suzanne, les larmes aux yeux.

– Bien sûr, petite ! Ne t'inquiète pas. Puisque nous ne sommes plus en guerre officiellement, les Allemands ne vont pas garder leurs prisonniers une éternité. »

Antoine cherchait à se convaincre lui-même. La présence de ses deux petits-enfants lui rappelait l'époque où Mathieu et Louise, au même âge, aidaient leur mère dans sa tâche quotidienne.

« En venant ici, j'ai l'impression de retourner quarante ans en arrière, confessa-t-il aux oreilles de Suzanne, comme s'il voulait que personne n'entende ses regrets. »

XXIII

Une vie dans l'ombre

Pierre avait été démobilisé quelques semaines après l'armistice de juin 40 et avait repris aussitôt sa place d'avocat. La présence des Allemands à Paris le rendait très méfiant, d'autant qu'avec les premières mesures antijuives prises par le gouvernement dès octobre il ne sentait plus sa jeune épouse en sécurité.

Lisa semblait ne pas trop s'en inquiéter, rétorquant qu'elle était française, que toute sa famille était née en France depuis des générations et que la France n'était pas l'Allemagne.

« Tu oublies, ma chérie, que l'occupant dicte sa loi, lui dit-il. J'aimerais que tu ne restes plus seule toute la journée avec David. Je vais demander à ma mère de venir habiter avec nous. »

Marie avait quitté Robert au lendemain de la proclamation de l'État français. Ses prises de position très nettes envers les vainqueurs l'avaient tellement choquée, alors que son fils avait risqué sa vie pour son pays, qu'à la suite d'une violente dispute elle fit sa valise, claqua la porte de son luxueux appartement et alla se réfugier chez une amie. Elle regretta alors – mais un peu tard – de ne pas avoir accepté la proposition d'Élisabeth Vermeulen.

Depuis, le temps s'était écoulé. Pour subvenir à ses besoins, Robert lui ayant coupé les vivres, elle faisait de menus travaux de couture par-ci, par-là, et vivait chichement après avoir évolué dans un luxe qui ne lui avait jamais convenu tout à fait.

Quand Pierre lui proposa de venir s'installer chez lui, elle accepta de bon cœur.

« Tu t'occuperas bien de David pendant que nous serons au travail ? » lui avait-il demandé.

Lisa se réjouit de confier son jeune fils à sa grand-mère. Mais son enthousiasme fut vite terni lorsqu'elle apprit qu'elle ne pourrait plus poursuivre ses études d'avocat en toute quiétude sans risquer de se faire repérer.

Pierre lui conseilla de ne mentionner nulle part ses origines juives et de n'en parler à personne.

« Pour l'instant, les Juifs ne risquent rien, lui fit-elle remarquer, même si Vichy a décrété certaines mesures discriminatoires.

– En Allemagne, les nazis ont commencé de la même manière ; nous savons ce qu'ils ont fait après. Il est plus prudent que tu te fondes dans la masse. Nous allons commencer par déménager.

– S'ils veulent me retrouver, ils n'auront aucune difficulté ! »

À grand regret, Lisa accepta d'interrompre ses études. Il ne lui restait plus qu'une année pour obtenir son titre d'avocat.

« La guerre terminée, ajouta Pierre, tu auras vite fait de finir ton diplôme. Je t'y aiderai. »

Peu de temps après, ils changèrent d'adresse et allèrent habiter un quartier populaire non loin de la gare de l'Est. Marie les suivit de bon gré, car elle pensait ainsi échapper aux poursuites de Robert, qui ne manquerait pas, pensait-elle, de venir la rechercher chez son fils, dès que la solitude commencerait à lui peser.

« Mieux vaut qu'il ignore où nous habitons, avoua Pierre. Il pourrait, par dépit, s'en prendre à Lisa et la dénoncer. Je me suis toujours méfié de son antisémitisme. »

En réalité, Robert était bien trop occupé par son journal pour s'intéresser aux affaires familiales de son épouse. Lorsqu'il apprit que celle-ci avait déménagé, il se contenta de s'écrier : « Qu'elle aille au Diable ! Une de perdue, dix de retrouvées ! »

Toutefois, la solitude aidant, il mit tout en œuvre pour la dénicher. Mais il fut bien en peine de savoir où elle se cachait, car Pierre avait brouillé les pistes et laissé entendre aux voisins qu'il partait dans le Midi avec sa femme, son fils et sa mère. Robert en déduisit qu'ils s'étaient rendus à Quérac.

« Elle reviendra quand elle en aura assez de l'odeur du crottin et de vivre avec les bouseux ! » s'était-il exclamé, dans un moment de colère, devant un ami qui lui conseillait d'aller la rechercher manu militari.

Pierre continua son métier, mais il prit la précaution de changer de cabinet d'avocats, en demandant à ses anciens associés la plus grande discrétion. Toutefois, très vite, il comprit qu'il ne pourrait plus plaider sans risquer d'éveiller un jour l'attention de son beau-père, qui finirait bien par s'apercevoir de sa présence au barreau de Paris. Il accepta alors de rester dans l'ombre, de se contenter d'instruire les dossiers de ses confrères dans le plus grand anonymat. Pour ne pas devoir s'expliquer, il prétendit se sentir plus utile à démêler les écheveaux de la paperasserie judiciaire qu'à faire de beaux discours devant les juges. Ses collègues ne lui posèrent aucune question.

Le temps passa. Paris vivait l'occupation comme un mal endémique, incontournable, mais qui finirait par s'éteindre, comme tous les grands fléaux. On s'accoutuma à croiser les uniformes *feldgrau* sur les avenues et sur les grands boulevards, à lire des inscriptions en allemand aux carrefours des rues principales ; on reprit même l'habitude d'aller au spectacle. On apprit à se méfier de ses meilleurs amis, à mentir, à faire la sourde oreille et à fermer les yeux.

Lisa se fit appeler Lise et disait partout qu'elle était couturière. Marie lui donna quelques leçons pour qu'elle puisse rapidement l'aider et se justifier, le cas échéant. Elles travaillaient ensemble pour des femmes des beaux quartiers à qui Marie avait proposé ses services. Elles sortaient peu toutes les deux, de crainte de faire de mauvaises rencontres. Lisa surtout, qui n'avait pas été se déclarer en tant que ressortissante juive et qui ne portait donc pas l'étoile jaune.

C'est Marie qui faisait les achats pour le petit David, rebaptisé Daniel, afin d'éviter à sa belle-fille d'être questionnée par des curieuses au sujet de son enfant.

Plus d'un an s'écoula ainsi, sans incident. Robert semblait avoir fait son deuil de Marie ; Pierre passait auprès de ses collègues pour un rond-de-cuir ténébreux et assidu. Nul n'avait soupçonné Lisa, qui priait chaque jour pour que la lumière chasse enfin les ténèbres dans lesquelles ils vivaient tous à présent.

L'année 42 n'apporta pas beaucoup d'espoir de changement immédiat. Les positions allemandes restaient solides, même si l'armée du Reich subissait un début d'essoufflement en Russie. La répression s'abattait partout et le danger que faisait encourir la Résistance, quant aux représailles, divisait l'opinion.

Quand, dans la nuit du 15 au 16 juillet, Pierre entendit dans les rues de son quartier un brouhaha inhabituel, il crut un bref instant que les Allemands partaient. Levé le premier, il se mit aussitôt à la fenêtre et s'aperçut très vite qu'il n'en était rien. Voyant des autobus stationnés en bas de chez lui à une heure si tardive, il comprit qu'un événement grave était en train de se produire. Devant ses yeux écarquillés d'étonnement, des agents de police faisaient avancer des voisins, parfois des familles entières, vers les véhicules qui attendaient tous phares allumés. Quand il aperçut les étoiles jaunes sur leurs vêtements, il réagit aussitôt :

« Ils embarquent les Juifs ! »

Lisa sursauta et se mit à trembler. Marie se leva à son tour et s'approcha d'elle :

« Ne crains rien ! Personne ne sait. Ils ne viendront pas ici. »

Le départ des premiers autobus réveilla David, qui commença à grogner dans son lit.

« Faites-le taire ! » chuchota Pierre.

Dehors, les agents s'activaient, encadrés par des individus en ciré qui montraient moins de civilité envers les malheureux qu'ils avaient sortis du lit. Tout à coup, des bruits retentirent dans la cage d'escalier. Des hommes marchaient et parlaient sans se soucier du bruit qu'ils faisaient. Pierre ordonna à Lisa de se cacher avec David dans l'armoire, derrière les vêtements.

« S'ils entrent, je leur dirai que je vis seul avec ma mère. »

Dans la panique, il ne se doutait pas qu'un tel mensonge ne servirait à rien. Il convia Marie à se remettre au lit et à faire comme si de rien n'était.

Sur le palier, déjà, les cris fusaient. Une pauvre femme jurait qu'il y avait erreur, qu'elle n'était pas juive. Puis elle supplia qu'on ne prenne pas son enfant. Il y eut tout un remue-ménage. Les policiers montèrent à l'étage du dessus. La même scène se répéta.

Derrière la porte, Pierre retenait son souffle, impuissant. Il avait grande envie d'intervenir pour aider les malheureux qu'on embarquait comme des pestiférés. Quand le dernier policier redescendit, il s'arrêta un instant devant sa porte. Pierre crut qu'il allait frapper. Son cœur lui martelait la poitrine. Puis le policier jura :

« Ah ! foutues allumettes. Elles ont dû prendre l'humidité ! »

Il l'entendit craquer une, puis deux, puis trois allumettes. Une odeur de cigarette lui parvint par l'interstice de la porte. Le policier parut satisfait et dévala l'escalier sans plus s'arrêter.

Pierre n'était plus que glace en hiver. Il se retint encore longtemps avant d'oser faire un geste. Quand il sentit tout danger écarté, il revint sur la pointe des pieds vers Marie, la rassura et alla libérer Lisa et David.

« Vous pouvez sortir. Ils sont partis. »

Quand il apprit les jours suivants que des milliers de Juifs avaient été raflés à Paris pour être conduits au Vélodrome d'Hiver, il prit une grave décision :

« Il ne faut plus rester ici, nous n'y sommes plus en sécurité. Nous devons partir en zone libre. Dès demain, je me débrouillerai pour que nous puissions rentrer à Quérac. »

Dans le cœur de Marie, malgré le tragique de la situation, une lueur de joie se remit à briller.

Ce que Pierre n'avait jamais avoué, ni à Lisa ni à sa mère, c'était son appartenance à un réseau de résistance. Amené à instruire des dossiers de défense de résistants pris dans les mailles de la police, il avait été contacté, quelques mois auparavant, par des membres d'un réseau, afin d'établir le contact avec des inculpés qu'il fallait libérer. Comme il avait ses entrées dans les parloirs des lieux de détention, il avait été repéré comme un élément crucial pour la libération de certains détenus importants. Peu à peu, Pierre adhéra pleinement à l'engagement des hommes de l'ombre et entra à son tour dans le réseau sous le nom de « Roc ».

Son rôle était seulement de divulguer les renseignements qu'il pouvait lui-même obtenir grâce à ses investigations et de transmettre certains détails dont ses chefs avaient besoin avant les procès. Il savait que cela pouvait amener à des tentatives de coups de force en vue de faire échapper un prisonnier et qu'on pouvait lui demander à tout moment d'y participer en personne. Mais, pour l'instant, on l'avait exempté de toute action violente et cantonné dans le renseignement. Il ne connaissait pas l'organisation du réseau, ne contactant jamais les mêmes relais et recevant ses ordres discrètement dans le casier dont il disposait pour son courrier de travail sur son lieu d'exercice. De fait, il se doutait que l'un de ses collègues était sa courroie de transmission, mais il en ignorait l'identité.

Pour la sécurité de sa famille, il ne portait jamais rien sur lui de compromettant et changeait tous les jours d'itinéraire quand il rentrait du travail. Devenu méfiant, il épiait sans cesse les gens qui le suivaient dans la rue et préférait rentrer en retard en faisant un long détour quand il craignait d'être suivi.

Peu après les événements du Vél'd'Hiv', son contact lui demanda, toujours par le truchement de sa boîte aux lettres, de participer à une réunion secrète des membres de son réseau. Celle-ci était prévue pour le samedi soir suivant, dans l'arrière-boutique d'une librairie du faubourg Saint-Antoine. Il devait s'y rendre un livre à la main et demander s'il pouvait l'échanger contre un exemplaire des *Fleurs du mal* de Baudelaire.

Dès que le libraire le vit entrer, il comprit aussitôt à qui il avait affaire et ferma sans traîner la porte derrière lui. Puis, une fois que Pierre lui eut formulé sa demande, il l'introduisit dans une pièce voisine par la porte du fond. Cinq hommes étaient attablés dans une atmosphère enfumée. Parmi eux, Pierre reconnut Roger Van Duynslaeger, un homme du Nord, son collègue de travail, avocat comme lui au barreau de Paris. Ce dernier fit les présentations en ne citant que les pseudonymes de ses amis et avoua s'appeler lui-même « Lapointe ».

L'entrevue dura moins de une heure. Il s'agissait pour cinq d'entre eux de partir en mission en province afin d'aider à la coordination des différents mouvements de résistance dans le milieu de la justice, Lapointe devant rester leur principal contact à Paris. Pierre fut convié à partir dans le Sud en zone libre.

« Nous savons que ta femme est juive et que tu la caches, lui déclara Lapointe. Elle sera plus en sécurité là-bas, avec toi, qu'ici à Paris, où les flics et la Gestapo finiront par la débusquer. »

Pierre n'avait jamais parlé de Lisa à personne.

« Ne sois pas étonné, reprit son ami. Nous savons tout. Mesure de précaution : nous ne pouvons nous permettre de recruter sans connaître le passé de nos membres. Nous te fournirons les papiers nécessaires à ton départ, ainsi que ceux de ta femme, de ton fils et de ta mère. Je suppose que tu ne vas pas laisser ta mère seule, avec son salopard de mari dans les parages, ce ne serait pas prudent !

– Je... oui, bredouilla Pierre. Décidément, vous n'ignorez rien.

– Vous vous installerez dans ta famille à Quérac. C'est un coin perdu où tu pourras te faire facilement oublier entre deux missions.

– Vous êtes bien renseignés !

– C'est notre travail ! Nous ne pouvons prendre aucun risque. Là-bas, un de nos agents te contactera. Tu n'auras qu'à attendre et suivre les instructions. Ton secteur est vaste : il couvre tout le Midi. Il faudra trouver un prétexte pour expliquer à ta femme la raison de tes absences. Officiellement, tu travailleras pour le cabinet d'avocats "Gaillard" à Nîmes. »

Une fois l'entrevue terminée, les cinq hommes quittèrent la librairie séparément, en prenant chacun une direction opposée.

Quand il rentra chez lui le soir, Pierre prit Lisa à part et lui expliqua :

« Nous partons pour Quérac dans quelques jours, comme je vous l'ai promis. Il faut vous tenir prêts.

– Mais nous nous ferons arrêter en passant la ligne de démarcation ! Nous n'avons pas de papiers !

– Je me suis arrangé. Ne me pose pas de questions. Tout ira bien. Demain matin, je préviendrai ma mère. Inutile de la réveiller maintenant. En attendant notre départ, il faut continuer à vivre comme d'habitude pour ne pas éveiller les soupçons.

– Et de quoi vivrons-nous là-bas ? Ici, tu as un travail !

– J'ai trouvé une place dans un cabinet d'avocats-conseils à Nîmes. Quérac-Nîmes, ce n'est pas très loin. Je pourrai faire l'aller-retour tous les jours. »

Plus de six mois s'étaient écoulés depuis leur départ. Les Allemands avaient envahi la zone libre en novembre 1942, à la suite du débarquement des forces alliées en Afrique du Nord. Cette fois, chacun craignait de voir l'occupant à sa porte. Les premiers contingents de la Wehrmacht étaient arrivés à Alès le 28 novembre, mais aucun uniforme ennemi n'avait encore été aperçu dans les rues de Quérac, ni dans les petites communes des alentours. Et chacun priait qu'il en fût ainsi longtemps.

Mathilde fut la première à craindre la présence des soldats allemands. Tant que la zone sud était libre, seuls les SOL[1] faisaient régner l'ordre d'un État, certes policier, mais, somme toute, dépourvu de gros moyens de répression. La résistance y était d'ailleurs beaucoup moins risquée que dans la zone nord, et de nombreux réseaux s'y étaient constitués.

Avec l'arrivée des Allemands et la création de la Milice, l'étau se resserra sur tous ceux qui osaient manifester

1. *Services d'ordre légionnaire : sorte de para-police destinée au maintien de l'ordre, remplacée début 1943 par la Milice.*

leur opposition au régime et à l'occupant. Mathilde le comprit à ses dépens. Depuis deux ans, en effet, la Résistance s'était organisée dans le bassin alésien et divulguait un journal clandestin : *Liberté*, très vite remplacé par *Combat*. Une de ses anciennes amies, institutrice en poste à Alès, l'avait discrètement contactée, connaissant ses opinions et son passé pendant la Grande Guerre, et lui avait demandé sa collaboration pour diffuser le journal dans la région de Quérac.

« Nous avons besoin de relais, lui avait-elle expliqué. Il faut faire savoir que les Cévenols n'ont pas baissé les bras. »

Mathilde n'avait pas hésité une seconde à proposer son aide, et, après s'être confiée à Antoine qui l'avait soutenue dans sa démarche, elle était ainsi entrée en résistance, à sa manière.

Mais, avec les Allemands, les risques encourus devinrent plus sérieux. Mathilde crut bon alors de demander à son amie davantage d'engagement dans le mouvement, afin de s'y sentir plus soutenue, plus entourée. Petit à petit, elle fut entraînée dans des actions plus dangereuses. Le Soleyrol était un lieu idéal pour faire transiter tous les rebelles qu'il fallait soustraire aux yeux des autorités. Très vite, on lui demanda d'héberger pour quelque temps des communistes, des réfractaires au STO, des Juifs. Dans l'action, Mathilde semblait retrouver une seconde jeunesse. Antoine, dont l'esprit contestataire reprenait le dessus, l'encourageait et, malgré son âge, il mettait un point d'honneur à se rendre lui-même aux rendez-vous que les membres du mouvement Combat leur donnaient régulièrement.

Lorsque Lucien, le fils cadet de Mathieu, reçut à son tour l'ordre de rejoindre l'Allemagne pour le STO, ils n'hésitèrent pas un instant.

« Il faut lui trouver une ferme bien tranquille dans la montagne, déclara Antoine. Mes amis ne manquent pas. Certains accepteront de le cacher le temps nécessaire.

– Que dirais-tu d'Albert Deleuze, le fils de Martial, de la Bessède ? proposa Mathieu. Albert nous accueille toujours cordialement quand nous transhumons, comme au temps de son père.

– Je ne crois pas, en effet, qu'il me refuse ce service. »

Lucien partit aussitôt se cacher dans la montagne, rejoignant ainsi d'autres réfractaires. Sa mère, Lucie, se remit à trembler chaque jour, priant le ciel de lui épargner son plus jeune fils, comme il lui avait épargné Aubin en 1940.

Celui-ci avait repris son activité sur le domaine. Son père, Mathieu, lui avait trouvé une petite bergerie, le Fournel, qu'un vieux propriétaire désespérait de pouvoir tenir en état depuis la disparition de son fils, mort au combat. En ces temps de restrictions, il fallait savoir se contenter de peu. Aussi Aubin fut-il très heureux de pouvoir emménager avec sa jeune épouse sous son propre toit dès son retour.

Depuis, il s'était fait oublier. Anna avait accouché, en avril 1942, d'un petit garçon prénommé Marc, et aidait son mari aux travaux de la terre et d'élevage, malgré ses origines bourgeoises. Mathilde, grâce à ses relations, lui avait obtenu de faux papiers, attestant de ses origines lorraines. Elle se faisait appeler Anne et disait, quand on le lui demandait, qu'elle avait fui sur les routes de l'exode au moment de la débâcle et que ses parents y avaient péri lors d'une attaque de l'aviation allemande.

Sa vie à Quérac semblait s'être apaisée. Prise entre son enfant et son travail, elle n'avait guère le temps de s'occuper des événements qui commençaient à secouer les Cévennes. Comme partout, la Milice, nouvellement créée, y sévissait aux ordres de Darnand et appuyait la Gestapo. Paul Garrigue, le fils de Léon, n'avait pas hésité à s'y engager et faisait régner dans la région de Quérac l'ordre nouveau de ses maîtres. Toujours accompagné de trois autres miliciens du même acabit, il se complaisait à terroriser la population en débarquant à l'improviste, avec sa Traction noire, partout où il soupçonnait quelque secret.

C'est ainsi qu'un beau matin, de bonne heure, il se précipita au Fournel et sortit Aubin et Anna du lit. Le petit Marc, apeuré par le bruit que firent les acolytes en frappant à la porte avec leur crosse de fusil, se mit à hurler.

« Ouvrez, police ! » leur cria l'un des miliciens.

Aubin enfila son pantalon et s'exécuta. Il reconnut aussitôt, planté derrière les trois miliciens qui lui barraient le passage, le fils de Léon Garrigue, encadré de deux hommes en civil. Dehors, deux Traction attendaient, moteurs en marche.

« Montrez-nous vos papiers ! exigea Paul.

– Voyons, Paul, tu nous connais ! s'étonna Aubin. Tu sais bien que je suis le petit-fils d'Antoine, l'ami de ton père !

– Mon père n'a pas d'amis parmi les traîtres !

– Les traîtres ! »

Aubin préféra ne pas insister. Il craignit aussitôt que Mathilde, dont il ignorait le rôle exact, n'ait été dénoncée à cause des faux papiers d'Anna.

Paul examina l'identité de celle-ci avec attention, puis lui demanda de s'habiller et de le suivre.

« Vous n'allez pas l'emmener ! s'indigna Aubin. Elle n'a rien à se reprocher.

– C'est ce que nous allons vérifier. »

Les deux policiers en civil empoignèrent Anna et l'accompagnèrent sans ménagement vers l'une des deux Traction, tandis que les quatre miliciens s'engouffrèrent dans l'autre véhicule.

La scène fut tellement rapide qu'Aubin, médusé, resta sans réaction.

« Ne crains rien, le rassura Mathilde. Ils ne peuvent rien prouver contre elle. Ses papiers sont plus vrais que des vrais. Ce sont ceux d'une jeune fille qui a perdu ses parents et qu'on a retrouvée morte. Seuls la photo et les tampons de la préfecture ont été changés. Ils n'y verront que du feu. »

Transférée à Alès, Anna fut enfermée huit jours durant dans une cellule du Fort Vauban. Elle y fut interrogée sans relâche, récita avec naturel ce que Mathilde lui avait dit d'imprimer dans sa mémoire, mais ne céda pas un seul mot de son passé.

Elle fut relaxée au bout d'une semaine. Jetée dans les rues du vieil Alès au petit matin, elle erra sans trop savoir où se réfugier, hébétée. Dans un bar de la Grand-Rue où elle était entrée se désaltérer, un homme s'approcha d'elle.

« Ne restez pas dans le secteur, lui conseilla-t-il. L'*Hôtel du Luxembourg* est truffé de Fridolins et de collabos. Si vous avez besoin d'aide, je peux faire quelque chose pour vous.

– Je voudrais seulement rentrer chez moi à Quérac », lui avoua-t-elle, tétanisée de frayeur.

À la fin 1943, alors qu'Anna tâchait d'oublier les cris et les suppliques qu'elle avait perçus derrière les barreaux de sa prison, par une nuit sans lune quelqu'un frappa à la porte du Soleyrol. Mathieu veillait en compagnie de Lucie et de leur fille Jeanne. Antoine et Mathilde étaient allés se coucher.

« Qui cela peut-il bien être à une heure pareille ? » s'inquiéta Lucie.

Les coups à la porte n'avaient rien d'inquiétants. Ils étaient au contraire très discrets. Puis ils entendirent des grattements et une voix étouffée :

« Ouvrez ! C'est moi. »

Mathieu, méfiant, s'approcha de la porte et demanda :

« Qui est-ce ?

– C'est moi, François ! »

Aussitôt, le cœur de Lucie se mit à cogner. Mathieu ouvrit sans tarder et alluma la lampe.

« François ! C'est donc toi ! »

Les premières émotions passées, tous voulurent fêter le retour du soldat rescapé de 1940. Mathilde et Antoine, réveillés par l'explosion de joie de leurs enfants, décidèrent d'aller prévenir dans la nuit Maurice et Louise à la Castanède, ainsi qu'Aubin au Fournel.

« Non, il est trop tard, coupa Mathieu. Je cours plutôt au Courtil avertir Suzanne que son mari est rentré. »

François s'était d'abord arrêté au Soleyrol, la première métairie qu'il avait rencontrée sur son chemin en coupant par les vignes.

« J'ai évité Quérac. Même la nuit il faut se méfier.

– Pourquoi te méfies-tu ? demanda Antoine.

– Tu ne comprends pas qu'il s'est échappé ! expliqua Mathilde.

– Il y a un mois environ, poursuivit François. C'était ma deuxième tentative. Et j'ai failli me faire reprendre juste en passant la frontière. Mais, Dieu merci, il y a encore des âmes patriotes dans ce pays !

– Il faudra redoubler de prudence, conseilla Mathilde. Ici aussi nous sommes entourés de collabos. Mais avec Mathieu et Maurice, nous pourrons te protéger. »

François, trop fourbu, ne demanda pas d'explications.

Il passa plus de deux semaines à récupérer ses forces, sans sortir, en prenant soin de ne pas se montrer aux fenêtres et en allant se cacher dans le grenier dès qu'il entendait arriver un étranger.

Pendant ce temps, Mathilde prit contact avec ses amis, lui obtint à son tour de faux papiers et lui trouva une cache dans un mas isolé de la montagne.

XXIV

Les drailles de la Résistance

MARIE S'ÉTAIT DONC TROMPÉE en croyant qu'à Quérac elle retrouverait la tranquillité. Au moment de son départ, elle n'aurait jamais cru que sa belle-mère, à son âge, était encore si dévouée à la cause de la liberté et que son père l'aurait soutenue avec tant d'enthousiasme. Les démêlés d'Anna avec la Milice, le départ de Lucien, puis de François au maquis lui firent penser que sa famille avait perdu la raison en voulant reprendre le flambeau de ses ancêtres camisards.

« Que veux-tu, lui dit son frère Mathieu, nous sommes cévenols ! »

Il n'osa lui avouer que lui-même et son beau-frère Maurice aidaient les résistants des montagnes chaque fois que l'occasion se présentait. Lors de la transhumance de 1942, ils furent en effet tous deux contactés par des résistants alésiens connus de Mathilde. Ceux-ci voyaient dans les bergers transhumants des passeurs idéaux pour véhiculer journaux, vivres, vêtements, voire des armes.

Mathieu et Maurice se souvenaient trop de leurs sacrifices de 1914 et étaient trop déçus par la politique du Maréchal pour refuser leur aide. Ils n'hésitèrent pas un instant quand, par l'intermédiaire de Mathilde, ils furent conviés à participer à certaines actions.

Lorsqu'ils emmontagnèrent en juin 1942, la zone sud n'était pas encore occupée. Ils ne furent chargés que d'apporter des tracts et le journal clandestin que les résistants alésiens tentaient de divulguer le plus loin possible. Ils les déposaient le long de la draille, en des lieux sûrs qu'on leur indiquait. Après leur passage, d'autres résistants, qui opéraient dans la Vallée Borgne et dans la Vallée Française, les ramassaient et les diffusaient.

Cette année-là, la transhumance prit des allures clandestines, ce qui n'était pas pour déplaire aux deux vétérans de la Grande Guerre. Le combat des hommes de l'ombre devint leur combat, et la complicité qui les unit, dans ce nouveau défi, resserra encore plus leurs liens d'amitié.

« Comme en 14 ! exultait Maurice, le plus enthousiaste des deux. On les aura les Chleuhs ! »

Mathieu, que les souvenirs de ses terribles souffrances psychiques rendaient moins exubérant, tempérait son beau-frère :

« À nos âges, restons prudents et sachons garder la tête sur les épaules ! »

L'année suivante, avec l'occupation de la zone sud et l'arrivée des Allemands, les maquis s'organisèrent. Ils prirent alors toute la mesure du danger qu'ils encouraient quand, sur la draille, ils entendaient parfois des coups de feu, le secteur d'Aire-de-Côte étant particulièrement sensible. Les *traspastres* qui les accompagnaient n'avaient pas peur, ils étaient jeunes et inconscients. Il fallait souvent les faire taire, car ils risquaient parfois leur vie à traverser les montagnes sans savoir exactement ce qui se passait autour d'eux.

Or, de Colognac à Aire-de-Côte, puis de l'Aigoual au causse Méjean, de hauts faits de résistance devaient à jamais marquer dans le sang les drailles cévenoles.

Il leur arriva de transhumer de nuit, afin de ne pas attirer l'attention. Ils bloquaient alors les sonnailles des bêtes avec de la paille et cheminaient en silence, à la lueur argentée de la lune. Ils limitaient le nombre des cloches au cou des brebis et veillaient à ce que le troupeau reste toujours le plus groupé possible. Certains propriétaires faisaient parfois un bout de chemin avec eux pour pallier le manque de bergers : les anciens reprenaient du service et remplaçaient les fils retenus par la guerre ou partis au maquis. Personne n'expliquait son cas. Personne ne posait de questions. L'absence suffisait en elle-même pour que chacun comprenne.

Mathieu et Maurice restèrent très discrets sur leur engagement. Ils se méfiaient toujours. Aussi réduisaient-ils volontairement leur propre chargement sur les mulets pour pouvoir emporter ce qu'on leur confiait, sans paraître plus chargés que d'habitude. Quand ils passaient près des hameaux et des fermes isolées qu'ils connaissaient bien, ils ne pouvaient s'empêcher de penser à Lucien et à François qui s'y cachaient et risquaient leur vie en participant aux coups de force des maquis locaux.

Parfois un message leur était laissé lors d'une étape, qui leur donnait de brèves nouvelles : « Tout va bien », avait écrit Lucien sans mentionner l'endroit où on l'entraînait à se battre. « Donnez mille baisers à Suzon et aux jeunes cabris », fit passer François pour tranquilliser sa femme et ses enfants.

Quand le moment du départ pour l'estive approcha en juin 1944, tous au Soleyrol craignirent le pire. Ils étaient sans nouvelles de Lucien et de François. Or ils avaient eu connaissance des terribles événements qui avaient ensanglanté la région de Saint-Étienne-Vallée-Française, quelques semaines plus tôt. Ils ignoraient s'il y avait eu beaucoup de victimes chez les maquisards et si les leurs s'étaient battus avec eux. Mais ce qu'ils savaient les tourmentait jour et nuit : un bataillon de deux cent cinquante soldats de l'*Ost Legion* – des Arméniens pour la plupart enrôlés dans la Wehrmacht – avait saccagé Saint-Étienne en représailles à un attentat perpétré par des éléments du maquis Bir-Hakeim contre des feld-gendarmes en tournée dans la Vallée Française. Quelques jours plus tard, deux mille SS armés jusqu'aux dents avaient ratissé toute la montagne environnante, dans l'espoir de débusquer les maquisards réfugiés dans la bergerie de la Picharlerie.

« Pourvu qu'ils n'aient pas été embarqués dans cette tragédie ! priait Lucie. Quand donc cette guerre se terminera-t-elle ? »

Le Débarquement venait d'être annoncé. Partout l'espoir renaissait. Les Français retrouvaient leurs élans de patriotisme, et l'on ne parlait plus que du général de Gaulle et de son courage. Les miliciens faisaient grise mine et redoublaient de hargne envers leurs compatriotes.

Paul Garrigue, lui, gardait la tête haute et continuait à s'acharner contre tous ceux qu'il suspectait. Il n'ignorait pas l'absence de Lucien, mais n'avait jamais pu prouver que ses parents étaient de connivence avec leur fils réfractaire. Quant à François, il le croyait toujours en train de moisir au fond de son stalag en Allemagne. Toutefois, il venait régulièrement aux nouvelles et semait la terreur au Soleyrol et au Courtil non sans un certain plaisir sadique. Aubin accourait aussitôt rassurer sa tante Suzanne, qui avait toujours refusé de quitter sa petite métairie, affirmant que c'était le meilleur moyen de ne pas éveiller les soupçons.

À cause du Débarquement, Mathieu et Maurice préférèrent retarder leur départ à l'estive de quelques jours. Il était rare qu'ils n'endraillent pas dès le lendemain de la Saint-Médard, comme leurs pères l'avaient toujours fait avant eux. Mais ils voulaient être sûrs de ce que la radio annonçait depuis deux jours et attendre la réaction des Allemands.

« N'allons pas nous jeter tête baissée dans les zones de turbulences ! » expliqua Maurice, craignant une reprise d'activité des maquis à la suite de cette grande défaite du Reich.

Il venait d'apprendre par un ami, qui revenait de Florac, que le causse Méjean avait été le lieu de sanglants affrontements entre le maquis Bir-Hakeim et les Allemands autour de Hure, près de leur bergerie d'estive.

« Nous ferions mieux de ne pas y monter, suggéra-t-il.

– Il est bien tard pour trouver un autre lieu de pâturage. Et nous n'avons pas les moyens de rester ici tout l'été », rétorqua Mathieu.

Antoine approuvait son gendre.

« Retardez votre départ de quelques semaines, proposa-t-il. Partez à la fin du mois. D'ici là, les événements se seront calmés. »

Tous ignoraient alors que Lucien et François avaient participé aux combats de la Picharlerie en avril et qu'ils se cachaient ensemble dans un petit maquis reconstitué non loin de Lasalle. Ils avaient refusé de suivre les Biraquins sur le causse et préféré rester avec leurs amis cévenols pour défendre leurs serres et leurs vallées. Quand le maquis Bir-Hakeim fut décimé sur le Méjean le mois suivant, ils se hâtèrent de prévenir leur famille qu'ils étaient sains et saufs.

Ce n'est qu'aux environs du 10 juin que leur message parvint à Quérac. Dans la boîte aux lettres de Mathilde – une niche à chien abandonnée derrière la grange –, un petit carton issu de l'emballage d'un produit transporté par Mathieu et Maurice annonçait en quelques mots succincts : « Brebis parties à la montagne en bonne forme. Seront rentrées à la bergerie pour le départ à l'estive. »

Mathieu exulta.

« Dieu merci, ils sont vivants ! Heureusement que nous avons retardé notre départ ! Sinon nous les aurions manqués.

– Oh ! ils nous auraient rejoints sur la draille », ajouta Maurice.

Le départ du troupeau fut encore repoussé de quelques jours. La mère de Maurice allait mal. Adrienne avait le cœur fatigué, et les soucis occasionnés par le tumulte de la guerre avaient eu raison de sa frêle constitution. Elle s'éteignit dans son lit, dans les bras de son fils, entourée de ses amis du Soleyrol. Elle partit rejoindre son époux Joseph, le vieux complice d'Antoine, et son fils Jérémie mort en 1918. Elle prit le même chemin que son amie Adeline, dont le souvenir ne l'avait jamais quittée. Avec elle, c'était le passé d'Antoine qui s'évanouissait dans la nuit sombre de la mort, le temps de l'appel des drailles.

Marie fut très affectée par la disparition de celle qui fut, peu de temps dans sa vie, plus qu'une belle-mère, une mère retrouvée. Elle tint à la veiller jour et nuit en présence de Maurice. Dans la pénombre de la chambre mortuaire où filtraient les derniers rayons du printemps, elle repassa en mémoire les scènes les plus chères de son enfance au Soleyrol, où Adrienne avait toujours tenu une place prépondérante. Elle se souvint, dans un mélange de joie et de profonde tristesse, des moments qu'elle avait vécus avec sa mère pendant la longue attente de l'été. Les hommes étaient partis à l'estive ; les deux femmes s'entraidaient comme deux sœurs, deux amies inséparables. Les rires, les plaisanteries d'Adrienne enluminaient les pensées souvent ténébreuses d'Adeline. Et, lorsque celle-ci tomba malade, elle ne trouva de socle à sa ténacité qu'en sa fidèle amie. Marie pouvait compter sur elle. À l'époque où elle n'avait d'yeux que pour Guillaume, et qu'Adrienne lui avait avoué ne rien ignorer de leurs amours, elle éprouva moins de remords à nager dans le bonheur, alors qu'elle savait déjà sa mère rongée par le mal. Adrienne lui apprit la vie, à sa manière, et lui fit comprendre qu'il est des choix qui n'appartiennent qu'à soi, et qu'il ne faut éprouver aucune honte à les assumer.

Toute à son chagrin, Marie fit ses adieux à la compagne de son enfance. « Sa vie est accomplie », songea-t-elle en voyant disparaître l'humble cercueil de châtaignier sous les pelletées de terre.

Quelques jours plus tard, Maurice et Mathieu endraillèrent avec Lucien et François, enfin revenus. Ceux-ci estimèrent qu'ils seraient plus en sécurité à l'estive, le temps que le dernier gros orage passe sur les Cévennes.

Ils étaient à peine partis que des nouvelles de Jérémie parvinrent à la Castanède. Depuis deux ans, le jeune soldat participait aux opérations de reconquête aux côtés des FFL, et avait à son actif les campagnes de Libye, de Tunisie et d'Italie. Il avait bravé bien des dangers pour se maintenir en vie, mais avait toujours caché à ses parents les risques qu'il encourait tous les jours. Ses lettres arrivaient avec beaucoup de retard, et lorsque tous en prenaient connaissance bien souvent son unité se battait sur d'autres champs de bataille. Cette fois, il affirmait que l'échéance arrivait et que les combats à venir, s'ils s'annonçaient difficiles, seraient déterminants pour la victoire, car ils mèneraient à la fin du conflit. Sa lettre datant d'avant le débarquement de Normandie, les faits étaient en train de confirmer ses prévisions.

« Nous ne sommes pas près de le revoir ! » se lamentait sa mère Louise.

Entourée de ses deux filles, Adeline et Hélène, celle-ci montrait beaucoup de courage. À l'image de sa mère lors de la disparition de son fils, elle ne se laissait pas abattre par l'adversité et prouvait à tous que la vie est toujours la plus forte. Cependant, les deuils commençaient à lui peser : après son frère Fabien et sa mère en 1916, son beau-frère deux ans plus tard, ses beaux-parents Joseph et Adrienne, et son propre fils en 1929, à près de cinquante ans Louise aspirait à une vie plus calme, dans la paix et la sécurité des lendemains. Aussi avait-elle hâte que le conflit s'achève pour retrouver

Jérémie parti depuis bientôt cinq ans et ne passait-elle pas une seule journée sans prier Dieu pour qu'il le maintienne en vie.

L'existence de sa sœur n'était guère plus enviable. Depuis son retour deux ans auparavant et son installation à Quérac, Marie passait son temps entre la joie et l'inquiétude.

À peine arrivée en août 1942, ayant fui Paris avec de faux papiers obtenus par les amis de Pierre, elle s'était installée avec son fils et sa belle-fille dans une petite maison du village adossée au presbytère de l'église. Lisa élevait son enfant dans la discrétion pendant que Pierre s'absentait à Nîmes toute la journée pour son travail. Marie, elle, passait la plus grande partie de son temps chez son père et chez sa sœur, et les aidait dans leurs tâches quotidiennes, comme au temps de sa jeunesse. La Parisienne qu'elle était devenue n'avait pas perdu la main pour traire les chèvres et fabriquer les pélardons. Antoine était le plus heureux de tous d'avoir retrouvé sa fille, celle en qui, sans jamais l'avouer à personne, il retrouvait avec joie le caractère de sa première femme Adeline.

Marie et Lisa ignoraient les activités clandestines de Pierre, et ne lui avaient posé aucune question au sujet des papiers grâce auxquels ils avaient pu gagner la zone libre sans problème. Elles mirent ses absences occasionnelles de plusieurs jours sur le compte de ses déplacements professionnels. Même Mathilde, qui, pourtant, était bien introduite dans le mouvement Combat, ne se doutait pas que le petit-fils de son mari était aussi engagé qu'elle dans la Résistance. Les cloisons entre les mouvements étaient très étanches pour la sécurité de tous.

Pierre recevait ses instructions dans sa nouvelle boîte aux lettres au cabinet d'avocats « Gaillard », où il travaillait. Depuis qu'il avait pris ses fonctions, il n'avait été contacté par aucun de ses collègues, ce qui lui faisait penser, à tort, qu'aucun d'entre eux n'appartenait au réseau.

Lorsque les Allemands occupèrent la zone sud, la fréquence de ses contacts s'accrut. On le sollicita davantage et il dut s'absenter plus souvent, parfois loin dans les grandes villes du Sud-Est, pour transmettre des directives et en recevoir en provenance de Londres, et constituer la filière pour laquelle on l'avait envoyé.

Début 1943, il apprit qu'un émissaire avait été dépêché par le général de Gaulle dans le sud de la France. Dès lors, son activité s'intensifia et devint plus dangereuse. Il dut prendre plus de précautions lors de ses déplacements, conscient que la Gestapo et la police française traquaient sans relâche tous les suspects.

Quand il sut que ses ordres venaient directement de Londres, il n'en éprouva que plus de fierté. Dès les premiers appels radiophoniques du Général en juin 1940, il n'avait eu de cesse de rallier celui avec qui il avait fait sa campagne militaire quelques semaines auparavant. Sur le moment, il n'avait pas été subjugué par son commandant en chef, celui-ci n'étant à ses yeux qu'un petit colonel très patriote au service de son pays, comme beaucoup d'autres officiers. Mais, quand il apprit que, devenu général, il avait osé s'opposer au gouvernement défaitiste de Pétain et de sa vieille garde d'extrême droite, il voulut se rapprocher de celui qui, faute d'avoir pu mener ses chars à la victoire, n'avait pas failli à l'honneur.

C'est ce qui l'avait incité, à Paris, à rejoindre très tôt la Résistance. Il avait ainsi conscience de poursuivre son action engagée dès les premières heures de la Bataille de France.

Quand l'étau se resserra autour des chefs de réseau, après l'arrestation de Jean Moulin à Caluire, il se sentit lui-même de plus en plus menacé. Il reçut bientôt l'ordre de ne plus bouger deQuérac, en attendant d'autres instructions. Lisa le trouva anormalement inquiet, mais n'osa le questionner sur les raisons de son inquiétude. Ses regards suspicieux chaque fois qu'il sortait dans le village, les précautions exagérées qu'il prenait pour éviter les visites chez lui, ses craintes qu'on ne questionne David ou que la Milice ne découvre que son épouse était juive finirent de la convaincre qu'il dissimulait un mystérieux secret.

« Tu me caches quelque chose ! lui dit-elle un jour, alors qu'elle le sentait plus nerveux que d'habitude.

– Non, je t'assure, lui mentit-il. Pourquoi donc ?

– Il est inutile de m'en parler, tu sais. J'ai compris depuis longtemps. Tu fais tout pour nous épargner et tu prends beaucoup de risques. Sache, Pierre, que je t'aime et que je suis partout avec toi où tu te trouves.

– Moi aussi, je t'aime. »

Lisa n'eut pas à lui demander d'avouer la vérité sur ses actes. Elle savait qu'il ne pouvait parler. Elle le conforta et lui redonna le courage qui commençait à lui manquer.

« Je me sens parfois si seul ! lui confessa-t-il.

– Tu n'es pas seul, je suis là, avec David et Marie.

– Je sais pouvoir compter sur vous. Mais je vous mets tellement en danger qu'il m'arrive parfois d'hésiter. Je doute de moi, de la force que j'aurais s'il m'arrivait ce que chacun d'entre nous craint par-dessus tout. »

Lisa eut toutes les peines du monde, ce soir-là, à réconforter son mari. Celui-ci lui apprit plus tard que ses amis venaient d'être arrêtés, et que lui-même n'avait dû son salut qu'à une fuite in extremis. Il craignait à tout moment de tomber dans les mailles de la Gestapo et ne pouvait plus croiser le regard de Paul Garrigue dans les rues du village sans penser que ce dernier était au courant de tout et qu'il attendait sournoisement son heure.

Peu de temps après, on lui proposa de partir pour Londres, par mesure de prudence. Des passeurs l'aideraient à rejoindre clandestinement l'Espagne, où d'autres contacts se chargeraient de son transfert en Angleterre.

Pierre hésita. Sa fuite mettrait Lisa et son fils en danger.

« Il faut partir, lui dit cependant Lisa. Ici, tu n'es plus en sécurité et la Milice devient de plus en plus nerveuse.

– Ils viendront te questionner. Et s'ils apprennent la vérité sur ta famille, toi et David vous serez déportés. Je ne peux faire cela. »

Ce dilemme tortura Pierre jour et nuit. Finalement, il renonça à partir et demanda à ses chefs d'ajourner ses missions pour quelque temps.

L'année 1944 fut pour lui la pire de toutes. Les Allemands, sentant probable un retournement de situation en faveur des forces alliées, s'acharnaient sur les résistants et les maquisards. De nombreux miliciens participèrent aux actions armées des bataillons SS envoyés pour réprimer partout la rébellion des défenseurs de la liberté. Pierre, à qui Mathilde avait fini par s'ouvrir à la demande expresse de ses amis, enrageait de ne plus pouvoir agir sous peine de mettre les siens en péril.

« C'est devenu trop dangereux, lui confia-t-elle de source bien informée. La déportation des Juifs s'accroît. Ta femme et ton fils sont passés à travers les mailles du filet jusqu'à présent, il est donc inutile de les mettre en danger en prenant part toi-même à des actions périlleuses. Reste tranquille à Quérac. Moins tu y seras absent, plus tu écarteras de toi les soupçons. »

Pierre, la rage au cœur, écouta les conseils de Mathilde.

Celle-ci était devenue incontournable à Quérac pour nombre de résistants de la région. À son âge – elle venait de fêter ses soixante-quatre ans –, elle n'éveillait pas les suspicions. Elle passait pour une grand-mère jeune, alerte et intelligente. Et nul ne se doutait qu'elle prenait une part active dans la lutte contre l'occupant et le fascisme. Certes, Paul Garrigue connaissait ses opinions et n'ignorait pas ses activités antérieures, mais il avait trop à faire, par ailleurs, depuis que les unités de la Wehrmacht refluaient vers le Rhône, pour s'intéresser à elle.

« L'âge a parfois du bon ! aimait-elle plaisanter, quand Antoine lui conseillait de se méfier.

– Mais tu es encore une gamine ! » lui rétorquait-il pour ne pas être de reste.

Antoine paraissait fatigué. Les événements, auxquels les membres de sa famille avaient quasiment tous été mêlés ces dernières années, avaient eu raison de sa force et de son entrain. Ses soixante-quinze ans lui devenaient lourds, subitement, à porter.

Il se plaignait de plus en plus de son bras mort qui, affirmait-il, se rappelait à lui par de vives douleurs dans la poitrine.

« Ce sont tes vieilles blessures qui se réveillent, le rassurait Mathilde. Les soucis sont la cause de bien des paradoxes. Tout cela passera. Ton bras est paralysé depuis plus de trente ans, il ne peut plus te faire mal ! »

Antoine disait vrai cependant. Il éprouvait des douleurs juste à côté de l'épaule, ce qui lui faisait croire que son bras se réveillait.

Appelé à son chevet par Mathilde, qui voulait le tranquilliser, le médecin fut formel :

« Rien d'inquiétant, monsieur Chabrol ! Vous êtes encore robuste comme un bélier. Mais vous avez le cœur un peu fatigué. Il faut vous ménager.

– Je ne fais que cela, docteur, depuis cinq ans que je ne fais plus la draille ! C'est le manque d'exercices qui est la cause du mal !

– Du repos, je vous dis ! Il vous faut du repos. Et chassez les soucis de votre esprit ! »

Antoine, que les années avaient rendu plus têtu que jamais, ne changea pas ses habitudes. Certes, il n'endraillait plus avec ses fils, mais il était toujours levé aux aurores avec Mathieu et ne lui laissait pas la bride sur le cou quand venait la période de l'agnelage ou de la tonte. Il étonnait encore tout le monde par son ardeur et son endurance.

Toutefois, depuis que François et Lucien étaient redescendus du maquis au printemps 1944, son esprit s'était assombri. Mathilde s'inquiétait de le voir si brutalement moins alerte. Quand il se rendait à ses ruches ou à son jardin, il s'arrêtait souvent en chemin et s'asseyait sur une pierre ou une souche abandonnée, l'œil rivé au sol, plongé dans ses songes dont lui seul avait la clé. Ce n'était pas dans ses habitudes. Il frictionnait alors son bras mort de sa main valide, comme pour le réchauffer, puis le recalait dans sa chemise et se remettait en route, la tête droite, les yeux fixés cette fois sur l'horizon, comme s'il avait trouvé ce qu'il cherchait au fond de lui-même.

Mathilde avait demandé à Mathieu de le surveiller discrètement et de l'empêcher de faire des gestes trop violents, des efforts inutiles. Mais Antoine n'entendait pas se laisser commander par son fils, qu'il considérait toujours comme un gamin en dépit de ses cinquante-cinq ans.

« Occupe-toi plutôt de tes brebis, lui répliquait-il. Elles ont plus besoin de tes soins que moi de tes conseils ! »

Mathieu le laissait dire et faire, sachant qu'il était vain de vouloir contrarier la volonté d'un vieux berger qui sentait venir sa fin.

Quand, au lendemain du 8 mai, Antoine entendit des salves de fusils-mitrailleurs crépiter au loin, du côté de Quérac, le premier, il comprit, comme pour les cloches du 11 novembre 1918, que la guerre était terminée.

Partout les foules en liesse tombèrent dans le délire. Le cauchemar était fini. Les gens se congratulèrent et s'embrassèrent, les jeunes, les vieux, les enfants, les parents. Les portes s'ouvrirent, la lumière inonda de nouveau les lieux les plus obscurs, là où les pires exactions avaient parfois été commises. Dans les rues, les voitures des FFI, drapeaux flottant au vent, s'annoncèrent par de joyeux concerts de klaxon. Les partisans arboraient sur leurs manches des brassards à la croix de Lorraine et tiraient en l'air leurs derniers coups de fusil.

La Libération, qui avait commencé dans la région en août 1944 et s'était poursuivie par de sanglants combats, n'avait pas déchaîné une telle explosion de joie.

Tout à coup, la population sentit souffler pour de bon le vent de la liberté. Les bannis, les insoumis, les hors-la-loi réapparurent au grand jour, portés aux nues en héros. Les résistants de la dernière heure furent parfois les plus acharnés à débusquer les traîtres, les collabos, les simples délateurs. Et, à l'heure de la fraternité retrouvée, succéda l'heure des règlements de comptes.

Peu après l'abdication de l'Allemagne, Marie apprit que Robert avait été arrêté à Paris par les partisans et fusillé à la suite d'un procès sommaire. Le maire de Quérac vint ensuite annoncer à Antoine que son ami Léon Garrigue, dont il ne partageait pas les idées, s'était suicidé de honte quand son fils Paul fut pris à partie et pendu par une foule en furie. La mort devait encore marquer la vie des hommes pendant quelques semaines, le temps que les passions s'éteignent et que revienne la raison.

Avec la fin de la guerre et de la Résistance, toute une page d'histoire s'achevait également pour la famille d'Antoine. Pierre, François, Lucien, Mathieu, Maurice reprirent rapidement leurs activités, sans regret pour une époque qui – ils devaient tous l'avouer plus tard – avait été l'une des plus exaltantes de leur existence.

Antoine, dès lors, n'eut plus d'autres soucis que de regarder au loin disparaître les premiers troupeaux de l'espérance, ceux qui, craignait-il non sans raison, entamaient les dernières transhumances sur les drailles de sa jeunesse.

XXV

La fin d'un monde

Les vendanges venaient de s'achever. Déjà le soleil patinait le feuillage des vignes de sa douce lumière automnale et estompait les meurtrissures laissées par les coups de sécateur. Au sol, les grappes oubliées finissaient de pourrir, dégageant dans l'air humide des matins blafards des relents de moisissure. Dans les caves, les foudres bouillonnaient de vins nouveaux et exhalaient une puissante odeur de moût. Les journaliers, pour la plupart, étaient rentrés chez eux. Le calme était revenu après une intense période d'activité qui mettait toujours le village en fête.

Bientôt les premiers troupeaux redescendraient de l'estive et regagneraient les bergeries pour un long hivernage. Une année poussait l'autre sans que rien ne vienne en perturber le cours. C'est à peine si la guerre avait modifié le rythme de la vie dans les campagnes, où les habitudes avaient vite repris leur place. Certes, les cicatrices étaient souvent profondes, mais, comme après chaque tempête, chacun s'était remis à espérer en un avenir meilleur, en dépit de la grisaille qui s'était emparée des esprits chagrins.

Les drailles, une fois de plus, se perdaient dans les broussailles, les genêts et les fougères. Mais la guerre n'avait pas effacé leur dessin, et elles s'inscrivaient encore sur les lignes de crête comme des coups de fusain indélébiles. Très vite, avec le retour à la paix, elles retrouvèrent leur tracé d'antan, même si certaines d'entre elles commençaient à être délaissées, les troupeaux devenant de moins en moins nombreux, les bergers de plus en plus âgés. Beaucoup de petits éleveurs, ruinés par la guerre, étaient partis, la mort dans l'âme, en quête d'un travail dans les villes industrielles de la plaine, où la tâche ne manquait pas. Seuls s'accrochaient les anciens et les plus fortunés, ceux qui avaient pu résister à la tourmente.

Depuis la mort tragique de Léon Garrigue, personne ne s'occupait plus du château. Sa femme, trop éplorée par la disparition de son époux et de son fils, était partie vivre chez un autre de ses fils et, sans prévenir, avait remis les clés du manoir au notaire de la famille Donnadieu à Saint-Hippolyte.

Le domaine de Quérac était à l'abandon. Autour du château, le parc étouffait sous les feuilles mortes accumulées depuis trop d'années ; les branches sèches jonchaient les allées ; les pelouses s'étaient transformées en vilaines jachères et les massifs de fleurs étaient la proie des clématites. Le manoir lui-même semblait délabré : ses façades, en maints endroits, se dissimulaient sous le lierre ; les volets, aux fenêtres, avaient perdu leur couleur et se confondaient avec le gris des murs ; sur le toit, le vent avait déplacé des tuiles et accumulé des amas de feuilles qui en obstruaient les chenaux.

Seules les vignes étaient entretenues. La châtelaine les avait louées en fermage à plusieurs viticulteurs voisins. Mais les nombreux hectares de nobles cépages, qui avaient fait la fierté de son mari, avaient été dispersés et n'assuraient plus qu'un vin aux qualités très ordinaires. La notoriété du domaine avait disparu en l'espace de quelques années, en même temps que l'appellation « Château Quérac ».

Antoine avait assisté avec tristesse à cette lente agonie. Il savait que ce n'était là qu'un début inexorable et avait conscience que ce déclin affecterait bientôt son propre monde. Déjà, entre les deux guerres, il avait senti le vent tourner. Les fruits de la modernité étaient chers à payer pour les anciens qui, comme lui, étaient attachés aux traditions, à l'héritage d'une époque finissante. Certes, la transhumance avait repris, mais les bergers qui la pratiquaient n'ignoraient pas qu'ils étaient les derniers d'une race de seigneurs qui allait vers l'extinction. Les maîtres des drailles livraient leurs derniers combats contre un monde en évolution qui n'aurait bientôt plus de place pour eux.

C'est ce qu'il comprit quand, peu avant l'hiver de 1947, la nouvelle de la mort d'Hortense Donnadieu parvint à Quérac. Avec elle, l'un des derniers maillons qui le rattachaient à son passé disparaissait.

Pendant la guerre, Hortense était restée en Sologne avec sa fille, profitant de l'hospitalité des Vermeulen. Elle n'avait pas ressenti le besoin de revenir habiter son château, qui, craignait-elle, pouvait être à tout moment réquisitionné par l'armée allemande. Elle n'aurait pas supporté de devoir accueillir les occupants et partager avec eux le même toit. Aussi préféra-t-elle rester loin de chez elle, quitte à donner l'ordre à son régisseur de faire pour le mieux en cas de réquisition. Au reste, celle-ci n'eut pas lieu, ce qui l'avait grandement soulagée.

À la fin des hostilités, malgré ses quatre-vingts ans, elle avait fait une brève incursion à Quérac pour faire l'état des lieux et donner ses dernières consignes au notaire chargé de veiller sur son bien en l'absence de tout nouveau régisseur. Hortense, en effet, n'avait pas souhaité remplacer Léon Garrigue, et avait préféré fermer définitivement le manoir après avoir mis les vignes en fermage. Puis elle était repartie à Paris pour finir sa vie, son seul souci étant la santé de sa fille Julie.

Celle-ci, plus que jamais, avait besoin d'elle en permanence, vivant toujours dans le monde fantomatique de son fiancé disparu tragiquement pendant la Grande Guerre. Hortense savait qu'à sa mort Julie devrait être placée dans une institution médicalisée pour malades mentaux. Elle avait d'ailleurs pris ses dispositions pour que la transition se fasse sans traîner afin d'éviter à sa fille tout risque de se retrouver dans un asile d'aliénés. Hector Vermeulen lui avait promis de se charger des démarches.

Quand le maire de Quérac fut averti du décès de la châtelaine, il se hâta de prévenir tous les métayers et fermiers du domaine. Au Soleyrol, on tint conseil pour réfléchir à la situation. Mathieu ne cacha pas son inquiétude.

« Qu'allons-nous devenir ? Certes, les bêtes nous appartiennent, mais pas les terres ! »

Lucie se montrait moins alarmiste :

« Ne t'inquiète pas pour cela ! Avant que la succession ne soit réglée, nous aurons le temps de voir venir et de trouver une solution.

– La seule héritière, c'est Julie, sa fille. Or, tout le monde sait qu'elle n'a plus sa tête à elle.

– Justement, tant que Julie Donnadieu est vivante, les terres du château ne seront pas revendues. Et personne ne peut la déposséder.

– As-tu pensé à ce qu'il adviendra d'elle ? Elle risque d'être mise sous tutelle et, dans ce cas, le domaine sera vendu pour assurer son existence. »

Mathieu ne se montrait pas très optimiste. Il fit part de ses craintes à Maurice et à François, qui se rangèrent à son avis.

« Si les terres sont revendues à un seul propriétaire, dit François, nous pouvons espérer que notre situation ne changera pas.

– Sauf si le nouvel acquéreur veut étendre les vignes aux dépens des garrigues, objecta Maurice. Dans la plaine, on a beaucoup défriché pour accroître le vignoble.

– C'est ce que je crains, renchérit Mathieu. De nos jours, le vin a plus la cote que les brebis. Nous nous retrouvons devant le même problème qu'à la mort du châtelain. »

Aubin osa proposer son point de vue :

« Vos pères ont racheté leurs bêtes à l'époque. Nous pourrions tous nous regrouper et nous porter acquéreurs.

– Le prix de la terre n'est pas le même que celui du bétail, remarqua Lucien. Mais, tu as raison, je crois que, si nous nous regroupions pour ne former qu'une seule exploitation, peut-être que les banques nous feraient plus confiance et nous prêteraient plus facilement.

– Tu veux faire comme les Russes ! s'écria Mathieu. Tu voudrais qu'on travaille et qu'on s'endette pour une terre qui ne nous appartiendrait pas !

– Elle appartiendrait à tous !

– C'est bien pareil ! Elle n'appartiendrait donc à personne. »

Maurice se taisait depuis un bon moment. Mathieu suscita son aide du regard.

« Tu ne dis rien, Maurice ? Tu es donc d'accord avec ces idées de bolchevik ! »

Maurice se souvenait que, de son temps, son père Joseph avait eu les mêmes conceptions et en avait fait part à Antoine. Lui n'était pas foncièrement contre.

« Si c'est la seule solution, mieux vaut avoir un bien en commun que ne plus rien avoir à soi ! »

Louise, dans son coin, ne disait mot. Lucie, elle, approuvait sans détour son beau-frère en dodelinant de la tête chaque fois que celui-ci prenait la parole.

« Ah, si toi aussi tu t'y mets ! coupa Mathieu, je n'ai plus qu'à m'en aller. Si vous êtes tous d'accord, je ne vois pas pourquoi on discute ! »

Se réchauffant près des flammes, assis dans le cantou, Antoine écoutait la conversation sans broncher. Toutes ces histoires semblaient le dépasser, mais il n'en avait pas moins son opinion.

Mathieu se retourna dans sa direction, comme pour obtenir son approbation.

« Vous ne dites rien, Père ? Qu'est-ce que vous en pensez ?

– Oh ! fit celui-ci, si vous voulez mon avis, des terres de pacage, vous en trouverez toujours. Les friches ne manquent pas sur les collines. C'est à vos moutons qu'il faut réfléchir. À eux seuls ! Pour eux, demain ne sera plus comme aujourd'hui. »

Tous se regardèrent l'air dubitatif.

« Que veux-tu dire, Père ? poursuivit François.

– Oh, rien, rien ! Je vous écoute discuter de terres, alors que vous n'êtes même pas assurés de pouvoir garder vos troupeaux.

– Pourquoi devrions-nous craindre pour nos bêtes ? demanda Maurice. Elles nous appartiennent désormais. Personne ne pourra jamais nous les prendre.

– Sauf si tes amis communistes arrivent un jour au pouvoir ! coupa Mathieu.

– Les communistes ne sont pas mes amis ! Et je ne crois pas que mon pauvre père aurait été des leurs.

– Ton père était plutôt radical, dit Antoine, qui se rappelait bien que, des deux, Joseph était le plus tempéré. Nous aussi, nous avons eu des conversations houleuses à ce sujet. Croyez-moi, il est inutile de vous disputer. La politique n'arrangera pas vos affaires. Ce qu'il faut, c'est rester solidaires. »

Antoine parlait avec la voix de la sagesse. Mais il savait que tout pouvait basculer d'un jour à l'autre, que ses fils pouvaient être contraints de partir, de quitter leur métairie et de se replier plus loin dans la montagne où les vieilles bergeries, certes, ne manquaient pas, mais dans quel état de délabrement !

« Pourrons-nous toujours faire la transhumance ? » se demandait secrètement Mathieu au terme d'une soirée où le doute venait subitement d'assombrir ses perspectives d'avenir. Il se souvenait très bien des moments délicieux de sa petite enfance, quand, avec sa mère, Adeline, il voyait partir avec envie son père et son troupeau mus par l'appel des drailles. En serait-il toujours de même pour ses enfants et ses petits-enfants ?

« Écoutez tous, poursuivit Antoine de sa voix de patriarche : je suis un vieux berger qui n'en a plus pour bien longtemps. Je voudrais me tromper, seul l'avenir vous le dira, mais ne vous embarquez pas dans des projets qui vous coûteront les yeux de la tête. Car, avec cette guerre, notre monde a fini d'exister. Tâchez de résister le plus longtemps possible, et n'oubliez jamais qui vous êtes ni ce que vous représentez. »

Les mois passèrent dans le froid d'un nouvel hiver où la glace cristallisa un peu plus les souvenirs du vieux pâtre. La famille s'était encore agrandie : Myriam, la fille de Pierre et de Lisa, était née l'année précédente, et Luc, le second fils d'Aubin, n'avait que quelques semaines.

Les bourgeons réapparaissaient sur les arbres fruitiers quand le ciel saupoudra les vignes et la garrigue d'une ultime couche de neige. Chacun s'était déjà habitué au redoux anormalement précoce et pensait aux beaux jours à venir. Les paysans, que rien ne trompait, firent grise mine, car les premières récoltes se trouvaient très compromises. Il fallut maintenir les troupeaux dans les étables et entamer les réserves de fourrage, celles qu'on donnait en dernier recours et qu'on aimait garder le plus longtemps possible jusqu'à l'approche de l'estive, avant de faire place nette dans les granges pour les foins nouveaux.

Antoine semblait plus anxieux que de coutume et inquiétait Mathilde par ses longs silences qu'il ne rompait que pour s'interroger lui-même à voix haute. De tout l'hiver, il n'avait pas quitté la bergerie et n'était sorti que pour se rendre dans l'étable, où il passait parfois des heures entières en compagnie de ses arrière-petits-enfants, David et Marc. Il parlait aux bêtes comme à des êtres humains, passait sa main noueuse dans leur toison épaisse et les fixait du regard comme pour lire leurs pensées dans leurs yeux.

« Les animaux, aimait-il expliquer, c'est comme les hommes, il faut leur parler, ils vous comprennent. Surtout quand ils sentent approcher leur fin. »

Ses paroles étaient teintées de nostalgie et d'amertume et trahissaient une profonde lassitude. Il regrettait le départ de ses petites-filles, car, à ses yeux, sa famille commençait à s'étioler.

Jeanne, la fille de Mathieu, s'était mariée avec un postier et était partie vivre à Lyon, où celui-ci avait été muté. Adeline, la fille de Louise, vivait à Alès avec ses deux enfants et son mari, ouvrier métallurgiste aux forges de Tamaris. Quant à Hélène, sa sœur cadette, à vingt-trois ans, mariée à un militaire de carrière, elle avait suivi ce dernier en Indochine, où son devoir l'avait appelé. Catherine enfin, la fille de François, restait la plupart du temps à Nîmes où, pour le plus grand plaisir de Mathilde, elle étudiait à l'École normale pour devenir institutrice, suivant ainsi les traces de son frère Ruben, élève ingénieur en agronomie à Montpellier.

Marie, plus que les autres, devinait les pensées ténébreuses de son père. Elle n'ignorait pas que, malgré l'amour que Mathilde lui donnait depuis près de trente ans, il n'avait jamais pu se faire à la disparition de sa première épouse. Elle le voyait s'affaiblir de jour en jour et ne parvenait pas à dissimuler sa tristesse. Pour elle aussi, l'image déclinante de son père marquait le tournant d'une époque, celle des difficultés, certes, mais aussi celle de l'honneur d'être pauvre. Car elle savait qu'Antoine ne tirait aucun orgueil d'être parvenu, à force de travail et d'abnégation, à ce qu'il était à présent : le chef respecté d'une famille de gros éleveurs, et dont personne ne contestait la probité ni le courage.

Ensemble – fils et gendre réunis –, ils possédaient le plus important cheptel ovin de la région. Et nul n'aurait osé émettre le moindre doute sur l'origine du patrimoine qu'ils avaient acquis au fil des ans depuis plus d'un demi-siècle.

Seules leur manquaient les terres. Ce qui faisait dire à Antoine, non sans une pointe de fierté à peine dissimulée : « Je ne suis pas le nouveau seigneur de Quérac ! Qu'on ne se méprenne pas ! Et mes enfants ont autant de mérite que moi et ont chacun leur part dans notre réussite. »

L'hiver touchait à sa fin. Du ciel, une lumière d'icône coulait sur la crête des collines et illuminait les toits encore nimbés d'humidité. Le mistral s'était levé, sans violence, et commençait à essorer les terres détrempées par la fonte de la dernière neige. Chaque matin, la rosée lustrait le feuillage persistant des yeuses et s'évaporait en créant un voile de mousseline à peine perceptible, qui atténuait le contour anguleux des vieilles bâtisses où la vie commençait à se réveiller.

Dans les étables, l'excitation des bêtes ne trompait pas les bergers. La montagne les appelait. Un long frémissement s'emparait d'elles dès que l'aube pointait au-dessus du firmament. Leurs bêlements résonnaient d'une bergerie à l'autre et se répandaient jusqu'aux premiers contreforts montagneux. Les bergers eux-mêmes redoublaient de vigueur et sentaient monter en eux la fièvre jaillissant des drailles comme la sève des racines des vieux chênes.

Le Soleyrol, ainsi que les autres bergeries, s'apprêtait au grand départ. Nul n'avait entendu parler des dispositions prises par la défunte châtelaine concernant ses biens, ce qui fit croire à tous que la succession était naturellement réglée au profit de sa fille Julie, la seule et unique héritière. Comme les métayers et les fermiers n'avaient affaire qu'au notaire de famille, personne ne se souciait de savoir si la pauvre Julie était en état de gérer l'immense fortune qui lui revenait.

Antoine n'avait pas assisté à la tonte printanière. C'était la première fois qu'il manquait de telles réjouissances. Car c'était toujours une fête quand arrivait ce jour-là. Mathilde eut beau insister pour qu'il aille accueillir les *tondaïres*, il refusa tout net, prétextant qu'ils n'étaient plus les mêmes qu'avant guerre et que « ces jeunots » faisaient honte à leurs pères en travaillant avec des ciseaux modernes à la place des antiques forces d'antan. Mathieu et ses fils le rabrouaient sans méchanceté pour l'obliger à réagir, craignant que, l'âge aidant, il ne se laisse volontairement sombrer dans la grisaille des regrets.

En fait, Antoine vivait dans son aura intérieure. Son corps, meurtri par tant de blessures dues aux efforts qu'il n'avait jamais ménagés durant sa longue vie, ne lui procurait plus aucune souffrance. Et son esprit, loin de s'enfoncer dans de ténébreuses pensées, comme il le laissait paraître, baignait dans une clarté qui sublimait chaque instant de son existence. Il ne ressentait plus le poids de sa vieillesse, ses yeux ne voyaient plus que les moments de vrai bonheur, dans une sorte de mélange d'hier et d'aujourd'hui. Il lui arrivait parfois d'appeler Mathilde « Adeline », et de parler de Mathilde à Marie en évoquant les souvenirs de sa jeunesse. Pourtant, il n'avait pas oublié sa troublante rencontre avec Mathilde et restait très lucide quand il confiait à celle-ci que, dans son cœur, elle avait pris autant de place que sa première épouse.

« Il ne vous confond pas avec ma mère, confia Marie, un jour que Mathilde lui semblait attristée.

– Oh, je ne lui en veux pas ! Je l'aime aujourd'hui comme au premier jour de notre rencontre.

– Mon père est un homme qui avait tellement d'amour à donner qu'après la mort de ma mère il ne pouvait pas vivre en gardant cet amour pour son seul souvenir.

– Je sais, avoua Mathilde. Les hommes qui aiment trop ne peuvent rester solitaires.

– Il vous a aimées autant l'une que l'autre, sans trahison ni tricherie. C'est un homme très droit, mon père, comme il en existe peu.

– Tu le connais bien !

– Nous sommes de la même veine. »

Quand les *tondaïres* eurent achevé leur travail et fignolé la coutelade dans les plus épaisses toisons, Antoine daigna sortir pour examiner ses brebis. Le lendemain, il insista auprès de Mathieu pour les mener paître lui-même sur les terres ayant appartenu jadis à Adrien Fontane, le père de Mathilde.

« Je n'en prendrai qu'une centaine, cela me suffira. À mon âge, je n'ai pas envie de me laisser déborder par ces jeunes agnelles qui ne demandent qu'à filer sur la draille.

– Je vois que vous reprenez goût à l'ouvrage, fit Mathieu, heureux de constater que son père semblait enfin sortir de l'hiver dans lequel il s'était enfermé. Les beaux jours arrivent, poursuivit-il, nous aurons une belle saison. La transhumance s'annonce bien.

– Tu as raison, mon garçon, tu as raison ! répondit le vieux sage entre ses dents. Surtout, prends bien soin de ta mère pendant mon absence. »

Mathieu comprit que son père perdait conscience du temps et qu'il le prenait pour le petit garçon qu'il laissait avec Adeline au temps où le châtelain de Quérac régnait en maître sur tous les pâturages du haut et du bas pays.

« C'est ça, Père, ne vous inquiétez pas ! Et n'allez pas trop loin. Prenez un chien avec vous, il vous tiendra compagnie.

– Je n'ai pas besoin de chien. Les loups ne descendent jamais de la montagne. »

« Décidément, songea Mathieu, il ne faudra pas le laisser sans surveillance ! »

Antoine vivait dans son monde. Un monde où présent et passé s'entremêlaient, où rêve et réalité se confondaient, où les êtres s'interchangeaient et n'avaient plus d'âge. Il lui semblait même avoir retrouvé l'usage de son bras mort, comme si le tragique accident dont il avait été victime dans sa jeunesse n'avait pas eu lieu. Les années noires de son existence, la prison par injustice, les calamités pendant certaines transhumances, les maladies, les deuils, les souffrances pendant les deux guerres, tout cela avait disparu de son esprit. Seuls subsistaient les jours de grand soleil, les joies, les fêtes où tous se côtoyaient : ses deux épouses à l'éternelle jeunesse, ses enfants à l'âge de l'innocence, ses amis quand ils lui ouvraient leur porte à l'étape du soir, et même le châtelain et la châtelaine qu'il revoyait chantant et riant à la table des convives lors du double mariage de Mathieu et de Louise après le retour de Marie.

Ses moutons le poussaient, connaissant le chemin. D'un claquement de la langue, il les fit ralentir quand il passa devant ce qui restait du vieux tronc qui servait de banc, quand Adeline l'attendait au retour de l'estive. Les bêtes s'arrêtèrent, s'éparpillèrent, commencèrent à grignoter l'herbe tendre au sortir de la métairie.

Il s'assit sur la souche vermoulue. De sa main cagneuse, il ausculta les fentes du bois, gratta les fibres de ses ongles comme pour en éprouver la dureté. Il ferma les yeux et, pourtant, la lumière l'éblouissait. Il tenait Adeline par les épaules et lui murmurait des mots qui la faisaient tressaillir. Parfois il se voilait le visage de la main, comme pour mieux se protéger du soleil. En réalité, il retrouvait ainsi les instants magiques qu'il avait vécus, assis sur ce banc, avec celle qui n'avait jamais cessé d'exister dans son cœur.

Mathieu avait demandé à Lucien de surveiller discrètement son grand-père.

« Prends tes bêtes et suis-le de loin. Va pâturer dans les garrigues voisines. Mais n'aie pas l'air de l'observer. »

Antoine était trop occupé à remonter le temps pour s'apercevoir de la présence de son petit-fils.

D'un autre claquement de la langue, il rassembla son troupeau et, d'un pas plus assuré qu'à l'ordinaire, prit la direction des vignes. Celles d'Adrien Fontane étaient devenues une friche dont Mathilde avait hérité. Elles servaient de terrain de pacage pendant l'hivernage. Il fit entrer ses bêtes dans le parc qui n'avait pas encore été levé, ferma la barrière derrière elles, puis alla s'asseoir sur la grosse pierre, juste devant la porte de la cabane de berger où il avait passé la nuit, la veille de la naissance de Louise.

Le soleil illuminait son visage. Il eut les mêmes gestes que sur le vieux tronc une heure auparavant. Cette fois, la pierre rugueuse lui laissa une impression de velours au bout des doigts. À son contact, il percevait les mots qu'il avait prononcés à Mathilde, quand celle-ci lui était apparue pour la première fois. La pierre lui parlait et son cœur lui répondait par les paroles que Mathilde lui avait adressées.

Quand le soleil atteignit son zénith, il se leva et alla se réfugier à l'intérieur de la capitelle pour se protéger de l'insolation. Il ferma soigneusement la porte derrière lui et s'allongea sur la paille humide de la litière.

L'obscurité et la fraîcheur de la pièce lui donnèrent un frisson qu'il ressentit jusqu'au plus profond de son être. Il se cala bien à plat, les jambes repliées, les mains croisées sur la poitrine, ferma les yeux.

Peu après, dans son esprit, il vit apparaître dans un même halo de lumière Adeline et son fils Fabien, qui lui tendaient les mains.

Lucien, intrigué de voir les brebis de son grand-père sans surveillance, accourut aussitôt vers l'enclos. Quand il ouvrit la porte du cabanon, Antoine reposait en paix, le visage serein, élevé vers le monde où les ténèbres n'existent pas.

XXVI

Le renouveau

TROIS ANS D'INTENSE ACTIVITÉ s'étaient écoulés depuis le décès d'Hortense Donnadieu. Personne à Quérac ne savait quelles dispositions elle avait prises pour sa succession.

Dans le pays, chacun pouvait constater que, malgré les difficultés qui subsistaient depuis la fin de la guerre, un monde nouveau était en gestation, un monde où, la reconstruction une fois achevée, les nécessités d'une paix solide s'imposeraient aux hommes désireux d'éviter aux futures générations d'autres catastrophes dues à l'incompétence de leurs aînés.

On affirmait que les Nations unies nées au lendemain de la guerre ne seraient pas une nouvelle Société des Nations restée impuissante pendant vingt ans à régler les conflits entre les Grands. Et l'on se mettait à espérer que, la modernité aidant, tout se trouverait bientôt amélioré. La seconde moitié du siècle s'annonçait donc sous de meilleurs auspices.

La mort d'Antoine avait plongé le Soleyrol dans une profonde tristesse. Mais, si le chagrin de tous était inconsolable, la vie avait repris, forte de ce que le vieux berger avait laissé derrière lui avant de s'éclipser sur la pointe des pieds.

Car Antoine avait su tisser des liens indissolubles entre les membres de sa nombreuse famille. Parti de rien à la fin d'un siècle qui appartenait encore à une époque révolue, il avait laissé un édifice solide, construit avec acharnement, dans l'honneur et l'honnêteté, et cimenté par l'amour et le respect de tous ses descendants.

Ceux-ci, certes, commençaient à se disperser. Le vieux berger était conscient, à la fin de sa vie, que le monde qu'il avait forgé de ses mains ne survivrait pas au-delà de ses propres fils, que ses petits-fils, déjà, ne suivraient pas les mêmes drailles que les siennes. Il les avait prévenus, peu avant sa mort, de ne pas s'engager sur des chemins trop périlleux, signifiant par là qu'il valait mieux pour eux épouser leur temps plutôt que de s'acharner à faire perdurer un mode d'existence qui prendrait fin avec les derniers survivants de sa génération.

Quand il sentit sa fin approcher, il n'éprouva aucun regret ni aucune amertume. Il savait sa vie accomplie et son époque achevée. Las du poids des ans, il était parti rejoindre celle qui avait été sa compagne des temps incertains, celle qui lui avait permis de tisser l'étole familiale dans laquelle il avait puisé toute sa force au long de ses soixante dernières années.

En quittant les siens, il savait qu'il pouvait compter sur Mathilde pour demeurer au centre de l'édifice qu'il avait patiemment construit, jour après jour. Doyenne de la famille à soixante-dix ans, acceptée par tous depuis le premier jour, elle savait être à l'écoute de chacun pour dissiper les malentendus, gommer les différends qui pouvaient naître parfois et rapprocher ceux que la vie séparait. Aussi était-ce toujours vers elle que tous se regroupaient quand ils avaient besoin de se ressourcer, d'évoquer les souvenirs, ciment du passé et levain des jours à venir.

L'année même du décès d'Antoine, Anna avait donné naissance à son troisième fils, Jean. Ce qui avait rendu Aubin, son mari, le plus heureux des pères.

« Je suis le premier des Chabrol à n'avoir fait que des garçons ! s'était-il vanté. C'est le Papé qui aurait été fier de moi ! »

Anna, qui n'oubliait pas ses tourments vécus pendant la guerre, était celle qui avait éprouvé le plus de difficultés à s'intégrer. Malgré les efforts de chacun, elle avait toujours ressenti, quand elle sortait dans Quérac, qu'on la considérait comme une étrangère. Et certains ne se privaient pas de l'appeler : « la Chleuhe », dès qu'elle avait le dos tourné. Aubin, de tempérament très vif, avait eu maintes altercations avec quelques habitants du village qui, plus par bêtise que par méchanceté, lui faisaient parfois des remarques désobligeantes à ce sujet.

Seule Lisa savait calmer sa peine et lui faire comprendre que les paroles des hommes dépassaient souvent leurs pensées. À une époque où l'antisémitisme rémanent était encore tapi dans l'esprit de quelques-uns, comme une vipère enroulée dans la pierraille et n'attendant que le pied du promeneur pour diffuser son venin, Lisa n'hésitait pas à se proclamer juive et fière d'avoir échappé à l'holocauste. Beaucoup d'ailleurs admiraient la famille Chabrol d'avoir caché l'épouse de Pierre pendant les années sombres de l'Occupation. Mais, si l'opprobre jeté sur toute une nation par une minorité d'esprits malfaisants semblait déjà faire partie du passé, voire de l'histoire, les antiennes resurgissaient parfois dans la bouche de ceux qui ne retenaient plus les pensées qu'ils avaient, un temps, étouffées par nécessité ou par peur des représailles.

Ruben, de retour d'Allemagne où il avait effectué son service militaire dans la zone française d'occupation, attestait que l'état d'esprit des Allemands n'était pas ce qu'on imaginait. Loin de percevoir chez eux un désir de revanche comme en 1918 ou une impression d'humiliation comme pendant l'occupation de la Rhénanie, il avait ressenti chez ce peuple meurtri et trompé un vif désir de renaître et de vivre dans la clarté. Une profonde frénésie de reconstruire l'avenir en faisant table rase du passé s'était emparée de la jeune génération, celle qui, malgré elle, avait subi la tourmente du nazisme.

Témoin de la réalité nouvelle, il affirmait à Anna qu'elle n'avait pas à avoir honte d'être allemande et à Lisa que l'horreur n'était pas le fait des hommes mais des idéologies que certains d'entre eux véhiculaient. Ce qui laissait espérer, disait-il, que les responsables du futur sauraient éviter à tout jamais ce que l'humanité avait découvert avec stupéfaction à l'ouverture des camps.

Au reste, Anna, l'Allemande, et Lisa, la Juive, étaient les meilleures amies du monde.

La seconde moitié du siècle s'annonçait donc dans l'espoir de la réconciliation et de la fraternisation des peuples, même si d'aucuns décelaient déjà un autre danger dû au désir d'hégémonie des deux grandes puissances issues de la guerre.

Dans toutes les régions de France, la reprise de la natalité consolidait l'avenir. À Quérac aussi, les naissances se multipliaient, ce qui donna aux anciens l'illusion que leurs villages allaient se repeupler. Les Chabrol, à leur tour, devinrent encore plus nombreux : après la naissance de Jean, ils fêtèrent celles de Christophe et d'Annie, les enfants de Jeanne. Mathieu se sentit riche de ses cinq petits-enfants et disait à la cantonade, comme son père avant lui : « C'est bon ! La branche des Chabrol n'est pas éteinte ! »

Dans la même période, Jérémie, le fils de Louise et de Maurice, après avoir épousé Madeleine Laporte, la fille d'un métayer voisin, eut deux petits garçons à deux ans d'intervalle, Bernard et Christian, tandis qu'Adeline, sa sœur, donnait naissance à deux jumeaux, Jean-Pierre et Anne-Marie, le jour même de la Saint-Médard.

Le Soleyrol, la Castanède, le Courtil et le Fournel tournaient à plein rendement et semblaient donner tort aux craintes qu'Antoine avait émises peu avant sa mort. Mais, si les fils de celui-ci, Mathieu et François, et son gendre Maurice ne semblaient pas remettre en cause ni les méthodes ni les conceptions dont ils avaient hérité, ses petits-fils, eux, commençaient à montrer des velléités de changement qui, parfois, les opposaient à leur père.

Lucien et son cousin Jérémie, l'un au Soleyrol, l'autre à la Castanède, se voulaient résolument tournés vers l'avenir.

Jérémie aurait voulu gagner du temps pour monter à l'estive. Il entrevoyait déjà d'acheminer les bêtes par camion. Mais cela nécessitait un gros investissement et dérogeait beaucoup aux habitudes.

« Monter les brebis en camion ! Tu n'y songes pas ! s'était insurgé Maurice. Pourquoi pas en train comme des vacanciers ? »

Lucien, lui, voulait changer les méthodes d'élevage, créer des étables modernes dans des bâtiments tout neufs et orienter la production uniquement vers la viande.

Le fils cadet de Mathieu n'était pas encore marié, au grand désespoir de son père qui craignait de le voir s'éterniser dans le célibat.

« Il n'a que trente ans ! ne cessait de répéter sa mère Lucie. Il a le temps de se mettre un fil à la patte. Et tant qu'il n'aura pas trouvé chaussure à son pied, il restera avec nous, et ainsi il pourra mieux t'aider.

– Je ne suis pas encore vieux ! insistait Mathieu. Je me sens même encore de première jeunesse. Et, de toute manière, ne crois pas que je veuille le pousser dehors ! Un Chabrol ne mettra jamais un de ses fils à la porte de chez lui sous prétexte qu'il a trouvé une épouse. Nous-mêmes avons suffisamment vécu avec mes parents sous le même toit, avec nos propres enfants, pour lui reprocher de faire la même chose !

– Tu sembles regretter qu'Aubin soit parti vivre au Fournel !

– Pas du tout.

– Alors, ne donne pas l'impression de vouloir garder Lucien à tout prix avec nous. Tu finiras par l'empêcher de se marier.

– Ce n'est quand même pas de ma faute si, à son âge, il n'a encore trouvé personne !

– Laissons les enfants vivre leur vie ! Le temps où trois générations cohabitaient sous le même toit est révolu. Il faut s'y faire. »

Lucie se montrait beaucoup plus ouverte que son mari en matière de relations entre générations. Mathieu et son cousin Maurice faisaient maintenant figure de vieille garde dans le clan Chabrol, les derniers détenteurs d'un genre de vie où les anciens trouvaient leur place naturelle près du cantou, quand les fils remplaçaient les pères et laissaient aux mamées le soin de s'occuper des petits-enfants.

Seuls des cinq fils et filles d'Antoine et d'Adeline, François et Marie étaient parvenus à donner à leurs propres enfants une éducation tournée vers le monde moderne. Ruben et Catherine, en poursuivant leurs études à l'université, avaient montré que, pour eux, la vie pastorale, en dépit de ses charmes et de leurs attaches, s'arrêtait à leurs parents.

Quant à Pierre, avocat à Montpellier avec sa femme, il incarnait pour l'instant la plus belle ascension sociale et professionnelle de la famille.

Depuis la fin de la guerre, tous étaient convenus de partager le cheptel acquis en commun par Antoine et Joseph en deux troupeaux : Mathieu et ses deux fils emmontagnaient toujours sur le Méjean, au Villaret, dont les souvenirs laissés par Antoine étaient gravés dans les pierres calcaires de la vieille bâtisse. Son frère François, se retrouvant seul, se joignait à Maurice et à son fils Jérémie. Ensemble, ils transhumaient sur le Lozère et occupaient la bergerie où, naguère, le vieux Célestin avait accueilli Antoine et que Maurice, depuis, avait aménagée et agrandie. Les terres du haut pays appartenaient toujours à la famille Donnadieu et les contrats d'herbage tacitement reconduits d'une année sur l'autre par l'intermédiaire de Maître Salavert, le notaire.

Plusieurs étés de suite, leurs troupeaux firent encore quelques belles transhumances à l'ancienne, grâce auxquelles souvenirs du passé et bonheur présent empêchaient les esprits chagrins de penser à l'avenir incertain d'une pratique qui, tous le reconnaissaient sans oser l'avouer, vivait ses dernières heures de gloire.

Les plaies du passé se refermaient peu à peu. Les petits-enfants des anciens combattants de la Grande Guerre prouvaient de leur vivant que les lendemains seraient, certes, différents, mais moins austères. Déjà, en ville, on ne parlait que de moderniser les infrastructures publiques et les ménages commençaient à se doter de ce qui aurait passé pour du superflu quelques années auparavant. Les mieux informés ne parlaient que de l'ouverture des frontières grâce au traité que six gouvernements venaient de signer et qu'on ne connaissait que par son sigle bizarre : la CECA.

« Aujourd'hui, c'est le charbon et l'acier, expliquait Pierre, toujours très au fait de l'actualité. Demain, ce seront les produits agricoles. »

Ses oncles et ses cousins restaient dubitatifs.

« Qu'est-ce que ça changera pour nous ? demanda Mathieu, qui ne comprenait pas en quoi les tractations internationales pouvaient le concerner. Ça ne nous amènera rien de bon ! ajouta-t-il, cherchant le regard de son fils Aubin pour le prendre à témoin.

– Si les frontières s'ouvrent, vous pourrez vendre plus facilement vos produits dans d'autres pays : l'Allemagne, la Belgique, l'Italie…

– Et les moutons italiens viendront concurrencer les nôtres !

– Il faut vivre avec son temps et non rester cantonnés dans nos vieilles habitudes, renchérit Lucien. Pierre a raison, l'avenir, c'est l'étranger ! »

Père et fils se heurtaient de plus en plus souvent au sujet de l'évolution à donner à leur activité.

« Il est temps que tu te maries ! lui sortit Mathieu, ça te mettra d'autres idées en tête. Pour l'instant, c'est encore moi qui commande chez moi ! »

Lucie souffrait de voir son mari et son fils s'opposer pour des questions de travail. Mais elle devait bien reconnaître qu'à soixante-cinq ans Mathieu ne pourrait jamais admettre les effets de la modernité.

Pierre calma lui-même la conversation qu'il avait amenée sans arrière-pensée :

« De toute façon, il est encore trop tôt pour préjuger de l'avenir agricole de notre pays et de votre profession. Je crois que les hommes politiques ont d'autres soucis en tête que celui de se préoccuper des paysans et surtout des éleveurs de moutons. »

Les années cinquante marquèrent un tournant important autant pour le pays que pour Quérac. La décennie était en son milieu. Les troupeaux venaient de redescendre des hauts pâturages, laissant derrière eux la perpétuelle image des jours paisibles où la vie n'avance qu'à la lente cadence des moutons, comme si le temps n'avait ni commencement ni fin, et se perdait dans la lumière de l'éternité. Les drailles semblaient immuables, pourtant certaines d'entre elles se réduisaient déjà à de simples sentiers, utilisés seulement par les chasseurs.

Les étables étaient pleines de jeunes agneaux nés à l'estive et de brebis prêtes pour l'agnelage. Dans les chais, le chant pétillant des vins nouveaux crépitait dans les foudres de chêne, comme un joyeux bourdonnement d'abeilles dans les ruches quand les appellent les premiers pollens.

Pierre ne rentrait à Quérac que pour les week-ends, après une semaine de travail bien remplie à Montpellier, en compagnie de sa femme. Ils avaient ouvert ensemble un petit cabinet d'avocats et vivaient confortablement sans ostentation. Ils venaient d'acheter la petite maison de campagne qu'ils louaient jusqu'alors et dont ils avaient fait leur résidence secondaire. Chaque vendredi soir, Pierre arrivait avec Lisa, David et Myriam pour deux jours qu'il passait à rendre visite à sa mère, ses oncles et ses cousins.

Seul de toute la famille à être parvenu à une situation de notable, le fils de Marie n'en gardait pas moins beaucoup de simplicité et d'humilité. Il conservait intacts ses souvenirs de jeunesse et aimait, à l'occasion, donner la main à ses cousins pour garder les brebis, réparer un enclos, soigner une bête malade. Pendant l'été, son plus grand plaisir, avec David, était d'accompagner le troupeau à l'estive pendant quelques jours, laissant Lisa et Myriam en compagnie des femmes auprès de qui elles découvraient comment avaient vécu les grands-parents.

« On ne dirait pas un monsieur de la ville ! se plaisait à lui faire remarquer sa tante Louise, ce qui, dans sa bouche, était un compliment.

– On peut être de la ville et avoir un genre de vie bourgeois, ma Tante – j'en conviens –, mais ce sont les racines qui comptent ! Ma mère m'a toujours élevé dans le souvenir de mon grand-père. Moi-même, je ne voudrais pas que mes enfants oublient d'où ils sont issus. »

Tous l'aimaient comme un fils ou un frère. Quand ils se réunissaient chez l'un ou chez l'autre, personne ne faisait de différence entre l'avocat qu'il était et les bergers qu'ils étaient restés.

Peu avant la Toussaint, Pierre reçut un courrier de Maître Salavert lui demandant de bien vouloir passer à son étude en compagnie de son épouse. Il n'en fut pas très étonné, croyant devoir signer quelque papier d'acte de propriété supplémentaire concernant sa maison. Le notaire les fit asseoir devant son bureau tout ornementé de marqueterie.

« Monsieur Coste, fit-il en s'adressant d'abord à Pierre, j'ai à vous donner lecture d'un acte dont je suis dépositaire et qui concerne les dernières volontés de Mme la baronne Hortense Donnadieu. »

Pierre ne put cacher son étonnement.

« En quoi cela me concerne-t-il ? Mme Donnadieu est décédée il y a plus de huit ans, et sa fille Julie…

– Monsieur Coste, coupa le notaire, le sourire aux lèvres, je n'ignore pas que vous êtes le petit-fils de la défunte châtelaine.

– Nous sommes quelques-uns à le savoir. Mais nos liens de parenté sont… comment vous dire, d'ordre purement biologique.

– Je comprends vos scrupules. Mais, en ma présence, vous n'avez pas à en avoir. N'oubliez pas que, de par ma fonction, je suis tenu par le lien du secret. En tant que notaire de la famille Donnadieu, je suis leur dépositaire testamentaire.

– Mais il y a toujours leur fille ! insista Pierre. C'est elle la dernière descendante légale des Donnadieu. Moi, je suis un descendant des Coste et des Chabrol. Pourquoi donc Julie Donnadieu n'est-elle pas ici présente ?

– Mlle Donnadieu est décédée il y a moins de huit jours dans la maison de repos où elle séjournait.

– Nous l'ignorions.

– Personne à Quérac n'est encore au courant. Vous êtes les premiers à le savoir. Depuis la mort de sa mère, Julie Donnadieu n'a cessé de décliner. Elle s'est laissée lentement mourir de langueur.

– En quoi suis-je concerné par le décès de cette femme ?

– De votre demi-sœur ! » rectifia le notaire.

Pierre sourcilla :

« Eh bien !

– J'ai en ma possession le testament de Mme Hortense Donnadieu, la mère de votre père Guillaume, décédé en 1914.

– Il ne m'a jamais reconnu !

– Certes ! Mais il a laissé une lettre à sa mère…

– Je suis au courant, coupa Pierre. Je connais l'existence de cette lettre depuis longtemps. Je n'ignore donc pas mes origines.

– Dans ce cas, monsieur Coste, je vais vous faire lecture de l'acte testamentaire de Mme Donnadieu qui vous concerne directement. »

Pierre regarda Lisa dans les yeux, lui prit la main, ajouta, l'air détaché :

« Je vous écoute. »

Maître Salavert entama la lecture du testament à haute et intelligible voix, détachant chaque mot, levant les yeux de son manuscrit après chaque phrase comme pour tester les réactions de ses auditeurs.

« Voilà, dit-il pour conclure. Monsieur Coste, vous êtes donc à ce jour l'heureux héritier du domaine de Quérac, ancienne propriété de la famille Donnadieu, vos ancêtres, terres et manoir réunis. »

La surprise de Pierre fut à l'image de l'immense fortune dont il venait d'hériter. Il resta quelques instants ébaubi par ce qu'il venait d'apprendre, car, si sa filiation avec les Donnadieu n'avait plus de secret pour lui depuis longtemps et ne l'avait pas gêné outre mesure, se retrouver du jour au lendemain à la tête de leur fief le mit, sur le moment, dans un certain embarras.

« Ce sont mes deux grands-pères, Antoine et Joseph, qui auraient été les plus surpris, dit-il pour couper court au silence qu'il imposait par son absence de réaction. Si quelqu'un leur avait dit qu'un jour le domaine de Quérac allait échoir à l'un de leurs petits-enfants, ils l'auraient traité de fou !

– Bien sûr, il y aura quelques petites formalités à remplir avant que vous ne puissiez rentrer en pleine possession de votre nouveau patrimoine, reprit le notaire. Je vous tiendrai informé. Mais dès à présent, monsieur Coste, je tiens à vous féliciter et à vous souhaiter ainsi qu'à vos descendants de faire bon usage de cette manne qui vous échoit de droit. »

Le lendemain, Pierre réunit toute sa famille pour leur apprendre la nouvelle. Seules Jeanne et Hélène, parties vivre au loin, étaient absentes, mais leurs parents promirent de leur écrire sans tarder.

Marie s'était assise à côté de son fils et lui tenait la main, tandis qu'il racontait, debout, comment s'était passée l'entrevue chez le notaire. Un éclat inhabituel irisait la prunelle de ses yeux, qui traduisait à la fois son émotion et son bonheur. Elle ne pouvait s'empêcher de penser à Guillaume, le père de Pierre, grâce à qui tout cela, finalement, arrivait. Au-delà des années et des événements qui avaient marqué sa vie, elle gardait en son cœur les grands instants de bonheur qu'il lui avait donnés, les souvenirs de leur jeunesse insouciante dans un monde plein de contraintes et d'interdits. Elle avait chassé de son esprit les périodes sombres de leur histoire, celles des déceptions, des inquiétudes, des trahisons et des souffrances. « Ma vie aura permis de réparer notre erreur commune de jeunesse ! » songea-t-elle, tandis que Pierre finissait de s'expliquer.

« Alors, fit Aubin, le premier à se montrer pragmatique, toutes nos craintes sont du même coup effacées !

– Quelles craintes ? s'étonna Pierre.

– Depuis la mort de la châtelaine, tu sais bien que nous nous attendions d'un jour à l'autre à ce que les terres soient revendues et à ce que nous soyons contraints de partir.

– Je vous rassure tous ! Je n'ai aucune intention de vendre quoi que ce soit. Je ne sais pas ce que je vais faire de tout ce bien auquel je ne m'attendais pas, mais j'estime que vous y avez tous droit. J'en parlerai sereinement avec Lisa et ma mère. Je crois qu'il me faudra retourner voir le notaire. »

Tous se regardèrent sans comprendre. Marie tira son fils par la main. Celui-ci se pencha, l'embrassa à son invite.

« Brave petit ! lui susurra-t-elle à l'oreille. Tu es bien le digne petit-fils de ton grand-père. »

Seule Marie comprit aussitôt les intentions de Pierre, mais elle n'en dit mot aux autres, estimant qu'il revenait à son fils d'agir en toute liberté.

Dans les jours qui suivirent l'agrément de l'acte de succession, Pierre demanda à Maître Salavert de procéder au partage des biens. Il fit don à chaque membre de sa famille de nombreux hectares de terre, tant dans les garrigues que dans le haut pays, ainsi que des bâtiments d'exploitation et d'habitation de leur métairie. À ses cousines éloignées, qui avaient quitté le domaine pour suivre leur mari, il donna des hectares de vigne à charge pour elles de les revendre ou de les faire fructifier. À sa mère, il offrit sa propre maison de campagne, celle qu'il venait d'acquérir, ainsi que le restant des vignes, ce qui faisait d'elle la principale propriétaire du vignoble de l'ex-« Château Quérac ».

« Que ferai-je de tout cela à mon âge ? lui fit-elle remarquer. Je ne pourrai jamais rien en tirer !

– Ne t'inquiète pas, Maman. Je veillerai à ce qu'un homme de confiance s'occupe de ton bien. Après tout, j'y ai intérêt ! C'est bien moi ton seul héritier !

– Que te restera-t-il, à toi, si tu donnes tout à tout le monde ?

– Il me reste assez pour vivre. J'ai gardé le château et son parc, ainsi que plusieurs dizaines d'hectares de bons cépages.

– Le château est en bien mauvais état ! Il te faudra dépenser une fortune pour le restaurer.

– J'ai ma petite idée à ce sujet. Mais il encore trop tôt pour en parler. En attendant, si tu veux encore de moi le temps que je me retourne, cela me ferait grand plaisir de partager ton toit avec Lisa et les enfants.

– Gros nigaud, cette maison t'appartient !

– Plus maintenant, puisque je te l'ai donnée.

– Alors, sois le bienvenu chez toi, mon fils chéri ! »

XXVII

Anciens et modernes

Jamais la fête de Noël ne fut aussi joyeuse qu'en cette année 1955. Pour ses soixante-quinze ans, Mathilde voulut réunir tout le monde au Soleyrol. Aubin et son frère Lucien durent aménager un coin de la grange pour pouvoir accueillir les trente-deux membres de la famille.

Jeanne, la fille de Mathieu, fit spécialement le voyage de Lyon avec son mari et ses deux enfants. Ruben, devenu ingénieur agronome, n'hésita pas à se déplacer de Toulouse, où il travaillait pour une firme agroalimentaire. Il vint accompagné de sa toute jeune épouse, Francine, qui attendait déjà un enfant pour Pâques. Catherine, sa sœur, institutrice depuis trois ans à Bouillargues, profita des vacances scolaires pour abandonner son école et rentrer chez ses parents. Il ne manquait qu'Hélène pour qui tous commençaient à s'inquiéter, car, après l'Indochine, Lionel, son mari, avait été envoyé en Algérie, où une drôle de guerre durait depuis un an.

Pour l'occasion, la grange prit des allures de crèche. Les hommes avaient dissimulé les ballots de paille derrière de vieux draps de coton blanc. Les femmes avaient lessivé le plancher à grande eau et Fernand, le mari d'Adeline, s'était occupé de l'éclairage avec son beau-frère Henri, le postier lyonnais. Chacun mit la main à la pâte pour faire de ce jour de la Nativité le plus beau depuis les années sombres vécues pendant la première moitié du siècle.

« Je suis certain, proclama Pierre, en levant sa coupe de champagne à la fin du repas, que nos enfants ne verront plus les tragédies auxquelles nous, parents et grands-parents, avons assisté. Que nos sacrifices et nos souffrances n'aient pas servi à rien ! »

Lorsque le repas de réveillon fut achevé, Marie prit à son tour la parole et demanda qu'on porte un dernier toast en souvenir de ses parents, Antoine et Adeline, et de leurs amis Joseph et Adrienne.

« De là où ils sont à présent, auprès de nos autres chers disparus, je suis certaine qu'ils se réjouissent de nous voir ainsi tous réunis. Nous formons vraiment une belle famille. Nous leur devons tout ce que nous avons acquis aujourd'hui. Sans eux, nous ne serions pas ce que nous sommes devenus. »

Le bonheur réchauffa le cœur de chacun. Pendant toute la semaine, on se réunit chez les uns et les autres. Jamais les agneaux dans les étables ne furent autant adulés par les enfants dont les jeux bruyants animèrent le domaine, comme si l'été était revenu précocement en décembre.

Cependant, janvier se mit à la pluie et amena une douceur inhabituelle, alors qu'on s'apprêtait à affronter l'hiver. Les arbres fruitiers, par endroits, commencèrent même à bourgeonner ; certains firent une poussée de jeunes feuilles avant les premières fleurs.

« C'est mauvais signe, fit remarquer Mathieu. Quand les fruitiers font leurs feuilles avant les fleurs, c'est qu'ils vont crever dans l'année. »

Sur le moment, personne ne se soucia de la couleur du ciel. Tout le monde était trop préoccupé par sa nouvelle situation de propriétaire. Car, pour tous, les choses avaient changé : les bergers n'étaient plus des métayers ni des fermiers, mais des exploitants propriétaires de leurs terres et de leurs bâtiments. Chaque ferme était devenue une unité de production à part entière et, si le cheptel allait encore transhumer par moitié dans les mêmes lieux de pâturage, les têtes de bétail furent dénombrées et réparties en toute équité entre les chefs de famille.

Tous avaient été d'accord sur ce sujet : à chacun son bien. L'individualisme l'emportait sur l'esprit communautaire qui avait prévalu au temps d'Antoine et de Joseph, même si dans la pratique rien ne changeait vraiment.

En février, il se mit à geler. Les premiers jours, les paysans s'en réjouirent : « Un bon coup de gel tue la vermine ! » répétaient-ils inlassablement.

Pour les bergers, tant que la neige ne recouvrait pas les terres de pacage, le froid ne les empêchait pas de sortir leurs bêtes pendant les heures les plus ensoleillées, le temps qu'elles fassent provision des herbes rescapées de la sécheresse de l'été.

Mais, vers le milieu du mois, l'hiver s'intensifia et un coup de froid terrible s'abattit sur tout le Midi. La température descendit au-dessous de –10 °C. Puis la neige se mit à tomber, recouvrant les terres gelées et déjà dures comme l'acier. Il n'était plus question de sortir les brebis dans ces conditions. Le froid s'insinuait partout, entre les vêtements, sous les portes, dans l'interstice des pierres, pétrifiant arbres, hommes et bêtes. Le paysage prit des allures de toundra cristallisée dans la glace polaire. Toute vie disparut. Jamais les anciens n'avaient connu un hiver si rigoureux, même en 1939 pour les souvenirs les plus récents, même en 1917 pour ceux de la Grande Guerre. Depuis 1899, de mémoire d'homme, on n'avait pas vécu de tels assauts du temps.

La température atteignit bientôt –20 °C. La neige était devenue une carapace rigide au-dessus d'un sol gelé sur plusieurs dizaines de centimètres. Les branches des chênes se brisaient comme du verre, les troncs des oliviers éclataient jusqu'au cœur, telles des colonnes de marbre massacrées à coups de pioche. Les oiseaux tombaient de leurs nids, raidis comme des animaux naturalisés par la main d'un taxidermiste invisible. Les rivières n'étaient plus que langues de glace immobilisées, encadrées de berges aux plantes fossilisées.

Quelques jours plus tard, le froid desserra son étreinte, le redoux commença à faire fondre la fourrure de neige et la calotte de glace. Le paysage se mit à pleurer de toute son eau. Celle-ci dégoulinait partout, creusant d'étranges rigoles qui ressemblaient à des rides où s'écoulaient les larmes du malheur. Les canalisations se débloquèrent et laissèrent s'échapper l'eau des fissures provoquées par le gel. Les terres emblavées avant l'hiver se transformèrent en marécage. Toutes les récoltes du printemps étaient anéanties. Les fruitiers ne brandissaient plus vers le ciel que des branches squelettiques, décharnées. Les bourgeons précoces, noircis, jonchaient le sol inculte.

Puis le soleil réapparut. Ses premiers rayons, d'ordinaire bienfaisants après un coup de froid, parurent torrides, car les blessures ouvertes étaient encore trop vives. Le paysage semblait saigner de toute la sève des arbres devenus stériles. Dans la garrigue, les plantes avaient mal résisté et avaient pris des teintes violacées d'hémoglobine.

En mars, les bêtes n'eurent plus rien à brouter, ni dans les vignes ni dans les friches. Le froid avait tout fait disparaître comme après le passage d'un ennemi pratiquant la terre brûlée.

« Le fourrage va manquer ! s'inquiéta Mathieu. La soudure risque d'être difficile.

– Il serait peut-être prudent de vendre quelques bêtes aux foires de printemps avant d'emmontagner, proposa Lucien. Ça nous allégera le cheptel et nous permettra de mieux nourrir le restant du troupeau. »

Mathieu n'aimait pas se délester de ses bêtes, juste avant l'estive, sous prétexte de ne pas pouvoir toutes les nourrir. Mais il dut se rendre à la raison. Il mit à la vente un certain nombre de brebis. Beaucoup d'éleveurs firent comme lui, ce qui fit baisser les cours et amaigrit les finances de chacun.

Cette année de froidure exceptionnelle permit de mesurer, une fois de plus, combien était aléatoire une vie qui dépendait des caprices du temps. L'exode des campagnes, d'ailleurs, n'avait pas cessé de s'accélérer depuis dix ans ; les villages perdaient leur jeunesse, non seulement parce que beaucoup trouvaient du travail en ville, mais aussi parce que de plus en plus nombreux étaient ceux qui fréquentaient collèges et lycées dans l'intention de s'élever au-dessus de la condition sociale de leurs parents. Le lent déclin déjà amorcé après la Grande Guerre ne faisait que s'accentuer.

« Bientôt il n'y aura plus que les vieux comme nous ! » se lamentait Mathieu.

Maurice ne se laissait pas aller au désespoir.

« Tu oublies que nos fils ont pris la relève. Eux ne partiront pas ! Et j'en connais plus d'un dans ce cas.

– Ce sont les derniers. Et beaucoup risquent de devenir vieux garçons faute de trouver une fille qui acceptera de travailler à la ferme.

– Tu penses à Lucien ?

– Oui, bien sûr !

– Tu t'inquiètes pour lui ?

– M'inquiéter, non ! Tant que nous sommes là, il n'est pas malheureux. Mais je ne voudrais pas qu'il reste sans femme toute sa vie.

– En tout cas, c'est lui qui semble le plus moderne de nous tous. À l'entendre, il voudrait révolutionner nos méthodes de travail.

– Oh ça, c'est une autre histoire ! Si je l'écoutais, il me traînerait à la banque pour emprunter de l'argent dans le but d'agrandir et d'acheter je ne sais quoi.

– Ils ont dû se donner le mot, ton fiston et le mien. Jérémie, lui, voudrait acheter des camions pour monter les brebis à l'estive.

– Ah, ça le reprend !

– Tu t'imagines pas que je vais accepter d'avoir des dettes. Il n'en est pas question !

– Le Crédit agricole, ils n'ont que ce mot à la bouche ! Paraît-il qu'ils prêtent à tous les paysans qui désirent rester dans le coup. Y a qu'à leur demander des sous, ils vous les donnent tout de suite. Tu parles !

– Et en contrepartie, ils te demandent ta maison et tout ton bien en gage, et te feront rembourser au centuple ce qu'ils t'auront prêté. Non, crois-moi, mon vieux

Mathieu, nos fils ont perdu la raison ! Je ne pense pas que nos pères auraient été d'accord avec eux sur ce point-là.

– Oh que non ! Antoine et Joseph étaient bien trop prudents. D'ailleurs, si nous sommes devenus ce que nous sommes aujourd'hui, c'est bien grâce à leur sagesse et à leur seul travail. Où voit-on qu'on donne de l'argent aux gens avant qu'ils ne l'aient gagné ? J'entends encore mon père, peu avant sa mort, nous dire de ne pas avoir les yeux plus grands que la tête. *Amaï*, c'est bien lui qui avait raison !

– Vois-tu, beau-frère, je crois que tout cet argent qui nous est tombé dessus grâce à Pierre leur a tourné la tête.

– Vous n'êtes que des vieux grincheux ! s'interposa Lucie qui, assise dans le cantou, les écoutait en tricotant en compagnie de Louise. Laissez faire les jeunes !

– Laissez faire ! Laissez faire ! Tu as en de bonnes ! S'ils nous mettent sur la paille avec leurs idées de grandeur, nous serons bien avancés ! »

La discussion revenait souvent dans la bouche des deux plus anciens de la famille. Seul, Aubin semblait de leur avis. À quarante ans passés, il n'épousait pas les idées de son frère et de son cousin, plus jeunes de quelques années. De tous, il demeurait finalement le plus attaché aux traditions léguées par ses aïeux. Aussi était-ce avec ce dernier que son père s'entendait le mieux.

François, lui, bien que plus âgé, ne prenait pas parti. Le plus jeune des fils d'Antoine avait toujours su éviter les différends familiaux et tempérer l'ardeur des plus contestataires.

« De toute façon, leur avait-il dit, un jour qu'ensemble ils s'interrogeaient sur l'avenir, il faut accepter l'idée que nos enfants ne pourront plus vivre comme nous avons vécu et que, s'ils ne s'adaptent pas à la modernité, c'est la modernité qui les rattrapera et les fera disparaître. »

L'hiver catastrophique de cette année 1956 n'empêcha pas les bergers de faire une belle et joyeuse transhumance. Dès que, sur la draille, les habitants des villages entendirent tinter au loin cloches et clochettes, tous se précipitèrent sur le passage des troupeaux.

En ce début juin, Mathieu tirait le sien vers Colognac, du même pas lent et régulier que son père, tandis que ses fils fermaient la marche. Sur les côtés, les *traspastres* rabattaient les brebis vagabondes tentées d'aller brouter dans les zones interdites ou lançaient les chiens, qui, tels des papillons virevoltant au-dessus d'un buisson laineux, tournoyaient autour d'elles pour les ramener sur le bon chemin.

De leur côté, Maurice, Jérémie et François montaient sur le serre de la Vieille Morte en direction des Ayres, où ils ne manqueraient pas de s'arrêter à l'auberge, avant l'étape du col de Jalcreste.

Ces longs cheminements annonçaient toujours le retour des beaux jours et faisaient vite oublier les tracas de l'hiver. Ils étaient la vie pour tous ceux qui restaient accrochés aux flancs de leur montagne, le sang qui circulait dans leurs veines à l'instar des moutons sur les drailles.

Les plus vieux se souvenaient encore du passage d'Antoine, et certains croyaient voir en ses fils celui qui, tant de fois, avait arpenté ces parcours, liens indissolubles depuis des millénaires entre le Languedoc, les Cévennes et les montagnes lointaines.

Les grands passages étaient toujours burinés dans la roche schisteuse et granitique, mais certaines drailles transversales se perdaient maintenant sous les broussailles ou dans la forêt. Sur les pentes de l'Aigoual en effet, le reboisement rapportait de l'argent aux exploitants forestiers. Ceux-ci avaient étendu le domaine des hêtraies et des sapinières au détriment des zones de pâturage et des bergers, dont les parcours se trouvaient ainsi modifiés.

Cela donnait des arguments à Jérémie, qui ne cessait de prêcher pour ses camions, d'autant plus qu'à Quérac plusieurs éleveurs avaient déjà montré l'exemple. Dès la mi-juin, les routes de montagne commençaient à s'encombrer de ces convois d'un genre nouveau. Parfois, Mathieu et Maurice se faisaient doubler sur une portion de route par un véhicule d'où sortait un concert de bêlements apeurés.

« On dirait qu'on les mène à l'abattoir ! ronchonnait Maurice dans le dos de son fils.

– En tout cas, ils arriveront avant nous et bénéficieront de plusieurs jours d'estive supplémentaires. »

Tant que Jérémie vivait sous le même toit que son père à la Castanède, il savait qu'il ne pourrait pas lui imposer sa volonté.

« Ne t'entête pas, lui avait conseillé Madeleine, son épouse, avant son départ. Sinon la vie va devenir infernale.

– Si ça continue, je vais prendre mes bêtes et m'installer ailleurs. Ainsi je serai libre d'agir comme je l'entends.

– Et nous devrons payer un loyer pour les terres et la bergerie, alors qu'ici nous sommes chez nous !

– Chez mes parents !

– Tu sais bien que la ferme te reviendra un jour.

– Je pourrai peut-être m'associer avec Lucien. Lui aussi en a plus qu'assez d'être prisonnier des principes dépassés de son père. Refuser les possibilités qu'offrent les banques aujourd'hui, c'est refuser le progrès. Sais-tu que le gouvernement se prépare à signer l'année prochaine un traité concernant l'agriculture et l'élevage, comme il l'a fait pour le charbon et l'acier ? C'est Pierre qui me l'a dit. Une sorte de marché commun, comme ils disent. Si nous ne prenons pas le train en marche, il partira sans nous. »

L'estive s'acheva par un automne pluvieux. Les gros nuages noirs, puis le vent et la pluie annoncèrent aux bergers le temps du retour. La montagne chassait les derniers transhumants. Mathieu et Maurice, chacun de leur côté, fermaient la marche, perpétuant encore une tradition qui ne plaisait ni à Lucien ni à Jérémie.

« Cesse donc de t'opposer au père ! conseilla Aubin à son frère cadet, tandis qu'ils descendaient les pentes de l'Aigoual à travers une tempête de neige inattendue. Vos disputes finiront mal.

– Tu as beau jeu de me faire la morale. Toi, tu es chez toi au Fournel, tu fais ce que tu veux ! De plus, je sais bien que tu es du même avis que le père. Nous sommes frères, nous devrions nous serrer les coudes et lui montrer qu'il a tort de s'entêter comme il le fait à ne vouloir rien changer. Pense-t-il seulement à nous, à l'avenir qui nous attend ? L'oncle Maurice et lui se montent la tête l'un l'autre.

– Je crois plutôt que c'est toi et Jérémie qui vous montez contre le père et l'oncle. Nous ne sommes plus des enfants, Lucien ; à nos âges, nous devons savoir mettre de l'eau dans notre vin et respecter les parents, comme eux ont respecté les leurs.

– Respect, respect ! Tu n'as que ce mot à la bouche. Respect, tradition, ancêtres : tout ça, ça sent le vieux, le passé, le dépassé !

– Si tu ne t'entends plus avec notre père, tu n'as plus qu'une chose à faire : t'en aller, prendre ta liberté.

– Et où irai-je ? Avec quel argent ? Si je réclame ma part, je mets notre père sur la paille et je crée le déshonneur.

– Chacun a eu sa part lors du partage du domaine !

– Sauf que moi, célibataire, je suis sous le même toit que nos parents et qu'on ne peut pas couper la bergerie en deux ! C'est pareil pour Jérémie.

– Loue une vieille bergerie, retape-la et prends tes bêtes, celles qui te reviennent. Pour les terres, tu as eu ton lot et tu sais que, sur ce point, nous sommes tous en communauté. Cela ne changera pas grand-chose.

– Tu me vois laisser Père seul à près de soixante-dix ans ?

– Il faut savoir ce que tu veux ! Sois patient ! Bientôt, Père passera la main et te laissera la bride sur le cou. »

Lucien calma ses ardeurs. Le retour s'acheva sans que Mathieu n'eût à subir l'humeur vindicative de son fils cadet.

Mathilde, une fois encore, avec la complicité de Marie, qui devenait de plus en plus la confidente de ses neveux, sut rassembler les brebis égarées qui avaient tendance à louvoyer vers les drailles perdues. Mais toutes deux avaient conscience qu'à force de gronder l'orage finit par éclater.

Les deux cousins rétifs finirent par adoucir leur tempérament. L'agnelage, les ventes aux foires d'hiver, les réparations de toutes sortes à entreprendre occupèrent leur esprit chagrin et leur permirent de songer davantage au moment présent qu'à l'avenir.

De son côté, Pierre n'était pas resté inactif. Depuis qu'il avait hérité du domaine de Quérac cinq ans auparavant, il passait tout son temps à remettre le parc et le château en état. Chaque week-end, aidé de ses cousins, qui se devaient bien de lui prêter main-forte, il retroussait ses manches et se transformait en jardinier, maçon, menuisier, plombier ou en électricien. Quand il se heurtait à une difficulté – son savoir-faire technique étant plutôt restreint –, il n'hésitait pas à consulter un homme de métier de sa connaissance et prenait sans fausse honte auprès de lui des leçons de travail manuel. Une pièce après l'autre, il voulait tout remettre à neuf pour un projet qu'il gardait jalousement secret.

Seule Lisa était au courant de ses intentions.

Mais la tâche se révélait longue et coûteuse. Le peu de temps qu'il pouvait lui consacrer ne permettait pas d'accélérer les travaux. En premier lieu, il aménagea trois pièces dans les communs afin de pouvoir y habiter le plus vite possible et de ne pas imposer trop longtemps sa présence à sa mère. Comme David ne venait à Quérac qu'occasionnellement, pris par ses études d'architecte, deux chambres suffisaient pour tous les quatre. Et lorsque, pendant les vacances, ils arrivaient tous ensemble de Montpellier, David faisait un immense plaisir à sa grand-mère en allant loger chez elle.

Le plus long restait à accomplir : restaurer et transformer le grand salon, la salle à manger et aménager les deux étages où les chambres, nombreuses, fermées depuis des lustres, dévoilaient de nombreuses traces de moisissure et exhalaient une odeur tenace de renfermé. Le mobilier, certes d'époque, avait une grande valeur, mais il était inadapté à ce que Pierre avait l'intention de réaliser.

« Au rythme actuel et dans l'état de nos finances, dut-il reconnaître à sa femme un jour de découragement, dans dix ans nous n'aurons pas encore fini ! »

Lisa, qui avait toujours soutenu son mari dans tout ce qu'il avait entrepris, ne le laissait jamais baisser les bras.

« Si nous vendions notre appartement de Montpellier ? lui proposa-t-elle. Placé comme il est, près de la place de la Comédie, nous en tirerions un bon prix.

– Vendre l'appartement ! Tu y songes vraiment ?

– Je suis prête à loger dans une mansarde avec toi, pour que tu puisses réaliser ton projet. »

Pierre prit sa femme dans ses bras et répondit :

« Je n'aurais jamais osé te le demander si tu ne m'en avais pas parlé la première.

– En attendant, nous pourrions occuper l'appartement situé au-dessus de nos bureaux. Il est libre et à louer. Cela ne nous coûtera pas une fortune.

– Il est petit et pas très confortable !

– Peu importe, puisque, le week-end, nous vivrons dans un château ! »

La décennie s'acheva dans l'espoir que la croissance économique profiterait à tous. Beaucoup, à l'image de Pierre ou de Lucien et de Jérémie, croyaient fermement à l'avenir. Il leur semblait que le monde évoluait de plus en plus vite, que les affres du passé étaient à jamais gommées des esprits et inscrites, pour le souvenir, dans les seuls livres d'histoire et sur les monuments. Les postes de radio diffusaient des musiques endiablées pleines de rythmes nouveaux et de décibels. La télévision était devenue le nouveau centre d'intérêt dans de nombreux foyers et remplaçait déjà les veillées d'antan. On se rendait moins visite et on s'installait confortablement dans l'individualisme. Les discours du général de Gaulle réconfortaient les esprits malgré les craintes que la guerre d'Algérie faisait planer sur le pays.

Mathilde sentit à son tour que l'époque lui échappait. L'année de ses quatre-vingts ans lui parut subitement lourde à porter. Mais ce qui la chagrinait le plus était de constater chaque jour davantage que le ciment qu'Antoine avait fait prendre de ses mains avec, pour tout liant, un mélange subtil d'amour pour sa famille et pour son noble métier de berger, commençait à s'effriter. L'édifice qu'il avait érigé avec Adeline jusqu'à la Grande Guerre, puis avec elle depuis les années vingt, vacillait sur son socle et menaçait de s'effondrer sur l'autel de la modernité.

À bout de forces et de lassitude, ayant maintenu ce lourd héritage par amour pour lui, elle préféra, elle aussi, s'en aller sans faire de bruit. Comme elle était entrée avec discrétion dans la vie de son grand amour de jeunesse, sans perturber l'existence des siens, elle s'évanouit par un matin de rosée, tandis que l'aube s'immisçait entre les crêtes.

XXVIII

Les dernières transhumances

David aidait son père de son mieux, fort de ses compétences en architecture. De temps en temps, il arrivait de Montpellier avec une jeune fille – ce qui ne trompait personne – de grands cartons sous le bras remplis de planches figurant des plans, des perspectives, des croquis en trois dimensions.

La première fois qu'il vint à Quérac en compagnie de Christine, Marie le trouva fort gêné. Il présenta la jeune fille comme une simple amie et demanda à sa grand-mère l'autorisation de l'héberger dans une chambre voisine de la sienne. Marie, qui n'avait pas l'esprit étroit, comprit aussitôt les scrupules de son petit-fils. Elle le prit à part :

« Veux-tu vraiment que je prépare une autre chambre pour ton amie ? lui demanda-t-elle, le sourire aux lèvres.

– Euh… tu ne veux pas l'héberger sous ton toit, Mamie ?

– Je n'ai rien dit de tel ! Tu n'as pas à te gêner avec moi, David. Je suis peut-être née au siècle dernier, mais j'ai les idées larges ! Ce n'est pas la peine, devant moi, de faire semblant de respecter des convenances qui sont désormais d'un autre âge.

– C'est que…

– Allez ! Une chambre pour vous deux suffira bien, n'est-ce pas ? Et ne fais pas d'histoires !

– Mon père…

– Je voudrais bien voir que ton père te fasse des remontrances. Je lui rappellerai quelques bons souvenirs de guerre ! En fait, qu'y a-t-il dans tes cartons ?

– Les plans que Papa m'a demandé de réaliser en vue de transformer les grandes pièces du château. Maintenant qu'ils ont l'argent de l'appartement de Montpellier, lui et Maman ont décidé de foncer.

– Sais-tu quelles sont au juste leurs intentions ?

– Je ne vois pas encore. Ils tiennent ça pour leur secret. Je travaille un peu à l'aveuglette. Je n'aime pas trop. Mais que ne ferais-je pour leur faire plaisir ! »

Depuis le décès de Mathilde, les choses semblaient s'accélérer. La guerre d'Algérie venait de s'achever par les accords d'Évian, qui libéraient ainsi beaucoup de jeunes de la crainte de devoir partir à leur tour se battre sur une terre étrangère. David en fut le premier soulagé, car il craignait que son report d'incorporation pour achever ses études ne soit pas éternellement renouvelé. Or il ne lui manquait plus qu'à présenter son projet de fin d'études pour obtenir son diplôme d'État. Marc, le fils aîné d'Aubin, avait eu moins de chance : il venait d'être appelé pour assurer la période transitoire de l'indépendance de l'ex-colonie.

Au château, c'était encore le branle-bas. Les murs repoussés, les cloisons abattues, les chambres jumelées, les ouvertures agrandies, la décoration refaite à neuf ; à l'extérieur, les écuries nettoyées, les hangars débarrassés de fond en comble, le parc débroussaillé, les massifs refleuris, les allées redessinées : tout n'était qu'un immense chantier que David commençait à juger démesuré.

« À quoi cela peut-il bien servir ? » se demandait-il, craignant de voir ses parents atteints de mégalomanie.

Il avait beau se pencher sur ses plans, respectant là un espace, ici une perspective, corrigeant d'un coup de gomme tout un pan de mur, érigeant d'un autre coup de crayon une séparation, il ne devinait pas la finalité de son travail.

Quand Pierre jugea le plan définitivement à son goût et vu l'état d'avancement du chantier, il finit par lui dévoiler ce qu'il tenait secret depuis le début des travaux.

« Une "Maison de la Transhumance" ! s'exclama David. Quelle excellente idée ! J'avais beau chercher à comprendre, jamais je n'aurais deviné.

– À quoi pensais-tu ?

– Je ne sais pas au juste. Plutôt à un hôtel, mais il manquait les grandes cuisines du restaurant. Ou une résidence d'accueil pour organiser des séminaires, c'est très à la mode, mais faire une seule pièce de plusieurs chambres m'en a ôté l'idée.

– Cet héritage, je voulais qu'il reflète l'image de mon grand-père. Je n'ai jamais voulu le garder pour moi seul. C'est la raison pour laquelle j'ai commencé par distribuer les terres et les métairies à mes oncles et à mes cousins qui y travaillaient. Je ne me suis gardé que les vignes et les chais, pour mon petit plaisir personnel, je l'avoue. J'ai l'intention de m'y consacrer aussi, plus tard, afin de restaurer le fameux "Château Quérac" d'Auguste

Donnadieu. Ce sera ma façon d'honorer sa mémoire. Après tout, je suis aussi son petit-fils. Pour le château…

– Tu aurais pu y habiter avec Maman et Mamie !

– Tu me vois dans les habits de châtelain ! Non, ce ne serait pas sérieux ; l'appartement que nous finirons d'aménager nous suffira amplement. Quant à Mamie, elle ne tient pas à retourner au château dans ces conditions. Trop de souvenirs douloureux lui sont encore attachés. D'ailleurs, elle n'a pas désiré y entrer une seule fois depuis que nous en avons hérité. “Plus tard”, m'a-t-elle dit, quand les travaux seront achevés et qu'il ne s'agira plus du château de sa jeunesse.

– Mamie est une grande romantique !

– C'est une grande dame qui a beaucoup souffert et à qui la vie a beaucoup demandé. Il faut la comprendre.

– Et comment conçois-tu cette “Maison de la Transhumance” ?

– Je n'en ai pas encore une idée très précise. Mais je voudrais en faire une sorte de musée vivant de ce genre de vie qui, j'en suis conscient, va bientôt disparaître. Elle y enfermera à jamais l'âme de ton arrière-grand-père Antoine, et de tous ceux qui, avec lui, ont contribué à perpétuer un métier qui a fait d'eux des hommes libres.

– C'est le plus bel hommage que tu pouvais leur faire !

– Une dernière chose, David ! Je voudrais que tu présentes le travail que tu as fait pour moi comme projet en vue de l'obtention de ton diplôme. Crois-tu cela possible ?

– Figure-toi, j'y avais pensé. Mais tant que je n'en connaissais pas la finalité exacte, je ne pouvais pas le déposer. Ce sera chose faite dès la semaine prochaine.

Et je suis certain qu'il obtiendra l'assentiment de mes professeurs. »

De son côté, Mathieu avait fini par céder à son fils. À soixante-treize ans, il avait déjà laissé partir les troupeaux trois fois sans lui en transhumance. Sur les conseils de Lucie et de son fils aîné – le seul qu'il écoutait –, il avait remisé son bâton et sa cape de berger au placard et accepté, la mort dans l'âme, de rester à Quérac pendant qu'Aubin et Lucien s'endraillaient seuls sur le Méjean. Se sentant soudain devenu inutile durant l'été, il accepta que Lucien fasse entreprendre la construction d'une étable toute neuve, pourvue des installations les plus modernes. Il supervisa lui-même les travaux pendant l'absence des bêtes et se piqua au jeu de chef de chantier.

« Tu vois bien que tu es encore indispensable ! lui fit alors remarquer Lucie pour l'encourager à ne pas baisser les bras.

– Quand les brebis redescendront de l'estive, elles trouveront du changement ! Quel luxe et quel confort ! s'extasia-t-il à la fin des travaux. J'y dormirais bien moi-même !

– Dans la paille !

– Pourquoi pas ! Ce ne serait pas la première fois et ça me rappellerait ma jeunesse ! »

La construction dura de juin à octobre : bâtiments préfabriqués, trayeuses électriques, mangeoires automatisées, éclairage ; tout respirait le modernisme.

« Finalement, il était inutile de *rouscailler* comme tu l'as fait ! Tu as l'air aussi heureux qu'un enfant quand vient Noël !

– Y a qu'un ennui !

– Lequel ?

– Tu sais bien. Lucien s'est endetté pour vingt ans. À quarante-deux ans, il ne sera pas loin de l'âge de la retraite qu'il n'aura pas encore fini de payer.

– S'il fait comme tous les Chabrol, il la prendra sur son lit de mort la retraite ! Ne t'inquiète pas pour ça ! »

Quand l'automne avertit les bergers que l'heure du retour avait sonné, Lucien, impatient de voir son rêve réalisé, reprit la draille d'un pas alerte.

À son retour à Quérac, c'est avec une fierté sans pareille qu'il fit entrer ses bêtes dans sa nouvelle étable flanquée d'un hangar à matériel flambant neuf.

« Tu vois, l'Europe, ç'a du bon », lança-t-il à son frère d'un air victorieux.

Aubin sépara ses bêtes de celles de Lucien et poursuivit sa route vers le Fournel, où Anna et ses fils l'attendaient à l'entrée de sa vieille bergerie.

La même année, Jérémie avait eu raison de son père. Maurice, lui aussi, avait baissé les bras. Ayant assuré la transhumance jusqu'à ses soixante-dix ans, il avait fini par laisser Jérémie s'endetter à son tour pour acquérir une bétaillère avec laquelle, en quelques allers-retours, il escomptait bien transporter toutes ses brebis à l'estive.

« Je ne peux pas l'obliger à emprunter nos drailles s'il ne le veut plus ! s'était-il expliqué devant son beau-frère, comme pour se disculper. Tu vois, mon vieux Mathieu, les jeunes nous poussent dehors. C'est pas nous qui aurions agi comme ça à notre époque !

– Tu as raison, Maurice, on vit une drôle d'époque. Dire que de mes quatre petits-fils pas un seul ne veut devenir berger ! Même Marc a déclaré à son père avant de partir en Algérie qu'à son retour il cherchera un travail en ville. Quant à ses frères, certes, je suis fier qu'ils fassent des études au collège, mais où cela les mènera-t-il ?

– Je crains fort que nous vivions les dernières transhumances avec Aubin. C'est le dernier à s'accrocher.

– Oui, et j'en suis très heureux au fond de moi-même. C'est mon fils, le dernier digne représentant des Chabrol ! »

Les bêtes étaient toutes rentrées de l'estive depuis quelques semaines. Le temps s'était mis à la pluie. Une de ces fins d'automne qui font craindre les catastrophes dans la région des Gardons. Le mauvais temps s'abattait sur le Midi et, déjà, les bulletins d'alerte météo conseillaient aux automobilistes d'éviter de prendre la route pendant le week-end.

Pierre voulait absolument mettre une touche finale aux travaux d'électricité de la salle d'accueil du château – en fait, l'ancien hall d'entrée qui servirait de passage obligé à tous les visiteurs de la « Maison de la Transhumance ».

« Ça peut attendre ! protesta Lisa. Nous n'en sommes plus à une semaine près. »

Pierre n'entendit pas.

« Si tu veux rester à Montpellier, je peux y aller seul pour une fois. Rien ne t'oblige à m'accompagner.

– Tu sais bien que je te suis partout où tu vas. Dès fois que tu fasses de mauvaises rencontres ! » plaisanta-t-elle.

Comme chaque vendredi soir, ils prirent donc la route de Quérac après leur travail. Leur fille resta seule à Montpellier, prétextant une dissertation de philo à rendre pour le lundi suivant.

À seize ans, Myriam préparait déjà son bac qu'elle passerait avec un an d'avance, à la grande fierté de ses parents.

« Mais pas question de faire archi comme David, ni mon droit comme Papa et Maman ! avait-elle un jour proclamé à sa grand-mère.

– Que veux-tu donc faire plus tard ? lui avait demandé Marie.

– Je voudrais dessiner.

– Dessiner ! Mais ce n'est pas un métier !

– Je ferai Arts déco aux Beaux-Arts.

– Et où ça ?

– Mais à Paris ! Il n'y a qu'à Paris qu'on peut percer. Toi aussi tu as tenté ta chance à Paris quand tu étais jeune, n'est-ce pas ?

– Ce n'était pas tout à fait pour les mêmes raisons ! »

Myriam avait l'âme d'une artiste, le tempérament fantaisiste, loin des sentiers battus par ses aînés qui pensaient à faire carrière dans l'administration, l'enseignement ou la médecine. Elle ne pensait pas à l'argent – peut-être parce que, chez elle, elle n'en manquait pas – et remettait souvent en cause l'ordre bourgeois et l'esprit étriqué de certains de ses camarades de lycée. Elle se plaisait en compagnie des plus extravagants, pas toujours des plus studieux, en dépit du sérieux qu'elle-même montrait à l'égard de ses études. La vie l'amusait et elle la mordait à pleines dents, faisant preuve d'un optimisme radieux qui déteignait sur tout son entourage.

« Tu ressembles à ta grand-tante Louise, lui avouait souvent Marie. Quand nous étions jeunes, c'était toujours elle qui se montrait la plus boute-en-train.

– J'aime beaucoup Tatie Louise, elle a toujours des tas d'histoires à raconter. Grâce à elle, je connais tous les petits secrets de la famille.

– Tous !

– Même ceux que je ne devrais pas savoir !

– Voyez-vous ça ! À son âge, ma sœur se comporte encore comme une dévergondée !

– Ne lui dis pas que je t'en ai parlé ! »

Marie adulait sa petite-fille. Elle représentait à ses yeux l'image même de l'insouciance et de la liberté qui lui avaient si longtemps fait défaut dans sa jeunesse, cette liberté qu'elle-même avait eu tant de mal à gagner et à vivre.

Entre Quissac et Saint-Hippolyte, le Vidourle charriait des flots boueux. La route n'était qu'une vaste nappe liquide sans limites. Des *faïsses* voisines, l'eau cascadait d'un mur à l'autre comme les rapides d'une rivière déchaînée. Les essuie-glaces avaient beau rabattre la pluie du pare-brise, la visibilité était de plus en plus mauvaise.

« Je vais m'arrêter au prochain village, dit Pierre. J'irai prévenir ma mère que nous arriverons en retard, afin qu'elle ne s'inquiète pas.

– Nous ferions mieux de rebrousser chemin et de retourner à Montpellier, proposa Lisa, le temps ne s'arrange pas.

– Nous ne sommes plus très loin, nous avons fait le plus gros du trajet. »

Pierre gara sa DS 19 près d'un café-tabac et téléphona à Quérac.

« C'est bon. Elle est rassurée. »

Puis il reprit prudemment la route.

À 10 heures du soir, Marie sentit l'angoisse l'envahir. Pierre avait téléphoné vers 8 heures, or il ne lui restait qu'une trentaine de kilomètres à parcourir. Elle ne put aller se coucher. Sur la table de la cuisine, comme d'habitude, les couverts étaient mis. Elle n'avait pas voulu manger seule, sans ses enfants. D'ailleurs, l'inquiétude lui avait ôté la faim.

Dehors, la pluie avait cessé. De sombres nuages menaçaient encore, mais le vent du nord s'était levé et commençait à nettoyer le ciel qui laissait paraître par endroits des rayons de lune blafards.

Tandis qu'elle veillait, toute à son inquiétude, au croisement de la route de Sauve une DS 19 noire gisait sur le toit, les phares allumés, l'avant gauche défoncé, le moteur imbriqué dans l'habitacle.

À son bord, les deux passagers, un homme d'une cinquantaine d'années et une femme un peu plus jeune, venaient de trouver la mort, tués sur le coup.

Le sort s'acharnait encore sur Marie. À soixante-dix ans, alors qu'elle se croyait à l'abri des malheurs, que tout semblait réussir à son fils et que l'avenir de ses petits-enfants s'annonçait sous les meilleurs auspices, le deuil venait de nouveau frapper à sa porte.

Malgré la compassion de tous les siens, rassemblés autour d'elle pour l'aider à porter son lourd fardeau, elle ne trouva plus la force de lutter davantage contre l'adversité. Découragée, anéantie, enterrée vivante aux côtés de Pierre et de Lisa, elle se laissa sombrer dans les plus profondes ténèbres, se repliant dans un chagrin sans bornes, ne vivant plus que dans les souvenirs, ne se nourrissant plus que pour se sentir mourir et partir rejoindre les deux êtres les plus chers qu'elle avait aimés dans sa vie : son fils et le père de son fils.

Son deuil parut interminable à tous ceux qui, chaque jour, passaient la voir pour lui tenir compagnie, lui parler du présent et lui ôter de l'esprit les images douloureuses du passé. Seuls David et Myriam, dont la souffrance égalait la sienne, parvenaient, grâce à leur jeunesse, à la faire réagir et, parfois, à lui faire esquisser un sourire.

« Nous sommes avec toi, Mamie, lui disaient-ils. Nous ne te laisserons jamais seule. »

David tint à présenter son projet à la date prévue, une semaine après la catastrophe qui venait de l'endeuiller. Il le fit brillamment, en pensant à son père, pour son père, car : « C'était *son* projet », expliqua-t-il aux membres du jury.

Ses professeurs lui décernèrent la mention « Très bien ». Puis, fort de son appartenance toute récente à l'ordre des architectes, il prit lui-même en main la fin des travaux et, en moins de trois ans, grâce à l'argent laissé par ses parents et à l'assurance vie qu'ils avaient prudemment contractée, il mit un terme à ce qui devint la première « Maison de la Transhumance » des basses Cévennes.

Le jour de l'inauguration, celui de la Saint-Médard 1965 – date que David avait choisie intentionnellement –, Marie, qui n'était plus que l'ombre d'elle-même, tenait la main de ses deux petits-enfants. Autour d'eux, les membres de sa famille étaient tous réunis en présence du maire de Quérac, du conseiller général et du sous-préfet d'Alès.

Un long ruban tressé de laine blanche barrait la porte d'entrée, tendu entre deux houlettes plantées dans des vases d'Anduze remplis de terre de bruyère et débordant de fleurs de montagne.

« Avance-toi, Mamie, fit David. À toi l'honneur ! »

Trop émue, Marie se figea. Elle sentit ses yeux se remplir de larmes. Myriam lui serra discrètement la main. Elle se reprit, s'avança en chancelant, saisit la paire de ciseaux que lui tendait le sous-préfet en personne et coupa le cordon de laine.

L'assistance applaudit avec enthousiasme. Le maire, le conseiller général, puis le sous-préfet firent leurs discours d'usage et laissèrent la parole finale à David qui déclara, non sans émotion, son intention de poursuivre l'œuvre de son père.

Le week-end suivant, il épousa Christine, sa camarade de promotion. Les noces rassemblèrent les seuls membres des deux familles afin de respecter le chagrin de sa grand-mère qui commençait à peine à cicatriser. Tous évitèrent les débordements de joie excessifs, mais s'aperçurent que, dans la prunelle des yeux de Marie, scintillait une petite étoile, celle qui indique à tout berger égaré qu'il n'est jamais perdu en suivant la draille.

La même année, durant l'été, alors que les moutons avaient rejoint l'estive, les uns par camion, ceux d'Aubin en suivant la draille ancestrale, David reçut un coup de téléphone de l'hôpital de Nîmes. Il crut aussitôt qu'un nouvel accident était arrivé à l'un de ses proches. Sur le coup, sa main se mit à trembler autour du combiné. L'inconnu se présenta succinctement :

« Je suis le docteur Germinat. J'ai entendu parler de votre projet. J'aimerais vous rencontrer. »

David fut aussitôt soulagé. Il demanda à son interlocuteur les raisons de sa requête et lui proposa un rendez-vous.

Ils se rencontrèrent à Quérac huit jours plus tard.

« J'adore marcher en montagne, avoua le médecin. Je connais toutes les grandes drailles et les chemins de traverse. Et je me suis mis dans l'idée de les baliser afin de permettre aux amateurs de randonnées de découvrir nos belles Cévennes.

– Votre idée me paraît excellente. Cela permettra aussi de redonner vie aux drailles et peut-être de redonner envie à certains bergers de continuer à les emprunter. Qu'attendez-vous de moi ?

– Votre Maison de la Transhumance, précisément, pourrait devenir un centre pour la promotion de ces chemins de grande randonnée que j'ai l'intention de mettre en valeur. Viendriez-vous avec moi, cet été, pour baliser quelques portions de la draille de l'Aubrac ?

– La draille de l'Aubrac ! Celle que mes grands-oncles et mon arrière-grand-père ont toujours parcourue ! Je vous suis sans réfléchir. Mais à une condition.

– Laquelle ?

– Je ne viendrai pas seul.

– Amenez donc un ami, si vous le désirez. Plus nous serons, plus nous en ferons !

– Pas un ami. Mon épouse ! »

Suivant le chemin que son père, lui aussi, avait maintes fois emprunté pendant ses vacances avec ses oncles et ses cousins, David se mit à son tour à arpenter les serres et les valats en compagnie de Christine et du docteur Germinat. Leurs sacs à dos, gonflés de boîtes de conserve vides, de pots de peinture et de pinceaux, leur donnaient des allures de grands randonneurs.

Régulièrement, ils s'arrêtaient, consultaient leur carte IGN, établissaient des relevés à l'aide de leur boussole, prenaient des notes et imprimaient une marque rouge et blanche, ici sur la paroi d'un rocher, là sur une boîte de conserve qu'ils accrochaient à la branche d'un arbre. Pas à pas, ils refirent les étapes qu'Aubin avaient faites quelques semaines avant eux, forts de cette certitude qu'ils étaient en train de faire revivre les drailles d'antan.

Pendant plusieurs étés, David et Christine, puis d'autres après eux, aidèrent le docteur Germinat à baliser les chemins cévenols. Petit à petit, les drailles furent sillonnées par les marcheurs avides de grand air et de retour à la nature, et qui n'avaient souvent qu'un souhait : rencontrer en chemin les troupeaux transhumants.

Quand ceux-ci passaient au col de l'Asclier, la foule se pressait des deux côtés du pont moutonnier qui enjambe la route. Beaucoup les accompagnaient sur quelques centaines de mètres et redonnaient un air de fête à ces grandes migrations que d'aucuns prédisaient en voie de disparition.

Quand, après mai 68, les hameaux cévenols virent arriver les premières communautés hippies, les plus optimistes crurent que les jeunes des villes voulaient retrouver l'art de vivre des anciens. Ceux-ci, comme Mathieu et Maurice, ne s'y trompèrent pas.

« Y resteront pas ! prédirent-ils. Y partiront avant que leurs chèvres aient fait leurs premiers chevreaux. »

À près de quatre-vingts ans, Mathieu savait que toutes ces expériences n'étaient que des tentatives de fuite et de survie. Il se consolait avec Maurice quand il voyait partir Aubin, le dernier à emprunter la draille d'un bout à l'autre, sans déroger aux coutumes. Même François s'était rangé du côté de la modernité.

Plusieurs années de suite, Aubin accepta de se faire accompagner par quelques citadins nostalgiques du passé. Ce furent des écrivains ou des photographes en quête de sujets sur la transhumance, une journaliste de Radio Québec pour un reportage sur les bergers des Cévennes, des groupes d'élèves accompagnés de leurs professeurs férus de patrimoine régional.

Toutes ces initiatives réchauffaient le cœur des vieux bergers. Mais, au fond d'eux-mêmes, ils avaient la certitude que, par un prochain automne, quand les anciens auraient disparu, la draille allait se draper de brume, se dérober sous le pas des derniers troupeaux et disparaître.

Toutefois, à l'aube de la nouvelle décennie, David, avec sa Maison de la Transhumance et ses chemins balisés, laissait l'espoir que les drailles ne seraient jamais tout à fait oubliées pour les hommes épris de liberté.

Table des matières

Première partie
LE TEMPS DES SOUFFRANCES

Deuxième partie
LE TEMPS DES INCERTITUDES

Troisième partie
LE TEMPS DES SOUVENIRS

Imprimé en U.E.
Dépôt légal : août 2014
ISBN : 978-2-8129-1132-3